中国古代文学论丛

唐宋词与域外文化关系研究

彭国忠 著

图书在版编目(CIP)数据

唐宋词与域外文化关系研究/彭国忠著. —合肥:安徽大学出版社,2016.12
(中国古代文学论丛)
ISBN 978-7-5664-1291-1

Ⅰ.①唐… Ⅱ.①彭… Ⅲ.①唐宋词-诗词研究 Ⅳ.①I207.23

中国版本图书馆 CIP 数据核字(2017)第 005332 号

教育部规划基金项目:唐宋词与域外文化关系研究(项目号 10YJA51054)

唐宋词与域外文化关系研究

彭国忠 著

出版发行:	北京师范大学出版集团 安 徽 大 学 出 版 社 (安徽省合肥市肥西路 3 号 邮编 230039) www.bnupg.com.cn www.ahupress.com.cn
印 刷:	安徽省人民印刷有限公司
经 销:	全国新华书店
开 本:	170mm×230mm
印 张:	23.5
字 数:	420 千字
版 次:	2017 年 1 月第 1 版
印 次:	2017 年 1 月第 1 次印刷
定 价:	55.00 元

ISBN 978-7-5664-1291-1

策划编辑:卢　坡　　　　　　　　装帧设计:李　军
责任编辑:刘婷婷　高　兴　卢　坡　美术编辑:李　军
责任印制:陈　如

版权所有　侵权必究
反盗版、侵权举报电话:0551-65106311
外埠邮购电话:0551-65107716
本书如有印装质量问题,请与印制管理部联系调换。
印制管理部电话:0551-65106311

目 录

绪论 唐宋变革语境下的唐宋词与域外文化的关系 …………………… 1

第一章 唐宋词调与域外文化 …………………………………………… 1
  第一节 直接来自异域的词调 ………………………………………… 1
  第二节 间接来自异域的词调 ………………………………………… 53

第二章 唐宋词人与域外文化 …………………………………………… 60
  第一节 出使辽国的词人 ……………………………………………… 60
  第二节 出使及拘赴金国的词人 ……………………………………… 79
  第三节 出使及滞留蒙元的词人 ……………………………………… 113
  第四节 波斯词人及来自金国的词人 ………………………………… 122
  第五节 词僧 …………………………………………………………… 125

第三章 唐宋词中的域外乐器 …………………………………………… 130
  第一节 唐宋词中的琵琶 ……………………………………………… 130
  第二节 唐宋词中的箜篌 ……………………………………………… 139
  第三节 唐宋词中的羯鼓 ……………………………………………… 143
  第四节 唐宋词中的其他乐器 ………………………………………… 145

第四章 唐宋词中的域外名物 …………………………………………… 167
  第一节 唐宋词中的域外植物 ………………………………………… 167
  第二节 唐宋词中的域外动物 ………………………………………… 192

第三节　唐宋词中的异域香料与香水……………………………214
　　第四节　唐宋词中的异域风俗……………………………………273
　　第五节　唐宋词中的异域语辞……………………………………277

第五章　唐宋词乐词调传入日本朝鲜……………………………………290
　　第一节　唐宋词乐词调传入日本…………………………………290
　　第二节　唐宋词乐及词传入高丽…………………………………305
　　第三节　柳永《望海潮》的异域接受与本土反响………………319

第六章　政权对峙下的宋金词……………………………………………328
　　第一节　弱势外交下的宋代使金词………………………………328
　　第二节　宋金词"花"意象对比研究——以"借才异代"时期为例……341
　　第三节　张总侍御的家宴…………………………………………354

参考文献……………………………………………………………………358
后记…………………………………………………………………………369

绪论

唐宋变革语境下的唐宋词与域外文化的关系

唐宋词在整个产生、发展、成熟、演变的过程中,都有域外文化参与,并发挥着积极的作用。词产生的早期,域外文化主要通过词乐、词调而产生影响;词体形成后,特别是入宋后,域外文化则从具体的、直接的参与,逐渐作为文化符号保留着,人们仅仅从词调字面上、从一些名物上,还能感知其曾经的存在;但是,宋词在赵宋政权与辽、西夏、金、蒙元的长期对立中,在自己的发展中,又不断吸收新的域外文化营养,并融化成新的血液。我们研究唐宋词的域外文化因素,不是究问胡乐、华乐孰主孰辅,而是系统地、全面地梳理唐宋词人以何种心态接受这种影响,以怎样的形式反映这种影响,域外文化又是在怎样的层面上影响了唐宋词的生成、词人创作及词的风貌。

目前,学术界对唐宋词中域外文化影响的研究,集中在两个方面:词乐研究和词调研究。

词乐研究方面,包括词的起源、词与音乐特别是燕乐关系研究、胡乐乐器研究。其中,词是否为燕乐的产物,燕乐内部胡乐所占地位甚至燕乐为何物,燕乐与宫廷乐、俗乐、胡乐的关系等问题,一直是讨论的热点。词乐研究中,一个重要的问题是对域外音乐地位的评估,一派认为:隋唐时期,胡乐声势浩大,成为俗乐甚至中国音乐的主体。如日本学者林谦三《隋唐燕乐调研究》、王光祈《中国音乐史》,认为胡乐在词的产生过程中,起重大甚或决定性的作用。陆侃如、冯沅君《中国诗史》,刘大杰《中国文学发展史》,萧涤非《论词的起源》,朱谦之《中国音乐文学史》,以及施议对《词与音乐关系研究》、台湾学者林玫仪《从敦煌曲看词的起源》等等,也多持此观点。一派则认为:唐乐是中原地区的民间音乐、传统音乐及西域音乐的融合体,词乐以中原音乐为主体(阴法鲁《关于词的起源问题》);唐代《教坊记》曲名表中343曲,外国乐曲不过三四十调(任二北《教坊记校订·弁言》);"词体"发生之主要的、根本的依托乃华乐,而非"胡乐入华而词生"(李昌集《"苏幕遮"的乐与辞——胡乐入华的个案研究与唐代曲子词的声、词关系探讨》)。

词乐研究中,另一重头戏是佛教及佛教音乐同词的关系。向达《论唐代佛曲》、任二北《唐声诗》、王昆吾《隋唐五代燕乐杂言歌辞研究》等,对此皆有研究,虽对所谓"佛曲"的性质认定不一,但对其来自佛曲并无二说。李石根《法曲辨》、罗慧《佛曲的传入及其与法曲之关系》、袁绣柏《论唐法曲的历史演变》和《论唐法曲与法乐之异》,考证佛曲、法曲的关系及其区别,也论证了其中的胡乐成分之存在。

对域外舞蹈的研究,也在一定程度上涉及词,如霍旭初《龟兹乐舞史话》,霍旭初、王小云《龟兹壁画中的乐舞形象》,李铁《高昌乐舞图卷》等,利用壁画、考古文物,印证文献记载,但却很少有成果就二者关系进行专门研究。

词调研究,是针对一些具体词调,考察其域外源头、流入路径和方式,及其在词中的创作情况。一是考证单个词调,如《柘枝引》,宋代郭茂倩认为出自南诏,王国维、向达皆认为出于石国,翻译家杨宪益《零墨新笺》考证出自南诏。杨宪益先生并考证《菩萨蛮》是古代缅甸的乐曲。肖正伟《〈骠国乐〉与〈菩萨蛮〉考释》考证二者皆为南诏乐。王志鹏《敦煌佛教曲子词之调名源流考证》考证《望月婆罗门》等调之佛教来源,可正一些工具书之误。王凤霞《从泼寒胡到苏幕遮——泼寒胡戏在中原地区流变的几个阶段》一文,考察了泼寒胡戏入华,经历了胡人演献、上层提倡、一时盛行、开元被禁、天宝改名等几个阶段。库尔班·买吐尔迪《从苏幕遮到诺鲁孜——古代西域戏苏幕遮来源略考》则从西域人的阳历观念,探讨当时苏幕遮的来源,并与伊朗人传统节日诺鲁孜进行对比分析,提出苏幕遮是产生于古代西域的观点。

以上研究表明:对唐宋词域外文化的研究,集中在词乐、词调两大问题上,而且,偏于唐代,偏于词的起源等问题,有进一步拓展的空间:第一,不系统,缺乏整体的、全面的、系统的域外文化研究规划与格局。第二,对宋词中域外文化的因素,除了日本著名汉学家神田喜一郎的《日本的中国文学》,介绍了唐代张志和《渔歌子》开启日本填词史(此书先有施议对先生介绍,后经程郁缀先生翻译出版),及吴熊和《高丽唐乐与北宋词曲》研究宋乐宋词传播高丽外,未见其他研究。对宋词中的域外文化因素,甚至南宋词调中的域外文化影响,更无人关注。

还有一个值得关注的问题是,在唐宋社会、文化转型的语境中,唐代是开放的、外向的,宋代是保守的、内敛的;对外来文化,唐人是"拿来主义",宋人则谨守门户。唐宋的差异很明显。但事实上,从对待域外文化的视角看,唐宋之间有着前后的一致性、连贯性;同时,社会总是向前发展的,被称为中国封建社会巅峰阶段的宋代,也有着超越唐代的方面。抽象地讨论唐宋变革、唐宋不同,似乎不是客观、科学的态度。

南宋刘克庄曾借书法用字之事,说明苏轼与欧阳修的不同:"西域文字与中华绝异,然流传既久,虽华人未免为胡语。自唐人虞、褚帖中多用'和南'字,欧阳氏之学,谓不晓'和南'为何语,不肯写此二字,学者卫道,不得不然。至坡公则手书佛经非一种。《心经》在贝叶中尤古奥简捷,盖在惠州时为沈夫人所作。夫人乃南圭使君之内,尝梦僧迦送子瞻过海者。"①欧阳修不晓"和南"为何语,而苏轼书写《心经》,刘克庄从这件事得出"学者卫道,不得不然"的看法。所谓"学者卫道",当然指欧阳修为维护儒家正统道脉,不得不"辟佛",这种同情之了解,自然是对的,但未能认识到欧苏之不同,非仅个人之不同,而是代表两个时代。宋人自苏轼那一代后,普遍地对外开放,不论佛教还是其他。本书撷取往往被人忽略的几个视角,以宋词中的异域色彩,反映宋人的文化心态。

故就域外文化对唐宋词的影响进行全面、系统的研究,将是学界的必然趋势。本课题在此先行尝试,以期为学术界的深入研究提供一定的参考。而就唐宋变革论,本课题试图纠正一些看法。

---

① (南宋)刘克庄:《跋苏文忠公帖》,曾枣庄、刘琳主编《全宋文》第329册,上海辞书出版社,2006年版,第313页。下引仅注册次及页码。

第一章

唐宋词调与域外文化

唐宋词中,有不少词调都来自异域,或者有异域的文化背景。这些词调,有的调名上显示或强或弱的异域文化特色,有的则没有显示出来,需要经过文献的证明,才能明了其域外文化底色。

第一节 直接来自异域的词调

据考证,唐宋时期全部词调有880个左右,其中有一些直接来自异域,有些间接来自异域,有些则与唐王朝的对外政治、军事、文化活动有关。今选其中尤为突出者略论之。

《隋书·音乐志》云:

> 先是周武帝时,有龟兹人曰苏祇婆,从突厥皇后入国,善胡琵琶。听其所奏,一均之中间有七声。因而问之,答云:"父在西域,称为知音。代相传习,调有七种。"以其七调,勘校七声,冥若合符。一曰"娑陀力",华言平声,即宫声也。二曰"鸡识",华言长声,即商声也。三曰"沙识",华言质直声,即角声也。四曰"沙侯加滥",华言应声,即变徵声也。五曰"沙腊",华言应和声,即徵声也。六曰"般赡",华言五声,即羽声也。七曰"俟利箑",华言斛牛声,即变宫声也。译因习而弹之,始得七声之正。然其就此七调,又有五旦之名,旦作七调。以华言译之,旦者则谓"均"也。其声亦应黄钟、太簇、林钟、南吕、姑洗

五均,已外七律,更无调声。①

又云:

始开皇初定令,置《七部乐》:一曰《国伎》,二曰《清商伎》,三曰《高丽伎》,四曰《天竺伎》,五曰《安国伎》,六曰《龟兹伎》,七曰《文康伎》。又杂有疏勒、扶南、康国、百济、突厥、新罗、倭国等伎……及大业中,炀帝乃定《清乐》《西凉》《龟兹》《天竺》《康国》《疏勒》《安国》《高丽》《礼毕》,以为《九部》。乐器工衣创造既成,大备于兹矣。

……《西凉》者,起苻氏之末,吕光、沮渠蒙逊等,据有凉州,变龟兹声为之,号为秦汉伎。魏太武既平河西得之,谓之《西凉乐》。至魏、周之际,遂谓之《国伎》。今曲项琵琶、竖头箜篌之徒,并出自西域,非华夏旧器。《杨泽新声》《神白马》之类,生于胡戎。胡戎歌非汉魏遗曲,故其乐器声调,悉与书史不同。其歌曲有《永世乐》,解曲有《万世丰》舞,曲有《于阗佛曲》。其乐器有钟、磬、弹筝、搊筝、卧箜篌、竖箜篌、琵琶、五弦、笙、箫、大筚篥、长笛、小筚篥、横笛、腰鼓、齐鼓、担鼓、铜拔、贝等十九种,为一部。工二十七人。

《龟兹》者,起自吕光灭龟兹,因得其声。吕氏亡,其乐分散,后魏平中原,复获之。其声后多变易。至隋有《西国龟兹》《齐朝龟兹》《土龟兹》等,凡三部。开皇中,其器大盛于闾阎。时有曹妙达、王长通、李士衡、郭金乐、安进贵等,皆妙绝弦管,新声奇变,朝改暮易,持其音技,估衒公王之间,举时争相慕尚。高祖病之,谓群臣曰:"闻公等皆好新变,所奏无复正声,此不祥之大也。自家形国,化成人风,勿谓天下方然,公家家自有风俗矣。存亡善恶,莫不系之。乐感人深,事资和雅,公等对亲宾宴饮,宜奏正声;声不正,何可使儿女闻也!"帝虽有此敕,而竟不能救焉。炀帝不解音律,略不关怀。后大制艳篇,辞极淫绮。令乐正白明达造新声,创《万岁乐》《藏钩乐》《七夕相逢乐》《投壶乐》《舞席同心髻》《玉女行觞》《神仙留客》《掷砖续命》《斗鸡子》《斗百草》《泛龙舟》《还旧宫》《长乐花》及《十二时》等曲,掩抑摧藏,哀音断绝。帝悦之无已,谓幸臣曰:"多弹曲者,如人多读书。读书多则能撰书,弹曲多即能造曲。此理之然也。"因语明达云:"齐氏偏隅,曹妙达犹自封王。我今天下大同,欲贵汝,宜自修谨。"六年,高昌献《圣明

---

① (唐)魏征等:《隋书》卷一四,中华书局,1973年版,第345—346页。

乐》曲，帝令知音者于馆所听之，归而肄习。及客方献，先于前奏之，胡夷皆惊焉。其歌曲有《善善摩尼》，解曲有《婆伽儿》，舞曲有《小天》，又有《疏勒盐》。其乐器有竖箜篌、琵琶、五弦、笙、笛、箫、筚篥、毛员鼓、都昙鼓、答腊鼓、腰鼓、羯鼓、鸡娄鼓、铜拔、贝等十五种，为一部。工二十人。

《天竺》者，起自张重华据有凉州，重四译来贡男伎，《天竺》即其乐焉。歌曲有《沙石疆》，舞曲有《天曲》。乐器有凤首箜篌、琵琶、五弦、笛、铜鼓、毛员鼓、都昙鼓、铜拔、贝等九种，为一部。工十二人。

《康国》，起自周武帝娉北狄为后，得其所获西戎伎，因其声。歌曲有《戢殿农和正》，舞曲有《贺兰钵鼻始》《末奚波地》《农惠钵鼻始》《前拔地惠地》等四曲。乐器有笛、正鼓、加鼓、铜拔等四种，为一部。工七人。

《疏勒》《安国》《高丽》，并起自后魏平冯氏及通西域，因得其伎。后渐繁会其声，以别于太乐。①

……

《旧唐书·音乐志》考察外来音乐史及唐代所用东夷二乐、南蛮三乐、西戎五乐、北狄三乐云：

> 自周、隋已来，管弦杂曲将数百曲，多用西凉乐，鼓舞曲多用龟兹乐，其曲度皆时俗所知也。惟弹琴家犹传楚、汉旧声。②
>
> 后魏有曹婆罗门，受龟兹琵琶于商人，世传其业，至孙妙达，尤为北齐高洋所重，常自击胡鼓和之。周武帝聘房女为后，西域诸国来媵，于是龟兹、疏勒、安国、康国之乐，大聚长安。胡儿令羯人白智通教习，颇杂以新声。张重华时，天竺重译贡乐伎，后其国王子为沙门来游，又传其方音。宋世有高丽、百济伎乐。魏平冯跋，亦得之而未具。周师灭齐，二国献其乐。隋文帝平陈，得《清乐》及《文康礼毕曲》，列九部伎，百济伎不预焉。炀帝平林邑国，获扶南工人及其鲍琴，陋不可用，但以《天竺乐》转写其声，而不齿乐部。西魏与高昌通，始有高昌伎。我太宗平高昌，尽收其乐，又造《䜩乐》，而去《礼毕曲》。今著令者，惟此十部。虽不著令，声节存者，乐府犹隶之。德宗朝，又

---

① （唐）魏征等：《隋书》卷一五，第376—380页。
② （后晋）刘昫等：《旧唐书》卷二九，中华书局，1975年版，第1068页。

有骠国亦遣使献乐。

《高丽乐》，工人紫罗帽，饰以鸟羽，黄大袖，紫罗带，大口袴，赤皮靴，五色绦绳。舞者四人，椎髻于后，以绛抹额，饰以金珰。二人黄裙襦，赤黄袴，极长其袖，乌皮靴，双双并立而舞。乐用弹筝一，搊筝一，卧箜篌一，竖箜篌一，琵琶一，义觜笛一，笙一，箫一，小筚篥一，大筚篥一，桃皮筚篥一，腰鼓一，齐鼓一，檐鼓一，贝一。武太后时尚二十五曲，今惟习一曲，衣服亦浸衰败，失其本风。

《百济乐》，中宗之代，工人死散。岐王范为太常卿，复奏置之，是以音伎多阙。舞二人，紫大袖裙襦，章甫冠，皮履。乐之存者，筝、笛、桃皮筚篥、箜篌、歌。

此二国，东夷之乐也。

《扶南乐》，舞二人，朝霞行缠，赤皮靴。隋世全用《天竺乐》，今其存者，有羯鼓、都昙鼓、毛员鼓、箫、笛、筚篥、铜拔、贝。

《天竺乐》，工人皂丝布头巾，白练襦，紫绫袴，绯帔。舞二人，辫发，朝霞袈裟，行缠，碧麻鞋。袈裟，今僧衣是也。乐用铜鼓、羯鼓、毛员鼓、都昙鼓、筚篥、横笛、凤首箜篌、琵琶、铜拔、贝。毛员鼓、都昙鼓今亡。

《骠国乐》，贞元中，其王来献本国乐，凡一十二曲，以乐工三十五人来朝。乐曲皆演释氏经论之辞。

此三国，南蛮之乐。

《高昌乐》，舞二人，白袄锦袖，赤皮靴，赤皮带，红抹额。乐用答腊鼓一，腰鼓一，鸡娄鼓一，羯鼓一，箫二，横笛二，筚篥二，琵琶二，五弦琵琶二，铜角一，箜篌一。箜篌今亡。

《龟兹乐》，工人皂丝布头巾，绯丝布袍，锦袖，绯布袴。舞者四人，红抹额，绯袄，白袴帑，乌皮靴。乐用竖箜篌一，琵琶一，五弦琵琶一，笙一，横笛一，箫一，筚篥一，毛员鼓一，都昙鼓一，答腊鼓一，腰鼓一，羯鼓一，鸡娄鼓一，铜拔一，贝一。毛员鼓今亡。

《疏勒乐》，工人皂丝布头巾，白丝布袴，锦襟褾，舞二人，白袄，锦袖，赤皮靴，赤皮带。乐用竖箜篌、琵琶、五弦琵琶、横笛、箫、筚篥、答腊鼓、腰鼓、羯鼓、鸡娄鼓。

《康国乐》，工人皂丝布头巾，绯丝布袍，锦领。舞二人，绯袄，锦领袖，绿绫浑裆袴，赤皮靴，白袴帑。舞急转如风，俗谓之胡旋。乐用笛二，正鼓一，和鼓一，铜拔一。

《安国乐》，工人皂丝布头巾，锦褾领，紫袖袴。舞二人，紫袄，白袴帑，赤皮靴。乐用琵琶、五弦琵琶、竖箜篌、箫、横笛、筚篥、正鼓、和鼓、铜拔、箜篌。五弦琵琶今亡。

此五国，西戎之乐也。

南蛮、北狄国俗，皆随发际断其发，今舞者咸用绳围首，反约发杪，内于绳下。又有新声河西至者，号胡音声，与《龟兹乐》《散乐》俱为时重，诸乐咸为之少寝。

《北狄乐》，其可知者鲜卑、吐谷浑、部落稽三国，皆马上乐也。鼓吹本军旅之音，马上奏之，故自汉以来，《北狄乐》总归鼓吹署。后魏乐府始有北歌，即《魏史》所谓《真人代歌》是也。代都时，命掖庭宫女晨夕歌之。周、隋世，与《西凉乐》杂奏。今存者五十三章，其名目可解者六章：《慕容可汗》《吐谷浑》《部落稽》《巨鹿公主》《白净王太子》《企喻》也。其不可解者，咸多可汗之辞。按今大角，此即后魏世所谓《簸逻回》者是也，其曲亦多可汗之辞。北虏之俗，呼主为可汗。吐谷浑又慕容别种，知此歌是燕、魏之际鲜卑歌，歌辞虏音，竟不可晓。梁有《巨鹿公主歌辞》，似是姚苌时歌，其辞华音，与北歌不同。梁乐府鼓吹又有《大白净皇太子》《小白净皇太子》《企喻》等曲。隋鼓吹有《白净皇太子》曲，与北歌校之，其音皆异。开元初，以问歌工长孙元忠，云自高祖以来，代传其业。元忠之祖，受业于侯将军，名贵昌，并州人也，亦世习北歌。贞观中，有诏令贵昌以其声教乐府。元忠之家世相传如此，虽译者亦不能通知其辞，盖年岁久远，失其真矣。丝桐，惟琴曲有胡笳声大角，金吾所掌。①

这些记载，论者多取之以言中国音乐所受到外来音乐之影响，更有文学史家、词学史家以之论述外来音乐在词之起源中所起作用。如陆侃如、冯沅君先生据以概括出"自西晋五胡乱华，到隋唐统一，外族音乐逐渐输入中国，它逐渐引起中国音乐上的变化"的五种输入方式：因通商输入的，因宗教输入的，因通婚输入的，因战争输入的，以及北朝君主多嗜胡乐，最后得出结论：

外族的音乐在隋代已有很大的势力。它不独奏之庙堂，而且流行民间……至所谓楚汉旧声，在此时，已非外来新声的敌手，只有一

---

① （后晋）刘昫等：《旧唐书》卷二九，第1069—1072页。

些好古的人还能传其仿佛。①

任二北先生校笺《教坊记》时,基于华夏文化立场,对词乐、词调中的外来成分多有辨析,并对王国维、陈寅恪等著名学者以为唐代胡乐盛行、清乐消亡之论极为不满,指出:

> 我汉民族所具音乐艺术之能力曾表现于唐代三百年中者,并不如近人估计之低,以为完全舍己从人而已。观于本书所载曲名之情形,对于此点乃益信。盖著录唐代大宗曲名之旧籍,无过于《唐会要》内太常寺大乐署所司之二百四十四曲,及本书内教坊所用之三百四十三曲,彼此对峙已久。前者虽有一小部分法曲,而最著者为胡歌名改为汉名之事,盖为唐代胡歌萃集之重点所在也。后者所包含之为外国乐曲可以肯定者,不过三十四调,而自初唐以来,所用前代之清商曲,与初盛唐特制之法曲,尤其民间里巷所传之清商曲,及民间自制之歌曲等,皆属焉。就大体看:教坊曲之性质与太常曲确乎迥别;本书所见大部分之曲名,在含思抒情、承风维俗方面,颇可代表我汉民族所有之音乐。本编特就诸曲名一一留意,凡于此可以指证者,皆指之。并综举盛唐前后清商乐存在与流行之事例,以申其说。旨在彰明史实,肯定唐人于胡乐特盛之际,绝未抛弃其自己原有之乐,而专承借重于人,原封不动,全盘接受也。使唐人之所为果如此者,我汉民族于艺术之本能且根本有亏,尚何从形成民族文化史上光辉特著之盛唐阶段乎?国内学者见清乐在初唐所定之"十部乐"内,仅占得十分之一,遂认此即当时清乐、胡乐实际存在之比例。未知"九部乐""十部乐"之奏,多在蕃国酋长盛集之时,天可汗用以夸耀其威德照临之广,故偏重表现裔乐,非为华、裔声伎作平衡展奏之时也。清乐在此种组织单位中,虽占十分之一,但其本身原有之内容则远较丰富。裔乐虽每国亦占十分之一,其内容除龟兹外,大抵浅薄,有不过一二曲而已者,讵可视作彼此定量之比!近人又见杜佑《通典》述开元初歌工李郎子逃亡以后,清乐遂阙,遂信自盛唐起,即无清乐。未思太常署内一二歌工之去,与此一乐类之全部云亡,分明乃截然两事!朝廷之歌纵阙,又何从因此抹杀民间!《通典》此说而外,清乐流

---

① 陆侃如、冯沅君:《中国诗史》卷三《近代诗史》篇一《唐五代词》章二《词的起源》,作家出版社,1957年版,第533—536页。

行之史实,斑斑可考,岂容全部否认乎!王国维未详西凉乐自始即华裔兼容,调和甚美之乐,陈寅恪不信盛唐法曲为清胡合渗、熔铸入妙之乐,均足使国人于此之意识流于偏颇。甚至不提唐代音乐则已,若经提及,即认为无非胡乐之天下而已,胡乐之外更不必考虑。陈氏且认琵琶所到之处莫非胡乐,指白居易"新乐府"内,以《霓裳》为法曲,乃白氏之误,则未免自信太过,而信唐人之识唐乐者太轻……本编……只在著明历史事实,示与风行之胡乐同时,固有所谓"华夏正声"者,依然存在于唐代朝野之间,殊不应掩没耳。①

我们考察、研究唐宋词中外来音乐、词调,目的当然不是在于夸大外来文化对唐宋词的影响,不在于抹杀华夏固有清商乐之存在。此需明确者一。

其次,任二北先生已经指出《唐会要》中太常寺大乐署所司二百四十四曲,至少有六十曲胡歌改为汉名;《教坊记》三百四十三曲可以肯定为外国音乐者三十四调,去其重复,量已经不少。同时,正如高人雄所说:"后来有学者认为任二北先生将汉魏六朝所存之乐统称为清商乐,其中有些是汉魏六朝时期传入北方的少数民族音乐,《教坊记笺订》考为清乐的曲调,有些实属少数民族音乐。"②则唐代胡乐歌曲数量比二北先生所认定的要多。

再者,中国音乐借鉴、吸收、使用外来音乐,尚不止这些。南宋姜夔《古乐止用十二宫议》云:

> 周六乐奏六律、歌六吕,惟十二宫也。"王大食,三侑。"注云:"朔日、月半。"随月用律,亦十二宫也。十二管各备五声,合六十声;五声成一调,故十二调。古人于十二宫又特重黄钟一宫而已。齐景公作《徵招》《角招》之乐,师涓、师旷有清商、清角、清徵之操。汉、魏以来,燕乐或用之,雅乐未闻有以商、角、徵、羽为调者,惟迎气有五引而已,《隋书》云"梁、陈雅乐,并用宫声",是也。若郑译之八十四调,出于苏祗婆之琵琶。大食、小食、般涉者,胡语;《伊州》《石州》《甘州》《婆罗门》者,胡曲;《绿腰》《诞黄龙》《新水调》者,华声而用胡乐之节奏。惟《瀛府》《献仙音》谓之法曲,即唐之法部也。凡有催衮者,皆胡曲耳,法曲无是也。且其名八十四调者,其实则有黄钟、太簇、夹钟、仲吕、

---

① (唐)崔令钦撰,任二北笺订:《教坊记笺订》,中华书局,2012年版,第18—20页。
② 高人雄:《从〈教坊记〉曲目考察词调中的西域音乐因子》,《西域研究》2005年第2期,第83页。下文引用,同此。

林钟、夷则、无射七律之宫、商、羽而已,于其中又阙太簇之商、羽焉。国朝大乐诸曲,多袭唐旧。窃谓以十二宫为雅乐,周制可举;以八十四调为宴乐,胡部不可杂。郊庙用乐,咸当以宫为曲,其间皇帝升降、盥洗之类,用黄钟者,群臣以太簇易之,此周人王用《王夏》、公用《骜夏》之义也。①

据姜夔之言,除了宫调名、曲调词调名来自胡乐外,尚有曲调词调是华声而用胡乐之节奏的,如《绿腰》《诞黄龙》《新水调》即是。这种现象更为复杂,学术界的研究罕有及此者。

一、《苏幕遮》

《苏幕遮》本为唐代高昌乐,自龟兹传入。释慧琳《一切经音义》卷四十一:"苏幕遮,西戎胡语也,正云'飒磨遮'。此戏本出西龟兹国,至今犹有此曲。此国浑脱、大面、拨头之类也。或作兽面,或像鬼神,假作种种面具形状,以泥水沾洒行人,或持索搭钩,捉人为戏。每年七月初,公行此戏,七日乃停。土相传云:常以此法禳厌,驱趁罗刹恶鬼食人民灾也。"②唐张说《苏摩遮》诗之一:"摩遮本出海西胡,琉璃宝服紫髯胡。闻道皇恩遍宇宙,来将歌舞助欢娱。"③

任二北《教坊记笺订》:"原为七言四句声诗,合《浑脱舞》,作'乞寒'之戏。记载始于北周大象元年。"并引希麟《续一切经音义·大乘理趣六波罗密多经》音义:"按'苏幕遮',胡语也,本云'飒么遮'。此云戏也,出龟兹国。至今有此曲,即大面、拨头之类是也。"又云:"元杨维桢《朱明优戏序》简称'乞寒《苏木》',必有所本。疑元时犹传其戏与曲。"④

《新唐书》卷一百十八宋务光传附吕元泰传:"时又有清元尉吕元泰,亦上书言时政曰:……比见坊邑相率为浑脱队,骏马胡服,名曰'苏莫遮'。旗鼓相当,军阵势也;腾逐喧噪,战争象也;锦绣夸竞,害女工也;督敛贫弱,伤政体也;胡服相欢,非雅乐也;浑脱为号,非美名也。安可以礼义之朝,法胡虏之俗?《诗》云:'京邑翼翼,四方是则。'非先王之礼乐,而示则于四方,臣所未谕。

---

① (宋)姜夔:《古乐止用十二宫议》,《全宋文》第290册,第452、453页。
② (唐)释慧琳、释希麟:《正续一切经音义》,上海古籍出版社,1986年版,第1607页。
③ (唐)张说:《苏摩遮》,《张说之文集》卷一〇,《丛书集成续编》第123册,新文丰出版公司,第59页。
④ (唐)崔令钦撰,任二北笺订:《教坊记笺订》,第104—105页。

《书》：'曰谋，时寒若。'何必羸形，体灌衢路，鼓舞跳跃而索寒焉？书闻不报。"①

《唐会要》卷三十四："（神龙）二年三月，并州清源县尉吕元泰上疏曰：比见都邑城市相率为浑脱，骏马戎服，名为苏幕遮，旗鼓相当，军阵之势也。腾逐喧噪，战争之象也。锦绣夸竞，害女工也。征敛贫弱，伤政体也。戎服相效，非雅乐也。浑脱为号，非美名也。安可以礼仪之朝，法戎虏之俗？军阵之势，列庭闱之下？窃见诸王亦有此好。自家刑国，岂若是也《诗》云：'京邑翼翼，四方是则。'非先王之礼乐，而将则四方者，臣所以未谕也。夫乐者，动天地感鬼神，移风易俗，布德施化。重犬戎之曲，不足以移风也；非宫商之度，不足以易俗也。无八佾之制，不足以布德也。非六代之乐，不足以施化也。四者无一，何以教人？臣本凡愚，不识忌讳，忠于国者以臣为谠言，佞于朝者以臣为诽谤，惟陛下少留意焉。"②

从以上记载可知：第一，唐人所认识的《苏幕遮》曲来自域外，所谓"海西胡"，但具体国家则未审；第二，《苏幕遮》系舞曲，源自泼水的游戏；第三，《苏幕遮》舞模拟战阵，舞者"骏马胡服"或"骏马戎服""旗鼓相当"，有旗鼓，腾逐喧噪，属于健舞一类；第四，虽是健舞、戎服，但表演者服饰华丽，"锦绣竞夸"。所以，范文澜、蔡美彪等《中国通史》第三编第七章第八节有"泼汉胡戏……经龟兹传入长安。舞者骏马胡服，鼓舞跳跃，以水相泼。唐时又称此舞为苏莫遮，因之乐曲也称苏莫遮曲"。这是唐人的认识。

宋人对浑脱、《苏幕遮》的了解比唐人真切一些、真实一些、全面一些。这源于宋与高昌的交往，一是太宗太平兴国六年（981）、真宗景德元年（1004），高昌遣使来华，贡献礼物；二是宋廷派遣王延德出使高昌，得以亲身见闻，并撰写出《高昌行纪》。这样，高昌的风俗民情被宋人了解，而苏幕遮的真实面纱也由此揭开。

《文献通考》卷三百三十六："太平兴国六年，其王始称西州外生师子王阿厮兰汉，遣都督麦温来献。五月，遣供奉官王延德等使高昌。景德元年，又遣使金延福来贡……王延德使还，叙其行程来上云：初自夏州历玉亭镇，次历黄羊，度沙碛，无水，行人皆载水。凡二日，至都啰啰族。汉使过者遗以财宝，谓之打当。次历第女鳴子族，族临黄河，以羊皮为囊，吹气实之，浮于水。或以橐驼牵木筏而渡。次历茅女王子开导族，行入六窠砂，砂深三尺，马不能行，行者

---

① （宋）欧阳修、宋祁：《新唐书》卷一一八，第4274—4275页。
② （宋）王溥：《唐会要》卷三四，中华书局，1955年版，第626页。

皆乘橐驼。不育五谷……乃至高昌,即西州也……乐多琵琶、箜篌,出貂鼠、白毡、绣文花蕊布,俗好骑射。妇人戴油帽,谓之苏幕遮。用开元七年历,以三月九日为寒食。余二社、冬至亦然,以银或鍮石为筒,贮水激以相射。或以水交泼为戏,谓之压阳气,去病。好游赏,行者必抱乐器。佛寺五十余区,皆唐朝所赐额……"①

《宋史》卷四百九十:高昌国,"乐多琵琶、箜篌,出貂鼠、白㲲、绣文花蕊布,俗好骑射,妇人戴油帽,谓之苏幕遮。用开元七年历,以三月九日为寒食。余二社、冬至亦然。以银或鍮石为筒,贮水激以射,或以水交泼为戏,谓之压阳气去病。好游赏,行者必抱乐器。佛寺五十余区,皆唐朝所赐额,寺中有《大藏经》《唐韵》《玉篇》《经音》等,居民春月多群聚遨乐于其间。游者马上持弓矢射诸物,谓之禳灾。有敕书楼,藏唐太宗、明皇御札诏敕,缄锁甚谨。复有摩尼寺,波斯僧各持其法。佛经所谓外道者也。所统有南突厥、北突厥、大众熨、小众熨、样磨、割禄、黠戛司、末蛮、格哆族、预龙族之名甚众。国中无贫民,绝食者共赈之。人多寿考,率百余岁,绝无夭死"②。

宋王延德《西州程纪》云:"高昌即西州也。其地南距于阗,西南距大食、波斯,西距西天步路涉,雪山、葱岭,皆数千里。地无雨雪而极热,每盛暑,居人皆穿地为穴以处。飞鸟群萃河滨,或起飞,即为日气所烁,坠而伤翼。屋室覆以白垩,雨及五寸,即庐舍多坏。有水,源出金岭,导之周围国城,以溉田园,作水硙。地产五谷,惟无荞麦。贵人食马,余食羊及凫雁。乐多琵琶、箜篌。出貂鼠、白㲲、绣文花蕊布。俗好骑射。妇人戴油帽,谓之苏幕遮。"③

宋王明清《挥麈录·前录》卷四:"太平兴国六年五月,诏遣供奉官王延德,殿前承旨白勋使高昌。雍熙元年四月,延德等叙其行程来上云……乐多箜篌,出貂鼠、白毡、绣文花蕊布。俗多骑射,妇人戴油帽,谓之苏幕遮。用开元七年历,以三月九日为寒食,余二社、冬至亦然。以银或鍮为筒,贮水激以相射,或以水交泼为戏,谓之压阳气去病。好游赏,行者必抱乐器。佛寺五十余区,皆唐朝所赐。"④《辽史拾遗》卷十八即引此。

明陆深《燕闲录下》亦云:"乐府中有苏幕遮,乃高昌妇人所戴油帽。高昌,

---

① (元)马端临:《文献通考》卷三三六,中华书局,2011年版,第14册,第9289—9290页。
② (元)脱脱等:《宋史》,中华书局,1977年版,第40册,第14111页。
③ (宋)王延德:《西州程纪》,《全宋文》第4册,第13页。
④ (宋)王明清撰,王松清点校:《挥麈录·前录》卷四,上海古籍出版社,2012年版,第25页。

西域国西州也。"①

根据以上记载,"苏幕遮"本高昌国妇人所戴油帽,非舞曲、战阵之名;其俗好骑射,亦有泼水之戏,但与"苏幕遮"无关。遗憾的是,尽管宋人对"苏幕遮"的认识更切合高昌实际些,但后世,包括南宋人,仍然有持唐人之见者。

宋洪迈《容斋随笔·四笔》卷十五"浑脱队":"唐中宗时,清源尉吕元泰上书言时政,曰:比见坊邑相率为浑脱队,骏马胡服,名曰'苏幕遮',旗鼓相当,腾逐喧噪。以礼义之朝,法胡虏之俗,非先王之礼乐,而示则于四方。《书》曰:'谋时寒若。'何必赢形体,欢衢路,鼓舞跳跃,而索寒焉?书闻不报。此盖并论泼寒胡之戏。《唐史》附于宋务光传末,元泰竟亦不显。近世风俗相尚,不问公私宴集皆为耍曲、耍舞,如《勃海乐》之类,殆犹此也。"②

周去非《岭外代答》卷四《风土门》,记载岭南风俗云:"岭南嫁女之家,新任盛饰庙坐,女伴亦盛饰夹辅之,迭相歌和,含情凄婉,各致殷勤,名曰送老,言将别年少之伴,送之偕老也。其歌也,静江人倚《苏幕遮》为声,钦人倚《人月圆》,皆临机自撰,不肯蹈袭。其间乃有绝佳者。"③静江风俗:女子出嫁,女伴歌唱《苏幕遮》曲,临时撰词以赠别,间接反映《苏幕遮》曲调的异域性。

明末清初方以智《通雅》卷三十六云:"周邦彦有《苏幕遮》之曲,乃高昌女子所戴油帽。李石曰:鹭有长毛翰,江东取以为睫,摊名之曰白鹭缞解,见氅眊湛若,以为障头饰,非《唐书》宋务光传'比见坊邑浑脱队,骏马戎服,曰苏慔遮',慔乃幕讹。"④通雅如方以智,亦持两说。

史学家岑仲勉先生另有别解。其《唐代戏乐之波斯语》文认为,《苏幕遮》为波斯人供奉苏摩神之曲,波斯萨珊王朝民间节日的泼水故事,可能和苏莫遮的起源有关。因为这个故事说,泼水象征着"苏莫"圣水,为波斯民俗供奉不死之神的活动⑤。

《苏幕遮》调还有一个改名问题。《唐会要》卷三十三:天宝十三载(754),李唐王朝进行了一次大规模的曲调改名,《苏幕遮》本有三曲,沙陀调(正宫)《苏幕遮》改名为《宇宙清》,金风调《苏幕遮》改名为《感皇恩》,水调《苏幕遮》则不改。所以,《苏幕遮》调存在与《宇宙清》《感皇恩》相混的可能。当然,现存宋

---

① (明)陆深:《燕闲录》下,《丛书集成初编》,商务印书馆,1936年版,第2906册第35页。
② (宋)洪迈:《容斋随笔·四笔》卷一五,上海古籍出版社1996年版,第793页。
③ (宋)周去非撰,屠友祥校注:《岭外代答》卷四《风土门》,上海远东出版社,1996年版,第88页。
④ (明)方以智:《通雅》卷三六,浮山此藏轩本。
⑤ 岑仲勉:《唐代戏乐之波斯语》,《东方杂志》四十卷十七号。

代《感皇恩》词,与此《苏幕遮》所名之《感皇恩》应该不属于同调。任二北先生云:"《感皇恩》与此曲应属名同调异,二者皆长短句体,而句法截然不同。声诗之《苏幕遮》则与《感皇恩》较接近。敦煌曲内咏五台山,用此调为大曲,一套六遍。"①并确认《感皇恩》"非清乐"②。

敦煌词咏五台山大曲六套,即《苏幕遮·五台山曲子六首》;宋代《苏幕遮》调词,有三十首。

二、《柘枝引》

《教坊记·曲名》中有此调。宋代郭茂倩《乐府诗集·舞曲歌词·杂舞·柘枝词》引《乐府杂录》及沈亚之《柘枝赋》云:"然则似是戎夷之舞。按今舞人衣冠类蛮服,疑出南蛮诸国者也。"③认为《柘枝》出自南蛮。后来杨宪益《零墨新笺》亦持此说。王国维《唐宋大曲考》则引《新唐书·西域传》谓出于石国,向达《唐代长安与西域文明》附录《柘枝舞小考》谓柘枝舞与胡腾舞同出石国,以字谱为断。

任二北《唐声诗》引王建、刘禹锡、白居易等人诗歌,认为以上说法尚不完备,《柘枝》当出自大曲《柘枝》,"曰'引',盖大曲之散序也,与上列《渔父引》之'引'不同类"④。唐代健舞曲有《柘枝》及《屈柘》;杂曲《柘枝》内羽调者称《柘枝词》,是五言六句声诗,亦合健舞;商调者称《屈柘词》,系五言八句声诗,合软舞;角调《五天柘枝》,不详舞类。"柘枝之声容均出外国","软舞柘枝唐代极盛行,至宋犹传。又敦煌曲中有《长沙女引》,原本或即此调"⑤。而考察"柘枝"二字或谓帽饰,或谓手中所执,指称不一。《柘枝》为健舞六舞之一,而大曲又有《柘枝》;唐软舞又有《屈柘辞》,亦称《柘枝》。《乐府杂录》云:"健舞曲有《柘枝》,软舞曲有《屈柘》,《乐苑》曰:羽调有《柘枝曲》,商调有《屈柘枝》。此舞因曲为名,用二女童,帽施金铃,抃转有声。其来也,于二莲花中藏,花坼而后见,对舞相占,实舞中雅妙者也。《教坊记》曰:凡棚车上击鼓,非《柘枝》则《阿辽破》也。《羯鼓录》曰:凡曲有意尽声不尽者,须以他曲解之,如《耶婆色鸡》用《屈柘》急遍解;《屈柘》用《浑脱》解之类是也。"⑥

---

① (唐)崔令钦撰,任二北笺订:《教坊记笺订》,第105页。
② (唐)崔令钦撰,任二北笺订:《教坊记笺订》,第81页。
③ (宋)郭茂倩:《乐府诗集》卷五六《柘枝词》,上海古籍出版社,1998年版,第630页。
④ (唐)崔令钦撰,任二北笺订:《教坊记笺订》,第116页。
⑤ (唐)崔令钦撰,任二北笺订:《教坊记笺订》,第116页。
⑥ (宋)郭茂倩:《乐府诗集》卷五六《柘枝词》,第629—630页。

唐代佚名有《柘枝引》一首："将军奉命即须行。塞外领强兵。闻到烽烟动,腰间宝剑匣中鸣。"①二十四字四句,二平韵。

唐代另有《榾柘词》调。

宋代《柘枝》的表演情况,尚未进入研究者的视野。考宋代乐舞表演,其中有小儿队,即称"柘枝队"。

《宋史》卷一百四十二:"队舞之制,其名各十。小儿队凡七十二人:一曰柘枝队,衣五色绣罗宽袍,戴胡帽,系银带。二曰剑器队,衣五色绣罗襦,裹交脚幞头,红罗绣抹额,带器仗。三曰婆罗门队,衣紫罗僧衣,绯挂子,执锡环拄杖。四曰醉胡腾队,衣红锦襦,系银鞊鞢,戴毡帽。五曰浑臣万岁乐队,衣紫绯绿罗宽衫,浑裹簇花帽头。六曰儿童感圣乐队,衣青罗生色衫,系勒帛,总两角。七曰玉兔浑脱队,四色绣罗襦,系银带,冠玉兔冠。八曰异域朝天队,衣锦袄,系银束带,冠夷冠,执宝盘。九曰儿童解红队,衣紫绯绣襦,系银带,冠花砌凤冠,绶带。十曰射雕回鹘队,衣盘雕锦襦,系银鞊鞢,射雕盘。"②

宋代舞柘枝情形,屡见于记载。叶梦得云:"寇莱公性豪侈,所临镇燕会,常至三十盏。必盛张乐,尤喜《柘枝舞》,用二十四人,每舞连数盏方毕。或谓之'柘枝颠'。始罢枢密副使,知青州,太宗眷之未衰,数问左右:'寇准在青州乐否?'如是一再。"③寇准的私家燕会,表演《柘枝舞》用二十四人,可见其规模之大。南宋朱敦儒的《南歌子》词有云:"住近沉香浦,门前蕙草春。鸳鸯飞下柘枝新。见弄青梅初着、翠罗裙。　　怕唤拈歌扇,嫌催上舞茵。几时微步不生尘。来作维摩方丈、散花人。"所写则是软舞柘枝。

南宋词人王义山所撰《乐语》中云:"慈元宫殿五云开。寿献九霞杯。步随王母共徘徊。仙子下瑶台。红袖引翻鸾镜媚,婆娑雪□风回。繁弦脆管莫相催。齐唱柘枝来。　　风吹仙袂飘飘举,底事下蓬莱。东朝遥祝万年杯。玉液泻金垒。天上蟠桃又熟,晕酡颜、红染芳腮。年年摘取献天阶。齐舞柘枝来。"词中的《柘枝》,是歌曲。

宋词保留柘枝最多者是南宋史浩大曲,其中以《柘枝舞》为名者即有三首,其具体表演为:

> 五人对厅一直立,竹竿子勾念:伏以瑞日重光,清风应候。金石丝竹,闲六律以皆调;僸佅兜离,贺四夷之率伏。请翻妙舞,来奉多

---

① 曾昭岷、曹济平、王兆鹏、刘尊民:《全唐五代词》,中华书局,1999年版,第1089页。
② (元)脱脱等:《宋史》卷一四二,第10册,第3350页。
③ (宋)叶梦得撰,宇文绍奕考异,侯忠义点校:《石林燕语》卷四,中华书局,1984年版,第60页。

欢。鼓吹连催,柘枝入队。念了,后行吹引子半段入场,连吹柘枝令,分作五方舞。舞了,竹竿子又念:适见金铃错落,锦帽蹁跹。芳年玉貌之英童,翠袂红绡之丽服。雅擅西戎之舞,似非中国之人。宜到阶前,分明祗对。

念了,花心出,念:但儿等名参乐府,幼习舞容。当芳宴以宏开,属雅音而合奏。敢呈末技,用赞清歌。未敢自专,伏候处分。

念了,竹竿子问,念:既有清歌妙舞,何不献呈。

花心答,念:旧乐何在。

竹竿问,念:一部俨然。

花心答,念:再韵前来。

念了,后行吹三台一遍,五人舞拜,起舞,后行再吹射雕遍连歌头。舞了,众唱歌头:

□人奉圣□□朝□□□□主□□□□留伊。得荷云戏、幸遇文明,尧阶上、太平时。□□□□何不罢岁□征舞柘枝。

唱了,后行吹朵肩遍。吹了,又吹扑胡蝶遍,又吹画眉遍。舞转,谢酒了,众唱柘枝令:

我是柘枝娇女。□□多风措。□□□□住。深□妙学得柘枝舞。□□头戴凤冠,□□□纤腰束素。□□遍体锦衣装,来献呈歌舞。

又唱:

回头却望尘寰去。喧画堂箫鼓。整云鬟,摇曳青绡,爱一曲柘枝舞。好趁华封盛祝笑,共指南山烟雾。蟠桃仙酒醉升平,望凤楼归路。

唱了,后行吹柘枝令,众舞了,竹竿子念遣队:雅音震作,既呈仪凤之吟;妙舞回翔,巧着飞鸾之态。已洽欢娱绮席,暂归缥缈仙都。再拜阶前,相将好去。

念了,后行吹柘枝令出队。

前二首都有数句残缺,仅第三首完整,其体式不易确定。
南宋王义山一套乐语中,亦保留有唱《柘枝令》词:

西山元是神仙境,瑞气郁森森。彩鸾飞下五云深。急管递繁音。

碧髻□斜花欲颤,轻盈莲步移金。紫檀催拍莫沉吟。传入柘枝心。

三、《赞普子》

《赞普子》调出自吐蕃。任二北《教坊记校笺》:"五代作《赞浦子》。'赞普'乃吐蕃语:强雄曰'赞',章甫曰'普',号君长曰'赞普'。《酉阳杂俎》续七:'蕃将赏以羊革数百,因转近牙帐。赞普子爱其了事,遂令执纛。'则称蕃将也。此调与上列之《定西番》一二二、《合罗缝》一八一、《北庭子》二四三,并下列之《蕃将子》等,皆因边事而创之曲。此处《赞普子》与《蕃将子》之名联列,应非偶然。敦煌曲有《赞普子》一首,内容正是蕃将来朝,与《花间集》《赞普子》作艳词者截然不同。"①

《赞普子》是唐词调名,至宋代,未见流传。

敦煌词中《赞普子》一首云:

> 本是蕃家将,年年在草头。夏月披毡帐,冬天挂皮裘。　语即令人难会,朝朝牧马在荒丘。若不为抛沙塞,无因拜玉楼。②

四、《胡渭州》

《宋史》"每春秋圣节三大宴","所奏凡十八调四十六曲",其中就有《胡渭州》:

> 一曰正宫调,其曲三,曰《梁州》《瀛府》《齐天乐》;二曰中吕宫,其曲二,曰《万年欢》《剑器》;三曰道调宫,其曲三,曰《梁州》《薄媚》《大圣乐》;四曰南吕宫,其曲二,曰《瀛府》《薄媚》;五曰仙吕宫,其曲三,曰《梁州》《保金枝》《延寿乐》;六曰黄钟宫,其曲三,曰《梁州》《中和乐》《剑器》;七曰越调,其曲二,曰《伊州》《石州》;八曰大石调,其曲二,曰《清平乐》《大明乐》;九曰双调,其曲三,曰《降圣乐》《新水调》《采莲》;十曰小石调,其曲二,曰《胡渭州》《嘉庆乐》;十一曰歇指调,其曲三,曰《伊州》《君臣相遇乐》《庆云乐》;十二曰林钟商,其曲三,《贺皇恩》《泛清波》《胡渭州》;十三曰中吕调,其曲二,曰《绿腰》《道人欢》;十四曰南吕调,其曲二,曰《绿腰》《罢金钲》;十五曰仙吕调,其曲二,曰《绿腰》《彩云归》;十六曰黄钟羽,其曲一,曰《千春乐》;十七曰般涉调,其曲,曰《长寿仙》《满宫春》;十八曰正平调,无大曲、小曲,无

---

① (唐)崔令钦撰,任二北笺订:《教坊记笺订》,第132页。
② 曾昭岷、曹济平、王兆鹏、刘尊民:《全唐五代词》下编,第836页。

定数。不用者有十调,一曰高宫,二曰高大,三曰高般涉,四曰越角,五曰商角,六曰高大石角,七曰双角,八曰小石角,九曰歇指角,十曰林钟角。乐用琵琶、筝篌、五弦琴、筝、笙、觱栗、笛、方响、羯鼓、杖鼓、拍板。法曲部其曲二,一曰道调宫《望瀛》,二曰小石调《献仙音》。乐用琵琶、筝篌、五弦、筝、笙、觱栗、方响、拍板。龟兹部其曲二,皆双调,一曰《宇宙清》,二曰《感皇恩》。乐用觱栗、笛、羯鼓、腰鼓、揩鼓、鸡娄鼓、鼗鼓、拍板。鼓笛部乐用三色:笛、杖鼓、拍板。①

《胡渭州》在宋春秋圣节三大宴时所奏四十六曲中,属小石调。

明胡震亨《唐音癸签》:"唐有两《渭州》,一属关内,一属陇右。此(按:指《胡渭州》)出陇右渭州,为近边地,故以《胡渭州》别之。"而到宋代,《胡渭州》之曲滋益为四,宋周密《武林旧事》卷十上"官本杂剧段数",有《赶厥胡渭州》《单番将胡渭州》《银器胡渭州》《看灯胡渭州》三厥。② 从名称看,与唐时边地关系依然存在。

唐五代有《胡渭州》词一首。

五、《胡相问》

《胡相问》出现于唐代。任二北《教坊记笺订》:

> 应系胡声,犹《胡渭州》《胡捣练》之类。敦煌曲辞有在同一首或联章二首之中作问答者,如《定风波》《南歌子》等是;此调始辞或亦然,故名。敦煌乐谱内称《急胡相问》,并有"重头"字样,殆为两片之曲。本书有名,而敦煌曲有谱。——此二者相应合处之十。敦煌曲内《南歌子》演男女问答者乃元王晔"双渐、小青问答"小令联章及金元院本《问相思》之所祖,此种《南歌子》辞即可能为戏曲。此调既曰《胡相问》,亦可能为盛唐戏弄中所歌之曲。③

唐宋词中,均无《胡相问》调词作保留。

六、《胡醉子》

唐代《教坊记》曲名表中已有《胡醉子》。任二北《教坊记笺订》云:

---

① (元)脱脱等:《宋史》卷一四二《乐志》,第3347—3349页。
② (宋)周密:《武林旧事》卷一〇,西湖书社,1981年版,第154页。
③ (唐)崔令钦撰,任二北笺订:《教坊记笺订》,第115页。

他本作《醉胡子》,与日本所传唐曲名合。此乃舞曲,状胡王醉态,与《乐府杂录》所载健舞之《胡腾》为一类。陈旸《乐书》一八四曾说明宋时醉胡之舞装。宋队舞中有《醉胡腾队》。日本伎乐中称《胡饮酒》,或《醉胡乐》《宴饮乐》;又有《酒胡子》,一称《醉公子》《酒饮子》。正仓院藏有《醉胡》袍。《古事类苑》音乐部有《胡饮酒》面具图,并谓源出散乐《苏中郎》,非。另有酒具,亦涉"胡醉"之义,如北齐兰陵王在筵间制"舞胡子",欲有所劝,则胡子捧盏以揖,见《朝野佥载》。唐人筵间设木刻之"酒胡子",听人旋转,所向者举杯,见《唐摭言》。元稹诗注中指"巡胡"一名"酒胡子"。徐寅、卢注均有"酒胡子"诗。①

唐宋词中,《胡醉子》未有词作流传。

七、《奉圣乐》

据《新唐书》,贞元间,南诏进《奉圣乐》。任二北《教坊记笺订》认为,唐代另有《奉圣乐》,"与后来德宗贞元十六年南诏王昇牟寻所进之《奉圣乐》大曲,名同实异。'奉圣'乃极泛之辞,用作曲名,可能历代皆有,不必贞元始有"②。

宋唐士耻有《凤葆鼓铭》文,涉及《南诏奉圣乐》:

> 唐德宇宏远,遍覆海内,讫惟人面,罔不来王。越有骠国,生聚西南,多阅星霜,未远梯航之愿,闻南诏之款塞,悠然兴慕义之心。其王雍羌介南诏行李之来,附献南国之乐,达之剑南西川节度使韦皋,因之作《南诏奉圣乐》。其龟兹部乐器有鼓,鼓有羽葆,用瑞图之说,栖以凤凰。夫十部有乐,类出夷裔,用之燕飨,昔尚闻之,然未有如斯之器有其饰、饰有其义者也。《周官》之遗,《考工》有记,梓人有官,筍虡雕琢之饰,不间微类。今兹鼓葆栖凤,抑亦其遗义也与!且器不苟作,作不苟饰,抑皋之所自创与?岂骠之所固有而皋因之与?是皆未可知也。器必有铭,铭曰:"乐之为器,羽葆其饰。钲金之徒,孔雀奋翼。饶之与铎,翔鹭振臆,枞之顶足,此族盈百。岂独斯鼓,无以昭赫。丹穴有凤,九采如织。善览德辉,其来弗亟。在昔姚虞,箫韶和悇。能格此瑞,来仪奕奕。瑞图有言,其言可识。惠然集鼓,和鸣不息。奉圣之乐,此义是即。维兹革木,厥音孔硕。明主听焉,将臣之

---

① (唐)崔令钦撰,任二北笺订:《教坊记笺订》,第122页。
② (唐)崔令钦撰,任二北笺订:《教坊记笺订》,第64页。

绩。声冠夷乐,始作有绎,其饰称兮,文章五色。贞元有道,南诏来格,所献者乐,光华简册。骠国创为,事关重译。韦皋览之,笑言哑哑。想其在廷,我考我击。葆则震动,如翔如革。彼器之末,其意可撼。凤实四灵,何止文翟。为祥实巨,有冠于历。今兹集鼓,彷象在昔。我其勒铭,永诏千亿。"①

《南诏奉圣乐》之异域性质被揭示得非常清晰,惜未见词作流传。

八、《献忠心》

见于崔令钦《教坊记》。任二北《教坊记笺订》:

> 原为藩国对唐室朝觐献忠之乐,故作"忠"。辞见敦煌曲,内容、名称均符。——此敦煌曲与本书曲名相应合处之四。五代人用此调写情辞,乃易"忠"为"衷",有若"诉衷情"矣。②

敦煌词有《献忠心》三首,其一云:

> 自从黄巢作乱,直到今年。倾动迁移每惊天。京华飘飘因此荒。空有心长思恋明皇。　　愿圣明主。久居宫宇。臣等默始有望常殊。弓剑更抛涯计会。将銮驾步步却西回。③

另有《献衷心》二首。

九、《女王国》

见于崔令钦《教坊记》。任二北《教坊记笺订》:

> 此曲应作于天宝元年或以后不久。《杜阳杂编》之说不足据。《旧唐书》一四七:"东女国,西羌别种……俗以女为王……开元二十九年十二月,其王赵曳夫遣子献方物。天宝元年命有司宴于曲江,令宰臣以下同宴。"④

未见词作流传。

---

① (宋)唐士耻:《凤葆鼓铭》,《全宋文》第308册,第92—93页。
② (唐)崔令钦撰,任二北笺订:《教坊记笺订》,第86页。
③ 曾昭岷、曹济平、王兆鹏、刘尊民:《全唐五代词》下编,第848页。
④ (唐)崔令钦撰,任二北笺订:《教坊记笺订》,第91页。

十、《西河师子》

见于崔令钦《教坊记》。任二北《教坊记笺订》：

> 此与下列《师子》不同处，应在此曲用西凉乐，比为后来白居易等新乐府《西凉伎》内所咏之《师子舞》。其调由西凉而入西河，遂称"西河调"。唐有西河郡，今之山西。李讷饯崔元范，命盛小丛歌《长命女》。坐客对封彦卿有诗云："为公唱作《西河》调，日暮偏伤去住人！"一作"西歌调"。《通典》一四六云："又有西声，自西河至者，号胡音，声与龟兹乐、散乐俱为时重，诸乐咸为之少寝。"所谓"号胡音"有待研讨。若承认此项新声即指西河调，本源是西凉乐，又在龟兹乐之外，诚所谓"号胡音"而已，盖号称如此，若论其实，则所含胡音之成分并不多也。《隋书·乐志》与《通典》并曰："西凉乐者，起符坚之末，吕光、沮渠蒙逊等据有凉州，变龟兹声为之，是为秦汉伎。后魏太祖既平河西，得之，谓之西凉乐。"西凉、河西、西河其命名之始，可于此求之。本编对此二曲之唱西河调者，虽不援凉州之例，亦注"清"字，若其所含之清乐成分则甚强，不可不辨。《师子舞》本合《太平乐》，当不用西河调——二者分别在此。《羯鼓录》有《西河师子三台舞》，属太簇角，或系三台曲，唱西河调，而合《师子舞》也。宋初太宗淳化四年。汾阳僧无德咏《西河师子》曰："西河师子九州岛岛闻，抖擞金毛众兽宾"云云，足见当时尚有此项声伎未绝辍。今北京有"西河大鼓"，未知与此西河有渊源否。《大日本史》三四八性调六曲，首曰《西河》。[①]

《西河》调，在宋代一直歌唱。南宋刘过《清平乐》词云："忔憎憎地。一捻儿年纪。待道瘦来肥不是。宜着淡黄衫子。　　唇边一点樱多。见人频敛双蛾。我自金陵怀古，唱时休唱《西河》。"可见直到南宋时期，《西河》词调还可以唱。时代迟于刘过的刘辰翁，有《大圣乐》词云："芳草如云，飞红似雨，卖花声过。况回首、洗马塍荒，更寒食、宫人斜闭，烟雨铜驼。提壶卢何所得酒，泥滑滑、行不得也哥哥。伤心处，斜阳巷陌，人唱《西河》。天下事，不如意十常八九，无奈何。论兵忍事，对客称好，面皱如靴。广武噫嘻，东陵反复，欢乐少兮哀怨多。休眉锁。问朱颜去也，还更来么。"所谓"伤心处，斜阳巷陌，人唱《西河》"，也是把《西河》当作表达盛衰之感、怀古伤今的词调。

---

① （唐）崔令钦撰，任二北笺订：《教坊记笺订》，第99—100页。

赵功可《氐州第一》云："杨柳楼深,推梦乍起,前山一片愁雨。嫩绿成云,飞红欲雪,天亦留春不住。借问东风,甚飘泊、天涯何许。可惜风流,三生杜枚,少年张绪。　　陌上差差携手去。怕行到、歌台旧处。落日啼鹃,断烟荒草,吟不成谁语。听西河、人唱罢,何堪把、江南重赋。敲碎琼壶,又前村、数声钟鼓。"张炎《风入松·陈文卿酒边偶赋》词云："小窗晴碧贴帘波。昼影舞飞梭。惜春休问花多少,柳成阴、春已无多。金字初寻小扇,铢衣早试轻罗。　　园林未肯受清和。人醉牡丹坡。啸歌且尽平生事,问东风、毕竟如何。燕子寻常巷陌,酒边莫唱西河。"《西河》的歌唱基调,都是断烟衰草、夕阳荒村,一种今昔感慨、盛衰之叹,始终抹不去。

唐五代曲有《西河师子三台舞》。宋周邦彦有大石调《西河·金陵》词："佳丽地。南朝盛事谁记。山围故国绕清江,髻鬟对起。怒涛寂寞打孤城,风樯遥度天际。　　断崖树,犹倒倚。莫愁艇子曾系。空余旧迹郁苍苍,雾沈半垒。夜深月过女墙来,赏心东望淮水。　　酒旗戏鼓甚处市。想依稀、王谢邻里。燕子不知何世。入寻常、巷陌人家,相对如说兴亡,斜阳里。"前引刘过《清平乐》词末韵"我自金陵怀古,唱时休唱《西河》",即指清真此词。

但周邦彦另有同调一首："长安道,潇洒西风时起。尘埃车马晚游行,霸陵烟水。乱鸦栖鸟夕阳中,参差霜树相倚。　　到此际。愁如苇。冷落关河千里。追思唐汉昔繁华,断碑残记。未央宫阙已成灰,终南依旧浓翠。　　对此景、无限愁思。绕天涯、秋蟾如水。转使客情如醉。想当时、万古雄名,尽作往来人、凄凉事。"刘一止一首："山驿晚,行人昨停征辔。白沙翠竹锁柴门,乱峰相倚。一番急雨洗天回,扫云风定还起。　　念凄断,谁与寄。双鱼尽素难委。遥知洞户隔烟窗,簟横秋水。淡花明玉不胜寒,绿尊初试冰蚁。小欢细酌任鼓醉。　　扑流萤、应卜心事。谁记天涯憔悴。对今宵、皓月明河千里。梦越空城疏烟里。"方千里和清真《西河》一首,对清真词亦步亦趋,和者杨泽民一首《岳阳》,陈允平一首,大多如此情调。惟辛弃疾一首《西河·送钱仲耕自江西漕赴婺州》,内容、风格有些不同:

西江水。道是西风人泪。无情却解送行人,月明千里。从今日日倚高楼,伤心烟树如荠。　　会君难,别君易。草草不如人意。十年着破绣衣茸,种成桃李。问君可是厌承明,东方鼓吹千骑。　　对梅花、更消一醉。有明年、调鼎风味。老病自怜憔悴。过吾庐、定有幽人相问,岁晚渊明归来未。

丘崈亦有一首,题作"饯钱漕仲耕移知婺州奏事,用幼安韵":"清似水。不了眼中供泪。今宵忍听唱阳关,暮云千里。可堪客里送行人,家山空老春荠。

道别去、如许易。离合定非人意。几年回首望龙门,近才御李。也知追诏有来时,匆匆今见归骑。　　整弓刀,徒御喜。举离觞、饮醑无味。端的慰人愁悴。想天心,注倚方深,应是日日传宣公来未。"虽然是和辛弃疾词,内容、风格却与辛词不同,向周邦彦等人之词回归。王埜有《西河》,吴潜"和旧韵"一首,吴文英一首中吕商《陪鹤林登袁园》,黄昇《己亥秋作》一首,王奕《和周美成金陵怀古》一首,张炎《西河·依绿庄赏荷,分净字韵别本依上有史元叟三字》一首,类不出对比结构,感慨抒情,见出《西河》调之基调,及其在宋代已经形成一种稳固的抒情范式,很少变化。

十一、《西河剑器》

《剑器》唐代已有,至宋代,据前引《宋史·乐志》,《剑器》为宫廷"春秋圣节三大宴",所奏十八调四十六曲中,中吕宫二曲之一。

任二北《教坊记笺订》:

> 此亦谓《剑器》唱入西凉乐者……《剑器》初唐已有。宋陈旸《乐书》一六四:"唐自天后末年《剑器》入浑脱,是为犯声之始。《剑器》宫调,《浑脱》角调。"传辞甚罕,仅敦煌曲与姚合诗内各三首,皆大曲。下文大曲名内未载《剑器》。舞容有二种:甲、女伎,雄壮,持发光体,合激烈之金鼓声,舞姿浏漓顿挫,以妍妙称。乙、军伎,队舞,持武器、旗帜、火炬,象战阵杀敌,鼓角与吼声相应。郑嵎《津阳门》诗所云者不如杜甫诗可信。后人谓《剑器》乃空手舞,或舞双剑,皆未合。西北民间舞彩帛,仍传谓《剑器舞》之遗意。日本亦有《剑器裈脱》,盘涉调……高丽《进馔仪轨》载《剑器舞》,内容完全为舞双剑,无歌;与我宋制合,却非唐制。①

唐五代曲,有三首《剑器词》:

> 皇帝持刀强,一一上秦王。闻贼勇勇勇,拟欲向前汤。应手五三个,万人谁敢当。从家缘业重,终日事三郎。
>
> 丈夫气力全,一个拟当千。猛气冲心出,视死亦如眠。弯弓不离手,恒日在阵前。譬如鹘打雁,左右悉皆穿。
>
> 排备白旗舞,先自有由来。合如花焰秀,散若电光开。喊声天地

---

① (唐)崔令钦撰,任二北笺订:《教坊记笺订》,第100—101页。

裂,腾踏山岳摧。剑器呈多少,浑脱向前来。

《宋史·乐志》大曲中有《剑器》,词作仅有袁去华《剑器近》一首,完全写相思离别之情,与一般词调没有区别:

> 夜来雨。赖倩得、东风吹住。海棠正妖娆处。且留取。悄庭户。试细听、莺啼燕语。分明共人愁绪。怕春去。　　佳树。翠阴初转午。重帘未卷,乍睡起、寂寞看风絮。偷弹清泪寄烟波,见江头故人,为言憔悴如许。彩笺无数。去却寒暄,到了浑无定据。断肠落日千山暮。

十二、《杨下采桑》

出现于唐代。任二北《教坊记笺订》:

> 乃五言四句声诗,《羯鼓录》"杨"作"凉",应是胡乐。《北梦琐言》六"杨"作"羊",或作"阳"。"杨下"究不知作何解,疑是说明故事者。①

惜未见词作流传。

十三、《合罗缝》

出现于唐代。任二北《教坊记笺订》:

> "合"当作"阁"。《乐府诗集》作《盖罗缝》,乃七言四句声诗。李匡乂《资暇集》上纪当时人读音讹误云:"呼曲子名《下兵》为'下平',《阁罗凤》为《合罗凤》。"似谓曲名本作"阁罗凤"。但此曲分明用南诏王合罗凤名,仍以作"合"为正。合于天宝九载攻陷云南,此曲之创,应在其未判唐之前。薛能《闻官军破吉浪……》诗:"空余《罗凤》曲,哀思满边云!"即指此。②

唐宋两代,今已无词作流传。

十四、《苏合香》

唐代出现。任二北《教坊记笺订》:

---

① (唐)崔令钦撰,任二北笺订:《教坊记笺订》,第110页。
② (唐)崔令钦撰,任二北笺订:《教坊记笺订》,第111页

《羯鼓录》属太簇宫，《乐府杂录》列为软舞曲，乃天竺乐。《梁书》五四"天竺国"条，叙苏合香输入中国情形。《御览》九八二引《续汉书》："大秦国合诸香，煎其汁，谓之苏合。"吴曾《能改斋漫录》五引张芸叟《南迁录》，记衡山侑神之乐甚详：初曰《苏合香》，次曰《黄帝盐》，终曰《四朵子》，三曲皆开元中所降。宋姜夔词序内亦谓衡山融峰祀神曲曰《黄帝盐》《苏合香》。宋沈喆《寓简》八谓徽宗政和间，命访衡岳祠宫唐乐，得《黄帝盐》《荔枝香》二谱，"荔枝"应是"苏合"之误。①

宋词中，"苏合"已经不是词调，而是词作中的一个语词。陈克《南歌子》词云：

献鲤荣今日，凭熊瑞此邦。年年寿酒乐城隍。共道使君椿树、似甘棠。　歌舞重城晓，从容燕席凉。不须苏合与都梁。风外荷花无数、是炉香。

十五、《朝天乐》(《朝天子》)

出现于唐代。任二北《教坊记笺订》：

《郭》本外诸本皆无"乐"字。下文又列《西国朝天》。《通考》夷部乐谓为天竺舞曲，有《大朝天》《小朝天》之别。《词谱》六谓"《朝天子》唐教坊曲名"。查本书并列《朝天子》。②

宋代蔡絛《铁围山丛谈》载有赵企失调名词，煞句有"猺人北面朝天子"：

闻道南丹风土美。流出溅溅五溪水。威仪尽识汉君臣，衣冠已变□番子。凯歌还、欢声载路。一曲春风里。不日万年觞，猺人北面朝天子。

宋词中，有《喜朝天》《朝天子》《朝玉阶》三个词调，与唐代《朝天子》接近，而《喜朝天》是《踏莎行》的别名，《朝玉阶》是《朝天子》的别名。贺铸惯于"寓声乐府"，其《思越人》之本调，即《朝天子》。

《喜朝天》调，有张先《清暑堂赠蔡君谟》、黄裳《腊中后东湖闲宴》、晁补之《秦宅作，海棠》各一首，以及曹冠《绮霞阁》、"翠老红稀"二首。

《朝玉阶》调，有杜安世二首词。

---

① （唐）崔令钦撰，任二北笺订：《教坊记笺订》，第 111—112 页。
② （唐）崔令钦撰，任二北笺订：《教坊记笺订》，第 113 页。

贺铸有《思越人》三首词。

郑少微有一首集句词《思越人》,亦为《朝天子》调。

十六、《北庭子》

出现于唐代。任二北《教坊记笺订》认为:"或出于大曲《北庭伊州》……唐长安朝在西域设北庭都护府。开元间置北庭镇,在今新疆维吾尔自治区孚远县。日本有《北庭乐》,一名《北亭子》《曲帝子》《双鼻丽》。《大日本史》三四七属壹越调。说者又牵合《伊州》《凉州》,三者共为一曲。日本于'北庭'二字之义另有猥说,不足据。"①

惜唐宋词中,未见该调词作流存。

十七、《师子》

出现于唐代。任二北《教坊记笺订》:

> 诸本作"狮子"。可能出于大曲《太平乐》……《师子》与《西河师子》二曲音调固不同,或兼有辞句之别。《师子》一称《五方师子》,因舞时缀毛为衣,五狮分象五方之色。《南部新书》乙谓"《五方师子》本领出于太常,不知何时兼入教坊。"卢氏《杂说》载一求官之人,原属教坊,曾作西方师子之左脚,凡三十年。《大日本史》三四八杂乐内列《师子》,谓即此调。《乐家录》列入沙陀调。有序、破、急,乐用笛、大鼓、钲鼓。滨一卫《伎乐源流考》述日本戴伎乐面之曲二十三,内有《师子》及《石子儿》二曲。②

唐宋两代未见词作留存。

十八、《穆护子》

出自波斯。黄庭坚《题牧护歌后》:

> 苏溪作此歌,余尝问深知教相俗讳人,皆莫能说"牧护"之义。余昔在巴间六年,问诸道人,亦莫能说。他日船宿云安野次,会其人祭神罢而饮福,坐客更起舞而歌《木瓠》,其词有云:"听说商人木瓠,四海五湖曾去。"中有数十句,皆叙贾人之乐,末云:"一言为报诸人,倒

---

① (唐)崔令钦撰,任二北笺订:《教坊记笺订》,第128页。
② (唐)崔令钦撰,任二北笺订:《教坊记笺订》,第129—130页。

尽百瓶归去。"继有数人起舞,皆陈述己事,而始末略同。问其所以为"木祓",盖刻曲木状如瓠,击之以为歌舞之节云。乃悟"牧护"盖"木祓"也,如石头和尚因魏伯阳《参同契》也,其体制便皆似之。编《传灯录》时,文士多窜翰墨于其间,故其不知者辄改定,以就其所知耳,此最校书之病也。崇宁三年八月,宜州喧寂斋重书。①

黄庭坚认为"牧护"乃"木祓",《木祓歌》为巴间祭神之曲。姚宽则以为山谷误,《牧护歌》乃波斯国祭祀祆神之曲。他引黄庭坚《题牧护歌后》,并详细考证祆教入中国经过及其祭神仪礼云:

> 山谷《题牧护歌后》云:向常问南方衲子,《牧护歌》是何种语,皆不能说。后见刘梦得作夔州刺史,乐府有《牧护歌》,似是赛神语,亦不可解。及来黔中,闻赛神者夜歌"听说侬家牧护",末云"奠酒烧钱归去",虽长短不同,要皆自叙五七十语,乃知苏溪夔州故作此歌学巴人曲,犹石头学魏伯阳作参同契也。

> 予长兄伯声,尝考火祆字,其画从天,胡神也,音酰坚切,教法佛经所谓摩酰首罗也。本起大波斯国,号苏鲁支,有弟子名玄真,习师之法,居波斯国大总长如火山,后行化于中国。

> 宋次道《东京记》:"宁远坊有祆神庙。"注云:"《四夷朝贡图》云:康国有神名祆,毕国有火祆祠。疑因是建庙。或传晋戎乱华时立此。"又据杜预《左传注》云:"睢受汴,东经陈留、梁、谯、彭城入泗。此水次有祆神,皆社祠之。盖杀人而用祭也。"此即火祆之神,其来盖久。

> 至唐贞观五年,有传法穆护何禄,将祆教诣阙闻奏,敕令长安崇化坊立祆寺,号大秦寺,又名波斯。寺至天宝四年七月,敕:"波斯经教,出自大秦,传习而来,久行中国,爰初建寺,因以为名,将以示人,必循其本,其两京波斯寺,宜改为大秦寺,天下诸州郡有者准此。"

> 武宗毁浮图,籍僧为民。会昌五年敕:大秦穆护火祆等六十余人,并放还俗。然而根株未尽,宋公言祆立庙,出于胡俗,而未必究其即波斯教法也。

> 又尝见《官品令》:有祆正。祆法初来,以鸿胪寺为礼远令邸,后世因用以僧尼隶焉。设官来历如此。祆之有正,想在唐室。

---

① (宋)黄庭坚:《山谷集·别集》卷一〇《题牧护歌后》。

始段成式《酉阳杂俎》:"孝亿国界三千余里,举俗事祆,不识佛法,有祆祠三千余所。"又:"铜马俱在德建国乌浒河中,滩流中有火祆祠,相传祆神本自波斯国乘神通来,因立祆祠。祠内无像,于大屋下置小庐舍,向西,人向东礼神。有一铜马,国人言自天而下,屈前足在室中,后足入土,自古数有穿视,竟不及其蹄。西夷以五月为岁,每岁自乌浒河中有马出,其色如金,与此铜马嘶鸣相应,俄复入水。近有大食不信,入祆祠,将坏之,忽有火烧其兵,遂不敢毁。"则祆教流行外域,延入中国,蔓衍如此。康国盖在西。《朝贡图》之言,与此合也。

《教坊记》曲名有《牧护子》,已播在唐乐府。《崇文书》有《牧护词》,乃李燕撰六言文字,记五行灾福之说。则后人因有作语为《牧护》者,不止巴人曲也。祆之教法盖远,而穆护所传,则自唐也。苏溪作歌之意,正谓旁门小道似是而非者,因以为戏,非效《参同契》之比。山谷盖未深考耳。且祆有祠庙,因作此歌以赛神,固未知刘作歌诗止效巴人之语,亦自知其源委也。①

而南宋洪迈《容斋随笔·四笔》卷八云:

《穆护歌》,郭茂倩编次《乐府诗》穆护歌一篇,引《历代歌辞》曰:曲犯角。其语曰:"玉管朝朝弄,清歌日日新。折花当驿路,寄与陇头人。"黄鲁直《题牧护歌后》云:"予尝问人此歌,皆莫能说牧护之义。昔在巴范间六年,问诸道人,亦莫能说。他日船宿云安野次,会其人祭神,罢而饮福,坐客更起舞而歌《木瓠》,其词有云:'听说商人木瓠,四海五湖曾去。'中有数十句,皆叙贾人之乐。末云:'一言为报诸人,倒尽百瓶归去。'继有数人起舞,皆陈述已事,而始末略同。问其所以为木瓠,盖瓠曲木状,如瓠,击之以为歌舞之节耳。乃悟'穆护'盖木瓠也。"据此说,则茂倩所序为不知本原云。且四句律诗如何便差排为犯角曲?殊无意义。②

洪迈(1123—1202)生在姚宽(1105—1162)后,似未见姚宽此论,而赞同黄庭坚之说,并认为郭茂倩《乐府诗集》所言为非。

明末清初方以智《通雅》卷二十九历考诸说,提出新说:

《穆护煞》,西曲也。乐府有《穆护沙》。升庵曰:隋朝曲也,与《水

---

① (宋)姚宽:《西溪丛语》卷上,中华书局,1993年版,第41—43页。
② (宋)洪迈:《容斋随笔·四笔》卷一五,第722页。

调》《河传》同时,皆隋开汴河时作,其声犯角,至今讹"沙"为"煞"云。智见唐有大秦穆护袄僧二千余人,今以曲名,盖西方之音,如《伊州曲》《梁州曲》也。《墨庄漫录》曰:苏阴和尚作《穆护歌》。又,地里风水家亦有《穆护歌》。皆以六言为句,而用侧韵。黄鲁直云:黔南巴间,赛神者皆歌《穆护》,其略云:"听唱商人穆护,四海五湖曾去。"因问穆护之名,父老云:盖木瓠耳,曲木状,如瓠击之以节歌耳。《西溪丛语》曰:刘梦得刺夔州,有《牧护诗》以赛神。唐乐府有《牧护曲》者,其始起火袄穆护,而苏溪作歌,正谓旁门小道以为戏也。智按:两说皆非。沈宠绥论北调失之江以南,当留之河以北,乃历稽彼俗所传,大名之《木鱼儿》,彰从天音轩德之《木斛沙》,陕右之《阳关三叠》,东平之《木兰花慢》,已莫可得而问也。智按:《木斛沙》即《穆护沙》,始或以赛火袄之神,起名后入教坊乐府,文人取其名作歌,野人歌以赛神,乐人奏以为《水调》,皆可。乐曲必"煞"讹为"沙",而升庵反谓"沙"讹为"煞"。①

南宋林希逸作于咸淳二年(1266)的《回僧贺生日启一》:

> 门前问今朝之客,能来者谁;山中无倦日之人,未忘此老。扫除蔬笋,演说蓬弧。伏惟某僧,了为僧心,具论诗眼。唱谁家曲,从来自立宗风;作《牧护歌》,所得无非法要。不嫌汤饼并,为说贯花禅。是九世临济孙,虽论文章而何害;添一日寒山子,且听钟鼓以共饮。②

将《牧护歌》放在佛禅语境中用,应指《墨庄漫录》中载苏阴和尚作《穆护歌》之类,非误用。任二北《教坊记笺订》云:

> 乃五言四句声诗,应与《乐府诗集》所见之《穆护砂》同出于大曲《穆护》,"砂"原作"煞",谓大曲之尾声也。北曲仙吕宫之《袄神急》与此曲应亦有关。"穆护"为唐时袄教僧侣之称。民间必已甚习用,如颜真卿之子硕,小名穆护。宋黄庭坚《豫章黄先生文集》二五《题苏傒作〈牧护歌〉后》:"刘梦得作夔州刺史时,乐府有《牧护歌》,似赛神曲,亦不可解。"按今传刘禹锡诗内无此歌。又云:"在黔中,闻赛神者夜歌,乃云:'听说侬家《牧护》';末云:'奠酒烧钱归去。'长短虽不同,要皆自叙,致五七十语。乃知苏傒嘉州人,故作此歌,学巴人曲。"张邦

---

① (明)方以智:《通雅》卷二九。
② (宋)林希逸:《回僧贺生日启一》,《全宋文》第335册,第291页。

基《墨庄漫录》四:"苏阴和尚作《穆护歌》,又地理风水家亦有《穆护歌》,皆以六言为句,而用侧韵。"按此虽属北宋情形,其因袭于唐,固在意中,可以借鉴。宋姚宽《西溪丛话》上云:"《教坊记》取名有《牧护字》,已播在唐乐府。"按"字"或系"子"之讹。岂宋本《教坊记》之曲名作"《牧护字》"耶?又云:"《崇文书目》有《牧护词》,乃李燕撰,六言文字,记五行灾福之说。"按《崇文总目》四"五行"下列《穆护词》一卷,李燕撰";《宋史·艺文志》亦列"李燕《穆护词》一卷",均不作《牧护词》。《西溪丛话》又云:"'祆'字其画从'天',胡神也,音酰坚切。《教法佛经》所谓'摩酰首罗'也。本起大波斯国,号苏鲁支。"按《唐会要》三三载天宝乐曲,太簇宫有《摩酰首罗》,改名《归真》,岂与本调有关欤?又云:"唐贞观五年有传法穆护何禄,将祆教诣阙闻奏……天宝四年七月敕:两京波斯寺宜改为大秦寺。天下诸州郡有者准此。"足见开天以前祆教已渐盛,至开天而普遍流行,乃有此曲。《朝野佥载》三载河南府胡祆神庙祈福时,"琵琶、鼓、笛,酣歌醉舞";又载凉州祆神祠内神前祈祷有舞曲,可证《穆护子》亦舞曲也。宋人所唱《牧护歌》仍六言,显为唐体,甚至即唐辞。黄庭坚解为木瓠,洪迈《容斋随笔》四集认为黄已明其本原,殊非。《辍耕录》录杂剧曲名,谓"彰德唱《木弧沙》",元人乃有《穆护砂慢》之调。方以智《通雅》对于三名概予沟通。胡震亨《唐音癸签》一谓唐人六字诗有《牧护歌》,应即指李燕之作。①

《穆护子》的外来性质明确,惜唐宋两代无词作留存。

十九、《曹大子》

出现于唐代。任二北《教坊记笺订》:

若拟以《何满子》之例,则曹大亦可能为名乐工,惟尚未见前代记载。近人冯承钧《西域南海史地考论着汇辑》述及以人名作曲名事,曾曰:"《教坊记》曲名中有《曹大子》《安公子》,皆此类也。"②

未见词作留存。

---

① (唐)崔令钦撰,任二北笺订:《教坊记笺订》,第131—132页。
② (唐)崔令钦撰,任二北笺订:《教坊记笺订》,第134页。

二十、《化生子》

出现于唐代。任二北《教坊记笺订》：

> 与《七夕子》为一类。《岁时广记》谓"七夕俗以蜡作婴儿，浮水中为戏，为妇人宜子之祥。"王建宫词："芙蓉殿上中元日，水泊银盘看化生。"《敦煌杂录·净土乐赞》云："九品莲开化生子，虑恐众生出世迟。"《散花乐》变文云："莲花涌出化生儿。"——皆指小儿形。《太平广记》二五七引《河东记》"见一佛前化生，姿容妖冶，手持莲花"，乃泛指女偶。《通典·凶礼典》"开元二十九年敕：'其下帐不得有珍禽异兽、玉龙化生'"，其义更广。①

宋代词僧可旻《渔家傲》中出现"化生"一词："池边行树不全遮。袅袅金桥露半斜。忽见化生新佛子，红莲开处噪频伽。"以之为词调者，未见词作。

二十、《毗沙子》

出现于唐代。任二北《教坊记笺订》：

> 《羯鼓录》作《毗沙门》，列为"食曲"。又有《四天王》，列《诸佛曲调》内。"毗沙"为护法天神，一称"毗沙门天"，唐代祀之以天王堂。高祖时，隐太子建成小字毗沙门，其名为俗所尚，可知。宋赞宁《高僧传》一《不空传》、吴曾《能改斋漫录》二及庞元英《谈薮》引《僧史》，均谓天宝初毗沙门天王第二子曾救安西之蕃乱，因敕州、府、诸道城楼立天王形象。立像事后并流入军营。《一切经音义》二一："'毗'，遍也，'沙门'，闻也，谓诸处遍闻也。"②

毗沙确为佛教语词。五代后晋开运四年（947），曹元忠撰《雕印大圣毗沙天王像记》云："弟子归义军节度、瓜沙等州观察处置、管内营田押蕃落等使、特进、检校太傅、谯郡开国侯曹元忠雕此印版。奉为城隍安泰，合郡康宁。东西之道路开通，南北之凶渠顺化。励疾消散，刁斗藏音。随常见闻，俱□福祐。于时大晋开运四年丁未岁七月十五日记。匠人雷延美。"③北宋赵宗辅《宋故

---

① （唐）崔令钦撰，任二北笺订：《教坊记笺订》，第135页。
② （唐）崔令钦撰，任二北笺订：《教坊记笺订》，第137页。
③ （五代）曹元忠：《雕印大圣毗沙天王像记》，敦煌卷子，见姜亮夫《莫高窟年表》，上海古籍出版社，1985年版，第533页。

京兆府鄠县白云山主利师塔记》亦云："由是心地无尘,慈云有润,德风远振,高誉遐飞。复诣乡邑,住毗沙隆昌寺,度小师一人,法称惠满。"①惜今未见词作留存。

二十一、《西国朝天》

出现于唐代。任二北《教坊记笺订》：

"朝天"二字可指朝觐之事,亦可指曲名。若指曲名,则"西国"应指传来音乐之西方国家,进而龟兹远而天竺,皆是。《隋书·音乐志》分龟兹乐为《西国龟兹》《齐朝龟兹》《土龟兹》三种,可证。北宋宣和末,汴京多歌蕃曲,曰《异国朝》《四国朝》《六国朝》等,应仿此取名,至南宋,《四国朝》《六国朝》已演为傀儡戏;在盛唐,未知如何。②

今未见词作留存。

二十二、《蕃将子》

《蕃将子》与《赞普子》性质相同,皆出现于唐代。任二北云：《赞普子》"表扬其君,此曲表扬其将。今日欲就古曲中举一二实例,以见汉藏两民族悠久深厚之情谊者,宜莫过于此二曲;中唐之使至吐蕃就盟时,曾泛歌《破阵乐》《胡渭州》等四曲,犹未足比也"③。

所谓"中唐之使至吐蕃就盟时,曾泛歌《破阵乐》《胡渭州》等四曲,犹未足比也",据任二北《教坊记笺订·胡渭州》笺释："《新唐书·吐蕃传》用唐刘元鼎'使吐蕃经见纪略',谓长庆二年唐使至吐蕃就盟时,'奏《秦王破阵曲》,又奏《凉州》《胡渭》《录要》杂曲。'"④惜今未见词作留存。

二十三、《水曲》

出现于宋代。《钦定续通志》卷一百二十七《乐略》之"宋牂牁曲—《水曲》"云："臣等谨案:太宗至道元年,牂牁王龙汉瑓遣使来贡,太宗召见,令作本国歌舞,一人吹瓢笙,如蚊蚋声,良久,数十辈连袂宛转而舞,以足顿地为节。询其曲,名曰《水曲》。自是遂流传中国云。"可知《水曲》来自牂牁。遗憾的是,宋词

---

① （宋）赵宗辅：《宋故京兆府鄠县白云山主利师塔记》，《全宋文》第131册，第32页。
② （唐）崔令钦撰，任二北笺订：《教坊记笺订》，第140页。
③ （唐）崔令钦撰，任二北笺订：《教坊记笺订》，第132页。
④ （唐）崔令钦撰，任二北笺订：《教坊记笺订》，第107、108页。

中,未见有《水曲》调词作,其格式、格律难以窥知。

二十四、《婆罗门引》《婆罗门令》

《婆罗门》调,本唐大曲名,用作词调。又名《望月婆罗门》《婆罗门引》。敦煌曲有《婆罗门》调词四首,为大曲摘遍单行。《教坊记·曲名》有《望月婆罗门》[①]。

任二北《教坊记笺订》:

除《郭》本外,诸本"婆"均作"波"。敦煌曲有辞四首,起句皆曰"望月"云云,应即始辞……为玄宗时之作。后人于"望月"二字应否冠于调名,颇有争论。应知大曲原称《婆罗门》,杂曲则有本书之曲名与敦煌之四辞为证,"望月"二字不可删。——此本书与敦煌曲相应合处之六。《羯鼓录》于太簇商有《婆罗门》。《唐会要》三三于黄钟商有《婆罗门》,改为《霓裳羽衣》,乃同名异曲。《婆罗门》是佛曲,《霓裳》是道曲。此《霓裳羽衣》既由《婆罗门》改名,可知其并非法曲《霓裳》,盖亦同名异曲耳……后世除宋元词调有本曲之引与令外,清蒙古笳吹中亦有《婆罗门引》辞,作四言四句,二章。[②]

婆罗门为梵语,又作"婆啰贺磨拏""婆罗欲末拏""没啰憾摩"。意译净行、梵行、梵志、承习。在印度四姓中,属最上位之僧侣、学者阶层。为古印度一切知识之垄断者,自认为印度社会之最胜种姓。《长阿含》卷六《小缘经》、卷十五《种德经》及慧琳《一切经音义》卷二十九等,皆载此阶级由梵天之口生,颜貌端正,清净高洁,以习吠陀、司祭祀为业。依摩奴法典规定,四姓中婆罗门有六法,即学习吠陀、教授吠陀、为自己祭祀、为他人祭祀、布施、受施。故四姓中除最下之首陀罗族外,其余三姓皆得诵吠陀、自作祭祀,然为他人祭师、教他人吠陀、受施等则仅限于婆罗门。

慧琳《一切经音义》卷三:"梵语,即梵天名也。唐云'净行'。此类人……皆博识多才,明闲众论,多为王者师傅。高蹈不仕,或求仙养寿,时有证得五通神仙者。"

唐玄奘《大唐西域记》:"印度种姓、族类群分,而婆罗门特为清贵。从其雅

---

① (唐)崔令钦撰,任二北笺订:《教坊记笺订》,第98页。
② (唐)崔令钦撰,任二北笺订:《教坊记笺订》,第98页。

称,传以为俗。"①

周去非《岭外代答》卷三"西天南尼华罗国"云:

> 西天南尼华罗国,城有三重。其人早晚必浴,以郁金涂身面,效佛金色。国人多称婆罗门,以为佛真子孙。

所谓"西天南尼华罗国",论者以为是瞿折罗国的都城,遗址在今索拉什特拉以北之帕丹城②。

敦煌曲中有《婆罗门·咏月曲子》四首:

> 望月婆罗门。青霄现金身。面带黑色齿如银。处处分身千万亿,锡杖拨天门。双林礼世尊。
>
> 望月陇西生。光明天下行。水精宫里乐轰轰,两边仙人常瞻仰,鸾舞鹤弹筝。凤凰说法听。
>
> 望月曲弯弯。初生团圆在东边。银城周回星流遍。锡杖夺天门,明珠四畔悬。
>
> 望月在边州。江东海北头。自从亲向月中游。随佛逍遥登上界,端坐宝花楼。千秋以万秋。

四首体制并不全同。宋词现存《婆罗门令》《婆罗门引》调词作十二家十七首,其中,曹组的一首与杨景的一首基本相同,应该属于重收。曹组词如下:

> 涨云暮卷,漏声不到小帘栊。银河淡扫澄空。皓月当轩高挂,秋入广寒宫。正金波不动,桂影朦胧。佳人未逢。叹此夕、与谁同。望远伤怀对景,霜满愁红。南楼何处,想人在、长笛一声中。凝泪眼、泣尽西风。

杨景词如下:

> 帐云暮卷,漏声不到小帘栊。银汉夜洗晴空。皓月堂轩高挂,秋入广寒宫。正金波不动,桂影玲珑。佳人未逢。怅此夕、与谁同。对酒当歌,追念霜满愁红。南楼何处,愁人在、横笛一声中。凝望眼、立尽西风。

仅"涨云"与"帐云""银河淡扫澄空"与"银汉夜洗晴空""朦胧"与"玲珑"

---

① (唐)释玄奘撰,章撰点校:《大唐西域记》卷二,上海人民出版社,1977年版,第31页。
② (宋)周去非著、屠友祥校注:《岭外代答》卷三,第60、61页。

"叹"与"怅""想"与"愁""长笛"与"横笛""泪眼"与"望眼""泣"与"立"数处异文而已。至于"望远伤怀对景,霜满愁红"句,与"对酒当歌,追念霜满愁红",并不是"曲拍"或者句式差异,而只是断句不同。其实曹组的那句完全可以断为"望远伤怀,对景霜满愁红",这样与杨景的一首,增加了异文而已。同一词调甚至同一首词,因为断句不同而造成的句式差异,在《全宋词》中还有很多,不具有词调校勘意义。

宋词最早的《婆罗门》调作者是柳永,其词标为《婆罗门令》,其实是《婆罗门引》,而彭耜《婆罗门引》(中秋皓月)一首,才是真正的《婆罗门令》。彭耜《婆罗门引·寿长老》原词如下:

中秋皓月,隔霄光倍照尘寰。九龙喷香水,胜沉檀。　　白象珠明协瑞,尊者诞人间。世称生佛子,派接清原。

该词原载于《截江网》卷六,原题作"南岳作",而彭耜号南岳先生,故《全宋词》经过考证后置入彭耜名下①。全词双片,三十九字,上片四句二平韵,下片四句二平韵。惟《全宋词》下片"瑞""子"处皆作顿而非句,失当。

宋代创作《婆罗门》调词最多的词人是辛弃疾,他有该调五首词,其次是吴文英,他有两首词。宋人所作《婆罗门》调词,已经完全与佛教无关,而趋同于宋词最常见的主题:男女爱情、相思离别。这个情感基调或曰书写模式,可能是由柳永奠定的:

《婆罗门令》

昨宵里、恁和衣睡。今宵里、又恁和衣睡。小饮归来,初更过、醺醺醉。中夜后、何事还惊起。霜天冷,风细细。　　触疏窗、闪闪灯摇曳。空床展转重追想,云雨梦、任敧枕难继。寸心万绪,咫尺千里。好景良天,彼此空有相怜意。未有相怜计。

柳永的这首词,与他的其他词调作品没有什么情感、内容的区别,后来蔡伸("素秋向晚")、赵昂("暮霞照水")等等,多是此一构思。

惟有大词人辛弃疾的五首,显示出不同的祈向,可以说是"摆脱绸缪宛转之度",其创造性于此可见一斑。

宋代其他该调词,尚有赵昂、严仁、吴文英、陈允平、王奕、汪元量、熊禾等人所作。

---

① 唐圭璋:《全宋词》第4册,中华书局,1965年版,第2526、2527页。

而佚名《婆罗门》(江南地暖)一首,实即《婆罗门引》：

　　江南地暖,数枝先得岭头春。分付似、翦玉裁冰。素质偏怜匀澹,羞杀寿阳人。算多情留意,偏在东君。　　暗香旋生。对澹月与黄昏。寂寞谁家院宇,斜掩重门。墙头半开,却望雕鞍无故人。断肠处、容易飘零。

二十五、《番枪子》

来自金国。在前引《钦定续通志》卷一百二十七《乐略》之《遗声序论》所列"蕃调"九曲中,最末一曲即是《番枪子》。宋代今存《番枪子》调词仅两首,一为万俟咏《春草碧》(又随芳绪生),一为韩玉《番枪子》(莫把团扇双鸾隔)。但这两首词的格式颇不相同：

　　《春草碧》　万俟咏
　　又随芳绪生,看翠霭连空,愁遍征路。东风里,谁望断西塞,恨迷南浦。天涯地角,意不尽、消沉万古。曾是送别长亭下,细绿暗烟雨。　　何处。乱红铺绣茵,有醉眠荡子,拾翠游女。王孙远,柳外共残照,断云无语。池塘梦生,谢公后、还能继否。独上画楼,春山暝、雁飞去。

　　《番枪子》　韩玉
　　莫把团扇双鸾隔。要看玉溪头、春风客。妙处风骨潇闲,翠罗金缕瘦宜窄。转面两眉攒、青山色。　　到此月想精神,花似秀质。待与不清狂、如何得。奈向难驻朝云,易成春梦恨又积。送上七香车春草碧。

《春草碧》九十八字,上片十句四仄韵,下片十一句五仄韵;《番枪子》七十五字,上片五句四仄韵,下片六句四仄韵。二者完全不同。

唐崔令钦《教坊记·曲名》中,《穆护子》《赞普子》后,有《蕃将子》,与二曲并列,可能属于同一性质,都与吐蕃有关。但《蕃将子》与《番枪子》是否为一,尚需进一步考证。而《中国词学大辞典》等言《番枪子》"又名《春草碧》",恐误,盖二者本非同一调。

二十六、《天下乐》

唐崔令钦《教坊记·曲名》中有《天下乐》,故当为教坊曲,用作词调。该调来自龙番,《文献通考》："龙番俗凡遇四序,称贺作乐,其乐曲有《贺圣朝》《天下乐》《应天长》。"

南北宋之际杨无咎有《天下乐》词一首,词云:

> 雪后雨儿雨后雪。镇日价、长不歇。今番为寒忒太切。和天地、也来厮鳖。　　睡不着、身心自暗撅。这况味、凭谁说。枕衾冷得浑似铁。只心头、些个热。

宋代《天下乐》词仅此一首,双调,五十四字,上下片各四句四仄韵。《词律》卷七、《词谱》卷十,所收亦此首。

又《高丽史·乐志》载有佚名《天下乐令》一首,考其格律,乃《减字木兰花》:

> 寿星明久。寿曲高歌沉醉后。寿烛荧煌。手把金炉,燃一寿香。
> 满斟寿酒。我意殷勤来祝寿。问寿如何。寿比南山福更多。

又,《乐府纪闻》所录词调中亦有《天下乐》,实与此无关,乃《瑞鹧鸪》之别名。

二十七、《应天长》《应天长令》《应天长慢》

《教坊记·曲名》中无此调。《文献通考》:"龙番俗,凡遇四序,称贺作乐,其乐曲有《贺圣朝》《天下乐》《应天长》。"故该调来自龙番。《中国词学大辞典》云:"《老子》:'天长地久。'调名或取于此。"[①]虽然不是十分肯定,但毕竟判断失误。

唐宋词中,以韦庄所作最早。韦庄有二首,其一云:"绿槐阴里黄莺语。深院无人春昼午。画帘垂,金凤舞。寂寞绣屏香一炷。　　碧天云,无定处。空役梦魂来去。夜夜绿窗风雨。断肠君信否?"此词另见冯延巳《阳春集》、欧阳修《近体乐府》,或又作皇甫松作、温庭筠作,曾昭岷等《全唐五代词》已辨其非,当为韦庄作[②]。另一首云:"别来半岁音书绝。一寸离肠千万结。难相见,易相别。又是玉楼花似雪。　　暗相思,无处说。惆怅夜来烟月。想得此时情切。泪沾红袖黦。"两首词句式、格律如出一辙,可以确定是成熟态。全词五十字,上片7-7-3-3-7,共五句四仄韵,下片3-3-6-6-5 五句四仄韵。故《词谱》卷八列"绿槐阴里黄莺语"一阕为正体。

五代时期,牛峤有二首,"玉楼春望晴烟灭"一首,作7-7-7-7,5-6-6-5句,与韦庄异;"双眉澹薄藏心事"一首,作7-7-3-3-7,3-3-6-6-

---

① 马兴荣、吴熊和:《中国词学大辞典》,浙江古籍出版社,1996年版,第526页。
② 曾昭岷、曹济平、王兆鹏、刘尊民:《全唐五代词》上编,第156、157页。

5句，与韦庄同。毛文熙有"平江波暖鸳鸯语"一首，作7—7—7—7，5—6—6—5句，与牛峤"玉楼春望晴烟灭"阕同。顾敻有"瑟瑟罗裙金线缕"一首，作7—7—3—3—7，5—6—6—5句式，与牛峤"玉楼春望晴烟灭"阕同。孙光宪有"翠凝仙艳非凡有"一首，作7—7—3—3—7，3—3—6—6—5句式，与韦庄整正体同。冯延巳五首："石城山下桃花绽""朱颜日日惊憔悴""石城花落江楼雨""当时心事偷相许""兰舟一宿还归去"，皆作7—7—3—3—7，5—6—6—5句式，与牛峤"玉楼春望晴烟灭"阕同，而与韦庄词异。

宋代所存《应天长》词，只有两首是小令，其余都是慢词，应该称作《应天长慢》。两首小令，作者分别是许棐和毛开：

《应天长》 许棐

溅紫飘红风又雨。一刻韶芳留不住。燕吞声，莺诈语。待得晴来人已去。　　怯新歌，怜旧舞。冷落艳腔芳谱。要识此时情绪。豆梅酸更苦。

《应天长令》 毛开

曲栏十二闲亭沼。履迹双沈人悄悄。被池寒，香炉小。梦短女墙莺唤晓。　　柳风轻袅袅。门外落花多少。日日离愁萦绕。不知春过了。

宋代这两首令词《应天长》，许棐的一首作7—7—3—3—7，3—3—6—6—5句式；毛开的一首作7—7—3—3—7，5—6—6—5句式，继承五代韦庄、牛峤格式。

宋代慢词《应天长》，柳永"残蝉渐绝"阕，被《词谱》列为正体，九十四字，上片十句六仄韵，下片十句七仄韵。周邦彦"条风布暖"阕，被作为"别体"，九十八字，上下片各十一句五仄韵。其他词人之作，大体在二家之下，增减一二字。这些都是四字起句，而叶梦得"松陵秋已老"阕，五字起，又与诸家不同。

二十八、《贺圣朝》

《教坊记·曲名》中有此调。《文献通考》："龙番俗，凡遇四序，称贺作乐，其乐曲有《贺圣朝》《天下乐》《应天长》。"故该调来自龙番。《中国词学大辞典》释《贺明朝》云："即《贺熙朝》。《教坊记》有《贺圣朝》，'圣'、'明'相类，当是据此变而创词调。《词律》以之混入《贺圣朝》，误，《词谱》正其非。然《词谱》作《贺熙朝》，不知何所本。若推测之，《词谱》编定于康熙朝，当是编纂诸臣忌用'明朝'，以防触讳，盖以'熙'易'明'，取悦皇帝。今传辞仅见《花间集》中欧阳迥二首,又误入欧阳修词中,《全宋词》已正之……"①然以之释《贺熙朝》为《贺明朝》可,不能以之释《贺圣朝》。二者并不同。

北宋米芾有《校正贺圣朝词序》称:"崇宁二年元宵前,都下与卢平父观灯,预赏闻歌。此词字多讹舛,今特为校正。其词名贺圣朝。"②其子米友仁有《贺圣朝词帖跋》云:"先子礼部昔年所遗墨。一日,西蜀道士李灵素携迹过访,一一拜观,不胜感泣。求余跋,不欲辞,适以辞免新除兵侍,未暇索言之。"③

张先有《贺圣朝》词云:

淡黄衫子浓妆了。步缕金鞋小。爱来书幌绿窗前,半和娇笑。谢家姊妹,诗名空杳。何曾机巧。争如奴道,春来情思,乱如芳草。

叶清臣亦有一首:"满斟绿醑留君住。莫匆匆归去。三分春色二分愁,更一分风雨。花开花谢、都来几许。且高歌休诉。不知来岁牡丹时,再相逢何处。"

欧阳修的《贺圣朝影》(白雪梨花红粉桃),实际上是《添声杨柳枝》的别名:"白雪梨花红粉桃。露华高。垂杨慢舞绿丝绦。草如袍。风过小池轻浪起,似江皋。千金莫惜买香醪。且陶陶。"与之类似的有佚名一首:"雪满长安酒价高。度寒宵。身轻不要鹔鹴袍。醉红娇。花月暗成离别恨,梦无憀。起来春信惹梅梢。又魂消。"

另有杜安世二首,黄庭坚一首,赵鼎二首,韩元吉一首,赵彦端一首,马子严一首,赵师侠一首,吴潜一首,佚名三首。

二十九、《小契丹》

《小契丹》曲调之为番乐,不见于官方记载,北宋王安石《出塞》诗云:"涿州沙上饮盘桓,看舞春风小契丹。塞雨巧催燕泪落,蒙蒙吹湿汉衣冠。"知《小契丹》为契丹辽之舞曲。南宋范成大诗词中亦有《小契丹》的表演。范成大《阅番乐诗》云:"绣靴画鼓留花住,剩舞春风《小契丹》。"诗歌题目显示,范成大直接称之为"番乐"。从诗中所写,知《小契丹》属于舞曲,以鼓为伴奏乐器,着靴乃少数民族典型特征。

---

① 马兴荣、吴熊和等:《中国词学大辞典》,第553页。
② (宋)米芾:《校正贺圣朝词序》,《全宋文》第121册,第6页。
③ (宋)米友仁:《贺圣朝词帖跋》,《全宋文》第143册,第178页。

范成大另有《鹧鸪天》词云：

> 休舞银貂《小契丹》。满堂宾客尽关山。从今袅袅盈盈处,谁复端端正正看。　　模泪易,写愁难。潇湘江上竹枝斑。碧云日暮无书寄,寥落烟中一雁寒。

这类宴席之上表演的舞曲,转成词调为常事,如《抛球乐》。惜未见《小契丹》调词作流传下来。

三十、《轮台子》

任二北《唐声诗》下编称唐代有大曲《轮台》,"此曲应即起于莫贺地方之民间歌舞。天宝间封常清西征时,轮台为重镇,《轮台》歌舞或即于此时传至内地,精制为舞曲,流入晚唐、五代不废。宋调既曰《轮台子》,足见原本于大曲《轮台》,必有舞"。任先生还从《大日本史·礼乐志》录唐无名氏《轮台》（燕子山里食散）传辞一首,六言四句,乃声诗。

作为词调的《轮台子》,当如任先生所论,起于唐代大曲《轮台》,是唐代莫贺地方的民间歌舞。唐代未见《轮台子》词;宋代,仅有柳永创作此调词二首。这两首《轮台子》虽然都入中吕调（夹钟羽）,但词句读韵数差异很大,具体如下：

《轮台子》　柳永

> 一枕清宵好梦,可惜被、邻鸡唤觉。匆匆策马登途,满目淡烟衰草。前驱风触鸣珂,过霜林、渐觉惊栖鸟。冒征尘远况,自古凄凉长安道。行行又历孤村,楚天阔、望中未晓。　　念劳生,惜芳年壮岁,离多欢少。叹断梗难停,暮云渐杳。但黯黯魂消,寸肠凭谁表。恁驱驱、何时是了。又争似、却返瑶京,重买千金笑。

《轮台子》　柳永

> 雾敛澄江,烟消蓝光碧。彤霞衬遥天,掩映断续,半空残月。孤村望处人寂寞,闻钓叟、甚处一声羌笛。九疑山畔才雨过,斑竹作、血痕添色。感行客。翻思故国,恨因循阻隔。路久沉消息。　　正老松枯柏情如织。闻野猿啼,愁听得。见钓舟初出,芙蓉渡头,鸳鸯滩侧。干名利禄终无益。念岁岁间阻,迢迢紫陌。翠蛾娇艳,从别后经今,花开柳折伤魂魄。利名牵役。又争忍、把光景抛掷。

"一枕清宵梦好"阕,一百一十四字,双片,上片十句五仄韵;下片十句五仄韵。"雾敛澄江"阕,一百四十一字,上片十三句六十九字,七仄韵;下片十四句七十二字,八仄韵。

三十一、《金浮屠》

浮图,梵语,又作浮头、浮屠、佛图、蒲图、休屠。旧译家以为"佛陀"之转音。《魏书·释老志》:"浮屠,正号曰佛陀,佛陀与浮图声相近,皆西方言,其来转为二音。华言译之则谓净觉。"[①]《广弘明集》二曰:"浮图,或言佛陀,声明转也,译云净觉。灭秽成觉,为圣悟也。"《南山戒疏》一上曰:"言佛者,梵云佛陀,或言浮陀、佛驮、步陀、浮图、浮头,盖传音之讹耳。此无其人,以义翻之名为觉。"《秘藏记本》曰:"浮图,佛也,新人曰物他也,古人曰浮图也。"

梵语"浮屠"本指佛寺、佛塔、卒塔婆而言。《大智度论》卷十一(大二五·一四四上):"阿输伽王一日作八万佛图。"(见《翻译名义集》卷二十、《类聚名物考》卷二十五)。新译家以为窣堵波(即塔)之转音。《智度论》十六曰:"诸聚落佛图精舍等。"《西域记》一曰:"窣堵波,即旧所谓浮图也。"《瑜伽伦记》十一上曰:"窣堵波者,此云供养处,旧云浮图者,音讹也。"梵语杂名曰:"浮图,素睹波,塔,制怛里。"世多通用后义。

毛先舒《填词名解》卷三云:"《金浮图》,汉桓帝于宫中铸黄金浮图,词取以为名。"

《尊前集》收五代前蜀尹鹗一首。但《词律》卷十四所收,九十四字;《词谱》卷二十四所收九十六字。其词如下:

《金浮图》 尹鹗

繁华地。王孙富贵。玳瑁筵开,下朝无事。压红茵、凤舞黄金翅。立玉纤腰,一片揭天歌吹。满目绮罗珠翠。和风淡荡,偷取沉檀气。　　堪判醉。韶光正媚。圻尽牡丹,艳迷人意。金张许史应难比。贪恋欢娱,不觉金乌坠。还惜会难别易。金船更劝,勒住花骢辔。

上片四十八字,七仄韵;下片四十六字,七仄韵。以九十四字为准。

三十二、《柳含烟》

本唐代教坊曲,在《教坊记·曲名》中,就有《柳含烟》,后来被用作词调。宋吴曾《能改斋漫录》卷二:"京师僧念《梁州》《八相太常引》《三皈依》《柳含烟》

---

① (北齐)魏收:《魏书》卷一一四,中华书局,1974年版,第3026页。

等,号'唐赞'。"①《梁州》本来自边地;"八相"系佛陀一生化仪,总为八种相,又作释迦八相、八相成道、如来八相、八相示现、八相作佛,《八相太常引》当然来自佛教;"三皈依"亦是佛教语。从四个词调都是僧人所念"唐赞"看,《柳含烟》应该从一开始就属于佛教曲,不是《中国词学大辞典》所推测的那样:"原流行于民间,因历时甚久,展转借声,违其本名之义,竟被佛赞假借。"②正如前文所示,许多来自异域的词调,如《感皇恩》《应天长》《天下乐》等等,从名称上根本看不出其来源,"望文生义"在这里失效。至于《填词名解》《词谱》皆认为《柳含烟》得名于毛文熙词"河桥柳,占芳春。映水含烟拂路"之句,更是臆测。

毛文熙该调词共四首,《词律》卷四、《词谱》卷五,以"河桥柳"一首为正体。过片用仄韵,余为平韵。

　　　　河桥柳,占芳春。映水含烟拂路,几回攀折赠行人。暗伤神。
　　　　乐府吹为横笛曲。能使离肠断续。不如移植在金门。近天恩。

但实际上其余三首韵句格律一致:

　　　　隋堤柳,汴河旁。夹岸绿阴千里,龙舟凤舸木兰香。锦帆张。
　　　　因梦江南春景好。一路流苏羽葆。笙歌未尽起横流。锁春愁。
　　　　章台柳,近垂旒。低拂往来冠盖,朦胧春色满皇州。瑞烟浮。
　　　　直与路边江畔别。免被离人攀折。最怜京兆画蛾眉。叶纤时。
　　　　御沟柳,占春多。半出宫墙婀娜,有时倒影蘸轻罗。曲尘波。
　　　　昨日金銮巡上苑。风亚舞腰软纤。栽培得地近皇宫。瑞烟浓。

此调双片,四十五字,上片五句三平韵,下片四句二仄韵转二平韵。

三十三、《凉州》

《隋书·音乐志》:"西凉者,起苻氏之末,吕光、沮渠蒙逊等,据有凉州,变龟兹声为之,号为'秦汉伎'。魏太武既平河西得之,谓之'西凉乐'。至魏、周之际,遂谓之'国伎'。今曲项琵琶、竖头箜篌之徒,并出自西域,非华夏旧器。《杨泽新声》《神白马》之类,生于胡戎。胡戎歌非汉魏遗曲,故其乐器、声调,悉与书史不同。其歌曲有《万世丰》,舞曲有《于阗佛曲》,其乐器有钟、磬、弹筝、搊筝、卧箜篌、竖箜篌、琵琶、五弦、笙、箫、大筚篥、长笛、小筚篥、横笛、腰鼓、齐

---

① (宋)吴曾:《能改斋漫录》卷二,上海古籍出版社,1979年版,第36页。
② 马兴荣、吴熊和主编:《中国词学大辞典》,第543页。

鼓、担鼓、铜钹、贝等十九种,为一部。工二十七人。"①可知《凉州》吸收了龟兹乐,伴奏也用曲项琵琶等龟兹乐器。故唐代刘贶《太乐令壁记》称其"杂以羌胡之声"。明代胡震亨认为:"《凉州》宫调大曲,有大遍、小遍,西凉府都督郭知运撰进。初,凉州进新曲,明皇命诸王于便殿观之。曲终,诸王皆称万岁,独宁王不贺。明皇询其故,宁王曰:'夫曲者,始于宫散于商,成于角、徵、羽。臣见此曲宫离而少微,商乱而加暴。宫者,君也;商者,臣也。宫不胜则君体卑,商有余则臣事僭。臣恐异日臣下有悖乱之事,陛下有播越之祸,兆于斯曲矣。其先见如此。'"

《梁州》来自异域性质清晰。唐五代词有《梁州歌》六首,宋代《凉州》仍然在歌唱、演奏。姚述尧《减字木兰花》:"井梧飞早。一雁横空天更好。才子寻幽。争把新诗断送秋。　浮生鸥没。莫为尘劳轻度日。倒载何妨。唱彻凉州月在旁。"何梦桂《喜迁莺》:"留春不住。又早是清明,杨花飞絮。杜宇声声,黄昏庭院,那更半帘风雨。劝春且休归去。芳草天涯无路。悄无语。倚阑干立尽,落红无数。　谁诉。长门事,记得当年,曾趁梨园舞。霓羽香消,梁州声歇,昨梦转头今古。金屋玉楼何在,尚有花钿尘土。君不顾。怕伤心,休上危楼高处。"都是歌唱《梁州》。夏竦《喜迁莺》词云:"霞散绮,月沈钩。帘卷未央楼。夜凉河汉截天流。宫阙锁清秋。　瑶阶曙。金盘露。凤髓香和烟雾。三千珠翠拥宸游。水殿按凉州。"郑獬《好事近·初春》云:"江上探春回,正值早梅时节。两行小槽双凤,按凉州初彻。谢娘扶下绣鞍来,红靴踏残雪。归去不须银烛,有山头明月。"魏夫人《好事近》:"雨后晓寒轻,花外早莺啼歇。愁听隔溪残漏,正一声凄咽。　不堪西望去程赊,离肠万回结。不似海棠阴下,按凉州时节。"三首词中都出现"按《凉州》","按"即弹奏。

而宋代《梁州》的演奏,更为繁复多变。

其一是大曲《梁州》。欧阳修《减字木兰花》云:"楼台向晓。淡月低云天气好。翠幕风微。宛转梁州入破时。　香生舞袂。楚女腰肢天与细。汗粉重匀。酒后轻寒不着人。"上阕末句"凉州入破",表明那是《凉州》大曲了。黄庭坚《减字木兰花》:"舞鬟娟好。白发黄花帽。醉任旁观嘲潦倒。扶老偏宜年少。　舞回脸玉胸酥。缠头一斛明珠。日日梁州薄媚,年年金菊茱萸。"《梁州》与《薄媚》并列,且"日日"演唱,也是大曲。王安中《蝶恋花·梁才甫席上次韵》:"翠袖盘花金捻线。晓炙银簧,劝饮随深浅。复幕重帘谁得见。余酲微觉红浮面。　别唤清商开绮宴。玉管双横,抹起梁州遍。白苎歌前寒莫怨。

---

① (唐)魏征等:《隋书》卷一五,第378页。

湘梅萼里春那远。"《梁州》遍,亦是大曲。贺铸《苗而秀》:"吴都佳丽苗而秀。燕样腰身。按舞华茵。促遍凉州、罗袜未生尘。□□□□□透。歌怨眉颦。张燕宜频。□□□□、□□□□。"张纲《惜分飞·次韵丁希闵》:"年少春心花里转。只恐飞花片片。沈醉归深院。妓衣何用令高卷。　要看梁州初入遍。放出楼中舞燕。有眼何曾见。看来未足重开宴。"促遍、入遍,也是大曲。

其二是乐曲伴奏的《梁州》。欧阳修《薰香囊》云:"身作琵琶,调全宫羽,佳人自然用意。宝檀槽在雪胸前,倚香脐、横枕琼臂。　组带金钩,背垂红绶,纤指转弦韵细。愿伊只恁拨梁州,且多时、得在怀里。"是以琵琶演奏《梁州》。辛弃疾《贺新郎·听琵琶》:"凤尾龙香拨。自开元、霓裳曲罢,几番风月。最苦浔阳江头客,画舸亭亭待发。记出塞、黄云堆雪。马上离愁三万里,望昭阳、宫殿孤鸿没。弦解语,恨难说。　辽阳驿使音尘绝。琐窗寒、轻拢慢捻,泪珠盈睫。推手含情还却手,一抹梁州哀彻。千古事、云飞烟灭。贺老定场无消息,想沉香亭北繁华歇。弹到此,为呜咽。"周密《声声慢·九日松涧席》:"橙香小院,桂冷闲庭,西风雁影涵秋。凤拨龙槽,新声小按梁州。莺吭夜深啭巧,凝凉云、应为歌留。慵顾曲,叹周郎老去,鬓改花羞。　何事登临感慨,倩金蕉一洗,千古清愁。屡舞高歌,作成陶谢风流。人生最难一笑,拚尊前、醉倒方休。待醉也,带黄花、须带满头。"都是以琵琶演奏《梁州》。苏轼《浣溪沙·方响》:"花满银塘水漫流。犀槌玉板奏凉州。顺风环佩过秦楼。　远汉碧云轻漠漠,今宵人在鹊桥头。一声敲彻绛河秋。"又是以方响伴奏《梁州》。晏几道《清平乐》:"红英落尽。未有相逢信。可恨流年凋绿鬓。睡得春醒欲醒。　钿筝曾醉西楼。朱弦玉指梁州。曲罢翠帘高卷,几回新月如钩。"是以筝伴奏《梁州》。苏轼《水龙吟·咏笛材》:"楚山修竹如云,异材秀出千林表。龙须半翦,凤膺微涨,玉肌匀绕。木落淮南,雨晴云梦,月明风袅。自中郎不见,桓伊去后,知孤负、秋多少。　闻道岭南太守,后堂深、绿珠娇小。绮窗学弄,梁州初遍,霓裳未了。嚼徵含宫,泛商流羽,一声云杪。为使君洗尽,蛮风瘴雨,作霜天晓。"所写是笛曲《梁州》。贺铸《锦缠头》:"旧说山阴禊事休。漫书茧纸叙清游。吴门千载更风流。　绕郭烟花莲茂苑,满船丝竹载凉州。一标争胜锦缠头。"李吕《调笑令·坐》:"玉笙吹遍古梁州。暗学芙蓉一样愁。倚窗重整金条脱,对槛不卸红臂韝。浅浅绿靴双凤困。柳弱花慵敛新闷。娇多无力凭熏笼,又报杏园春意尽。"都是丝弦乐器伴奏的《梁州》。陈允平《浣溪沙》:"杨柳烟深五凤楼。绣帘风扬玉梭球。夜寒谁伴锦香篝。残月情圆晓梦,落花无语诉春愁。宝笙偷按小梁州。"是笙按《梁州》。陈允平《少年游》:"斜阳冉冉水边楼。珠箔水晶钩。拍点红牙,箫吹紫玉,低按小梁州。双鸾已误青楼约,谁伴月中游。倦蝶残花,寒蛩落叶,长是替人愁。"是紫玉箫、红牙拍按《梁州》。

其三是鼓打《梁州》。范成大《满江红·雨后携家游西湖,荷花盛开》:"柳外轻雷,催几阵、雨丝飞急。雷雨过、半川荷气,粉融香浥。弄蕊攀条春一笑,从教水溅罗衣湿。打梁州、箫鼓浪花中,跳鱼立。　　山倒影,云千迭。横浩荡,舟如叶。有采菱清些,桃根双楫。忘却天涯漂泊地,尊前不放闲愁人。任碧桶、十丈卷金波,长鲸吸。"范成大《念奴娇》:"十年旧事,醉京花蜀酒,万葩千萼。一棹归来吴下看,俯仰心情今昨。强倚雕阑,羞簪雪鬓,老恐花枝觉。揩摩愁眼,雾中相对依约。　　闻道家燕栾,光风转夜,月傍西楼落。打彻梁州春自远,不饮何时欢乐。沾惹天香,留连国艳,莫散灯前酌。袜尘生处,为君重赋河洛。"周紫芝《浣溪沙·今岁冬温,今腊无雪,而梅殊未放。戏作浣溪沙三迭,以望发奇秀》:"近腊风光一半休。南枝未动北枝愁。嫦娥莫是见人羞。　　幺凤不传蓬岛信,杜鹃空办鹤林秋。便须千杖打梁州。"李弥逊《水调歌头·八月十五夜集长乐堂,月大明,常岁所无,众客皆欢。戏用伯恭韵作》:"白发闽江上,几度过中秋。阴晴相半,曾见玉塔卧寒流。不似今年三五,皎皎冰轮初上,天阙恍神游。下视人间世,万户水明楼。　　贤公子,追乐事,占鳌头。酒酣喝月,腰鼓百面打凉州。沈醉尽扶红袖,不管风摇仙掌,零露湿轻裘。但恐尊中尽,身外复何忧。"都是鼓打《梁州》。更高亢的是赵长卿《小重山·残春》:"绿树阴阴春已休。群花飘尽也,不胜愁。游丝飞絮两悠悠。迷芳草,日暖雨初收。　　深院小迟留。好香烧一炷,细烟浮。更听羯鼓打梁州。恼人处,宿酒尚扶头。"还有陈三聘《水调歌头·燕山九日作》:"有客念行役,劲气凛于秋。男儿未老,衔命如虏亦风流。决定平戎方略,恢复旧燕封壤,安用割鸿沟。莫献肃霜马,好衣白狐裘。　　我何人,怀壮节,但凝愁。平生未逢知己,哙伍实堪羞。金马文章何在,玉鼎勋庸何有,一笑等云浮。拚断好风月,羯鼓打梁州。"羯鼓打《梁州》,颇为激动人心。

其四是舞曲《梁州》。王仲甫《清平乐》:"黄金殿里。烛影双龙戏。劝得官家真个醉,进酒犹呼万岁。　　锦裆舞彻凉州,君恩与整搔头。一夜御前宣唤,六宫多少人愁。"过片处所写是《梁州》舞曲。晏几道《武陵春》:"绿蕙红兰芳信歇,金蕊正风流。应为诗人多怨秋。花意与消愁。　　梁王苑路香英密,长记旧嬉游。曾看飞琼戴满头。浮动舞梁州。"亦是舞曲《梁州》。还有舒亶《浣溪沙·和葆光春晚饮会》所写,同样是舞曲《梁州》:"金缕歌残红烛稀。梁州舞罢小鬟垂。酒醒还是独归时。画栋日高来语燕,绮窗风暖度游丝。几多落叶上青枝。"晁补之《碧牡丹·王晋卿都尉宅观舞》:"院宇帘垂地。银筝雁、低春水。送出灯前,婀娜腰枝柳细。步蹙香裀,红浪随鸳履。梁州紧,凤翘坠。悚轻体。　　绣带因风起。霓裳恐非人世。调促香檀,困入流波生媚。上客休辞,眼乱尊中翠。玉阶霜、透罗袂。"亦是舞曲《梁州》。晁补之《斗百花·汶妓阎丽》:"小小盈盈珠翠。忆得眉长眼细。曾共映花低语,已解伤春情意。重向溪堂,临风看舞梁州,依旧照人秋水。转更添姿媚。　　舁问阶上,簌钱时节,记微笑,但把纤腰,向人娇倚。不见还休,谁教见了厌厌,还是向来情味。"看舞《梁州》,已表明其是舞曲。刘光祖《水调歌头·旅思》:"客梦一回醒,三度碧梧秋。仰看今夕天上,河汉又西流。早晚凉风过雁,惊落空阶一叶,急雨闹清沟。归计休令暮,宵露浥征裘。　　古来今,生老病,许多愁。那堪更说,无限功业镜中羞。只有青山高致,对此还论世事,举白与君浮。送我一杯酒,谁起舞凉州。"赵长卿《水龙吟·江楼席上,歌姬盼盼翠鬟侑樽,酒行,弹琵琶曲,舞梁州,醉语赠之》:"酒潮匀颊双眸溜。美映远山横秀。风流俊雅,娇痴体态,眼前稀有。莲步弯弯,移归拍里,凌波难偶。对仙源醉眼,玉纤笼巧,拨轻声、鱼纹皱。　　我自多情多病,对人前、只推伤酒。瞒他不得,诗情懒倦,沈腰销瘦。多谢东君,殷勤知我,曲翻红袖。拚来朝又是,扶头不起,江楼知不。"

宋代《梁州》《梁州令》调词,有七首:

柳永《梁州令》:"梦觉纱窗晓。残灯掩然空照。因思人事苦萦牵,离愁别恨,无限何时了。　　怜深定是心肠小。往往成烦恼。一生惆怅情多少。月不长圆,春色易为老。"

欧阳修《凉州令·东堂石榴》:"翠树芳条飐。的的裙腰初染。佳人携手弄芳菲,绿阴红影,共展双纹簟。插花照影窥鸾鉴。只恐芳容减。不堪零落春晚,青苔雨后深红点。　　一去门闲掩。重来却寻朱槛。离离秋实弄轻霜,娇红脉脉,似见胭脂脸。人非事往眉空敛。谁把佳期赚。芳心只愿长依旧,春风更放明年艳。"

欧阳修《梁州令》:"红杏墙头树。紫萼香心初吐。新年花发旧时枝,徘徊千绕,独共东风语。阳台一梦如云雨。为问今何处。离情别恨多少,条条结向垂杨缕。　　此事难分付。初心本谁先许。窃香解佩两沉沉,知他而今,记得当初否。谁教薄幸轻相误。不信道、相思苦。如今却怅空追悔,元来也会忆人去。"

晏几道《梁州令》:"莫唱阳关曲。泪湿当年金缕。离歌自古最消魂,闻歌更在魂消处。　　南楼杨柳多情绪。不系行人住。人情却似飞絮。悠扬便逐春风去。"

晁端礼《梁州令》:"各自寻思取。更莫冤他人做。如今划地怕相逢,愁多正在相逢处。　　人前不敢分明语。暗里频回顾。罗襟滴泪无数。匆匆又是空归去。"

晁补之《梁州令迭韵》:"田野闲来惯。睡起初惊晓燕。樵青走挂小帘钩,南园昨夜,细雨红芳遍。平芜一带烟光浅。过尽南归雁。俱远。凭栏送目空肠断。好景难常占。过眼韶华如箭。莫教鶗鴂送韶华,多情杨柳,为把长条绊。清樽满酌谁为伴。花下提壶劝。何妨醉卧花底,愁容不上春风面。"

晁补之《梁州令·同前》:"二月春犹浅。去年樱桃开遍。今年春色怪迟迟,红梅常早,未露胭脂脸。东君故遣春来缓。似会人深愿。蟠桃新镂,双盏相期,似此春长远。"

三十四、《伊州》

《伊州》性质同《梁州》,亦来自边地。郭茂倩《乐府诗集》卷七九引《乐苑》称:"《伊州》,商调曲,西京节度盖嘉运所进。"王灼《碧鸡漫志》卷三:"《伊州》见于世者凡七商曲:大石调、高大石调、双调、小石调、歇指调、林钟商、越调。第不知天宝所制,七商中何调也。王建《宫词》云:'侧商调里唱,伊州。'林钟商,今夷则商也,管色谱以凡字杀,若侧商即借尺字杀。"①

《伊州》本唐大曲,又衍出《伊州令》《伊州歌》《伊州曲》《伊州三台》等不同名目。宋代张先《减字木兰花》:"垂螺近额。走上红裀初趁拍。只恐轻飞。拟倩游丝惹住伊。　　文鸳绣履。去似杨花尘不起。舞彻伊州。头上宫花颤未休。"王观《清平乐·应制》:"黄金殿里。烛影双龙戏。劝得官家真个醉。进酒犹呼万岁。　　折旋舞彻伊州。君恩与整搔头。一夜御前宣住,六宫多少人愁。"由此可知《伊州》是舞曲。

王安中《洞仙歌》:"深庭夜寂,但凉蟾如昼。鹊起高槐露华透。听曲楼玉管,吹彻伊州,金钏响,轧轧朱扉暗扣。　　迎人巧笑道,好个今宵,怎不相寻暂携手。见淡净晚妆残,对月偏宜,多情更、越饶纤瘦。早促分飞霎时休,便恰似阳台,梦云归后。"是吹奏《伊州》。

丘崈《蝶恋花·送岳明州》:"鼓吹东方天欲晓。打彻伊州,梅柳都开了。尽道鄞江春许早。使君未到春先到。　　号令只凭花信报。旗垒精明,家世临淮妙。遥想明年元夕好。玉人更着华灯照。"是鼓打《伊州》。

---

① (宋)王灼:《碧鸡漫志》卷三,《词话丛编》第1册,第100页。

吴文英《点绛唇》词云："香泛罗屏，夜寒着酒宜偎倚。翠偏红坠。唤起芙蓉睡。　　一曲伊州，秋色芭蕉里。娇和醉。眼情心事。愁隔湘江水。"则是歌唱《伊州》。

唐五代词有《伊州歌》十首。宋代仅有花仲胤妻《伊川令·寄外》、赵师侠《伊州三台·丹桂》、杨韶父《伊州三台令》、无名氏《伊州曲》四首。

三十五、《甘州》

姜夔《古乐止用十二宫议》："周六乐奏六律、歌六吕，惟十二宫也。'王大食，三侑。'注云：'朔日、月半。'随月用律，亦十二宫也。十二管各备五声，合六十声；五声成一调，故十二调。古人于十二宫又特重黄钟一宫而已。齐景公作《徵招》《角招》之乐，师涓、师旷有清商、清角、清徵之操。汉、魏以来，燕乐或用之，雅乐未闻有以商、角、徵、羽为调者，惟迎气有五引而已，《隋书》云'梁、陈雅乐，并用宫声'，是也。若郑译之八十四调，出于苏祇婆之琵琶。大食、小食、般涉者，胡语；《伊州》《石州》《甘州》《婆罗门》者，胡曲；《绿腰》《诞黄龙》《新水调》者，华声而用胡乐之节奏。惟《瀛府》《献仙音》谓之法曲，即唐之法部也。凡有催衮者，皆胡曲耳，法曲无是也。且其名八十四调者，其实则有黄钟、太簇、夹钟、仲吕、林钟、夷则、无射七律之宫、商、羽而已，于其中又阙太簇之商、羽焉。国朝大乐诸曲，多袭唐旧。窃谓以十二宫为雅乐，周制可举；以八十四调为宴乐，胡部不可杂。郊庙用乐，咸当以宫为曲，其间皇帝升降、盥洗之类，用黄钟者，群臣以太簇易之，此周人王用《王夏》、公用《骜夏》之义也。"①故《甘州》调来自异域甚明。

唐五代词，有《甘州子》五首，《甘州曲》《甘州遍》两首，《甘州歌》一首。宋代仅《八声甘州》就有一百一十首左右，《甘州令》近二十首，可知《甘州》是宋人喜爱填写的一个长调。

三十六、《石州》

前引姜夔《古乐止用十二宫议》文中，胡乐中有《石州》。

唐五代词有佚名《石州》一首：

　　自从君去远巡边。终日罗帏独自眠。看花情转切，揽涕泪如泉。一自离君后，啼多双眼穿。何时狂虏灭，免得更流连。②

---

① （宋）姜夔：《古乐止用十二宫议》，《全宋文》第290册，第452—453页。
② 曾昭岷、曹济平、王兆鹏、刘尊民：《全唐五代词》，第1081页。

宋代,《石州》既是舞曲,又是歌曲。欧阳修《浣溪沙》云:"翠袖娇鬟舞石州。两行红粉一时羞。新声难逐管弦愁。　白发主人年未老,清时贤相望偏优。一尊风月为公留。"明言舞《石州》。吕渭老《豆叶黄》亦云:"轻罗团扇掩微羞。酒满玻璃花满头。小板齐声唱石州。月如钩。一寸横波入鬓流。"则是以板节奏歌唱《石州》曲。

两宋词以《石州》(含《石州慢》《石州引》)为调者,有十首,作者为秦观、贺铸、胡松年(二首)、张元幹(二首)、谢懋、章谦亨、赵文、张炎。

三十七、《氐州》

《氐州》,本大曲。宋洪迈《容斋随笔·三笔》云:"今乐府所传大曲,皆出于唐。而以州名者五:伊、凉、熙、石、渭也。"王国维《唐宋大曲考》认为:"熙州一作氐州。周邦彦《片玉词》《清真集》有《氐州第一》词,毛晋所藏《清真集》作《熙州摘遍》,盖《熙州》之第一遍也。"

可知《氐州》之名出自唐代,然唐五代词,有《甘州》《石州》《凉州》,未见《氐州》,亦无《熙州》。宋代《氐州》调词,以周邦彦商调《氐州第一》最为知名:

波落寒汀,村渡向晚,遥看数点帆小。乱叶翻鸦,惊风破雁,天角孤云缥缈。官柳萧疏,甚尚挂、微微残照。景物关情,川途换目,顿来催老。　渐解狂朋欢意少。奈犹被、思牵情绕。座上琴心,机中锦字,觉最萦怀抱。也知人、悬望久,蔷薇谢、归来一笑。欲梦高唐,未成眠、霜空又晓。

此外,尚有郑熏初《氐州第一》、杨泽民《氐州第一》、刘天游《氐州第一》、陈允平《氐州第一》、赵文《氐州第一·寿刘府教》、赵功可《氐州第一》,各一首,皆以《氐州第一》为调名。但被论者忽略的是,北宋词人张先有一首《熙州慢·赠述古》词,全词如下:

武林乡,占第一湖山,咏画争巧。鹫石飞来,倚翠楼烟霭,清猿啼晓。况值禁垣师帅,惠政流入欢谣。朝暮万景,寒潮弄月,乱峰回照。　天使寻春不早。并行乐,免有花愁花笑。持酒更听,红儿肉声长调。潇湘故人未归,但目送游云孤鸟。际天杪。离情尽寄芳草。

与《氐州第一》完全不同,不知毛晋所藏周邦彦《氐州第一》据何版本或何依据改为《熙州摘遍》,而王国维即以之为据,认为《氐州》是《熙州》之第一遍。

三十八、《回纥》

《教坊记》中无《回纥》。盖回纥本为袁纥后裔,初受辖于突厥,唐天宝三载(744)灭突厥,建立可汗政权,贞元四年(788)改称"回鹘",开成五年(840)为黠戛斯所灭,余众三分西迁:一至吐鲁番,称"高昌回鹘"或"西州回鹘";一至葱岭西楚河畔,称"葱岭西回鹘";一至河西走廊,称"河西回鹘",即后畏吾儿。《回纥》曲当以其国名调。

唐五代有一首《回纥》词:

> 阴山瀚海信难通。幽闺少妇罢裁缝。缅想边庭征战苦,谁能对镜冶愁容。久戍人将老,须臾变作白头翁。[①]

宋代无词留传。

三十九、《小品》

佛经指七卷本的《小品般若波罗蜜经》,以与二十四卷本的《摩诃般若波罗蜜经》相对,有节略。

南朝宋刘义庆《世说新语·文学》:"殷中军读《小品》,下二百签,皆是精微,世之幽滞,欲与支道林辨之。"刘孝标注:"释氏辨空经有详者焉,有略者焉,详者为《大品》,略者为《小品》。"唐陆龟蒙《寂上人院》诗:"趁幽翻《小品》,逐胜讲《南华》。"

南北宋之交词人杨无咎《解连环》词云:"素书谁托。嗟鳞沉雁断,水遥山邈。问别来、几许离愁,但只觉衣宽,不禁消薄。岁岁年年,又岂是、春光萧索。自无心、强陪醉笑,负他满庭花药。　　援琴试弹贺若。尽清于别鹤,悲甚霜角。怎似得、斜拥檀槽,看小品吟商,玉纤推却。旋暖熏炉,更自炷、龙津双萼。正怀思、又还夜永,烛花自落。"《小品吟商》正是曲名,当时由琵琶伴奏。

宋词中,有佚名《林钟商小品》调词二首,一云:"正天气凄凉,鸣幽砌,向枕畔、偏恼愁心,尽夜苦吟。"十九字,四句二平韵。另一首云:"戴花殢酒,酒泛金樽,花枝满帽。笑歌醉拍手,戴花殢酒。"二十一字,五句二仄韵,颇不相同。

词人姜夔赋《醉吟商小品》,实乃《小品》。词云:

> 又正是春归,细柳暗黄千缕。暮鸦啼处。梦逐金鞍去。一点芳心休诉。琵琶解语。

---

① 曾昭岷、曹济平、王兆鹏、刘尊民:《全唐五代词》,第1081页。

三十字,六句五仄韵。与佚名的词作又不同。

四十、《饮马歌》

来自金国,曹勋使金时听人歌之,自边地带回。其《松隐乐府》卷三之《饮马歌》有序:"此腔自虏中传至边,饮马即横笛吹之,不鼓不拍,声甚凄断。闻兀术每遇对阵之际吹此,则鏖战无还期也。"①

《词谱》卷二和《词律拾遗》卷一,俱列此作,单调,三十四字,八句六仄韵。曹勋之词如下:

> 边头春未到。雪满交河道。暮沙明残照。塞烽云间小。断鸿悲。陇月低。泪湿征衣悄。岁华老。

此调,无他词可以勘校。

四十一、《踏摇娘》

《教坊记》大曲名中有《踏摇娘》。任二北《教坊记笺订》笺释"曲名"中《归国遥》词调云:"此调在清箓吹乐章中,有辞有谱,见《律吕正义》后集四七。'遥'作'谣',乃缘宋人词调《归自谣》而误。其辞由满文译为四言四句,两章。此项乐章内尚有《踏摇娘》《长命词》《贺圣朝》《四天王吟》《回波词》《婆罗门引》六曲名,与本书所见《踏谣娘》《长命女》《贺圣朝》《毗沙子》《回波乐》《望月婆罗门》显然有关。又有《如意宝》,与《如意娘》一名相近;又有《唐公主》亦示其乐曲由唐而来。唐乐已多不传于中土,何以反流变于蒙古之箓吹中?其声谱较之唐宋燕乐所有,究竟如何?研讨音乐史者应有以明之。"②一作"踏谣",一作"踏摇",何者为是?"踏摇"何义?任二北先生均未予以解决。按:今考宋周去非《岭外代答》卷十《蛮俗门》有"踏摇"云:"徭人每岁十月旦,举峒祭都贝大王。于其庙前会男女之无室家者。男女各群,连袂而舞,谓之踏摇。男女意相得,则男咿嘤奋跃,入女群中负所爱而归,于是夫妇定矣。各自配合,不由父母。其无配者姑俟来年。女三年无夫负去,则父母或杀之,以为世所弃也。"③而同书卷三《外国门下》,即将"徭人"置入,在宋人观念中,徭人及其踏摇之俗为外国所有,当无异议。

---

① (宋)曹勋:《松隐乐府》卷三,朱孝臧辑校《彊村丛书》,广陵书社,2005年版,第499页。
② (唐)崔令钦撰,任二北笺订:《教坊记笺订》,第81页。
③ (宋)周去非著,屠友祥校注:《岭外代答》卷九,第264页。

清代黄钧宰《金壶浪墨》卷五进一步记载徭人踏摇所唱歌云：

> 徭人……岁以十月朔祭都贝大王,男女杂沓,连袂歌舞。歌皆七言,取义比兴,以致慕悦之意。彼此相得,则男子负女子入岩洞,插柳避人。其无偶者,明岁再会云。①

可知,"踏摇"为徭人风俗,于十月初一举行祭祀都贝大王时,男女相会歌唱,以相配。词调《踏摇娘》当是谓踏摇的女子。惜唐宋均无词作流传。

四十二、《破阵子》

唐段安节《乐府杂录·龟兹部》："《太平乐》曲、《破阵乐》曲亦属此部,秦王所制,舞人皆衣画甲,执旗旆;外藩镇春冬犒军亦舞此曲,兼马军引入场,尤甚壮观也。"②《破阵乐》虽然是李世民为秦王时所制,但系仿照龟兹部乐作,舞者穿着画甲,手持旗帜,是模拟战争战阵之象,甚至外藩镇春、冬犒军的时候,也以此曲为伴奏曲,故与龟兹文化有关。

敦煌词中有《破阵乐》(伯三六一九卷),单片,八句,五平韵："西戎最沐恩深。犬羊违背生心。神将驱兵出塞,横行海畔生擒。石堡严高万丈,雕窠霞外千寻。一喝尽属唐国,将知应合天心。"曾昭岷等人所编《全唐五代词》云："《破阵乐》创调于唐初,源于军中歌谣,后加工成大型乐舞曲,又演变为杂曲,《教坊记·曲名》表载录。唐代传辞有五言四句、七言四句、六言八句三体,均与宋代柳永所作长调词之体式不同。敦煌写卷所载此首为六言八句体。惟唐代《破阵乐》诸体之作,为徒诗,为声诗,抑或为曲子词,尚存歧议;又此首所载之原卷乃一诗钞专卷……"故将其置于"副编俟考"。我们以为把它当作《破阵乐》由大型舞曲演变而为词调是完全可能的。不惟柳永《破阵乐》即由此而来,而且,宋代的《破阵子》词调,亦与此攸关。

《破阵乐》　柳永

露花倒影,烟芜蘸碧,灵沼波暖。金柳摇风树树,系彩舫龙舟遥岸。千步虹桥,参差雁齿,直趋水殿。绕金堤、曼衍鱼龙戏,簇娇春罗绮,喧天丝管。霁色荣光,望中似睹,蓬莱清浅。　时见。凤辇宸游,鸾觞禊饮,临翠水、开镐宴。两两轻舠飞画楫,竞夺锦标霞烂。罄

---

① (清)黄钧宰:《金壶浪墨》卷五,《续修四库全书》(子部)第1183册,上海古籍出版社,1995年版,第68页。

② (唐)段安节:《乐府杂录》,古典文学出版社,1957年版,第25页。

欢娱,歌鱼藻,徘徊宛转。别有盈盈游女,各委明珠,争收翠羽,相将归远。渐觉云海沉沉,洞天日晚。

该词调上片十四句五仄韵;下片十四句六仄韵。全词一百三十三字。张先的一首"四堂互映",与柳永同,见出继承性:

《破阵乐》 张先

四堂互映,双门并丽,龙阁开府。郡美东南第一,望故苑楼台霏雾。垂柳池塘,流泉巷陌,吴歌处处。近黄昏,渐更宜良夜,簇簇繁星灯烛,长衢如昼,暝色韶光,几许粉面,飞甍朱户。　　和煦。雁齿桥红,裙腰草绿,云际寺、林下路。酒熟梨花宾客醉,但觉满山箫鼓。尽朋游、同民乐,芳菲有主。自此归从泥诏,去指沙堤,南屏水石,西湖风月,好作千骑行春,画图写取。

宋代的《破阵子》词,六十二字,上片五句三平韵;下片五句三平韵;词作数量相对多于《破阵乐》,作者有晏殊(五首)、晏几道、苏轼、陆游(二首)、范成大、张孝忠、辛弃疾(五首)、赵善扛、程垓、马子严、仇远。

其中,苏轼的《十拍子》词,格式完全同于《破阵子》。然《教坊记·曲名》中既有《破阵子》,又有《十拍子》。清初毛先舒《填词名解》云:"《破阵子》一名《十拍子》,然考之唐乐,自是两曲,俱隶教坊也。"徐本立《词律拾遗》卷七《破阵子》调下注:"一名《十拍子》,本唐教坊乐,以此调一唱十拍,因以为名。"二者关系,有待进一步研究。

四十三、《菩萨蛮》《菩萨蛮引》《菩萨蛮慢》

《教坊记·曲名》中已出现《菩萨蛮》。任二北《教坊记笺订》:

此调《碧鸡漫志》已考。其始义有四种解释:甲、《杜阳杂编》与《南部新书》说,以为宣宗时女蛮国入贡之人作菩萨装,乃有此名。此说仅与后来懿宗朝李可及所作《菩萨蛮队舞》之情形相合,于他方面不能该括。乙、日人中村久四郎说,三字为阿剌伯语内称回教徒之音,并有"木速蛮""铺速满""普速完""铺述蛮"诸异译。此乃宋元时事,于唐无涉。盛唐间回教尚未大行。丙、近人杨宪益说,三字乃"骠苴蛮"或"符诏蛮"之异译,其调乃古缅甸乐,开天间传入中国,李白有辞。此说可取。丁、唐许棠《奇男子传》及《太平广记》一六六"吴保安"条引《纪闻》,皆述天宝十二载郭仲翔从南诏之菩萨蛮洞逃归,足证唐之《菩萨蛮》曲属于佛教,不属回教,已可以断。在上四说中,日人桑原陟藏于甲乙之间不能决,盖未深察回教之"木速蛮"等称与乐曲舞蹈之间尚未发生关系也。近人李拓之"中国的舞蹈"云:"《菩萨蛮》非出自回教乐曲。今滇缅边界的摆夷尚称女子为'小菩萨',殆即其处。"并可佐证。胡适笃信甲说,认此调起于晚唐,而指本书之列此名乃后人所增附云云,惟心之判,诚无足取。试看敦煌曲《菩萨蛮》"敦煌古往出神将"一首,有"只恨隔蕃部,情恳难申吐"语,分明为代宗朝先后失凉甘肃瓜四州之后,德宗建中二年沙州陷蕃之前所作。若据甲说,宣宗时始创调,代宗时何能有辞? 未免太违史实。①

《菩萨蛮》调,来历较为明确。唐苏鹗《杜阳杂编》卷下云:"大中初……其国(女蛮国)人危髻金冠,璎珞被体,故谓之'菩萨蛮',当时倡优遂制'菩萨蛮曲'。"②唐代女蛮国人发髻很高,戴着金冠,呼作"菩萨蛮"。称为菩萨,因为这些女蛮国女子"璎珞被体"的装饰形象如同菩萨的形象一样;蛮,女蛮国。

王灼《碧鸡漫志》卷五:"《菩萨蛮》,《南部新书》及《杜阳杂编》云:'大中初,女蛮国入贡,危髻金冠,璎络被体,号菩萨蛮队,遂制此曲。当时倡优李可及作《菩萨蛮》队舞,文士亦往往声其词。'大中乃宣宗纪号也。《北梦琐言》云:'宣宗爱唱《菩萨蛮》词,令狐相国假温飞卿新撰密进之,戒以勿泄,而遽言于人,由是疏之。'温词十四首,载《花间集》,今曲是也。李可及所制盖止此,则其舞队,不过如近世传踏之类耳。"③《宋史》第一百四十二卷中讲女弟子乐队有菩萨蛮队:"女弟子队,凡一百五十三人:一曰菩萨蛮队,衣绯生色窄砌衣,冠卷云冠。二曰感化乐队,衣青罗生色通衣,背梳髻,系绶带。三曰抛球乐队,衣四色绣罗宽衫,系银带,奉绣球。四曰佳人剪牡丹队,衣红生色砌衣,带金冠,剪牡丹花。五曰拂霓裳队,衣红仙砌衣,碧霞帔,戴仙冠,红绣抹额。六曰采莲队,衣红罗生色绰子,系晕裙,戴云鬟髻,乘彩船,执莲花。七曰凤迎乐队,衣红仙砌衣,戴云鬟凤髻。八曰菩萨献香花队,衣生色窄砌衣,戴宝冠,执香花盘。九曰彩云仙队,衣黄生色道衣,紫霞帔,冠仙冠,执旌节鹤羽。十曰打球乐队,衣四色窄绣罗襦,系银带,裹顺风脚簇花幞头,执球杖。大抵若此,而复从宜变易。"④

但还有一种说法,认为应该写作"菩萨鬘","菩萨蛮"乃"菩萨鬘"之讹。明曹学佺撰《蜀中广记》卷一百四《诗话记第四》:"贾逵曰:粱米出蜀汉,香美逾于

---

① (唐)崔令钦撰,任二北笺订:《教坊记笺订》,第83—84页。
② (唐)苏鹗:《杜阳杂编》,《笔记小说大观》,广陵书社,1983年版,第149页。
③ (宋)王灼:《碧鸡漫志》卷五,《词话丛编》第1册,第99页。
④ (元)脱脱等:《宋史》卷一四二(第10册),第3350页。

诸梁,号曰竹根黄,梁州得名以此。秦地之西,燉煌之间,亦产梁米,土沃类蜀,故号小梁州。调名有《小梁州》,为西音。唐吕元济上书:比见方邑相率为浑脱队,骏马胡服,名曰苏幕遮。今之曲名取此。李太白诗'公孙大娘浑脱舞',即此际之事也。"又引《释典》云:"西域诸国妇女编髪垂髻,饰以杂华,曰鬘。中国佛像璎珞之饰,是其制也。彼土称菩萨鬘。调名《菩萨鬘》取此,作菩萨蛮者非。太白《菩萨鬘》词:'平林漠漠烟如织。寒山一带伤心碧。暝色入高楼。有人楼上愁。　阑干空伫立。宿鸟归飞急。何处是归程。长亭复短亭。'此思蜀之作也。"①

明杨慎《丹铅总录》卷七则持二说:唐人说,及发髻说。"菩萨鬘、苏幕遮,西域诸国妇女编发垂髻,饰以杂华,如中国塑佛像璎珞之饰,曰菩萨鬘。曲名取此。《唐书》吕元泰上书:'比见坊邑,相率为浑脱队,骏马胡服,名苏莫遮。'曲名亦取此。李太白诗'公孙大娘浑脱舞',即用此事也。"②

唐代《菩萨蛮》调词,有八十六首之多,宋代更高达五百余首,可见唐宋两代词人对此调之偏爱。

第二节　间接来自异域的词调

唐宋词的词调中,有些虽不是直接来自异域,但间接地与异域文化有关,它们也反映出外来文化的影响。

一、《定西番》

西番,亦作"西藩",古代是指西域一带及西部边境地区。《晋书·桓伊传》:"臣过蒙殊宠,受任西藩。"③《南齐书·周盘龙传》:"师不淹晨,西蕃克定。"④《北史·西域传序》:"炀帝时,乃遣侍御史韦节、司隶从事杜行满使于西藩诸国。"⑤直至《明史·西域传二·西番诸卫》仍称:"西番即西羌,族种最多,自陕西历四川、云南西徼外皆是。"⑥有时也指吐蕃。唐高适《贺哥舒大夫破九

---

① (明)曹学佺:《蜀中广记》卷一百四,清文渊阁四库全书影印本592册,第663页。
② (明)杨慎撰,王大淳笺证:《丹铅总录》卷七,浙江古籍出版社,2013年版,第240页。
③ (唐)房玄龄等撰:《晋书》卷八一,中华书局,1974年版,第2119页。
④ (梁)萧子显撰:《南齐书》卷二九,中华书局,1974年版,第544页。
⑤ (唐)李延寿撰:《北史》卷九七,中华书局,1974年版,第3207页。
⑥ (清)张廷玉等撰:《明史》卷三三,中华书局,1974年版,第8539页。

曲》诗："遥传副丞相，昨日破西蕃。"是诗歌中较早出现西蕃者。

《教坊记·曲名》中有此调。《花间集》录温庭筠、韦庄等人十首词。任二北《教坊记笺订》以为与唐代封常青平定西域有关。

敦煌词《定西蕃》如下：

  事从星车入塞，冲沙碛，冒风寒。度千山。 三载方达王命，岂辞辛苦艰。为布我皇纶绰，定西蕃。①

二、《怨回纥》

《全唐诗》收皇甫松"白首南朝女"一首，词云："拜手白首南朝女，愁听异域歌。收兵颉利国，饮马胡卢河。 毳布腥膻久，穹庐岁月多。雕窠城上宿，吹笛泪滂沱。"所写为兵卒久戍回纥之怨词，调名或即取此。颉利，指唐代东突厥可汗，姓阿史那氏，名咄苾。词中的"异域歌""胡卢河""毳布"等都有异域色彩。全词八个五字句，上下片各二平韵，首句仄起。

皇甫松另有"祖席驻征棹"一首，皆八个五字句，上下片各四句，二平韵。《词律》以为"题名与曲意不合，正是词体"。

三、《八拍蛮》

《教坊记·曲名》中有此调。《词谱》卷一："孙光宪词，所咏俱越中事，或即八拍之蛮歌。"②任二北《唐声诗·下编》亦以为"始于八拍之'蛮'歌"，其名称由来，当与《八声甘州》《八拍子》《十拍子》相似。

孙光宪词，单调，二十八字，四句三平韵。而《词谱》又列阎选"云琐嫩黄烟柳细"一阕为别体，认为与孙词都是"拗体七言绝句，不似《竹枝》《柳枝》，平仄可以不拘也"。其实，阎选另有"愁琐黛眉烟易惨"一首，都是词体，《词谱》所言不确。

四、《蕃女怨》

《花间集》载有温庭筠词二首。词中"雁门消息不归来""碛南沙上惊雁起"之句，咏写蕃女怨恨之由，亦即咏调名本意。

---

① 曾昭岷、曹济平、王兆鹏、刘尊民：《全唐五代词》下编，第885页。
② （清）王奕清等编著：《钦定词谱》卷一，中国书店，2010年版，第18页。

五、《辟寒金》

《辟寒金》,王嘉《拾遗记》卷七:明帝即位三年,起灵禽之园,远方国所献异鸟殊兽,皆畜此园也。昆明国献嗽金鸟,形如雀,色黄,常翱翔海上,吐金粟如屑。至冬畏霜雪,帝乃起温室以处之,名"辟寒台"。宫人争以鸟吐之金饰钗佩,谓之"辟寒金"。①

南宋词人李清照《浣溪沙》词云:"莫许杯深琥珀浓。未成沉醉意先融。□□已应晚来风。　瑞脑香消魂梦断,辟寒金小髻鬟松。醒时空对烛花红。"词中使用"辟寒金"一语,指首饰。

北宋末大词人贺铸有《辟寒金》词:"六华应腊妆吴苑。小山堂、晚张燕。赏心不厌杯行缓。待月度、银河半。　缥缈郢人歌已断。归路指、玉溪南馆。谁似辟寒金,聊借与、空床暖。"贺铸用"寓声乐府"手法,把《迎春乐》词调易名为《辟寒金》。

六、《绕佛阁》

此调应是周邦彦所创,存词周邦彦一首,吴文英二首,陈允平一首,张艾一首。《清真集》入大石调。《词律》卷二十八作双调,一百字,上片十一句八仄韵,下片九句六仄韵。四字句为多。但在分片上存在分歧,徐本立《词律拾遗》卷八引张晓峰说,谓当作双曳头三叠词,于"动书幔"处分段。

《绕佛阁》　周邦彦

暗尘四敛。楼观迥出,高映孤馆。清漏将短。厌闻夜久,签声动书幔。　桂华又满。闲步露草,偏爱幽远。花气清婉,望中迤逦,城阴度河岸。　倦客最萧索,醉倚斜桥穿柳线。还似汴堤,虹梁横水面。看浪飐春灯,舟下如箭。此行重见。叹故友难逢,羁思空乱。两眉愁、向谁舒展。

《绕佛阁》　吴文英

夜空似水,横汉静立,银浪声杳。瑶镜奁小。素娥乍起,楼心弄孤照。　絮云未巧。梧韵露井,偏借秋早。晴暗多少。怕教彻胆,蟾光见怀抱。　浪迹尚为客,恨满长安千古道。还记暗萤,穿帘街语悄。叹步影归来,人鬓花老。紫箫天渺。又露饮风前,凉堕轻帽。

---

① (晋)王嘉撰,(梁)萧绮录,齐治平校注:《拾遗录》卷七,中华书局,1988年版,第168页。

酒杯空、数星横晓。

《绕佛阁》 吴文英

蒨霞艳锦,星媛夜织,河汉鸣杼。红翠万缕。送幽梦与,人闲绣芳句。　　怨宫恨羽。孤风剑漫倚,无限凄楚。□□□□。赋情缥缈、东风扬花絮。　　镜里半髻雪,向老春深莺晓处。长闭翠阴、幽坊杨柳户。看故苑离离,城外禾黍。短藜青屦。笑寄隐闲追,鸡社歌舞。最风流、垫巾沾雨。

《绕佛阁》 陈允平

暮烟半敛。云护澹月,斜照楼馆。春夜偏短。一床耿耿,孤灯晃帏幔。　　玉壶漏满。天外渐觉,归雁声远。离思凄婉。重怀执手,东风翠蘋岸。　　料想凤楼人,倦绣回文停彩线。憔悴泪积,香销娇粉面。叹暗老年光,隙驹流箭。梦中空见。漫惹起相思,芳意迷乱。锦笺重向纱窗展。

《绕佛阁》 张艾

渚云弄湿,烟缕际晚,江国遥碧。鸿过无迹。怕闻野寺,孤钟动凄恻。　　小桥路窄。疏袖暗拂衰草,愁听蛩语还寂。可堪过了,龟纱负瑶席。　　荏苒露华白。一夜秋窗惊晓色。柳影孤危,残蝉空抱叶。想摇落关情,归梦频折。物华消歇。尽倒断寒塘,幽香先灭。怨红供、拒霜啼颊。

七、《解蹀躞》

蹀躞,乃西夏、辽国人佩带上的饰物。宋司马光《涑水记闻》卷十一:"元昊遣使戴金冠,衣绯,佩蹀躞,奉表纳旌节告敕。"[①]宋张枢《谒金门》词:"重整金泥蹀躞,红皱石榴裙褶。"《辽史·西夏》:"其冠用金镂贴,间起云,银纸帖,绯衣,金涂银带,佩蹀躞、解锥、短刀、弓矢,穿靴,秃发,耳重环,紫旋襕六袭。"又称:"金涂银带,佩蹀躞、解锥、短刀、弓矢。"[②]

作为词调,首次出现在周邦彦词中,应为其创调。其词云:

---

① (宋)司马光撰,邓广铭、张希清点校:《涑水纪闻》卷一一,中华书局,1989年版,第212页。
② (元)脱脱等撰:《辽史》卷一一五,中华书局,1974年版,第1523页。

《解蹀躞》 周邦彦

候馆丹枫吹尽,面旋随风舞。夜寒霜月,飞来伴孤旅。还是独拥秋衾,梦余酒困都醒,满怀离苦。　　甚情绪。深念凌波微步。幽房暗相遇,泪珠都作,秋宵枕前雨。此恨音驿难通,待凭征雁归时,带将愁去。

《清真集》入商调。《词律》卷十一列周邦彦等词二体。《词谱》卷十七以周邦彦此词为正体,双调,七十五字,上片六句三仄韵,下片七句五仄韵。

宋词中,另有杨无咎二首、曹勋二首,其余就是方千里、吴文英、杨泽民、陈允平等格律派词人各一首,显见是学周邦彦。

《解蹀躞》 杨无咎

金谷楼中人在,两点眉颦绿。叫云穿月,横吹楚山竹。怨断忔忆因谁,坐中有客,犹记住、平阳宿。　　泪盈目。百转千声相续。停杯听难足。谩夸天海风涛旧时曲。夜深烟惨云愁,倩君沈醉,明日看、梅梢玉。

《解蹀躞》 杨无咎

迤逦韶华将半。桃杏匀于染。又还撩拨、春心倍凄黯。准拟□□狂吟,可怜无复当年,酒肠文瞻。　　倦游览。憔悴羞窥鸾鉴。眉端为谁敛。可堪风雨、无情暗亭槛。触目千点飞红,问春争得春愁,也随春减。

《玉蹀躞》 曹勋

红绿烟村惨淡,市井初经虏。舍馆人家,凄凄但尘土。依旧春色撩人,柳花飞处,犹听几声莺语。　　黯无绪。匹马三游四楚。行路漫怀古。可惜风月,佳时尚羁旅。归处应及荼蘼,与插云鬟,此恨醉时分付。

《玉蹀躞》 曹勋

雨过池台秋静,桂影凉清昼。槁叶喧空,疏黄满堤柳。风外残菊枯荷,凭阑一饷,犹喜冷香襟袖。　　少欢偶。人道消愁须酒。酒又怕醒后。这般光景,愁怀煞难受。谁念千种秋情,乍凉虽好,还恨夜长时候。

《解蹀躞》 方千里

院宇无人晴昼,静看帘波舞。自怜春晚,漂流尚羁旅。那况泪湿征衣,恨添客鬓,终日子规声苦。　　动离绪。谩徘徊愁步。何时再相遇。旧欢如昨,匆匆楚台雨。别后南北天涯,梦魂犹记关山,屡随书去。

《解蹀躞》 吴文英

醉云又兼醒雨,楚梦时来往。倦蜂刚着梨花、惹游荡。还作一段相思,冷波叶舞愁红,送人双桨。　　暗凝想。情共天涯秋黯,朱桥锁深巷。会稀投得轻分、顿惆怅。此去幽曲谁来,可怜残照西风,半妆楼上。

《解蹀躞》 杨泽民

一掬金莲微步。堪向盘中舞。主人开阃,呼来慰行旅。暂时略得舒怀,事如橄榄,余甘卒难回苦。　　惹愁绪。便□偎人低唱,如何当奇遇。怎生真得、欢娱效云雨。有计应不为难,待□押出门时,却教休去。

《解蹀躞》 陈允平

岸柳飘残黄叶,尚学纤腰舞。谢他终日,亭前伴羁旅。无奈历历寒蝉,为谁唤老西风,伴人吟苦。　　闷无绪。记得芙蓉江上,萧娘旧相遇。如今憔悴,黄花惯风雨。把酒东望家山,醉来一沉闲窗,梦随秋去。

杨无咎的"迤逦韶华将半"与众作不同,可以理解;杨泽民"一掬金莲微步"首句与杨无咎一致,而与周邦彦、吴文英等人相异,则令人略为诧异。

八、《忆汉月》

《教坊记·曲名》中有此调,任二北《教坊记笺订》:

七言四句声诗,只传中唐李绅之作。白居易《对酒吟》:"合声歌汉月,齐手拍吴歈。"周庾信《怨歌行》:"胡尘几日应尽,汉月何时更圆?"正此曲之义。①

唐宋间,未见词作流传。

九、《黄羊儿》

《教坊记·曲名》中有此调,任二北《教坊记笺订》:

---

① (唐)崔令钦撰,任二北笺订:《教坊记笺订》,第82页。

黄羊为唐时食品之美者,腹带黄,出西番。《旧唐书》九七《张说传》有"吾肉非黄羊,不畏吃"语。杜诗"黄羊饫不膻"。宋庄绰《鸡肋编》中卷:"关右塞上有黄羊,无角,色类麢鹿,人取其皮以为衾褥。"……敦煌曲辞嵌曲名曰:"羊子遍野巫山","羊子"疑即指此调。[1] 惜唐宋间未见此调词作。

---

[1] （唐）崔令钦撰,任二北笺订:《教坊记笺订》,第117页。

第二章

唐宋词人与域外文化

词人与域外文化的关系,是考察唐宋词异域文化色彩的一个视角。尽管不能说所有涉及域外文化,包括出使异国之人,都在词作中反映出异国特色;未出使异国,甚至未直接接触到异域物质文化的词人,也可能间接接触到异域文化而在词作中有所反映。考虑到有些文献已经不存在,尤其是现存词作并非词人创作的全部,故我们仍然把词人身份、经历作为考察唐宋词异域文化色彩的一个维度。

第一节 出使辽国的词人

北宋与辽国关系,虽然不乏战争,但以和平相处为主。自澶渊之盟始,至徽宗宣和四年(1122,辽天祚帝保大二年),宋、金相约夹攻辽而败盟止,共和平相持了一百一十八年。其间,双方每年互派使臣,通聘礼问,轺车不绝。宋代许多文人,包括一些著名文人,都曾出使辽国。作为使者而有词作传世者,有十余人,他们的词作未必都直接受到辽文化影响,但是,有些词作直接与使辽有关,有些词作出现辽文化的因子,宋辽交聘及文人私好,显然是考察宋词生态的一个角度,故不能因为有些词人使辽时间、事迹不明,或者其使辽词佚去而不予考察。

一、王曾

王曾(978—1038),字孝先,青州益都(今山东青州)人。咸平年间,连中三元,以将作监丞通判济州。累官吏部侍郎,两拜参知政事。宋仁宗即位,拜中书侍郎、同中书门下平章事。后罢知青州。景祐元年(1034),召入为枢密使,次年再次拜相,封沂国公。因与吕夷简不和,一同被罢免,出判郓州。赠侍中,卒谥文正。著有《九域图》三卷、《契丹志》一卷、《王文定公笔录》。

王曾存词一首《鹧鸪天》(终日无心扫黛眉),见收于《古今别肠词选》卷二。《花草粹编》卷六题无名氏作,《词林万选》云"夏竦作"。

二、聂冠卿

聂冠卿(988—1042),字长孺,新安(今安徽歙县)人。大中祥符五年(1012)进士。以荐召试学士院,充馆阁校勘,预撰《景祐广乐记》。庆历元年(1041),以兵部郎中知制诰拜翰林学士。有《蕲春集》,今不传。

王珪《聂内翰冠卿传》,对聂冠卿使辽事迹有记载:"聂内翰冠卿,字长孺,歙县人。七世祖师道,杨行密版奏,号'问政先生',鸿胪卿。父致尧,登咸平三年第,赠礼部尚书。冠卿登第,为连州军事推官。秩满,以文谒翰林学士杨亿,大器赏之,于是大臣交荐……奉使契丹,其主谓曰:'君家先世奉道,子孙固有昌者,尝观所著《蕲春集》,词极清丽。'因自击球纵饮,命冠卿赋诗,礼遇甚厚。还,同知通进银台司、审刑院。康定二年,入翰林为学士……"①其中,聂冠卿使契丹事迹,后被《宋史》本传录入。

聂冠卿词,《全宋词》据《能改斋漫录》录《多丽·李良定公席上赋》一首。

三、张昪

张昪(992—1077),字杲卿,韩城(今属陕西)人。大中祥符八年(1015)进士。累官参知政事、枢密使,以彰信军节度使、同中书门下平章事判许州,改镇河阳。以太子太师致仕。卒赠司徒兼侍中,谥康节。

张昪使辽,见《宋史》卷十二《仁宗纪四》:嘉祐二年(1057),"三月戊寅,振河北被灾民。乙未,契丹使耶律防、陈觊来求御容。戊戌,淮水溢,遣张昪报使契丹";"九月庚子,契丹再使萧扈、吴湛来求御容。冬十月乙巳,遣胡宿报使契丹"。②《考证》:"仁宗纪四嘉祐二年九月庚子,契丹再使萧扈、吴湛来求御容。冬十月乙巳,遣胡宿报使契丹。臣宗楷按:《邵氏闻见录》:契丹求仁宗御容,议者虑有厌胜之术。帝曰:吾待契丹厚,必不然。遣御史中丞张昪遗之。据此,则使契丹者张昪,纪则云胡宿,彼此互异。"今按:《仁宗纪》言嘉祐二年三月戊

---

① (宋)王珪:《聂内翰冠卿传》,《全宋文》第53册,第190页。
② (元)脱脱等:《宋史》卷一二,第242页。

戌,遣张昇报使契丹,十月乙巳遣胡宿使契丹,应该是两件事,本末混同,《考证》理解有误,不足为证。

张昇具体使辽事迹不详。其词,《全宋词》据《青箱杂记》卷八收《满江红》(无利无名)一首,据《过庭录》收《离亭燕》(一带江山如画)一首。

四、谢绛

谢绛(994—1039),字希深,富阳(今属浙江)人。以父涛荫试秘书省校书郎。大中祥符八年(1015)登进士甲科,知汝阴县。以文章为杨亿所荐,擢秘阁校理、同判太常礼院。仁宗朝,累迁太常博士,历判州府,为国史编修官,知制诰,判吏部流内铨、太常礼院。历官至朝散大夫,行尚书兵部员外郎,知制诰,出知邓州。著文集八十卷、《韩非子注》二十卷、《公孙龙子注》三卷。《宋史》卷二九五有传。

《宋史》卷二九五本传载其使辽事:

> 谢绛字希深,其先阳夏人,祖懿文为杭州盐官、县令,葬富阳,遂为富阳人……初改判礼院,为知礼仪事,自绛建请。使契丹还,请知邓州。①

具体出使事迹不详。

谢绛词,《全宋词》据《唐宋诸贤绝妙词选》收《菩萨蛮·咏目》《夜行船·别情》《诉衷情·宫怨》三首。

五、欧阳修

欧阳修(1007—1072),字永叔,号醉翁、六一居士。吉州永丰(今属江西省吉安)人。官至翰林学士、枢密副使、参知政事,谥文忠,世称欧阳文忠公。累赠太师、楚国公。有《欧阳文忠公集》。

欧阳修于天圣八年(1030)以十四名进士及第。授任将仕郎,试秘书省校书郎,充任西京留守推官。景祐元年(1034),召试学士院,授任宣德郎,任馆阁校勘,与修《崇文总目》。景祐三年,因支持范仲淹改革,贬夷陵(今湖北宜昌)令。康定元年(1040),被召回京,复任馆阁校勘,编修《崇文总目》,知谏院。庆历三年(1043),任右正言、知制诰。范仲淹、韩琦、富弼等人推行"庆历新政",欧阳修参与革新,五年,贬滁州(今安徽滁州)太守。后又改知扬州、颍州(今安

---

① (元)脱脱等:《宋史》卷二九五,第9843、9848页。

徽阜阳)、应天府(今河南商丘)。皇祐元年(1049)回朝,任翰林学士、史馆修撰等职。至和元年(1054),与宋祁同修《新唐书》,又自修《新五代史记》。嘉祐二年(1057)二月,知礼部贡举,录取苏轼、苏辙、曾巩等人。嘉祐三年,以翰林学士兼龙图阁学士权知开封府。嘉祐五年,拜枢密副使。嘉祐六年任参知政事。后又相继任刑部尚书、兵部尚书等。神宗熙宁三年(1070),除检校太保宣徽南院使等,不受,改知蔡州(今河南汝南)。熙宁四年,以太子少师致仕,居颍州。熙宁五年卒,赠太子太师。

欧阳修使辽时间,有不同说法。欧阳修嘉祐元年作《醉翁吟并序》序曰:"余作醉翁亭于滁州,太常博士沈遵,好奇之士也,闻而往游焉。爱其山水,归而以琴写之,作《醉翁吟》三叠。去年秋,余奉使契丹,沈君会余恩、冀之间。夜阑酒半,援琴而作之,有其声而无其辞,乃为之辞以赠之。"①又,同年作《与十四弟书七》:"人力来,得书,知骨肉并安,深慰深慰。为今春使契丹,寒食不曾遣得人往坟所。吾弟并与到诸坟,深感深感。修见乞洪州,亦只为先坟也。未得间,恐吾弟因出入且为照管。兄押。书送十四弟,四月十五日。"②又《跋醉翁吟》:"余以至和二年奉使契丹。明年,改元嘉祐,与圣俞作此诗。后五年,圣俞卒。作诗殆今十有五年矣,而圣俞之亡亦十年也。阅其辞翰,一为泫然,遂轴而藏之,熙宁三年五月十三日。"③

《宋史》卷三一九本传:"……左迁知制诰、知滁州。居二年,徙扬州、颍州。复学士,留守南京,以母忧去。服除,召判流内铨,时在外十一年矣。帝见其发白,问劳甚至。小人畏修复用,有诈为修奏,乞澄汰内侍为奸利者。其群皆怨怒,谮之,出知同州,帝纳吴充言而止。迁翰林学士,俾修《唐书》。奉使契丹,其主命贵臣四人押宴,曰:'此非常制,以卿名重故尔。'"④

韩琦《故观文殿学士太子少师致仕赠太子太师欧阳公墓志铭》:"尝奉使契丹,其主必遣贵臣押宴,出于常例,且谓公曰:'以公名重故耳。'其为外夷钦服如此。"⑤

吴充《故推诚保德崇仁翊戴功臣观文殿学士特进太子少师致仕上柱国乐安郡开国公食邑四千三百户食实封一千二百户赠太子太师欧阳公行状》:"至

---

① (宋)欧阳修:《醉翁吟并序》,《全宋文》第31册,第136页。
② (宋)欧阳修:《与十四弟书七》,《全宋文》第34册,第4页。
③ (宋)欧阳修:《跋醉翁吟》,《全宋文》第34册,第93页。
④ (元)脱脱等:《宋史》卷三一九,第10378页。
⑤ (宋)韩琦:《故观文殿学士太子少师致仕赠太子太师欧阳公墓志铭》,《全宋文》第39册,第115页。

和初,公奉使契丹,契丹使其贵臣惕隐及北宰相萧知足等来押宴,曰:'非常例也,以公名重,故尔。'其为外夷所畏如此。"①

苏辙《欧阳文忠公神道碑》:"二年,奉使契丹。契丹使其贵臣宗愿、宗熙、萧知足、萧孝友四人押燕,曰:'此非常例,以卿名重故尔。'"②

《宋史》本传、韩琦撰墓志铭,均未明言欧阳修使辽时间,吴充撰行状称之至和初使辽,苏辙撰神道碑言二年使辽,表述不一致,当据其《醉翁吟》序及与弟兄所言,使辽在至和二年。

欧阳修词中,《玉楼春》云:"大家恶发大家休,毕竟到头谁不是。"恶发,就来自"北方民",应该与使辽有关。

六、王拱辰

王拱辰(1012—1085),字君贶,原名拱寿,仁宗赐名拱辰,开封咸平(今河南开封)人。天圣八年(1030)举进士第一,通判怀州,入直集贤院,历盐铁判官、修起居注、知制诰。庆历元年(1041)为翰林学士,权知开封府,拜御史中丞。后以翰林学士权三司使,出知郑、澶、瀛、并州。使契丹还,除宣徽北院使。元丰初,转南院使,再判大名,改武安军节度使。元丰八年(1085)徙彰德军节度使,加检校太师。有《治平政鉴》十篇,内、外制集各五卷,奏议十卷,文集七十卷。

王拱辰使辽情况,《宋史》卷一二《仁宗纪四》云:

> (至和元年)九月乙亥,契丹遣使来告夏国平。辛巳,遣三司使王拱辰报使契丹。③

据此知至和元年(1054),王拱辰以三司使衔出使辽国。苏轼《赵清献公神道碑》云:"王拱辰奉使契丹,还,为宣徽使。公言拱辰平生所为及奉使不如法事,命遂寝。"④

王拱辰词,仅存《沁园春》调"华发青云"残句。

---

① (宋)吴充:《故推诚保德崇仁翊戴功臣观文殿学士特进太子少师致仕上柱国乐安郡开国公食邑四千三百户食实封一千二百户赠太子太师欧阳公行状》,《全宋文》第78册,第75页。
② (宋)苏辙:《欧阳文忠公神道碑》,《全宋文》第96册,第263页。
③ (元)脱脱等:《宋史》卷一二,第238页。
④ (宋)苏轼:《赵清献公神道碑》,《全宋文》第92册,第20页。

七、刘敞

刘敞(1019—1068),字原父,临江新喻(今江西新余)人。庆历六年(1046)进士。历大理评事、太子中允、直集贤院、右正言,累迁知制诰、翰林侍读学士,改集贤院学士,判南京(今河南商丘)御史台。卒,门人私谥公是先生。有《公是集》及《春秋权衡》《春秋传》《春秋意林》《春秋传说例》《七经小传》《公是先生弟子记》等。《宋史》卷三一九有传。

欧阳修《集贤院学士刘公墓志铭》:

> 公讳敞,字仲原。父姓刘氏,世为吉州临江人。自其皇祖以尚书郎有声太宗时,遂为名家,其后多闻人,至公而益显。公举庆历六年进士,中甲科,以大理评事通判蔡州。丁外艰,服除,召试学士院,迁太子中允、直集贤院,判登闻鼓院、吏部南曹、尚书考功。于是夏英公既薨,天子赐谥曰文正。公曰:"此吾职也。"即上疏言:"谥者,有司之事也。且諌行不应法。今百司各得守其职,而陛下侵臣官。"疏凡三上,天子嘉其守,为更其谥曰"文庄"。公曰:"姑可以止矣。"权判三司开拆司,又权度支判官,同修起居注。至和元年九月,召试,迁右正言、知制诰。宦者石全彬以劳迁宫苑使,领观察使,意不满,退而愠有言。居三日,正除观察使,公封还辞头,不草制,其命遂止。
>
> 二年八月,奉使契丹,公素知虏山川道里,虏人道自古北口回曲千余里至柳河,公问曰:"自松亭趋柳河,甚直而近,不数日可至中京,何不道彼而道此?"盖虏人常故迁其路,欲以国地险远诱使者,且谓莫习其山川,不虞公之问也,相与惊顾羞愧,即吐其实,曰:"诚如公言!"时顺州山中,有异兽如马而食虎豹,虏人不识,以问,公曰:"此所谓駮也。"为言其形状声音皆是,虏人益叹服。
>
> 三年,使还,以亲嫌求知扬州。岁余,迁起居舍人,徙知郓州,兼京东、西路安抚使。居数月,召还,纠察在京刑狱,修玉牒,知嘉祐四年贡举,称为得人。①

《宋史》卷三一九本传同。从知刘敞于至和二年(1055)八月,奉使辽国。他博学多识,对山川道里非常熟悉,不但识破辽人迂远行程路线以显其幅员辽阔之用心,而且,还说出辽人所不知其境内动物之名,令辽人折服。这些似乎

---

① (宋)欧阳修:《集贤院学士刘公墓志铭》,《全宋文》第35册,第380页。

微不足道,但在外交活动中,却是很重要的细节。大的方面说,辽人故意迂远使者行路,一是"证明"其国土辽阔,一是挫折使者身体意志,目的都在增加谈判筹码;小的方面说,这是做出一种傲慢的姿态,有意轻视使者,打击其自尊、自信。刘敞折服辽人,可圈可点,是宋朝"软实力"的呈现。

刘敞词,《全宋词》据《乐府雅词》《能改斋漫录》存录《清平乐》《踏莎行》二调二首。

八、王珪

王珪(1019—1085),字禹玉,华阳(今四川双流)人,徙舒(今安徽庐江)。庆历二年(1042)进士。官大理评事,授太子中允、直集贤院、翰林学士、知开封府、兼侍读学士,拜尚书左仆射、门下侍郎,封岐国公,赠太师,谥文恭。有《华阳集》。

王珪出使辽国,见李清臣元丰八年(1085)所撰《王文恭公珪神道碑》:"尝为三司盐铁判官,又判句院国子监,纠察刑狱,修《三司条例》,判礼部、刑部,知吏部流内铨、审官、审刑院,提举集禧观,判昭文馆,权发遣开封府,接伴契丹使,奉使契丹,提举诸司库务,权尚书都省。同议茶法,考转运使、提点刑狱课绩,判太常寺者再,知贡举者四。"[①]王珪担任过契丹使者接伴使,有与契丹外交的经验,又出使契丹,惜具体出使事迹不详。

王珪词,保存于《全宋词》者三首:《奉安真宗皇帝御容于寿星观永崇殿导引歌词》一首,《平调发引》二首。

九、韩缜

韩缜(1019—1097),字玉汝,灵寿(今属河北)人,徙雍丘(今河南杞县)。韩亿第六子。韩绛、韩维之弟。庆历二年(1042)进士。嘉祐中,历殿中侍御史、侍御史、度支判官,出为两浙、淮南、河北、陕西等路转运使。熙宁中,以天章阁待制知秦州、瀛州、开封府。元丰四年(1081),同知枢密院事;六年,进知院事。哲宗立,拜尚书右仆射兼中书侍郎。元祐元年(1086),罢为观文殿大学士,知颍昌、永兴、河南、太原等军、府,致仕,卒谥庄敏。《宋史》卷三一五有传。

韩缜出使辽国,事在神宗元丰初年(1078)。《东都事略》曰:"熙宁七年,辽遣萧禧来言:'代北对境有侵地,请遣使同分画。'神宗许之,遣太常少卿刘忱为使,秘书丞吕大忠为副。已而大忠丁家难,有诏起复。忱出疆,辽主又遣萧禧

---

① (宋)李清臣:《王文恭公珪神道碑》,《全宋文》第79册,第63页。

来。时刘忱、吕大忠执不可与,执政知不可夺,乃罢忱,许大忠终制。于是,王安石曰:'将欲取之,必固与之。'以笔画其地图,以天章阁待制韩缜奉使,尽举与之,盖东西弃地五百余里。"①这个记载,反映韩缜使辽,执行了王安石的旨意,为满足辽人贪欲,放弃了宋朝五百余里的土地,损失了宋朝利益。尽管王安石别有用心,但毕竟不是一次胜利的外交。

《辽史拾遗》"太康元年春三月冬十月",引《契丹国志》曰:春三月,辽复遣萧禧赍国书诣宋,以刘忱等迁诞为言,宋命沈括为报使,诣辽面议。括寻于枢密院阅案牍,得契丹顷岁地界书,指古长城为分界,今所争乃黄嵬山,相远三十里,其议遂决。②

撇开执政者意志不谈,韩缜使辽于宋人而言还是值得称道的。韩元吉《桐阴旧话》曰:"契丹使每岁至中国索食料,多不时珍异之物,州县挠动。庄敏公讳缜玉汝之使契丹,入其境,稍深则必索猪肉及胃脏之属,从者莫能晓。盖燕北罕产羊,俗不畜猪,驿司驰骑疲于奔命,无日不加棰楚,所以困之尔。既回程,与送伴者饮,率尽醉然,公翊日乘骑如故,初不病醒也,益取随行大杯酌劝之,伴者不能胜,屡至委顿。临别,痛饮达旦,及叙违,马上几不能相揖。后闻契丹责伴者以失仪,沙袋击之至死。"③这可以与刘敞出使时辽人迂曲使路对读,放在外交语境中才能彰显其意义。

韩缜出使,事涉其词创作。叶梦得《石林诗话》云:"元丰初,虏人来议地界,韩丞相名缜,自枢密院都承旨出分画。玉汝有爱妾刘氏,将行,剧饮通夕,且作乐府词留别。翌日,神宗已密知,忽中批步军司遣兵为般家追送之。玉汝初莫测所因,久之,方知其自乐府发也。盖上以恩礼待下,虽闺门之私,亦恤之如此,故中外士大夫无不乐尽其力。刘贡父,玉汝姻党,即作小词寄之以戏,云:'嫖姚不复顾家为?谁谓东山久不归?卷耳幸容携婉娈,皇华何啻有光辉。'"④引起宋神宗觉察的那首乐府词,就是《凤箫吟》:

> 锁离愁,连绵无际,来时陌上初熏。绣帏人念远,暗垂珠泪,泣送征轮。长亭长在眼,更重重、远水孤云。但望极楼高,尽日目断王孙。
> 消魂。池塘别后,曾行处、绿妒轻裙。恁时携素手,乱花飞絮里,缓步香裀。朱颜空自改,向年年、芳意长新。遍绿野,嬉游醉眠,莫负青春。

---

① (宋)王偁撰,孙言诚、崔国光点校:《东都事略》,齐鲁书社,2000年版,第1076页。
② (清)厉鹗:《辽史拾遗》(一),商务印书馆,1936年版,第187页。
③ (宋)韩元吉:《桐阴旧话》,陶宗仪编《说郛》卷一九,中国书店影印本,1986年版,第129页。
④ (宋)叶梦得撰,逯铭昕校注:《石林诗话校注》卷上,人民文学出版社,2011年版,第28页。

其爱妾刘氏所作《蝶恋花》赠别词,惜不全仅存上阕:

  香作风光浓著露。正恁双栖,又遣分飞去。密诉东君应不许。泪波一洒奴衷素。

十、王安石

  王安石(1021—1086),字介甫,号半山,临川(今属江西抚州)人。庆历二年(1042)进士及第。历扬州签判、知鄞县、舒州通判等。熙宁二年(1069),任参知政事,次年拜相,主持变法。因守旧派反对,熙宁七年罢相。一年后,神宗再次起用,旋又罢相,退居江宁。元祐元年(1086),病逝于钟山(今江苏南京),赠太傅。绍圣元年(1094),谥"文",故世称王文公。著《王临川集》《临川集拾遗》等存世。

  对王安石何时出使辽国,以及是否出使辽国,学术界一直以来存在争论。王安石有《出塞》诗:"涿州沙上饮盘桓,看舞春风《小契丹》。塞雨巧催燕落泪,蒙蒙吹湿汉衣冠。"证者据此证明王安石出使辽国,因为《辽史·地理志四》引:"宋王曾《上契丹事》曰:自雄州白沟驿渡(界)河,四十里至新城县,古督亢亭之地。又七十里至涿州。北渡范水、刘李河,六十里至良乡县。渡卢沟河,六十里至幽州,号燕京。"①而反对者指出宋代伴辽史可以过白沟,且《续资治通鉴长编》载:(宋仁宗嘉祐五年)"八月庚辰,刑部郎中、天章阁待制兼侍读钱象先为契丹国母生辰使……度支判官祠部员外郎、直集贤院王安石为契丹正旦使……既而安石辞行,改命户部判官、兵部郎中、秘阁校理王绎。"知嘉祐五年(1060)王安石并未使辽。这里取出使辽国之说。王安石《寄育王山长老常坦》诗,李壁《王荆文公诗笺注》云:"右诗公自注云:'奉使道中寄。'"《白沟行》诗后注:"公此诗必作于使北时也。窃味全篇,已微见经理之意。"《乘日》诗"烟水似我乡"后注:"此诗作于北使回日。""胡马皆跃去"后注:"此言北虏送使人及境,复归其国。"《爱日》题下注:"使虏时作。"《飞雁》题下注:"奉使时作。"尤其《送契丹使还次韵答净因长老》一首,李壁总括性地注释:"公多有使北诗,而本传及年谱皆不载尝出疆,独温公《朔记》云云。"②惟司马光《朔记》早已亡佚,仅有李焘《温公日记跋》,及宋人书目偶有提及,且李壁当日当见过司马光《朔记》中

---

① (元)脱脱等撰:《辽史》卷四○,第496页。
② 此六诗注语,分见王安石撰,李壁笺注,刘辰翁批点《王荆文公诗笺注》卷七、卷七、卷二三、卷一六、卷一四、卷二三,2003年北京图书馆出版社据国家图书馆藏元大德五年王常刻本景印。

关于王安石使辽之语,才发出"本传及年谱皆不载尝出疆"之感叹,但却以"云云"省略之,留下千古遗憾。李壁以宋人称王安石自注"奉使道中"作,必定目见其注,见过《朔记》中相关记载,今人似不能一概不视而否定之。

王安石词,在宋词中占有一席之地。

十一、沈括

沈括(1031—1095),字存中,号梦溪丈人,钱塘(今属浙江杭州)人。嘉祐八年(1063),进士及第,授扬州司理参军。神宗时参与熙宁变法,受王安石器重,历任太子中允、检正中书刑房、提举司天监、史馆检讨、三司使等职。元丰三年(1080),出知延州,兼任鄜延路经略安抚使,驻守边境,抵御西夏,后因永乐城之战牵连被贬。晚年移居润州(今江苏镇江),隐居梦溪园。著有《梦溪笔谈》二十六卷,《长兴集》四十一卷。

沈括使辽在神宗熙宁八年(1075)。宋神宗熙宁八年三月甲寅有《遣沈括使辽令两府议应之所宜御批》云:"今遣沈括等行,而事有当豫虑者:萧禧未还,止之不令过界,一也;接伴久不至,二也;过界三五程,止之令俟萧禧,三也;到敌帐,先问来意,直俟以分水岭为界,方得朝见,四也;虽得朝见,延之穹庐中,须令用分水岭为界,五也;使人既来,许以分水岭为界,即引兵拆移铺屋,徐遣括等还,持慢书来报云'既商量不从,已令兵马往彼拆移讫',使朝廷知既未是绝好,如何为处,六也;使人至辄苦辱之,或授以恶马,使颠蹶于山谷中,或诈为贼潜来伤害,既不显国中之意,如何为处,七也。中书、枢密院,其议应之所宜。"①

沈括熙宁八年六月作有《出使契丹遗奏》:"臣不还,敌必倾国为寇。敌之器甲、材武皆不逮中国,所恃者惟众而习劳苦,不持粮。制敌之术,惟聚兵定武,合西山之众,以守磁、赵。黎阳河狭而岸近,折筹可济,当分澶、魏之甲,以塞白马之津。怀、卫坚壁,以塞洞道。敌不得而西,必出中路以趋河桥,则决齐贾以灌之,虽百万可使之为鱼矣。唐河出于西山,以囊壅之,待其师还,决囊以断其军,镇、定之师尾其后,可蓬卷而覆也。"②

《宋史》卷三三一本传详载其使辽过程:"辽萧禧来理河东黄嵬地,留馆不肯辞曰:必得请而后反。帝遣括往聘。括诣枢密院,阅故牍,得顷岁所议疆地书,指古长城为境,今所争盖三十里远。表论之。帝以休日开天章阁召对,喜

---

① (宋)赵顼:《遣沈括使辽令两府议应之所宜御批》,《全宋文》卷二四六二,第144页。
② (宋)沈括:《出使契丹遗奏》,《全宋文》卷77册,第267页。

曰：大臣殊不究本末，几误国事。命以画图示禧，禧议始屈。赐括白金千两，使行。至契丹庭，契丹相杨益戒来就议，括得地讼之籍数十，预使吏士诵之，益戒有所问则顾吏举以答。他日复问，亦如之，益戒无以应，谩曰：数里之地不忍而轻绝，好乎？括曰：师直为壮，曲为老。今北朝弃先君之大信，以威用其民，非我朝之不利也。凡六会，契丹知不可夺，遂舍黄嵬，而以大池请。括乃还。在道，图其山川险易、迂直、风俗之纯庞，人情之向背，为《使契丹图抄》上之，拜翰林学士权三司使。"①

李焘《续资治通鉴长编》卷二百六十一：熙宁八年（1075）三月"癸丑，右正言、知制诰沈括，假翰林侍读学士，为回谢辽国使，西上阁门使、荣州刺使李评假四方馆使副之。萧禧久留不肯还，故遣括诣敌廷面议，括时按狱御史台，忽有是命，客皆为括危之，括曰：'顾才智不足以敌忾为忧，死生、祸福，非所当虑也。'即日请对，上谓括曰：'敌情难测，设欲危使人，卿何以处之？'括曰：'臣以死任之。'上曰：'卿忠义固当如此，然卿此行，系一时安危，卿安则边计安。礼义由中国出，较虚气无补于国，切勿为也。'"

同月"辛酉晦。召回谢辽国使沈括、副使李评对资政殿。括于枢密院阅案牍，得契丹顷岁始议地畔书，指古长城为分，今所争乃黄嵬山，相远三十余里。表论之。是日，百司皆出沐，上开天章阁门，召对资政殿，喜愕，谓括曰：'两府不究本末，几误国事。'上自以笔画图，使内侍李宪持诣中书、枢密院，切让辅臣，使以其图示敌使，议乃屈。上遣中贵人赐括银千两，曰：'微卿无以折边讼。'"②

《长编》下文尚有出使具体交锋过程。综括而言：熙宁八年三月，宋辽边界冲突，辽要求以黄嵬山为界线，宋不同意。辽使萧禧到汴京，指责宋廷谈判不诚，拖而不决，留在馆舍不肯离去。沈括到枢密院查阅以前宋辽档案文件，发现双方以前所定疆界在古长城，黄嵬山乃在古长城以南，相距三十里，遂呈报朝廷。神宗赐白金千两，派遣其以回谢使衔出使辽国。至辽，其相杨益戒每有问，沈括则令吏举交往档文答。前后六次，杨益戒无言可对，乃恐吓：以数里之地，绝两国之好，不利于和。沈括寸土不让。辽廷乃退让。回京后，以沿途地理形势、风俗民情，撰为《使契丹图抄》以献，迁为淮南、两浙灾伤州军体量安抚使，权发遣三司使。次年十月，拜为翰林学士、权三司使。

沈括使辽，挫败了辽人以议界为名占有宋朝土地的阴谋，维护了宋廷的尊

---

① （元）脱脱等：《宋史》卷三三一，第10655页。
② （宋）李焘：《续资治通鉴长编》卷二六一，第6362、6367页。

严。沈括词,《全宋词》存四首,俱以《开元乐》为调。

十二、张舜民

张舜民(生卒年不详),字芸叟,自号浮休居士,又号矴斋,邠州(今陕西彬县)人。治平二年(1065)进士,为襄乐令。元丰四年(1081),从高遵裕征西夏,因作诗述及宋军久屯失利之情,坐谪监邕州盐米仓,又改监郴州酒税。元祐初,以司马光荐,召为监察御史,累擢吏部侍郎。崇宁初,坐元祐党,谪楚州团练副使,商州安置。后复集贤殿修撰。著有《使辽录》一卷、《郴行录》一卷、《南迁录》一卷、《画墁录》一卷、《画墁集》一百卷。

《宋史》卷三四七本传:

> 张舜民字芸叟,邠州人,中进士第,为襄乐令。王安石倡新法,舜民上书言:"裕民所以穷民,强内所以弱内,辟国所以蹙国。以堂堂之天下而与小民争利可耻也。"时人壮之,元丰中,朝廷讨西夏,陈留县五路出兵,环庆帅高遵裕辟掌机宜文字。王师无功,舜民在灵武诗有"白骨似沙沙似雪",及官军斫受降城柳为薪之句,坐谪监邕州盐米仓;又追赴鄜延诏狱,改监郴州酒税。会赦北还。司马光荐其才气秀异,刚直敢言,以馆阁校勘为监察御史。上疏论西夏强臣争权,不宜加以爵命,当兴师问罪,因及文彦博,左迁监登闻鼓院。台谏交章乞还职,不听,通判虢州,提点秦凤刑狱。召拜殿中侍御史,固辞,改金部员外郎,进秘书少监。使辽,加直秘阁、陕西转运使,知陕、潭、青三州。元符中,罢职付东铨,以为坊州、凤翔,皆不赴。徽宗立,擢右谏议大夫。居职才七日,所上事已六十章,陈陕西之弊曰:"以庸将而御老师,役饥民而争旷土。"极论河朔之困,言多剀峭。徙吏部侍郎,旋以龙图阁待制知定州,改同州。坐元祐党,谪楚州团练副使,商州安置。复集贤殿修撰,卒。舜民慷慨喜论事,善为文,自号浮休居士。其使辽也,见其太孙禧好音乐、美姝、名茶、古画,以为他日必有如唐张义潮挈十三州来归者,不四十年当见之。后如其言。绍兴中,追赠宝文阁直学士。①

《郡斋读书志》曰:"《张浮休使辽录》二卷,右皇朝元祐甲戌(九年,1094)春,张舜民被任命为回谢大辽吊祭使,郑介为副,录其往返地里及话言也。舜

---

① (元)脱脱等:《宋史》卷三四七,第31册,第11005页。

民字芸叟,浮休居士,其自号云。"①《东都事略》曰:舜民少慷慨善论事,其使辽也,见耶律延禧为皇太孙,因著论以所喜者名茶、古画、音乐、美姝,它日必有如张义潮挈十三州以归,当不四十年见之。②"鹗按:《宋史》宣仁太后以元祐八年九月崩,遣使告哀于辽。十二月,辽人遣使来吊祭。《辽史》不书使臣姓名,《宋史》失书遣使报谢,今据《画墁录》及《郡斋读书志》知为张舜民。舜民自云次年春被差入蕃,则甲戌为绍圣元年,而晁氏以为元祐者"③,误。

《郡斋读书志》之误,源于未读张舜民《画墁集》。该书卷六录其《投进〈使辽录〉〈长城赋〉札子》云:"臣近伏蒙圣慈,差奉使大辽,寻具辞免,不获俞允。勘会昨于元祐九年,差充回谢大辽吊祭宣仁圣烈皇后礼信使,出疆往来,经涉彼土,尝取其耳目所得,排日纪录,因著为《甲戌使辽录》。其始以备私居宾友燕言之助。今偶尘圣选,辞不免行,因检括旧箧,此书尚在。其间所载山川、井邑、道路、风俗,至于主客之语言、龙庭之礼数,亦可以备清闲之览观。并《长城赋》一篇,涉猎古今,兼之风戒,谨缮写成册,副以缣幞,随状进呈。虽尘渎睿明,雅无诵训之学,仅得乘轺之略,亦所以见臣子区区原隰,'王事靡盬,不遑启处'之意。"④

吴聿《观林诗话》云:《渑水燕谭》记张芸叟奉使辽东,宿幽州馆中,有题子瞻《老人行》于壁者。闻范阳书肆,亦刻子瞻诗数十首,谓之《大苏小集》。芸叟题其后云:"谁传佳句到幽都,逢着群儿问大苏。莫把文章动蛮貊,恐妨谈笑卧江湖。"此乃子由与坡诗。"佳句"二字,本云"家集",坡亦有和篇。所谓"欲问君王乞鉴湖"是也。⑤ 可作张舜民使辽之插曲。

张舜民词,《全宋词》据《画墁录》卷七录《江神子·癸亥陈和叔会于赏心亭》《朝中措·清遐台饯别》《卖花声·题岳阳楼》三首,据《清波杂志》卷四录《卖花声》(楼上久踟蹰)一首。

十三、苏辙

苏辙(1039—1112),字子由,一字同叔,晚号颍滨遗老。眉山(今属四川)人。苏洵子。嘉祐二年(1057)进士。初授试秘书省校书郎、充商州军事推官。

---

① (宋)晁公武撰,孙猛校证:《郡斋读书志校证》卷七,上海古籍出版社,1990年版,第284页。
② (宋)王偁撰,孙言诚、崔国光点校:《东都事略》卷九四,第810—811页。
③ (清)厉鹗:《辽史拾遗》(三),商务印书馆,1936年版,第196页。
④ (宋)张舜民:《画墁集》卷六,王云五编《丛书集成初编》,商务印书馆,1935年版,第49页。
⑤ (宋)吴聿:《观林诗话》,丁福保辑《历代诗话续编》,中华书局,1983年版,第122页。

宋神宗时,任制置三司条例司属官,因反对王安石变法,出为河南留守推官。此后随张方平、文彦博等人历职地方。哲宗即位,召为秘书省校书郎。元祐元年(1086),任右司谏,历官御史中丞、尚书右丞、门下侍郎。绍圣元年(1094),以上书劝阻起用李清臣,落职知汝州。此后连贬数处。崇宁年间,蔡京当国,再降朝请大夫,遂以太中大夫致仕,筑室于许州,号颍滨遗老。政和二年(1112)卒,追复端明殿学士、宣奉大夫。高宗时累赠太师、魏国公,宋孝宗时追谥"文定"。著有《诗传》《春秋传》《栾城集》等行于世。

苏辙使辽,撰有《北使还论北边政事札子》。

苏辙于元祐四年出使辽国。其撰于元祐五年正月之《王子立秀才文集引》云:"元祐四年秋,予奉诏使契丹。九月,君以女弟将适人,将鬻济南之田以遗之,告予为一月之行。明年春,还自契丹,及境,而君书不至,予固疑之。及家,问之,曰:'噫嘻,君未至济南,病没于奉高!'予哭之失声。"①撰于崇宁五年(1106)九月之《颍滨遗老传上》云:"时子瞻自翰林学士出知余杭,朝廷即命辙代为学士。寻又兼权吏部尚书。未几奉使契丹。虏以其侍读学士王师儒馆伴。师儒稍读书,能道先君及子瞻所为文,曰:'恨未见公全集。'然亦能诵《服伏苓赋》等,虏中类相爱敬者。"②

《宋史》卷三三九本传:"代轼为翰林学士,寻权吏部尚书使契丹。馆客者侍读学士王师儒,能诵洵、轼之文,及辙《茯苓赋》,恨不得见全集。使还,为御史中丞。"③

李焘《续资治通鉴长编》四三一:元祐四年八月癸丑,"刑部侍郎赵君锡、翰林学士苏辙为贺辽国生辰使,阁门通事舍人高遵固、朱伯材副之;少府监韩正彦、光禄卿范纯礼为贺正旦使,阁门祗候贾裕、曹晙副之。纯礼辞疾,改命太府少卿陈纮"④。

《宋史·河渠二·黄河中》亦载苏辙自述:元祐五年二月"戊申,苏辙言:臣去年使契丹,过河北,见州县官吏,访以河事,皆相视不敢正言。及今年正月还自契丹,所过吏民方举手相庆,皆言近有朝旨罢回河大役,命下之日,北京之人欢呼鼓舞"⑤云云。

---

① (宋)苏辙:《王子立秀才文集引》,《全宋文》第95册,第243页。
② (宋)苏辙:《颍滨遗老传上》,《全宋文》第96册,第213页。
③ (元)脱脱等:《宋史》卷三三九,第10828—10829页。
④ (宋)李焘:《续资治通鉴长编》卷四三一,第10420页。
⑤ (元)脱脱等:《宋史》卷九二,第2299—2300页。

苏辙元祐五年(1090)六月作《三论分别邪正札子》称:"臣顷奉使契丹,道出河北,官吏皆为臣言:'岂朝廷欲将卖坊场钱别作支费耶?不然,何故惜此钱而不用,殚民力以供官?'此声四驰,为损非细。"①

据孔凡礼先生考证:苏辙于元祐四年十月自京师赴辽,途经滑州、相州、莫州、雄州,过白沟驿,至辽境;过桑干河,抵燕京;过西山、古北口、燕山、中京、惠州,五年正月南归,月末回至京师,向朝廷呈献《语录》,载与辽君臣交往言语②。

胡仔《苕溪渔隐丛话》曰:苏子由奉使契丹,寄子瞻云:"谁将家集过幽都?每被行人问大苏。莫把文章动蛮貊,恐妨谈笑卧江湖。"③《渑水燕谈录》云:"张芸叟奉使大辽,宿幽州馆中,有题苏子瞻《老人行》者,闻范阳书肆亦刻子瞻诗数十篇,谓之《大苏集》。"

《诗话总龟》卷九"评论门五"引《王直方诗话》:

> 东坡爱韦苏州诗云:"谁知风雨夜,复此对床眠。"向在郑西《别子由》云:"寒灯相对记畴昔,夜雨何时听萧瑟。"又有《初秋寄子由》云:"买田秋已议,筑室春当成。雪堂风雨夜,已作对床声。"又子由与坡相从彭城赋诗云:"逍遥堂后千寻木,长送中宵风雨声。误喜对床寻旧约,不知飘泊在彭城。"子由使虏,在神水馆赋诗云:"夜雨从来相对眠,兹行万里隔胡天。"此其兄弟所赋。坡在御史狱有云:"他年夜雨独伤神。"在东府有云:"对床定悠悠,夜雨今萧瑟。"

苏辙不以词见长,现存词仅一首。

十四、曾肇

曾肇(1047—1107),字子开,建昌南丰(今江西南丰)人。巩弟。治平四年(1067)进士,历崇文院校书、馆阁校勘兼国子监直讲、同知太常礼院。迁国史编修官,进吏部郎中。元祐元年,为《神宗实录》检讨,擢起居舍人,转中书舍人。乞外,历知州府。七年,入为吏部侍郎。出知徐州、江宁府。绍圣元年(1094),徙知瀛州。又历知滁、泰、海州。徽宗即位,复召为中书舍人。迁翰林学士兼侍读,改龙图阁学士,复出知州府。崇宁初,落职,谪知和州,徙岳州,继

---

① (宋)苏辙:《三论分别邪正札子》,《全宋文》第94册,第381页。其自作《颍滨遗老传下》同。
② 孔凡礼:《苏辙年谱》,学苑出版社,2006年版,第407—423页。
③ (宋)胡仔:《苕溪渔隐丛话》卷四一,人民文学出版社,1962年版,第280页。

贬濮州团练副使,汀州安置。卒谥文昭。著有《曲阜集》等。

曾肇使辽及其事迹,杨时《曾文昭公行述》云:"公讳肇,字子开,建昌军南丰县人……奉使契丹回,道过雄、瀛二州,百姓各经国信使副陈述役法不便事,公言:'臣于役法本不详知,乞明诏有司,更加考察,不惮增改,归于便民而后已。昔在熙宁中,更定役法,臣兄布实与其事,臣今言之,不为无嫌。但承乏从官将出使,亲见二州之民有所陈述,不敢顾避隐默为自全计也。'"①

曾肇元祐三年(1088)二月作《乞更考察役法奏》:"臣昨奉使契丹回,有雄州、瀛州百姓,各陈述差役不便事。其状虽已退还,然体问得各称今日应役费用,多于往时出钱者。以二州推之,窃恐其他州县,以至诸路,亦或如前之所陈。臣于役法利害,本不详知,但承乏从官,将命出使,既见二州有所陈述,不敢隐默。伏望圣慈明诏有司,更加考察,如见今逐处役法,尚有未便于民者,不惮修完,归于便民而后已,以称朝廷爱卹民力之意。"②同时又有《乞更讲求治河之策奏》:"昨奉使契丹,还至河北,窃闻朝廷命王孝先开孙村口减水河,欲为回河之计。调发河北及邻路人夫应副工役。"③作于元祐三年十一月的《乞罢来年大兴河役奏》称:"臣今年春奉使契丹归,尝奏论河北开孙村口减水河未便,乞更讲求利害事。人微言轻,不能仰动天听。后闻止用兵卒兴功,弥年未见成效。继闻召都水使者王孝先、河北转运使谢卿材、判官张景先赴三省询访利害,而三人所论不同,朝廷未敢臆决,遣官行视。然诏书但令相度开孙村口有无未尽利害,如孙村口不可修,即于不近界河,踏逐一处,则是虽曰遣官行视,而必欲回河之意已定于庙堂之上矣。"④知曾肇于元祐二年出使契丹,三年初回,将途中所见行政弊端、生民良法上奏朝廷。其具体行使与交涉事迹则阙如。

曾肇词,《全宋词》据《过庭录》录其《好事近·亳州》一首。

十五、蔡京

蔡京(1047—1126),字元长,兴化军仙游(今福建仙游)人。熙宁三年(1070)进士,元丰末知开封府。司马光秉政,复差役法,京奉行最力。后出知州府。绍圣初,入权户部尚书,助章惇重行新法,除翰林学士。徽宗立,夺职。

---

① (宋)杨时:《曾文昭公行状》,《全宋文》第125册,第21页。
② (宋)曾肇:《乞更考察役法奏》,《全宋文》第110册,第22页。
③ (宋)曾肇:《乞更讲求治河之策奏》,《全宋文》第110册,第22页。
④ (宋)曾肇:《乞罢来年大兴河役奏》,《全宋文》第110册,第31页。

后因童贯以进,崇宁元年(1102)拜右仆射。以复王安石新法为名,贬窜元祐诸臣略尽,称之为"元祐奸党",立党人碑。累转司空,拜太师,封鲁国公。为"六贼"之首。钦宗即位,徙儋州,至潭州而死。《宋史》入《奸臣传》。

《宋史》卷四七二《奸臣传》:

> 蔡京字元长,兴化仙游人。登熙宁三年进士第,调钱塘尉、舒州推官,累迁起居郎。使辽还,拜中书舍人。时弟卞已为舍人,故事,入官以先后为序,卞乞班京下。兄弟同掌书命,朝廷荣之。改龙图阁待制、知开封府。元丰末,大臣议所立,京附蔡确,将害王珪以贪定策之功,不克。司马光秉政,复差役法,为期五日,同列病太迫,京独如约,悉改畿县雇役,无一违者。诣政事堂白光,光喜曰:"使人人奉法如君,何不可行之有!"已而台、谏言京挟邪坏法,出知成德军,改瀛州,徙成都。谏官范祖禹论京不可用,乃改江、淮、荆、浙发运使,又改知扬州。历郓、永兴军,迁龙图阁直学士,复知成都。
>
> 绍圣初,入权户部尚书。章惇复变役法,置司讲议,久不决。京谓惇曰:"取熙宁成法施行之尔,何以讲为?"惇然之,雇役遂定。差雇两法,光惇不同。十年间京再莅其事,成于反掌,两人相倚以济,识者有以见其奸。①

《宋史·神宗纪》:元丰六年(1083),"八月丙子,赐升祔陪祠官宴于尚书省。己卯,太白昼见。乙酉,遣蔡京等贺辽主生辰,正旦"②。知蔡京于元丰六年八月使辽,贺辽主生辰;使还,拜中书舍人。

蔡京词,今存《西江月》(八十一年住世)一首。

十六、朱服

朱服(1048—?),字行中,湖州乌程(今浙江湖州)人。熙宁六年(1073)进士及第,授淮南节度推官。历国子监修撰、秘阁校理,为太学博士。元丰三年,擢监察御史里行。四年,除馆阁校勘、知谏院。五年,迁国子司业,七年为起居舍人。八年,以直龙图阁知润州。元祐中,先后徙泉、婺、宁、庐、寿诸州。绍圣中,召为中书舍人,拜礼部侍郎。以罪出知莱、亶、宣等州。徽宗即位,再为庐州,徙广州、袁州。坐与苏轼游,贬海州团练副使,蕲州安置。改兴国军,卒。

---

① (元)脱脱等:《宋史》卷四七二,第39册,第13721—13722页。
② (元)脱脱等:《宋史·神宗》,第312页。

著有《文集》十三卷,校定《六韬》《三略》《孙子》《司马法》《吴子》。《宋史》有传。

《宋史》卷三四七朱服本传云:

> 朱服字行中,湖州乌程人。熙宁进士甲科,以淮南节度推官充修撰、经义局检讨,历国子直讲、秘阁校理。元丰中,擢监察御史里行。参知政事章惇遣所善袁默、周之道见服,道荐引意以市恩。服举劾之,惇补郡;免默、之道官。
>
> 受诏治朱明之狱,故事:制狱许上殿,非本章所云者皆取旨。服论其非是,罢之。俄知谏院,迁国子司业、起居舍人,以直龙图阁知润州,徙泉、婺、宁、庐、寿五州。庐人饥,守便宜振护,全活十余万口。明年大疫,又课医持善药分拯之,赖以安者甚众。
>
> 当元祐时,未尝一日在朝廷,不能无少望。值绍圣初政,因表贺,乃力诋变乱法度之故。召为中书舍人。使辽,未反而母死,诏以其家贫,赐帛三百。丧除,拜礼部侍郎。湖州守马城言其居丧疏几筵而独处它室,谪知莱州。
>
> 徽宗即位,加集贤殿修撰,再为庐州;越两月,徙广州。哲宗既祥,服赋诗有"孤臣正泣龙髯草"之语,为部使者所上,黜知袁州。又坐与苏轼游,贬海州团练副使,蕲州安置,改兴国军。卒。①

据此,朱服"使辽,未反而母死,诏以其家贫赐帛三百",也算为国事不顾家。

《四库提要·萍州可谈》:"彧之父服,元丰中以直龙图阁,历知莱、润诸州;绍圣中,尝奉命使辽,后又为广州帅。故彧是书多述其父之所见闻,而于广州蕃坊、市舶言之尤详。考之《宋史》,服虽坐与苏轼交游贬官,然实非元祐之党,尝有隙于苏辙,而比附于舒亶、吕惠卿,故彧作是书于二苏颇有微词,而于亶与惠卿,则往往曲为解释,甚至于元祐垂帘,有'政由帷箔'之语,盖欲回护其父,不得不回护其父党,遂不得不尊绍圣之政,而薄元祐之人,与蔡絛《铁围山丛谈》同一用意,殊乖是非之公。然自此数条以外,所记土俗民风、朝章国典,皆颇足以资考证,即轶闻琐事,亦往往有裨劝戒,较他小说之侈神怪、肆恢嘲、徒供谈噱之用者,犹有取焉。"②

朱服词,《全宋词》据《泊宅编》卷一收《渔家傲》(小雨廉纤风细细)一首。

---

① (元)脱脱等:《宋史》卷三四七,第 31 册,第 11004—11005 页。
② (清)永瑢等:《四库全书总目》,河北人民出版社,第 1197 页。

十七、时彦

时彦(？—1107)，字邦美，开封(今河南开封)人。元丰二年(1079)进士第一，签书颍昌判官。元祐五年(1090)入为秘书省正字，七年自集贤校理为著作佐郎。绍圣中，迁右司员外郎。元符二年(1099)，以使辽失职坐废，旋复校理，提点河东刑狱，复停官。徽宗立，召为吏部员外郎，擢起居舍人，改太常少卿。以直龙图阁为河东转运使，加集贤殿修撰，知广州。未行，拜吏部侍郎，徙户部，为开封尹。数月迁工部尚书，大观元年进吏部，卒。

《宋史》卷三五四本传：

> 时彦字邦美，开封人。举进士第，签书颍昌判官，入为秘书省正字，累至集贤校理。绍圣中，迁右司员外郎。使辽，失职坐废。旋复校理，提点河东刑狱。塞序辰使辽还，又坐前受赐增拜，隐不言，复停官。徽宗立，召为吏部员外郎，擢起居舍人，改太常少卿，以直龙图阁为河东转运使，加集贤殿修撰，知广州。未行，拜吏部侍郎，徙户部，为开封尹。异时都城苦多盗，捕得，则皆亡卒，吏惮于移问，往往略之。彦始请一以公凭为验，否则拘系之以俟报，坊邑少安，狱屡空。数月，迁工部尚书，进吏部，卒。①

时彦是宋代极少数因为出使获罪的词人之一，而且两次，一次出使辽国还即废职，一次因他人出使回京揭发而停官，可见其出使辽国未能尽职，有辱使命。

时彦词，《全宋词》据《花草粹编》卷十一收《青门饮·寄宠人》一首，正是使辽时所作：

> 胡马嘶风，汉旗翻雪，彤云又吐，一竿残照。古木连空，乱山无数，行尽暮沙衰草。星斗横幽馆，夜无眠、灯花空老。雾浓香鸭，冰凝泪烛，霜天难晓。　　长记小妆才了，一杯未尽，离怀多少。醉里秋波，梦中朝雨，都是醒时烦恼。料有牵情处，忍思量、耳边曾道。甚时跃马归来，认得迎门轻笑。

---

① (元)脱脱等：《宋史》卷三五四，第32册，第11168页。

第二节　出使及拘赴金国的词人

出使金国词人,是指以宋臣身份出使到金国,并回到宋的词人。使金词人在两宋出使他国词人中数量最多。而宇文虚中、吴激等人使金被拘,被迫成为金人,《全宋词》不收二人词作是不以宋人视之,但此二人,宇文虚中有意降金以图助宋,吴激为宋宰相子,实仍然是宋人,今人编《全宋诗》亦收录二人诗作。故援例以为宋人。此外,因为宋金交战,且金亡北宋,还出现一些被金人掳俘北上的词人。今共得二十六家。

一、宇文虚中

宇文虚中(1079—1145),原名黄中,字叔通,别号龙溪老人,华阳(今四川成都)人。徽宗大观三年(1109)进士。政和五年(1115),除起居舍人、国史院编修官,六年迁中书舍人,出为河北河东陕西宣抚使司参谋事。宣和间帅庆阳,寻罢知亳州。宣和末为翰林学士,多次奉使至金军营谈判。高宗建炎二年(1128),以祈请使金,被留,后仕金为翰林学士承旨。绍兴十五年(1145),因以蜡书与宋通消息,并谋夺兵仗南奔被察觉,全家被害。淳熙间,宋廷追赠开府仪同三司,谥肃愍。著有《宇文肃愍公文集》,又与其兄粹中合纂《纶言集》三十一卷。事见《三朝北盟会编》卷二一四、二一五,《宋史》卷三七一,《金史》卷七九有传。其文,《全宋文》从《三朝北盟会编》《建炎以来系年要录》等书中辑录二卷。其诗集已散佚,《全宋诗》从《北窗炙輠录》《中州集》等书中所录辑为一卷。《全宋词》以其为金人而不录其词,今考其行事终始及宋廷态度,宇文虚中实际是坚持宋节,其滞留金国别有图谋,并据《全宋文》《全宋诗》例,以为宋词人。

宇文虚中多次使金,《宋史·钦宗纪》载:靖康元年(1126)二月,"辛丑,又命资政殿大学士宇文虚中、知东上合门事王球使之,许割三镇地","乙巳,宇文虚中、王球复使金军。康王至自金军",显然是为赎回作为人质的康王而出使。《高宗纪》载:建炎元年(1127)五月,"庚子,诏:以靖康大臣主和误国,责李邦彦为建宁军节度副使,浔州安置;徙吴敏柳州,蔡懋英州;李梲、宇文虚中、郑望之、李邺皆以使金请割地,责广南诸州并安置"。建炎二年"二月丙辰,金人再犯东京,宗泽遣统制阎中立等拒之,中立战死。戊午,移耿南仲于临江军。金人陷唐州。壬戌,安化军节度副使宇文虚中应诏使绝域,复中大夫,召赴行在"。五月,"丙申,复命宇文虚中为资政殿大学士,充金国祈请使"。据此,宇文虚中四次使金,虽然一度受宋廷责罚,但终究有功于国,所以,绍兴五年七月"丁亥,赐宇文虚中家福建田十顷"。后来,开禧元年(1205)八月,宋廷"赠宇文虚中少保"①。《宋史·王伦传》亦载:绍兴"七年春,徽宗及宁德后讣至,复以伦为徽猷阁待制,假直学士,充迎奉梓宫使,以朝请郎高公绘副之。入辞,帝使伦谓金左副元帅昌曰:'河南地,上国既不有,与其付刘豫,曷若见归?'伦奉诏以行,因附进太后、钦宗黄金各二百两,仍以金帛赐宇文虚中、朱弁、孙傅、张叔夜家属之在金国者"②。

《宋史》宇文虚中本传,对其使金、留金及具体事迹,有详细记载,今移录如下:

> (建炎二年)钦宗欲遣人奉使,辨劫营非朝廷意,乃姚平仲擅兴兵,大臣皆不肯行。虚中承命即往都亭驿,见金使王汭,因持书复议和。渡濠桥,道逢甲骑如水,云梯、鹅洞蔽地,冒锋刃而进。既至敌营,露坐风埃,自巳至申,金人注矢露刃,周匝围绕,久乃得见康王于军中。次日,侍王至金幕,见二太子者语不逊,礼节倨傲。抵暮,遣人随虚中入城,要越王、李邦彦、吴敏、李纲、曹晟及金银、骡马之类,又欲御笔书定三镇界至,方退军。
>
> 令虚中再往,必请康王归。虚中再出,明日,从康王还,除签书枢密院事。自是又三往,金人固要三镇,虚中泣下不言,金帅变色,虚中曰:"太宗殿在太原,上皇祖陵在保州,讵忍割弃。"诸酋曰:"枢密不稍空,我亦不稍空。"如中国人称"脱空",遂解兵北去。言者劾以议和之罪,罢知青州,寻落职奉祠。建炎元年,窜韶州。
>
> 二年,诏求使绝域者,虚中应诏,复资政殿大学士,为祈请使,杨可辅副之。寻又以刘诲为通问使,王贶为副。明年春,金人并遣归,虚中曰:"奉命北来祈请二帝,二帝未还,虚中不可归。"于是独留。虚中有才艺,金人加以官爵,即受之,与韩昉辈俱掌词命。明年,洪皓至上京,见而甚鄙之。累官翰林学士、知制诰兼太常卿,封河内郡开国公,书金太祖睿德神功碑,进阶金紫光禄大夫,金人号为"国师"。然因是而知东北之士皆愤恨陷北,遂密以信义结约,金人不觉也。
>
> 金人每欲南侵,虚中以费财劳人,远征江南荒僻,得之不足以富

---

① 分别见《宋史》,第 425、445、455、522、557、739 页。
② (元)脱脱等:《宋史》卷三七一,第 11524、11525 页。

国。王伦归,言:"虚中奉使日久,守节不屈。"遂诏福州存恤其家,仍命其子师瑗添差本路转运判官。桧虑虚中沮和议,悉遣其家往金国以牵制之。金皇统四年,转承旨,加特进,迁礼部尚书,承旨如故。

　　虚中恃才轻肆,好讥讪,凡见女真人,辄以"矿卤"目之,贵人达官,往往积不平。虚中尝撰宫殿榜署,本皆嘉美之名,恶之者摘其字以为谤讪,由是媒成其罪,遂告虚中谋反。鞫治无状,乃罗织虚中家图书为反具。虚中曰:"死自吾分。至于图籍,南来士大夫家家有之,高士谈图书尤多于我家,岂亦反邪?"有司承顺风旨,并杀士谈。虚中与老幼百口同日受焚死,天为之昼晦。淳熙间,赠开府仪同三司,谥肃愍,赐庙仁勇,且为置后,是为绍节,官至签书枢密院事。开禧初,加赠少保,赐姓赵氏。有文集行于世。①

可知宇文虚中留金、仕金,别有图谋,其实仍忠于宋廷,这一点宋帝、宋臣也知道,所以先是赏赐其家人,后南宋时再追封赐姓,极尽殊荣。《全宋词》不录其词,要为遗憾。

宇文虚中词,现存仅二首。王灼《碧鸡漫志》卷二云:"宇文叔通久留金国不得归,立春日作《迎春乐》曲云:'宝幡彩胜堆金缕。双燕钗头舞。人间要识春来处。天际雁,江边树。故国莺花又谁主。念憔悴,几年羁旅。把酒祝东风,吹取人归去。'"②显见其心迹。另有《念奴娇》一首,在北人张总侍御家宴上见宋旧宫人而作,中有"干戈浩荡,事随天地翻覆""流落天涯俱是客,何必平生相熟",与《迎春乐》同一心事,可见使金对其创作之影响。

二、吴激

吴激(?—1142),字彦高,号东山,瓯宁(今福建建瓯)人。宋宰相栻子。举进士,曾知苏州。工诗能文。米芾婿。北宋末使金,以知名被留不遣,后仕金为翰林待制。金熙宗皇统二年(1142)出知深州,到官三日卒。有《东山集》十卷,已佚。《全宋词》以其仕金不以宋人视之,不录其词。《全宋诗》收其诗歌二十五首。

吴激存词十首。其中,《春从天上来》一首,宁宗庆元间,三山郑中卿随张贵谟出使北地,尚闻有歌之者,可见其影响之远。

---

① (元)脱脱等:《宋史·宇文虚中传》,第11528—11530页。
② (宋)王灼:《碧鸡漫志》卷二,《词话丛编》第1册,第90页。

三、赵佶

赵佶(1082—1135),即徽宗。神宗第十一子,在位二十五年,建号建中靖国、崇宁、大观、政和、重和、宣和。内禅皇太子,尊号为教主道君太上皇帝。靖康二年,为金人所俘北去,至五国城,受尽凌辱,最后卒于此。

《全宋词》赵佶存词十二首,并断句二则。其中,《临江仙·宣和乙巳冬幸亳州途次》云:"过水穿山前去也,吟诗约句千余。淮波寒重雨疏疏。烟笼滩上鹭,人买就船鱼。　古寺幽房权且住,夜深宿在僧居。梦魂惊起转嗟吁。愁牵心上虑,和泪写回书。"宣和乙巳,即宣和七年(1125),赵宋王朝于该年遭受刚建国十年的金的大举入侵,两年后亡国,康王赵构在南方建立政权,史称"南宋"。赵佶不幸成为李煜一样的亡国之君。这首《临江仙》即作于被俘北去途中,"夜深宿在僧居""和泪写回书"堪称实录。而一国之君沦为阶下囚,在雨疏寒重中过水穿山,竟然还能"吟诗约句千余",即使有夸张成分,其诗词修养和情怀,也不容低估①,至于其政治得失、功过之评,自有史家公论。

赵佶《月上海棠》调,只存有断句:"孟婆且与我、做些方便。"这是《云麓漫钞》的记载。而《雪舟脞语》所引徽宗词作:"孟婆、孟婆,你做些方便,吹个船儿倒转。"《词品》卷五引宋徽宗词作:"孟婆好做些方便,吹个船儿倒转。"《瓮牖闲评》卷五引无名氏词作"孟婆且告你,与我佐些方便。风色转,吹个船儿倒转。"②孟婆是传说中的风神。杨慎《词品》称:"俗谓风曰孟婆,蒋捷词云:'春雨如丝,绣出花枝红袅。怎禁他孟婆合早。'宋徽宗词云:'孟婆好做些方便。吹个船儿倒转。'江南七月间有大风,甚于舶趠,野人相传以为孟婆发怒。按北齐李驹骙骋陈,问陆士秀,江南有孟婆,是何神也。士秀曰:'《山海经》:帝之二女,游于江中,出入必以风雨自随,以帝女,故曰孟婆。犹《郊祀志》以地神为泰媪。'此言虽鄙俚,亦有自来矣。"③无论是乞求孟婆行些方便,还是请求风神吹个船儿倒转,都传达出词人在无助状态下的真切心情。

赵佶《燕山亭》词,是被俘北行达到金境所作。词云:"裁翦冰绡,打迭数重,冷淡燕脂匀注。新样靓妆,艳溢香融,羞杀蕊珠宫女。易得凋零,更多少、

---

① 吴曾《能改斋词话》卷一云:"徽宗天才甚高,诗文而外,尤工长短句。尝作《探春令》云:'帘旌微动,峭寒天气,龙池冰泮。杏花笑吐香犹浅。又还是、春将半。　清歌妙舞从头按。等芳时开宴。记去年、对著东风,曾许不负莺花愿。'又有《聒龙谣》《临江仙》《燕山亭》等篇,皆清丽凄惋。"《词话丛编》第1册,第140页。
② 参唐圭璋《全宋词》第2册,第897、898页。
③ (明)杨慎:《词品》卷五,《词话丛编》第1册,第505页。

无情风雨。愁苦。闲院落凄凉,几番春暮。　　凭寄离恨重重,这双燕,何曾会人言语。天遥地远,万水千山,知他故宫何处。怎不思量,除梦里、有时会去。无据。和梦也、有时不做。"王国维认为:"尼采谓:'一切文学,余爱以血书者。'后主之词,真所谓以血书者也。宋道君皇帝《燕山亭》词亦略似之。然道君不过自道生世之戚,后主则俨有释迦、基督担荷人类罪恶之意,其大小固不同矣。"①似乎苛责过甚。还是《皱水轩词筌》较为公允:"南唐主《浪淘沙》曰:'梦里不知身是客,一晌贪欢。'至宣和帝《燕山亭》则曰:'无据。和梦也有时不做。'其情更惨矣。呜呼,此犹《麦秀》之后有《黍离》也。"②冯金伯《词苑粹编》亦以为:"徽宗北辕后,赋《燕山亭·杏花》一阕,哀情哽咽。仿佛南唐李后主,令人不忍多听。"③梁启超比较了李后主与宋徽宗二人之后,也认为:"昔人言宋徽宗为李后主后身,此词感均顽艳,亦不减'帘外雨潺潺'诸作。"④

四、洪皓

洪皓(1088—1155),饶州乐平(今江西乐平)人。徽宗政和五年(1115)进士。宣和中,任宁海主簿、秀州司录。高宗建炎三年(1129),以徽猷阁待制假礼部尚书使金被留,绍兴十三年(1143)始归。迁徽猷阁直学士,提举万寿观,兼权直学士院。寻因忤秦桧,出知饶州。十七年,责授濠州团练副使,英州安置。二十五年,主管台州崇道观,卒谥忠宣。

洪皓是宋代词人中使金时间最长、最能体现使者气节的词人。《宋史》卷三百七十三有其本传,详载使金经过,尤其被留滞金国始末,今照录如下:

> 洪皓,字光弼,番易人。少有奇节,慷慨有经略四方志。登政和五年进士第。王黼、朱勔皆欲婚之,力辞。宣和中,为秀州司录。大水,民多失业,皓白郡守以拯荒自任,发廪损直以粜。民坌集,皓恐其纷竞,乃别以青白帜,涅其手以识之,令严而惠遍。浙东纲米过城下,皓白守邀留之,守不可,皓曰:"愿以一身易十万人命。"人感之切骨,号"洪佛子"。其后秀军叛,纵掠郡民,无一得脱,惟过皓门曰:"此洪佛子家也。"不敢犯。
>
> 建炎三年五月,帝将如金陵,皓上书言:"内患甫平,外敌方炽,若

---

① 王国维:《人间词话》,《词话丛编》第5册,第4243页。
② (清)贺裳:《皱水轩词筌》,《词话丛编》第1册,第702—703页。
③ (清)冯金伯:《词苑粹编》卷四,《词话丛编》第2册,第1828页。
④ 梁启超:《梁启超评词》,《词话丛编》第5册,第4305页。

轻至建康,恐金人乘虚侵轶。宜先遣近臣往经营,俟告办,回銮未晚。"时朝议已定,不从,既而悔之。他日,帝问宰辅近谏移跸者谓谁,张浚以皓对。时议遣使金国,浚又荐皓于吕颐浩,召与语,大悦。皓方居父丧,颐浩解衣巾,俾易墨衰绖入对。帝以国步艰难、两宫远播为忧。皓极言:"天道好还,金人安能久陵中夏!此正春秋郊、鄞之役,天其或者警晋训楚也。"帝悦,迁皓五官,擢徽猷阁待制,假礼部尚书,为大金通问使,龚璹副之。令与执政议国书,皓欲有所易,颐浩不乐,遂抑迁官之命。

时淮南盗贼蜂起,李成甫就招,即命知泗州羁縻之。乃命皓兼淮南、京东等路抚谕使,俾成以所部卫皓至南京。比过淮南,成方与耿坚共围楚州,责权州事贾敦诗以降敌,实持叛心。皓先以书抵成,成以汴涸,虹有红巾贼,军食绝,不可往。皓闻坚起义兵,可撼以义,遣人密谕之曰:"君数千里赴国家急,山阳纵有罪,当禀命于朝;今擅攻围,名勤王,实作贼尔。"坚意动,遂强成敛兵。

皓至泗境,迎骑介而来,龚璹曰:"虎口不可入。"皓遂还,上疏言:"成以朝廷馈饷不继,有'引众建康'之语。今靳赛据扬州,薛庆据高邮,万一三叛连衡,何以待之?此含垢之时,宜使人谕意,优进官秩,畀之以京口纲运,如晋明帝待王敦可也。"疏奏,帝即遣使抚成,给米伍万石。颐浩恶其直达而不先白堂,奏皓托事稽留,贬二秩。皓遂请出滁阳路,自寿春由东京以行。至顺昌,闻群盗李阁罗、小张俊者梗颍上道。皓与其党遇,譬晓之曰:"自古无白头贼。"其党悔悟,皓使持书至贼巢,二渠魁听命,领兵入宿卫。

皓至太原,留几一年,金遇使人礼日薄。及至云中,粘罕迫二使仕刘豫,皓曰:"万里衔命,不得奉两宫南归,恨力不能磔逆豫,忍事之邪!留亦死,不即豫亦死,不愿偷生鼠狗间,愿就鼎镬无悔。"粘罕怒,将杀之。旁一酋嘻曰:"此真忠臣也。"目止剑士,为之跪请,得流递冷山。流递,犹编窜也。惟璹至汴受豫官。

云中至冷山行六十日,距金主所都仅百里,地苦寒,四月草生,八月已雪,穴居百家,陈王悟室聚落也。悟室敬皓,使教其八子。或二年不给食,盛夏衣粗布,尝大雪薪尽,以马矢然火煨面食之。或献取蜀策,悟室持问皓,皓力折之。悟室锐欲南侵,曰:"孰谓海大,我力可干,但不能使天地相拍尔。"皓曰:"兵犹火也,弗戢将自焚,自古无四十年用兵不止者。"又数为言所以来为两国事,既不受使,乃令深入教小儿，非古者待使之礼也。悟室或答或默，忽发怒曰："汝作和事官，而口硬如许，谓我不能杀汝耶？"皓曰："自分当死，顾大国无受杀行人之名，愿投之水，以坠渊为名可也。"悟室义之而止。

和议将成，悟室问所议十事，皓条析甚至。大略谓封册乃虚名，年号本朝自有；金三千两景德所无，东南不宜蚕，绢不可增也；至于取淮北人，景德载书犹可覆视。悟室曰："诛投附人何为不可？"皓曰："昔魏侯景归梁，梁武帝欲以易其侄萧明于魏，景遂叛，陷台城，中国决不蹈其覆辙。"悟室悟曰："汝性直不诳我，吾与汝如燕，遣汝归议。"遂行。会莫将北来，议不合，事复中止。留燕甫一月，兀术杀悟室，党类株连者数千人，独皓与异论几死，故得免。

方二帝迁居五国城，皓在云中密遣人奏书，以桃、梨、粟、面献，二帝始知帝即位。皓闻祐陵讣，北向泣血，旦夕临，讳日操文以祭，其辞激烈，旧臣读之皆挥涕。绍兴十年，因谍者赵德，书机事数万言，藏故絮中，归达于帝。言："顺昌之役，金人震惧夺魄，燕山珍宝尽徙以北，意欲捐燕以南弃之。王师亟还，自失机会，今再举尚可。"十一年，又求得太后书，遣李微持归，帝大喜曰："朕不知太后宁否几二十年，虽遣使百辈，不如此一书。"是冬，又密奏书曰："金已厌兵，势不能久，异时以妇女随军，今不敢也。若和议未决，不若乘势进击，再造反掌尔。"又言："胡铨封事此或有之，金人知中国有人，益惧。张丞相名动异域，惜置之散地。"又问李纲、赵鼎安否，献六朝御容、徽宗御书。其后梓宫及太后归音，皓皆先报。

初，皓至燕，宇文虚中已受金官，因荐皓。金主闻其名，欲以为翰林直学士，力辞之。皓有逃归意，乃请于参政韩昉，乞于真定或大名以自养。昉怒，始易皓官为中京副留守，再降为留司判官。趣行屡矣，皓乞不就职，昉竟不能屈。金法，虽未易官而曾经任使者，永不可归，昉遂令皓校云中进士试，盖欲以计堕皓也。皓复以疾辞。未几，金主以生子大赦，许使人还乡，皓与张邵、朱弁三人在遣中。金人惧为患，犹遣人追之，七骑及淮，而皓已登舟。

十二年七月，见于内殿，力求郡养母。帝曰："卿忠贯日月，志不忘君，虽苏武不能过，岂可舍朕去邪！"请见慈宁宫，帝人设帘，太后曰："吾故识尚书。"命撤之。皓自建炎己酉出使，至是还，留北中凡十五年。同时使者十三人，惟皓、邵、弁得生还，而忠义之声闻于天下者，独皓而已。皓既对，退见秦桧，语连日不止，曰："张和公金人所悍,乃不得用。钱塘暂居,而景灵宫、太庙皆极土木之华,岂非示无中原意乎?"桧不怿,谓皓子适曰:"尊公信有忠节,得上眷。但官职如读书,速则易终而无味,须如黄钟、大吕乃可。"八月,除徽猷阁直学士、提举万寿观兼权直学士院。

金人来取赵彬等三十人家属,诏归之。皓曰:"昔韩起谒环于郑,郑,小国也,能引义不与。金既限淮,官属皆吴人,宜留不遣,盖虑知其虚实也。彼方困于蒙兀,姑示强以尝中国,若遽从之,谓秦无人,益轻我矣。"桧变色曰:"公无谓秦无人。"既而复上疏曰:"恐以不与之故,或致渝盟,宜告之曰:'俟渊圣及皇族归,乃遣。'"又言:"王伦、郭元迈以身徇国,弃之不取,缓急何以使人?"桧大怒,又因言室捻寄声,桧怒益甚,语在《桧传》。翌日,侍御史李文会劾皓不省母,出知饶州。

明年,大水,中官白锷宣言:"燮理乖盭,洪尚书名闻天下,胡不用?"桧闻之愈怒,系锷大理狱,寻流岭表。谏官詹大方遂论皓与锷为刎颈交,更相称誉,罢皓提举江州太平观。锷初不识皓,特以从太后北归,在金国素知皓名尔。

寻居母丧,他言者犹谓皓睥睨钧衡。终丧,除饶州通判。李勤又附桧诬皓作欺世飞语,责濠州团练副使,安置英州。居九年,始复朝奉郎,徙袁州,至南雄州卒,年六十八。死后一日,桧亦死。帝闻皓卒,嗟惜之,复敷文阁直学士,赠四官。久之,复徽猷阁直学士,谥忠宣。

皓虽久在北廷,不堪其苦,然为金人所敬,所著诗文,争钞诵求锓梓。既归,后使者至,必问皓为何官、居何地。性急义,当艰危中不少变。懿节后之戚赵伯璘隶悟室戏下,贫甚,皓赒之。范镇之孙祖平为佣奴,皓言于金人而释之。刘光世庶女为人豢豕,赎而嫁之。他贵族流落贱微者,皆力拔以出。惟为桧所嫉,不死于敌国,乃死于谗慝。

皓博学强记,有文集五十卷及《帝王勇要》《姓氏指南》《松漠纪闻》《金国文具录》等书。子适、遵、迈。①

洪皓使金,《宋史》本传赞曰:"孔子云:'使于四方,不辱君命,可谓士矣。'当建炎、绍兴之际,凡使金者,如探虎口,能全节而归,若朱弁、张邵、洪皓其庶几乎,望之不足议也。皓留北十五年,忠节尤著,高宗谓苏武不能过,诚哉。然

---

① (元)脱脱等:《宋史》卷三七三,第11557—11562页。

竟以忤秦桧谪死,悲夫！其子适、遵、迈相继登词科,文名满天下,适位极台辅,而迈文学尤高,立朝议论最多,所谓忠议之报,讵不信夫!"

洪皓有《使金上母书》：

皓远违膝下,忽忽十二年。中间两大病,天怜羁苦,偶幸再生,日夜忧愁。娘娘年高,恐不及一见慈颜,以此痛心,殆不堪处。皓自酉年闰八月至太原,明年十二月至云中,两处供给幸不缺。又明年五月,元帅晋王驱皓诣冷山悟室监军家,监军使皓教其子昭武。是行在途两月,跋涉四千里。冷山距金都二百五十里,其地苦寒,九月而雪,四月草始生。十年中受尽艰辛,不可胜说。衣著更不与,盛夏服粗布。随行使臣沈珍、兵士丘德、党超幸在,张福、柯辛已死。皓至冷山之明年春,元帅尝许还南。将行,监军父子坚不肯。比至草地,元帅虽怒,已无及,乃遣王侍郎回。三二年来,监军稍相信。前此见问南中事,皓不识其意,每每烦恼。戊年,金军过江,有虏到。秀州人后却到冷山。皓以秀事问之,虽知此州官吏并前期往华亭,免遭俘掠,终不得端确,缘此忧恼成病。监军后除右丞相,不主和议。前年七月,罢知兴中府。故宋、兖、鲁三王内外用事,欲割地以和。去年正月,复召悟室入,专权益甚。三王不胜忿,谋共除之,为二吏所告。七月三日,遂诛三王。九月,王侍郎来,留肇州,遣其副因索进奉及取投附人。朝廷既无素备,其银绢礼数合入商量,乃一切峻却,遂至交锋。虽顺昌军捷,岳帅众集忽报班还,何补何补！使臣履危受辱不足惜,当念上皇神柩久寓遐荒,太后年高,宁不思国！宗室困辱不忍说,生灵转徙,何时休息！谓宜权以济事,况为亲屈,所当容忍。悟室尝问岁币,皓答云：契丹景德中虽有此例,缘山东、河北产丝蚕,其地今属金国,责之东南,恐不如数。金三千两,景德无之。又问正朔,皓答云：年号本朝所自有。悟室云："南朝欲自用其年号,若表书来当用此间年号。"又问封册,皓答云："此是虚名不必较。"又问投附人还可得,皓答云："昔东魏侯景以十三州投梁,有众十万,后败于寿春,才存四百。武帝欲以景易其侄渊明,景遂作乱,陷台城,弑二帝。景虽即灭,梁祚亦亡。监戒甚明,恐不许,必须许亦不肯来就死,徒成祸乱。"悟室曰："我亦道不可得,大人云须得投附人至,若不至,自坏尔国家。"久之,谓皓曰："随我到济州看春水,尔是直性人,言语朴实,与我言合,得尔去与大人商议,我约监公佐。四月间到来,若三两桩事从得,使尔归国商量。"遂以三月半到济州,四月四日回冷山。居八日,悟室又云更随我到燕京。以二十三日起□,五月初到草地。及闻莫将北来,所请皆不从,大怒,起兵向河南。及顺昌之败,岳帅之来,此间震恐。未几而岳帅军回,吴璘兵大败,河南关西故地,一朝复尽得。八月十八日皓与宇文相公先入燕,至九月七日车驾入。宇文去冬教悟室子孙,因此遂为谋画,每屏人私语至夜分。悟室问江南如何可取,宇文云先取四川。宇文前此已知贡举及充规画三省使,遣官制礼,凡百与议。今有男女二人,自云南中一子是过房,一女是庶出,老年无亲,惟此二子。自与悟室商议,换授光禄大夫、翰林学士、兼太常卿、修国史、详定礼仪,欲得皓亦换官,庶几朝廷知得例换。九月二十二日,悟室父子八人同右丞相萧庆父子四人皆绞死城外,焚之,谓其跋扈擅命也。皓虽失倚托,幸免换官,亦未敢理会,请且授教一童为饘粥之资。近又闻例有换授,拟皓朝散郎、翰林院直学士。皓自闻此议,日夜号恸。有招烈大将军者,晋国之弟,从前相爱,闻此见怜,遂同晋国之子见平章相公,愍老母累重,乞免换授。虽已见许,未知其他宰执如何,更旬日间可决矣。娘娘年高,宁不因皓重添忧恼,然为国忘身,自古有之,无可奈何。所愿免得换授,将来和定,须可图归,万一不免,老小长诀矣。临纸抆泪,悲不自胜。申年十一月晦日,皓百拜。①

此封上母书,陈述在金遭遇,比《宋史》本传更为细致,还涉及岳飞、宇文虚中及金人内乱,尤具史料价值。洪皓使金,被滞留长达十五年,经受住折辱与利诱,持汉节终不辱使命,犹如汉代苏武,实在难得。其次,他在金地,还不忘传播中华文化,教导金人子,值得肯定。其三,在金时,坚持词创作,尤以绍兴十二年在燕山作《江城梅花引》四首著名,"每首有一'笑'字,北人谓之《四笑江梅引》,争传写焉"②。

五、曹勋

曹勋(1098—1174),字公显,一作功显,号淞隐。词人曹组之子。阳翟(今河南禹县)人。《宋史》本传所载主要是其使金之事,云:

> 曹勋字公显,阳翟人。父组,宣和中,以阁门宣赞舍人为睿思殿

---

① (宋)洪皓:《使金上母书》,《全宋文》第179册,第240—242页。
② (宋)洪迈:《容斋随笔·五笔》卷三,第863页。

应制。以占对开敏得幸。勋用恩补承信郎,特命赴进士廷试,赐甲科,为武吏如故。

靖康初,为阁门宣赞舍人,勾当龙德宫,除武义大夫。从徽宗北迁,过河十余日,谓勋曰:"不知中原之民推戴康王否?"翌日,出御衣书领中曰:"可便即真,来救父母。"并持韦贤妃、邢夫人信,命勋间行诣王。又谕勋:"见康王第言有清中原之策,悉举行之,毋以我为念。"又言:"艺祖有誓约藏之太庙,不杀大臣及言事官,违者不祥。"

勋自燕山遁归。建炎元年七月,至南京,以御衣所书进入。高宗泣以示辅臣。勋建议募死士航海入金国东京,奉徽宗由海道归。执政难之,出勋于外,凡九年不得迁秩。绍兴五年,除江西兵马副都监,勋以远次为请,改浙东,言者论其不闲武艺,专事请求,竟夺新命。

十一年,兀术遣使议和,授勋成州团练使,副刘光远报之。及淮,遇兀术,遣还,言当遣尊官右职持节而来。盖欲亟和也。勋还,迁忠州防御使。金使萧毅等来,命勋为接伴使。未几,落阶官为容州观察使,充金国报谢副使,召入内殿,帝洒泣,谕以恳请亲族之意。及见金主,正使何铸伏地不能言,勋反复开谕,金主首肯许还梓宫及太后。勋归,金遣高居安等卫送太后至临安,命勋充接伴使。迁保信军承宣使、枢密副都承旨。二十九年,拜昭信军节度使,副王纶为称谢使。时金主亮已定侵淮计,勋与纶还,言邻国恭顺,和好无他,人讥其妄。孝宗朝加太尉、提举皇城司、开府仪同三司。淳熙元年卒,赠少保。①

由此知曹勋曾经多次出使金国。第一次是靖康之难中,陪护徽宗,作为俘虏,过黄河十余日后,受徽宗衣带诏命,建炎元年(1127)从金地燕山逃至南京(河南应天府),出示徽宗衣带诏给已经登位的高宗。曹勋提出招募死士从海上入金,救出徽宗,执政者秦桧自然不能接受这个建议,把曹勋赶出京城到外地做官,九年不升迁。

第二次是绍兴十一年(1141),金兀术遣使议和,宋廷授给曹勋成州团练使的头衔,作为刘光祖的副手使金。行到宋金边界淮河,遇到兀术,兀术嫌宋廷所派遣使者职位不高且是武职,打发他们回去,派遣尊官、文职官持节使金。此次出使无功而还,但曹勋还是受到升官的嘉奖,当上忠州防御使。金国使者萧毅到宋,宋廷命曹勋为接伴使。

---

① (元)脱脱等:《宋史》卷三七九,第 33 册,第 11700—11701 页。

第三次使金在第二次后不久,即绍兴十二年(1142)至十四年间,曹勋受命充金国报谢使。行前,高宗把他招进内殿,皇帝洒了泪,要他告诉金国希望归还宋廷太后及宗室的意思。等见到金国国主,正使何铸吓得伏地不能说话,还是曹勋反复向金人开谕,金主同意归还帝后梓宫及太后。曹勋归来后,金人守诺,派遣高居安等人护送太后到临安,宋廷命曹勋充接伴使。第三次出使,曹勋可以说立了大功,不辱使命。

　　第四次在绍兴二十九年六月,他被授昭信军节度使,作为王伦副手使金。当时金主已经确定南侵之策,曹勋与王伦回国却声称金人恭顺和好,没有攻宋之意。举国谴责他们妄言。第四次使金,曹勋不但无功,而且有过,大过。

　　曹勋著有《北狩见闻录》一卷、《松隐文集》三十九卷。其词,有《松隐乐府》三卷,使金词多首在内。

六、赵桓

　　赵桓(1100—1160),原名亶,更名烜,再更名桓。即宋钦宗,徽宗长子。大观二年(1108)进封定王。政和五年(1115)立为皇太子。宣和七年(1125),诏嗣位,改元靖康,在位二年。金人围汴,胁上皇及帝北行。康王即位于南京,遥上尊号曰孝慈渊圣皇帝。

　　根据《宋史》等史料记载,钦宗曾积极进行过抗金斗争,但一是宋朝自徽宗以来积乱成险,痼疾难除,宋军战斗力也确实不敌强金;二是宋廷内部主战主和势力呈胶着状态,此消彼长,钦宗亦难以决断;三是当金兵围攻汴京时,气候异常,极端不利于勤王之师,致使宋军失去最后机会,赵桓与徽宗一起被俘北去。《宋史·钦宗纪》之赞,较为公允地总结了赵桓的一生:"帝在东宫,不见失德。及其践阼,声技音乐一无所好。靖康初政,能正王黼、朱勔等罪而窜殛之,故金人闻帝内禅,将有卷甲北旆之意矣。惜其乱势已成,不可救药;君臣相视,又不能同力协谋,以济斯难,懵懵然讲和之不暇。卒致父子沦胥,社稷芜茀。帝至于是,盖亦巽懦而不知义者欤!享国日浅,而受祸至深,考其所自,真可悼也夫!真可悼也夫!"①

　　兹录靖康元年十一月及闰十一月宋金交战之记载:

　　　　十一月丙寅,夏人陷怀德军,知军事刘铨、通判杜翊世死之。籍谭稹家。戊辰,康王未至金军而还。冯澥罢。己巳,集百官议三镇弃

---

① (元)脱脱等:《宋史》卷二三,第436页。

守。庚午,诏河北、河东、京畿清野,令流民得占官舍寺观以居。辛未,有流星如杯。壬申,禁京师民以浮言相动者。癸酉,右谏议大夫范宗尹以首议弃地罢。金人至河外,宣抚副使折彦质领师十二万拒之。甲戌,师溃。金人济河,知河阳燕瑛、西京留守王襄弃城遁。乙亥,命刑部尚书王云副康王使斡离不军,许割三镇,奉衮冕、车辂,尊其主为皇叔,且上尊号。丙子,金人渡河,折彦质兵尽溃,提刑许高兵溃于洛口。金人来言,欲尽得河北地。京师戒严。遣资政殿学士冯澥及李若水使粘罕军。丁丑,何㮮罢。以尚书左丞陈过庭为中书侍郎,兵部尚书孙傅为尚书右丞。命成忠郎郭京领选六甲正兵所。签书枢密院事李回以万骑防河,众溃而归。是日,塞京城门。戊寅,进龙德宫婉容韦氏为贤妃,康王构为安国、安武军节度使。罢清野。辛巳,以知怀州霍安国为徽猷阁待制,通判林渊直徽猷阁,赏守御之功也。壬午,斡离不使杨天吉、王汭、勃堇撒离栂来。命耿南仲使斡离不军,聂昌使粘罕军,许画河为界。康王至磁州,州人杀王云,止王勿行,王复还相州。甲申,以尚书右丞孙傅同知枢密院事,御史中丞曹辅签书枢密院事。以京兆府路安抚使范致虚为陕西五路宣抚使,令督勤王兵入援。乙酉,斡离不军至城下。遣蜡书间行出关召兵,又约康王及河北守将来援,多为逻兵所获。丁亥,大风发屋折木。李回罢。戊子,金人攻通津门,范琼出兵焚其砦。己丑,南道总管张叔夜将兵勤王,至玉津园,以叔夜为延康殿学士。斡离不遣刘晏来。庚寅,幸东壁劳军。诏三省长官名悉依元丰旧制。领开封府何㮮为门下侍郎。

闰月壬辰朔,金人攻善利门,统制姚仲友御之。奇兵作乱,杀使臣,王宗濋斩数十人乃定。唐恪出都,人欲击之,因求去,罢为中太一宫使。以门下侍郎何㮮为尚书右仆射兼中书侍郎。刘韐坐弃军,降五官予祠。癸巳,京师苦寒,用日者言,借土牛迎春。朱伯友坐弃郑州,降三官罢。西道总管王襄弃西京去。知泽州高世由以城降于金。燕瑛欲弃河阳,为乱兵所杀。河东诸郡,或降或破殆尽。都民杀东壁统制官辛亢宗。罢民乘城,代以保甲。粘罕军至城下。甲午,时雨雪交作,帝被甲登城,以御膳赐士卒,易火饭以进,人皆感激流涕。金人攻通津门,数百人縋城御之,焚其炮架五、鹅车二。驿召李纲为资政殿大学士,领开封府。金人陷怀州,霍安国、林渊及其钤辖张彭年、都监赵士詝、张谟皆死之。乙未,金人入青城,攻朝阳门。冯澥与金人萧庆、杨真诰来。丙申,帝幸宣化门,以障泥乘马,行泥淖中,民皆感泣。张叔夜数战有功,帝如安上门召见,拜资政殿学士。金人执胡直孺,又陷拱州。丁酉,赤气亘天。以冯澥为尚书左丞。戊戌,殿前副都指挥使王宗濋与金人战于城下,统制官高师旦死之。庚子,以资政殿学士张叔夜签书枢密院事。金人攻宣化门,姚仲友御之。辛丑,金人攻南壁,杀伤相当。壬寅,诏河北守臣尽起军民兵,倍道入援。癸卯,金人攻南壁,张叔夜、范琼分兵袭之,遥见金兵,奔还,自相蹂藉,溺隍死者以千数。甲辰,大雨雪。金人陷亳州。遣间使召诸道兵勤王。乙巳,大寒,士卒噤战不能执兵,有僵仆者。帝在禁中徒跣祈晴。时勤王兵不至,城中兵可用者惟卫士三万,然亦十失五六。金人攻城急。丙午,雨木冰。丁未,始避正殿。己酉,遣冯澥、曹辅与宗室仲温、士誋使金军请和。命康王为天下兵马大元帅,速领兵入卫。辛亥,金人来议和,要亲王出盟。壬子,金人攻通津、宣化门,范琼以千人出战,渡河冰裂,没者五百余人,自是士气益挫。甲寅,大风自北起,俄大雨雪,连日夜不止。乙卯,金人复使刘晏来,趣亲王、宰相出盟。丙辰,妖人郭京用六甲法,尽令守御人下城,大启宣化门出攻金人,兵大败。京托言下城作法,引余兵遁去。金兵登城,众皆披靡。金人焚南薰诸门。姚仲友死于乱兵,宦者黄经国赴火死,统制官何庆言、陈克礼、中书舍人高振力战,与其家人皆被害。秦元领保甲斩关遁,京城陷。卫士入都亭驿,执刘晏杀之。丁巳,奉道君皇帝、宁德皇后入居延福宫。命何㮚及济王栩使金军。戊午,何㮚入言,金人邀上皇出郊。帝曰:"上皇惊忧而疾,必欲之出,朕当亲往。"自乙卯雪不止,是日霁。夜有白气出太微,彗星见。庚申,日赤如火无光。辛酉,帝如青城。①

终至靖康二年(1127),二帝北行,宋室不存。在这个过程中,异常气候对宋人相当不利,不能不在宋亡原因的分析中予以考虑。"夏四月庚申朔,大风吹石折木。金人以帝及皇后、皇太子北归。凡法驾、卤簿,皇后以下车辂、卤簿、冠服、礼器、法物,大乐、教坊乐器,祭器、八宝、九鼎、圭璧、浑天仪、铜人、刻漏、古器、景灵宫供器,太清楼秘阁三馆书,天下州府图及官吏、内人、内侍、技艺、工匠、娼优,府库畜积,为之一空。辛酉,北风大起,苦寒。"②四月而苦寒,

---

① (元)脱脱等:《宋史》卷二三,第432—434页。
② (元)脱脱等:《宋史》卷二三,第437页。

其恶劣、异常可见一斑。

钦宗存词三首,皆作于金中。

《西江月》

历代恢文偃武,四方晏粲无虞。奸臣招致北匈奴。边境年年侵侮。　一旦金汤失守,万邦不救銮舆。我今父子在穹庐。壮士忠臣何处。

《西江月》

塞雁嗷嗷南去,高飞难寄音书。只应宗社已丘墟。愿有真人为主。　岭外云藏晓日,眼前路忆平芜。寒沙风紧泪盈裾。难望燕山归路。

《眼儿媚》

宸传三百旧京华。仁孝自名家。一旦奸邪,倾天拆地,忍听琵琶。如今在外多萧索,迤逦近胡沙。家邦万里,伶仃父子,向晓霜花。

七、蒋兴祖女

蒋兴祖女(约1112—?),浙西人,生卒、名俱不详,其经历、事迹亦无,仅知靖康元年(1126)春正月,"辛巳,道君皇帝幸镇江。以兵部尚书路允迪签书枢密院事。金人陷阳武,知县事蒋兴祖死之。"[①]蒋兴祖死国,其女被金人掳去,北行经雄州驿,女题驿壁,有词。元代韦居安《梅磵诗话》载:"靖康间,金人犯阙,阳武蒋令兴祖死之。其女为贼虏去,题字于雄州驿中,叙其本末,仍作《减字木兰花》词云:'朝云横度。辘辘车声如水去。白草黄沙。月照孤村三两家。飞鸿过也。万结愁肠无昼夜。渐近燕山。回首乡关归路难。'蒋令,浙西人。其女方笄,美颜色,能诗词,乡人皆能道之。"[②]从靖康元年"方笄",推知女约生于政和二年(1112),其是否到达金国,及最终结局如何,均不得而知。雄州在河北,易水流经,荆轲冒死刺秦,与燕太子丹等人在易水边作别,慷慨而歌。《宋史·地理志》云:"雄州,中,防御。本唐涿州瓦桥关。政和三年,赐郡名曰易阳。"[③]这首出自柔弱女子之手的《减字木兰花》,固然难以与荆轲《易水歌》相比,但家国愁怀感人无限。明清大量女性题壁,特别是遭受战乱女性的

---

① (元)脱脱等:《宋史》卷二三,第424页。
② (元)韦居安:《梅磵诗话》卷下,丁福保《历代诗话续编》中册,中华书局,1983年版,第571页。
③ (元)脱脱等:《宋史·地理二·河北路》,第2125页。

临终题壁诗词,未必不受到蒋氏女的影响。

八、赵构

赵构(1107—1187),字德基,徽宗第九子。初封蜀国公,广平郡王。宣和三年(1121)封康王。靖康元年(1126)使金见留,得还。二年,金兵俘徽、钦二帝北去,乃即帝位于南京(今河南商丘)。后建行都于临安,史称"南宋"。在位三十六年,建元建炎、绍兴。绍兴三十二年(1162)传位于赵昚,称光尧寿圣宪天体道性仁诚德经武纬文绍业兴统明谟盛烈太上皇帝。卒葬思陵,谥曰圣神武文宪孝皇帝,庙号高宗。光宗绍熙二年(1191),加谥受命中兴全功至德圣神武文昭仁宪孝皇帝。著有《翰墨志》一卷,今存。

赵构使金事迹,《宋史·钦宗纪》云:靖康元年(1126)正月,金人渡河,犯京师,"乙亥,金人攻通津、景阳等门。李纲督战,自卯至酉斩首数千级。何灌战死。李梲与萧三宝奴、耶律忠王汭索金帛数千万,且求割太原、中山、河间三镇,并宰相、亲王为质,乃退师。丙子,避正殿,减常膳,括借金银,籍倡优家财。庚辰,命张邦昌副康王构使金军,诏称金国加'大'字。"①二月,"乙巳,宇文虚中、王球复使金军。康王至自金军。金人遣韩光裔来告辞,遂退师,京师解严"②。康王入金,是作为赵宋宗室的人质;后来,宇文虚中、王球使金,换回康王。但接着,康王还有使金而未成的经历:靖康元年冬十月,"壬子,诏太常礼官集议金主尊号。命尚书左丞王寓副康王使斡离不军,寓辞"。十一月"戊辰,康王未至金军而还"。同月"乙亥,命刑部尚书王云副康王使斡离不军,许割三镇,奉衮冕、车辂,尊其主为皇叔,且上尊号"。壬午日,"康王至磁州,州人杀王云,止王勿行,王复还相州"。康王利用北行机会,沿路集结抗金力量,十一月乙酉,"遣蜡书间行出关召兵,又约康王及河北守将来援";而闰十一月己酉,朝廷"命康王为天下兵马大元帅,速领兵入卫",十二月壬戌朔,"康王开大元帅府于相州","乙亥,康王如北京","庚寅,康王如东平";二年春正月,"壬辰,金人趣召康王还",康王结束使金行程,二月"庚辰,康王如济州",至"五月庚寅朔,康王即位于南京"③,开创赵宋与金南北分治的历史,史称"南宋",康王赵构为南宋首帝,谥号高宗。

高宗词,《全宋词》据《宝庆会稽续志》卷六录《渔父词》十五首。

---

① (元)脱脱等:《宋史·钦宗》,第424页。
② (元)脱脱等:《宋史·钦宗》,第425页。
③ (元)脱脱等:《宋史·钦宗》,第432—437页。

九、洪适

洪适(1117—1184),初名造,字温伯,后改名适,字景伯,号盘洲。一字景温。鄱阳(今江西波阳)人。洪皓长子。与弟遵、迈号称"三洪"。年十三,洪皓出使金国,适能任家事。以父出使恩,补修职郎。绍兴十二年(1142),与弟遵同中博学宏词科。"高宗曰:'父在远方,子能自立,此忠义报也,宜升擢。'遂除敕令所删定官。后三年,弟迈亦中是选,由是三洪文名满天下。改秘书省正字"①。父自金归,忤秦桧,出知饶州,洪适亦出通判台州。父谪英州,适复论罢,往来岭南省亲。九年秦桧死,父还,卒于道。服阙,起知荆门军、徽州,提举江州东路常平茶盐,升尚书户部郎中,总领淮东军马钱粮,迁司农少卿。隆兴二年(1164),召贰太常兼权直学士院,除中书舍人。"时金人再犯淮,羽檄沓至,书诏填委,盗访酬答率称上旨,自此有大用意。金既寻盟,首为贺生辰使。金遣同签书枢密院事高嗣先接伴,自言其父司空有德于皓,相与甚欢,得其要领以归"。乾道元年(1165)五月,迁翰林学士,仍兼中书舍人,六月,除端明殿学士、签书枢密院事;八月,拜参知政事;十二月,拜尚书右仆射、同中书门下平章事兼枢密使。乾道二年三月,除观文殿学士、提举江州太平兴国宫。寻起知绍兴府、浙东安抚使。再奉祠。自此赋闲十六年,淳熙十一年(1184)卒。谥文惠。著《盘洲文集》,词《盘洲乐府》三卷。

《宋史》评论道:"适以文学闻望,遭时遇主,自两制一月入政府,又四阅月居相位,又三月罢政,然无大建明以究其学。家居十有六年,兄弟鼎立,子孙森然,以著述吟咏自乐,近世备福鲜有及之。或谓适党汤思退,又谓适来自淮东,言张浚妄费,浚以此罢相。"②

洪适使金,在隆兴二年,其背景是宋廷遣魏杞使金,中生变故,而宋金交战正酣,金对宋实行大力侵犯;宋廷内部战和争议,十一月"甲午,以黄榜禁太学生伏阙。是日,太学生张观等七十二人上书,请斩汤思退、王之望、尹穑,窜其党洪适、晁公武而用陈康伯、胡铨等,以济大计",洪适本是作为汤思退党羽而被窜逐。《宋史·孝宗纪》:隆兴二年"十二月甲申,罢陕西路转运司。戊子,魏杞始渡淮。诏郊祀大礼遵至道典故,改用来年正月一日上辛。辛卯,以钱端礼为参知政事兼知枢密院事,虞允文同知枢密院事兼权参知政事,礼部尚书王刚中签书枢密院事。丙申,制曰:'比遣王抃,远抵颍濒,得其要约。寻澶渊盟誓

---

① (元)脱脱等:《宋史》卷三七三《洪皓传》附洪适传,第33册,第11562页。
② (元)脱脱等:《宋史》卷三七三,第33册,第11564—11565页。

之信,仿大辽书题之仪,正皇帝之称,为叔侄之国,岁币减十万之数,地界如绍兴之时。怜彼此之无辜,约叛亡之不遣,可使归正之士咸起宁居之心。重念数州之民,罹此一时之难,老稚有荡析之灾,丁壮有系累之苦,宜推荡涤之宥,少慰雕残之情。应沿边被兵州军,除逃遁官吏不赦外,杂犯死罪情轻者减一等,余并放遣。'遣洪适等贺金主生辰"①。洪适使金,乃临危受命。

洪适存词三卷,数量较多。

十、韩元吉

韩元吉(1118—1187),字无咎,号南涧翁,祖籍开封雍丘(今河南杞县),南渡后居信州上饶(今属江西),维玄孙,淲父。早年尝师事尹焞,初与从兄元龙试词科不利,以荫入仕,为龙泉县主簿,后举进士,为南剑州主簿。高宗绍兴二十八年(1158),知建安县,召为司农寺主簿。孝宗乾道元年(1165),为江南东路转运判官、守大理少卿、权中书舍人,累官至吏部侍郎。淳熙初出知婺州,入为正奉大夫、吏部尚书。后出入中外,再知婺州,一知建宁府等,入朝为中书舍人、大理少卿、龙图阁学士、吏部侍郎等。中间曾出使金国。封颍川郡公。晚年退居信州。有《南涧甲乙稿》七十卷,已佚,清四库馆臣据《永乐大典》辑为二十二卷。

韩元吉使金事迹,见《宋史·孝宗纪》:乾道八年(1172)十二月,"丁巳,遣韩元吉等贺金主生辰"②。而据《金史》卷六一《交聘表》,郑兴裔副韩元吉为贺金主生辰使。《宋史·艺文志》有"韩元吉《金国生辰语录》一卷",当为其使金所作,记载其与金人交往时言行。

韩元吉词,本有《焦尾集词》一卷,佚去,今存八十首。其中,《好事近·汴京赐宴闻教坊乐有感》一首,作于使金经过北宋都城汴京时:"凝碧旧池头,一听管弦凄切。多少梨园声在,总不堪华发。　　杏花无处避春愁,也傍野烟发。惟有御沟声断,似知人呜咽。"使用唐代"安史之乱"中王维诗典,表达麦秀黍离之悲。

十一、魏杞

魏杞(1120—1184),字南夫,寿春人,徙居鄞县(今浙江宁波)人。高宗绍兴十二年(1142)进士。三十年,知泾县;三十二年,召为太府寺丞。孝宗隆兴

---

① (元)脱脱等:《宋史》卷三三,第630—631页。
② (元)脱脱等:《宋史》卷三四,第655页。

二年(1164),以宗正少卿假礼部尚书使金。乾道二年,除起居舍人,累迁右仆射同中书门下平章事兼枢密使。三年(1167),罢,提举江州太平兴国宫。六年,起知平江府,被劾夺职。卒谥文节。有《山房集》三十卷、《三苏言行编》,皆佚。《宋史》卷三八五有传。诗存七首。

魏杞使金,颇多曲折。《宋史·孝宗纪》:隆兴二年(1164)八月,"壬午,遣魏杞等为金国通问使";九月,"仍易国书以付魏杞";"冬十月甲寅,魏杞至盱眙,金帅以国书未如式,弗受,欲得商、秦地及俘获人,且邀岁币二十万,杞未得进";十一月"丁亥,诏魏杞等以所赍礼币犒军,杞弗从命,留镇江俟旨";朝廷另遣人员使金,"丙申,遣国信所大通事王抃持周葵书如金帅府,请正皇帝号,为叔侄之国;易岁贡为岁币,减十万;割商、秦地;归被俘人,惟叛亡者不与;誓目大略与绍兴同"。闰十一月"丙子,以王抃为奉使金国通问国信所参议官,持陈康伯报书以行",直至十二月"戊子,魏杞始渡淮"。乾道元年春正月辛酉,"通问使魏杞至燕山"①,出使极为坎坷。《宋史全文》对魏杞使金事迹有记载:"是月,魏杞使金。先是,上命汤思退作书,与敌约许割四郡,且求减岁币之半。寻又命杞以宗正少卿充通问使。杞及疆,敌以书不如式,不受,又求割商秦地及归正人,且求岁币二十万。杞以闻,上命尽依初式再易书,岁币亦如其数。"②

魏杞《魏文节遗书》附录有宋孝宗淳熙十四年《魏杞赠太师谥文节制》,称魏杞"使金不屈而虏气渐消,伏蒲正本而储宫预定。世称盛德,人仰耆英。全节完名,允先朝之硕辅;徽猷懋德,诚当代之仪型"。《全宋文》编者认为《宋史》卷三八五《魏杞传》作"淳熙十一年十一月薨,赠特进。嘉泰中,谥文节",此文与史不合,当是伪作。而宋孝宗隆兴二年十一月六日有《拘收魏杞将带使金礼物充犒军支用诏》曰:"朕屈己遣使,欲安军民,而虏情变诈,遽尔称兵。所有魏杞等将带礼物金银匹帛,可令都督府拘收,及于左藏南库支拨见钱三十万贯,令都督江淮军马汤思退将带前去,并充犒军支用。"③该文见载于《宋会要辑稿》职官三九之一八,又见《景定建康志》卷二五,知魏杞使金私带礼物,违反朝廷规定,所以被朝廷没收,折合成现钱充当犒军费用。

魏杞词,存二首,况周颐《蕙风词话》卷二评云:"两宋巨公大僚,能词者多,往往不脱簪绂气。魏文节杞《虞美人·咏梅》云:'只应明月最相思。曾见幽香一点、未开时。'轻清婉丽,词人之词。专对抗节之臣,顾亦能此。宋广平铁石

---

① (元)脱脱等:《宋史》卷三三,第628—631页。
② (元)佚名:《宋史全文》(下册),黑龙江人民出版社,2004年版,第1655页。
③ (宋)孝宗:《拘收魏杞将带使金礼物充犒军支用诏》,《全宋文》第234册,第164页。

心肠,不辞为梅花作赋也。"①

十二、洪迈

洪迈(1123—1202),字景庐,号容斋,别号野处,鄱阳(今江西波阳)人。洪皓季子。"从二兄试博学宏词科,迈独被黜。绍兴十五年始中第,授两浙转运司干办公事,入为敕令所删定官。皓忤秦桧投闲,桧憾未已,御史汪勃论迈知其父不靖之谋,遂出添差教授福州。累迁吏部郎兼礼部"②。除枢密检详文字。绍兴三十一年(1161),迁左司员外郎。

洪迈事迹中,有二事值得大书。一是作为金使接伴使,他向朝廷提出改变宋对金接伴礼数,以正宋金名分。也就是改变以前宋帝称金主为伯、叔的屈辱称谓,双方以敌国平等对待。绍兴"三十二年春,金主褎遣左监军高忠建来告登位,且议和,迈为接伴使,知阁门张抡副之。上谓执政曰:'向日讲和,本为梓宫、太后,虽屈己卑辞,有所不惮。今两国之盟已绝,名称以何为正,疆土以何为准,朝见之仪,岁币之数,所宜先定。'及迈、抡入辞,上又曰:'朕料此事终归于和,欲首议名分,而土地次之。'迈于是奏更接伴礼数,凡十有四事。自渡江以来,屈己含忍多过礼,至是一切杀之,用敌国体,凡远迎及引接金银等皆罢。既而高忠建有责臣礼及取新复州郡之议,迈以闻,且奏言:'土疆实利不可与,礼际虚名不足惜。'礼部侍郎黄中闻之,亟奏曰:'名定实随,百世不易,不可谓虚。土疆得失,一彼一此,不可谓实。'兵部侍郎陈俊卿亦谓:'先正名分,名分正则国威张,而岁币亦可损矣。'"③

二是出使金国,却有辱使命,有辱父威。隆兴元年(1163),"时议遣使报金国聘,三月丁巳,诏侍从、台谏各举可备使命者一人。初,迈之接伴也,既持旧礼折伏金使,至是,慨然请行。于是假翰林学士,充贺登位使,欲令金称兄弟敌国而归河南地。夏四月戊子,迈辞行,书用敌国礼,高宗亲札赐迈等曰:'祖宗陵寝,隔阔三十年,不得以时洒扫祭祀,心实痛之。若彼能以河南地见归,必欲居尊如故,正复屈己,亦何所惜。'迈奏言:'山东之兵未解,则两国之好不成。'至燕,金阁门见国书,呼曰:'不如式。'抑令使人于表中改陪臣二字,朝见之仪必欲用旧礼。迈初执不可,既而金锁使馆,自旦及暮水浆不通,三日乃得见。金人语极不逊,大都督怀忠议欲质留,左丞相张浩持不可,乃遣还。七月,迈回

---

① (清)况周颐:《蕙风词话》卷二,《词话丛编》第5册,第4435页。
② (元)脱脱等:《宋史》卷三七三《洪皓传》附传,第33册,第11570页。
③ (元)脱脱等:《宋史》,第33册,第11570—11571页。

朝,则孝宗已即位矣。殿中侍御史张震以迈使金辱命,论罢之。"①洪迈此次使金回,不但被议罢官,还连带其父名声受累。当时有太学诸生作词云:"洪迈被拘留,垂哀作楚囚。七日忍饥犹不耐,堪羞。苏武曾经十九秋。　　厥父既无谋。厥子安能解国忧。万里归来夸舌辨,村牛。好摆头时不摆头。"所谓"好摆头时不摆头",原指"洪好摇头也",这里正成讽刺。

但洪迈似乎颇有冤屈在,其《高宗赐使金札后跋》称:"褒杀亮自立,遣使来告,以臣迈充报聘,且致贺。自建炎以来,高宗乐天保大,过为屈己,臣与副使张纶献言,今故盟已寒,宜只以敌礼往。上既俯从,因亲洒宸翰百五十字,有'虚文博实利'之语,盖将求河南关陕地,犹欲假以虚名。逮至燕,迓使有沿路表章不依常式之问,争议五日而后得见。还朝之日,逢寿皇已受内禅,有新得政者风御史,以辱国见逐。臣所被宸翰向者不欲示人,今又三十二年,臣老矣,旦夕入地,谨略记以示子孙。"②看来洪迈使金之所以对金屈服,是遵照高宗皇帝"虚文博实利"的手诏,不欲与金争形式之虚文,而是意图得到某种"实利"。但待他出使回归,高宗禅位,孝宗继立,有新任官(《宋史》所记张震)有意弹劾他,在新旧皇政之际,他不可能向太上皇赵构求证清白,故只能承受被罢的命运。

洪迈后来复知吉州,除起居舍人,迁起居郎,拜中书舍人兼侍读、直学士院,仍参史事。"父忠宣,兄适、遵皆历此三职,迈又踵之"。复除知赣州,知建宁府,知婺州,迁敷文阁待制,以提举佑神观兼侍讲、同修国史,预修《四朝帝纪》,进敷文阁直学士、直学士院,拜翰林学士,进焕章阁学士、知绍兴府,提举玉隆万寿宫,进龙图阁学士。以端明殿学士致仕,卒年八十。赠光禄大夫,谥文敏。

洪迈著有《容斋五笔》七十四卷,《夷坚志》三百二十卷,编《万首唐人绝句》一百卷。词仅存数首。

十三、周煇

周煇(1126—1196后),字昭礼,海陵(今江苏泰州)人。词人周邦彦子。尝试宏词,寓居杭州清波门后洋街。淳熙四年(1177),随叔父周士褒使金,抵燕与渤海而归。藏书万卷,父子相师友。著有《北辕录》二卷,记出使行程见闻。另有《清波杂志》十二卷,《清波别志》三卷行世。词今存二首残调。

---

① (元)脱脱等:《宋史》(第33册)卷三七三,第11571页。
② (宋)洪迈:《高宗赐使金札后跋》,《全宋文》第222册,第62页。

十四、许及之

许及之（？—1209）字深甫，永嘉人。隆兴元年（1163）进士。淳熙十四年（1187），宗正寺簿。十五年，右拾遗。庆元元年（1195），权礼部侍郎。三年，给事中。四年，自吏部尚书除同知枢密院事。嘉泰二年（1202），参知政事。三年，除知枢密院事兼参知政事。四年，罢。开禧三年（1207）居泉州。有《涉斋集》。

许及之使金，见其绍熙五年（1194）九月作《跋所见兰亭帖》，文称："去年使北还定武，送伴以民间所藏书本见示，正类此。若郡所持售者又不及府治续刻本，因书于后。永嘉许及之，绍熙甲寅九月望。"①绍熙甲寅，即绍熙五年；既称"去年"，则其使金在绍熙四年。

荣芑《跋兰亭三本》：

> 《定武兰亭叙》凡三本：其一，李学究本，传为陈僧法极字智永所摹。薛道祖别刻本，易以归长安，宣和间归御府，前本是也。其二，字肥有锋锷，道祖别刻留定武，与前本方驾，人多误为旧本，非也。其三，"崇山"字中断，字差瘦劲，得于修城役夫，后藏康惟章伯可家。伯可云：旧刻与岐阳石鼓俱载以北。宋元功云：尝从使金，闻在中京。杨伯时云：与薛氏为姻家，定武本以玉石刻，舒元舆《牡丹赋》并记之，聊广异闻。右北平荣芑题。淳熙十三年五月十三日。②

据知许及之使金还，其送伴以民间藏《兰亭序》见示，所言不虚。

许及之词，今存一首，《贺新郎》（旧俗传荆楚）。

十五、莫将

莫将（？—1146），字少虚，洪州（今江西南昌）人。附会秦桧和议说。绍兴七年（1137），通判利州代还，上书论时事，以右朝散郎行太府寺丞。绍兴八年，赐同进士出身，除起居郎。历官至工部尚书。绍兴十六年，以敷文阁学士知广州卒。

莫将使金事，见周必大《龙飞录》。该书记事起于绍兴三十二年六月戊寅，止于隆兴元年四月壬戌。其中，绍兴三十二年有云：

---

① （宋）许及之：《跋所见兰亭帖》，《全宋文》第280册，第310页。
② （宋）荣芑：《跋兰亭三本》，《全宋文》第258册，第109页。

十一月甲午,早赴德寿宫起居。韩知阁恕云:绍兴七八年间,同莫将使金国,不许至其都,止燕山以待。久之报房主来,将等亦不得见,但呼至都堂。其宰相等五人设榻坐堂上,将等立白事,屡被诟辱,几不可堪。既留国书,即徙将等于涿州驿中,伺守颇严。遇太守来招议事,将、恕以下皆朝服步往,未尝给车马也。①

韩恕虽然伴随莫将使金,但毕竟是事隔二十多年后的回忆,难免出现错误。《宋史·高宗纪六》载,绍兴"十年春正月丙戌,遣莫将等充迎护梓宫、奉迎两宫使"②,李心传《建炎以来系年要录》亦系莫将使金时间为绍兴十年(1140)正月,更为可取:

> 乙酉,尚书工部侍郎兼直学士院兼侍讲李谊为工部尚书,假资政殿学士充迎护梓宫。奉迎两宫使、集英殿修撰、京畿都转运使莫将,为徽猷阁待制,副之。谊不受命,力辞。其亲旧曰:"不可。"谊曰:"我不过夺职罢去尔,安可行乎!"丙戌,谊免官,以将试工部侍郎充迎护使。济州防御使知合门事韩恕为宣州观察使副之。

《宋史》《建炎以来系年要录》的时间竟然完全一致,都是绍兴十年正月丙戌日,故可信;莫将以奉迎两宫使、集英殿修撰、京畿都转运使,为徽猷阁待制,本来是副李谊使金;李谊坚辞,乃改莫将为正使,以试工部侍郎充迎护使(《宋史》具体表述为"迎护梓宫、奉迎两宫使")的正使身份出使金国,韩恕为其副使。朝廷对二人出使寄予厚望,正月丁酉日,"诏奉使官莫将、韩恕,各官其家二人"。又对其行使职权做了限制:"癸卯,上谓大臣曰:'莫将奉使金国,凡所议事可一一录付,恐将妄有许可,他日必不能守。'时金人所请朝廷多不从,故有是谕。"③但最终此次使金,受到金人极大羞辱,而莫将、韩恕不能抗争以保全国家颜面和个人气节,也是很遗憾的。

莫将词,见《全宋词》第二册,共十三首,其中《木兰花·十梅》,系组词,分咏梅花未开、晨景、雪里、晴天、风前、月下、雨中、欲谢、吟咏、望梅。前八首写梅花七态,后二首写文人对梅之吟咏、喜爱等,词人情怀之高雅可见。宋人每每感叹人、文不一致,莫将词应作如是读。

---

① (宋)周必大:《龙飞录》,《全宋文》第231册,第309页。
② (元)脱脱等:《宋史·高宗六》,第543页。
③ 并见李心传《建炎以来系年要录》卷一三四,中华书局,2013年版,第2499页。

十六、葛立方

葛立方字常之,丹阳(今属江苏)人,徙吴兴(今浙湖州江)。胜仲之子。绍兴八年(1138)进士。绍兴十八年,任秘书省正字。二十年,任校书郎。历中书舍人、吏部侍郎、出知袁州。隆兴二年(1164),命知宣州,被论罢新任,依旧宫观,卒。有《西畴笔耕》《韵语阳秋》《归愚集》。

《宋史·高宗纪》:绍兴二十六年十月"辛丑,遣李琳使金,贺正旦。葛立方贺金主生辰"①。李心传《建炎以来系年要录》略详:"辛丑,宗正少卿李琳为贺大金正旦使,秉义郎侍卫马军司干办公事宋均副之。尚书左司郎中葛立方为贺生辰使,合门宣赞舍人梁份副之。"②知葛立方使金,并无太多政治内涵,只要在金主生辰前抵金,传达宋廷贺意和贺礼,就算完成使命。

葛立方使金前,请道士斋醮,以保平安。这颇反映出宋人使金一般心态。该篇《奉使金国作醮保安青词》完存:

> 洪造无私,虽莫求于声臭;寸诚上达,或有冀于感通。辄伸翼翼之诚,仰渎高高之听。伏念臣智难周物,才弗愈人。虽修聘宝龄,滥预光华之遣;而乘轺异国,岂无诐涉之虞。是用归命渊衷,乞灵冲境,恪趋黄宅,虔拜绿章,肃扬讽呗之音,广致苾芬之荐。所冀九天降鉴,三境垂慈,兴怜于一介之微,均祐于三节之众。五药弗用,各增平粹之和;六辔既均,无复虺隤之患。遵陆无怨于雨淖,行舻不阻于风涛。既备写于翘诚,愿默垂于孚佑。③

所祷请保护对象,倒是不限于他一人,而是"三节之众",由己及人,颇有人道关怀。祷请内容,包括行途之中人平安、马不生病、不用药;陆行不遇雨淖不延期,水路不阻于风涛,总之是求平安到达,顺利完成出使之事。

葛立方与父是宋代著名的父子词人,存词数量不是太多,但使金词就有六首,自《雨中花·睢阳途中小雨见桃李盛开作》,即注:"以下奉使途中作。"可见其使金书写,及使金对其词作之影响。

十七、范成大

范成大(1126—1193),字至能,一字幼元,早年号此山居士,晚号石湖居

---

① (元)脱脱等:《宋史》卷三一,第587页。
② (宋)李心传:《建炎以来系年要录》卷一七五,第3351页。
③ (宋)葛立方:《奉使金国作醮保安青词》,《全宋文》第201册,第104页。

士。吴县(今属江苏)人。绍兴二十四年(1154)进士。调徽州司户参军。隆兴元年(1163),为编类高宗圣政所检讨官,兼敕令所。二年,除枢密院编修官,累迁礼部员外郎兼崇正殿说书。

范成大于乾道六年(1170),假资政殿大学士,充金祈请国信使,出使金国。在金不屈节,完成使命。"隆兴再讲和,失定受书之礼,上尝悔之。迁成大起居郎,假资政殿大学士,充金祈请国信使,国书专求陵寝,盖泛使也。上面谕受书事,成大乞并载书中,不从。金迎使者慕成大名,至求巾帻效之。至燕山,密草奏,具言受书式怀之人。初进国书,词气慷慨,金君臣方倾听,成大忽奏曰:'两朝既为叔侄,而受书礼未称,臣有疏。'搢笏出之。金主大骇曰:'此岂献书处耶?'左右以笏标起之,成大屹不动,必欲书达。既而归馆所,金主遣伴使宣旨取奏。成大之未起也,金庭纷然,太子欲杀成大,越王止之,竟得全节而归。除中书舍人"①。范成大出使金国,不惧金威,反而赢得金人的敬重。

胡铨《送范至能使金序》,则对范成大使金背景及宋金当时交往态势有较为详细的叙说,今移录如下:

绍兴戊辰,太常少卿方庭硕使北虏,展陵寝。先是诸陵皆遭发,哲宗皇帝至暴骨,庭硕解衣裹之,惟昭陵如故。庭硕归奏,太上皇帝涕下霑襟,悲动左右。故相大怒,劾庭硕奉使无状,请窜斥,有旨除广东提刑。到官不逾月,以瘴死。自是出疆者不敢复言陵寝矣。隆兴改元冬,某被召赐对,首及庭硕语,上大感悟,奋然有恢复意,亟议遣使问发陵之故,会时相方主和议而止。然侧闻至尊割心尝胆,志未尝一日不驰于伊吾之北也。乾道庚寅夏五月,某以温陵守奏事,上喟然曰:"朕复仇雪耻,此志决矣。"某奏云:"陛下此举已迟。"上默然。及是,诏丞相选才识有经学通达国体者一人,持节以往,以申请陵之思。由是范侯成大自起居郎兼侍读、资政殿学士往使。某曰:昔班定远叹不得生入玉门关,李太白入蜀作《蜀道难》,其词云"蜀道之难,难于上青天!"自今观之,玉门在酒泉郡之西,距中原未远也,蜀道,唐之内郡,而二子已愁瘵若不堪其忧;况使绝域,邈在万里外,道阻且长,不啻身热头痛之阪、斧冰作糜之境,而又有羊肸司宫之忧、子木中甲之虞,而一切不顾,谈笑就车,虽古烈丈夫,其能远过也哉!然见士不通达国体,何补于时?序以识别,且以见宰相之知人云。②

---

① (元)脱脱等:《宋史》卷三八六,第34册,第11868页。
② (宋)胡铨:《送范至能使金序》,《全宋文》195册,第240页。

范成大为南宋"中兴四大诗人"之一,著《石湖大全集》一百二十卷,佚去。今存《石湖诗集》三十四卷,《吴郡志》五十卷,《揽辔录》一卷记北行见闻,《骖鸾录》记广西之行。

其词集《石湖词》中有《水调歌头·燕山九日作》,为使金词。

十八、楼钥

楼钥(1137—1213),字大防,旧字启伯,自号攻媿主人。明州鄞县(今浙江宁波)人。隆兴元年(1163)登进士第,试教官,调温州教授。为敕令所删定官,改宗正寺主簿,历太府、宗正寺丞,出知温州。光宗即位,除考功郎,兼礼部。改国子司业,擢起居郎兼中书舍人,俄兼直学士院。迁给事中。宁宗受禅,以论韩侂胄迁吏部尚书,以显谟阁学士提举江州太平兴国宫。寻知婺州,移宁国府。罢,仍命夺职。侂胄诛,召为翰林学士,迁吏部尚书兼翰林侍讲。嘉定元年(1208)除端明殿学士,签书枢密院事,升同知,进参知政事。位两府者五年,累疏求去,除资政殿学士、知太平州,辞免,进大学士,提举万寿观。卒谥宣献。有文集一百二十卷。《宋史》卷三九五有传。

楼钥文集中有大量关于金国吊祭使赴阙、回程,贺登宝位使赴阙,贺正旦使赴阙、回程等相关赐赏礼仪的文件,而据其《北行日录》记载,他于乾道五年(1169)十月十日,接受其仲舅汪大猷辟书,充使金书状官,汪大猷是正使,曾觌是副使。一行人于十八日"径出城";二十九日,馆于仲舅家;三十日,"同去伪见刘察院,待范郎中成大久之,竟不见客。次遇蔡架阁霖,去岁书状官也。又遇留丞正臣";十一月一日,"讲礼。何季膺、叶先生宪平、间丘监丞、尤监簿袤访及。仲舅赴副使会";二日,"同去伪习仪都亭驿,部中见梁监门叔玠、范丈、吕郎中正己";四日,"使副以下习仪驿中,阅礼物,授衣衫";五日,"习仪政府,候黄御药甚久。周邵州伯骏、王智叟、沈尉德润、叶主管薵访及";六日,"驿中大习仪,使副以下备衣冠";十二日,至秀州;十四日,早到无锡;十八日,薄暮至扬州;二十日,过界首,至宝应;二十一日,到楚州;二十四,至盱眙,泊燕馆下;二十六日,"使副以下具衣冠习仪馆中,依例就皇华馆犒三节人";二十七,"盱眙客将李宝渡淮探问,接伴使副已到泗州";二十八日,"掌仪引接等渡淮传衔。少顷,同北引接礼信司高琚等传到接伴使副名衔:正使昭武大将军、行尚书吏部郎中、上轻车都尉、彭城郡开国伯、食邑七百户唐括安德,副使朝奉大夫、侍御史、骑都尉、广陵县开国男、食邑三百户、赐紫金鱼袋高德裕。使副坐燕馆须其至,犒以三杯而去。移舟淮亭,使副燕亭上。偕季舅、去伪赴谯提辖会";二十九日,"使副以下巳时渡淮,至泗州草馆,望拜如仪,各就幕次。三节人互参使副,使副互展起居状。茶酒三行,上马入城,天色开霁,和气翕然。至馆分位";十二月一日,"车行六十里,临淮县早顿";二日癸未,"车行八十里,虹县早顿";三日,宿宿州;六日"入南京城,市井益繁,观者多闭户以窥。夹道甲骑百余,城外及驿前皆步兵";九日,"至东御园小亭少憩,使副以下具衣冠上马,入东京城,改曰南京。新宋门旧曰'朝阳',今曰'弘仁'。城楼雄伟,楼橹壕堑壮且整,夹壕植柳,如引绳然……过西御廊数十步,过交钞所,入都亭驿,五代上元驿基。本朝以待辽使,犹是故屋,但西偏已废为瓦子矣";十日,"留守来谒接伴使副,使副连一榻南向坐厅上,留守设胡床侍其左,过盏劝酒,翼而退。接伴所得私觌物尽货于此,物有定价,责付行人,尽取见钱,分附众车以北,岁岁如此。又金人浚民膏血以实巢穴,府库多在上京诸处。故河南之民贫甚,钱亦益少……都管愠其主人贪墨,以秽语诋之。又有'万福包待制'之语。承应人各与少香茶红果子,或跪或喏。跪者胡礼,喏者犹是中原礼数,语音亦有微带燕音者,尤使人伤叹"。

十二月十一日,举行隆重的礼仪。《北行日录》载:"十一日壬辰,晴,赐宴。既传衔,使副率三节人具衣冠出接伴位前,对揖而出,就褥位,与接伴天使对立,三节人立使副后。先引使副东北向,开敕,两拜,天使乌古伦璋传口宣云:'卿等远持使节,来会岁元,适冒寒威,宜加宴劳。今遣具位璋赐卿等宴,仍差南京留守耶律成押宴,并赐教坊乐。'使副舞蹈五拜。又开敕,两拜,再传口宣云:'卿等来朝岁旦,远抗使旌,爰增原隰之华,宜有甘芳之锡。今差璋赐卿等酒果。'使副搢笏,跪左膝,叉手受赐,五拜,舞蹈如仪。还,立褥位,对展。次揖接伴,退就幕次,与璋茶酒三行,再立褥位。引接石旦侧跪捧表,正使拜跪受表,却以授璋,仍送土物与之。璋退,即引押宴出,与接伴拜舞谢恩。押宴先升厅,侧立。使副拜舞讫,与接伴对行,升厅,与押宴对展讫,就座,点汤,端笏离位少立。三节人东北向,再拜呼噪,升厅。占位东向南上,小立。俟使副初盏罢,三节方坐。初盏燥子粉,次肉油饼,次腰子羹,次茶食。以大梈贮四十碟,比平日又加工巧。别下松子、糖粥、糕糜、裹蒸、蜡黄、批羊、饼子之类,不能悉计。次大茶饭。先下大枣豉二、大饼肉山,又下燀鱼、咸豉等五碟,继即数十品,源源而来,仍以供顿之物杂之。两下饭与肚羹,三下饼子,五下鱼,不晓其意,盖其俗盛礼也。次饼餤三,次小杂碗,次羊头,次煿肉,次刬子,次羊头假鳖,次双下灌浆馒头,次粟米水饭,大簇钉,凡十三行。乐次:筝、笙、方响三次升厅,余皆作乐以送。亦有杂剧,逐次皆有束帛银碗为犒。使副以下皆离立,以待谢恩。或云所赐初不及,皆文具耳。第十二行,依例劝上中节酒,罢,三节先就班,使副进。第十三行茶罢,与押宴接伴谢宴,拜表庭下如仪。再送璋土物,与璋成互展辞状,即与接伴对揖归位,送押宴私觌。往回自此,每赐宴,礼数准此,食味乐次大同小异。"①这是非常详细的外交礼仪记录。

《北行日录》载乾道六年(1170)正月一日,金国宴会诸国使者情形,除却繁缛礼节,关于各国使者在金幕次之记载亦有一定价值:"使副率三节官从望拜两宫,交贺礼毕,上马与馆伴同入贺。由应天东门步入东廊幕次,中大安殿门九间,两傍行廊三间,为日华、月华门各三间,又行廊七间,两厢各三十间。中起左右翔龙门,皆垂红缘帘。庭中小井亭二,幕次与高丽使相邻,西夏使相对……弘福、广祐之前,又各为彩楼三间,三节人宴东廊下,高丽使次之,西夏使与对。二国三节人虽预宴,不拜于庭……"其关于燕会音乐、歌曲之记载为:

每上国主酒,系宣徽使敬嗣晖等互进,以金托玳瑁碗贮食,却只覆以金钏红木浅子,令承应人率尔持进,其礼文不伦如此。乐人大率学本朝,惟杖鼓色皆襆头,红锦帕首,鹅黄衣,紫裳,装束甚异。乐声焦急,歌曲几如哀挽,应和者尤可怪笑。

二日,"张铉赐分食,徒单通赐酒果"。三日,"赴花宴于大安殿,大率如元日"。四日,"射弓宴","押宴、馆伴、国信使副、知阁五人以次执一矢,起揖以射,皆坐胡床"。射罢,"倬口宣云:'远将庆币,来会春朝。方休徒御之劳,宜有饩牵之赐。'蕙云:'长途远届,使事告成。将观射御之容,宜示宴私之宠'。高云:'已成使事,将向归途。宜有珍颁,以彰宠遇。'"五日,使"入辞仁政殿。客省茶酒既罢,引使副欲入,而阁副云:'合自下入辞。'遂复回幕次,乃引三节人拜赐宣明门外,次引高丽、西夏二使及使副至隔门外。夏使已出,丽使方辞。少俟,至丹墀下,面西立,俟通班面殿方拜,喝有敕,两拜,又喝赐衣带鞍马匹段等。叉手左跪受赐,以赐目纳怀中,就一拜舞蹈,五拜,再喝赐酒食,又五拜,升露台。少立,舍人两行,各三人,齐揖以入栏子内。副使躬身,使少前拜,跪受书。却行,与副使齐立,躬身俟传示讫,复退行三步,左下丹墀,再面殿立,躬身听喝好去。由右而出,赐茶酒五行于馆,韩钢押伴"。

六日,开始返宋回程:"先发粗车行,使副率三节人同馆伴出至燕宾馆,赐宴。完颜元赐酒果,完颜宗安押宴,仍差安德德裕送伴。尽借回程,私觌泛送从之。车马欲行,安德方呼其家人以细车般所得还

---

① (宋)楼钥:《北行日录》,《全宋文》第265册,第71—83页。

家,如木绵之类,复载至汴京,滞留至晚方行。"二月十四日,回至京师,"使副上马赴朝参,船入北关,以小舟般载归舅家。一见至亲,喜气自倍,而归兴益勇矣。是夜与诸亲剧饮,醉甚。仲舅有词,走笔次韵二阕"。其后,至三月六日,方始回家拜望父母:"六日丁巳,雨。过缙云,邑官相迓,皆谢之。独见李同年,又送过大溪而别。县得四夫,又荆山寺四夫,轮番舁轿。冒雨登冯公岭,至天宁寺已昏黑。仲兄、器之、仁甫、不愚、元声、淳、张子质相接。先行还家,拜二亲灯下。上下无恙,欢声相闻,喜可知也。"①

这样详细、丰富的使金记录,很少见。

楼钥词,《全宋词》录《醉翁操·七月上浣游裴园》《醉翁操·和东坡韵咏风琴》《孝宗皇帝虞主自浙西还重华宫鼓吹导引曲》《孝宗皇帝神主自重华宫至太庙祔庙鼓吹导引曲》四首。

十九、阎苍舒

阎苍舒(生卒不详),字惠夫,一字才元,晋原(今四川崇庆)人。绍兴二十七年(1157)进士。授夔州府学教授,隆兴中入南郑幕,与陆游同僚,迁中书舍人,出知晋州。淳熙三年(1176)冬十月,"癸未,遣阎苍舒等使金,贺正旦。壬辰,金遣蒲察通等来贺会庆节"②。

阎苍舒使金途中,经过汴京,赋《水龙吟》(少年闻说京华)词,为其存世惟一词作。

二十、曾觌

曾觌(1109—1180),字纯甫,号海野老农。汴(今河南开封)人。以父任补官。绍兴三十年(1160),以寄班祇侯,与龙大渊同为建王(赵昚)知客。孝宗立,以潜邸旧人除权知阁门事,兼干办皇城司。与龙大渊怙宠倚势,时号"曾龙",为大臣弹劾。乾道初,出为淮西副总管,移浙东。淳熙元年(1174),除开府仪同三司;六年,加少保、醴泉观察使。《宋史》卷四七〇入《佞幸传》。

曾觌于乾道五年(1169)十一月至乾道六年正月,作为副使使金,具体见上文楼钥《北行日录》。其使金,《宋史》本传谓:"会汪大猷为贺金正旦使,俾觌副

---

① (宋)楼钥:《北行日录》,《全宋文》第265册,第96—108页。
② (清)施国祁:《金史详校》卷六,清广雅书局丛书本。

之。比还,迁一秩,而竟申浙东之命。"①而未明言时间。考《宋史·汪大猷传》,大猷两次使金,一次是"迁秘书少监,修五朝会要。金人来贺,假吏部尚书为接伴使";一次是"借吏部尚书为贺金国正旦使"②,时间仍然不详。再考《宋史·孝宗纪》:乾道五年(1169),"冬十月乙酉,遣汪大猷等使金贺正旦"③。这就与楼钥《北行日录》所载相吻合。

曾觌有《海野词》。黄昇《中兴以来绝妙词选》称:"曾纯甫,名觌,号海野,东都故老,及见中兴之盛者,东都故老,词多感慨,如《金人捧露盘》《忆秦娥》等曲,凄然有黍离之感。"④所论《金人捧露盘》,题曰"庚寅岁春奉使过京师感怀作",庚寅,即乾道六年;《忆秦娥》,指题作"邯郸道上望丛台有感"一首,皆使金途中所作,虽其人不足论,其"黍离之感"亦当不废。

二十一、京镗

京镗(1138—1200),字仲远,豫章(今江西南昌)人。绍兴二十七年(1157)进士。孝宗朝为监察御史,累迁左司郎中,中书门下省检正诸房公事。"金遣贺生辰使来,上居高宗丧,不欲引见。镗为傧佐,以旨拒之。使者请少留阙下,镗曰:'信使之来,以诞节也。诞节礼毕,欲留何名乎?'使行,上嘉其称职。转中书门下省检正诸房公事。金人遣使来吊,镗为报谢使。金人故事:南使至汴京,则赐宴。镗请免宴。郊劳使康元弼等不从。镗谓必不免宴,则请彻乐,遗之书曰:'镗闻邻丧者春不相,里殡者不巷歌。今镗衔命而来,繄北朝之惠吊,是荷是谢。'北朝勤其远而悯其劳,遣郊劳之使,锡式宴之仪,德莫厚焉。外臣受赐,敢不重拜?若曰而必听乐,是于圣经为悖理,于臣节为悖义,岂惟贻本朝之羞,亦岂昭北朝之懿哉?相持甚久,镗即馆,相礼者趣就席,镗曰:'若不彻乐,不敢即席。'金人迫之,镗弗为动,徐曰:'吾头可取,乐不可闻也。'乃帅其属出馆门,甲士露刃向镗。镗叱退之。金人知镗不可夺,驰白其主。主叹曰:'南朝直臣也!'特命免乐。自是恒去乐而后宴镗。孝宗闻之,喜谓辅臣曰:'士大夫平居孰不以节士自许,有能临危不变如镗者乎?'使还入见,上劳之曰:'卿能执礼为国家增气,朕将何以赏卿?'镗顿首曰:'北人畏陛下威德,非畏臣也。正使臣死于北庭,亦臣子之常分耳,敢言赏乎?'故事,使还当增秩。右相周必大

---

① (元)脱脱等:《宋史》卷四七〇,第13691页。
② (元)脱脱等:《宋史》卷四〇〇,第12145、12146页。
③ (元)脱脱等:《宋史》卷三四,第647页。
④ (宋)黄昇:《花庵词选·中兴以来绝妙词选》卷一,中华书局,1958年版,第172页。

言于上曰：'增秩常典尔，京镗奇节，今之毛遂也，惟陛下念之。'乃命镗权工部侍郎。四川阙帅，以镗为安抚制置使，兼知成都府。"①后除端明殿学士、签书枢密院事，进参知政事。庆元二年（1196），拜右丞相；六年，进左丞相。卒，初谥文穆，改谥文忠，复改庄定。有《松坡集》七卷，《松坡居士乐府》一卷。

二十二、郑域

郑域（1155—？），字中卿，号松窗，三山（今福建福州）人。淳熙十一年（1184）进士。曾倅池州，嘉定十三年（1220），官行在诸司粮料院干办。著《松窗丑镜》，含散语、韵语十数种。近代赵万里辑有《松窗词》一卷。

郑域于庆元二年（1196），曾随张贵谟使金，著有《燕谷剽闻》二卷，纪行程，于金事尤详。《宋史·宁宗一》：庆元二年九月"丁酉，遣张贵谟使金贺正旦"②。《宋史全文》卷二十九同。

明徐𤊹《徐氏笔精》卷五："宋郑域字中卿，三山人，号松窗，使辽回，有《燕谷剽闻》二卷纪辽事甚详。《昭君怨》咏梅一词云：'道是春来花未？道是雪来香异。水外一枝斜。野人家。　　冷淡竹篱茅舍。富贵玉堂琼树。两地不同栽。一般开。'兴比甚佳。《丽情》云：'合是一钗双燕，却成两镜孤鸾。'乐府多传之。"③使辽，应是使金。

二十三、李壁

李壁（1159—1222），字季章，号雁湖，又号石林，眉州丹棱（今属四川）人。焘子。光宗绍熙元年（1190）进士。二年，除秘书省正字。五年，为校书郎。宁宗即位，徙著作佐郎兼权礼部郎官。出知阆州，历知汉州，提点夔路刑狱。嘉泰三年（1203），除秘书少监，权中书舍人，累迁权礼部侍郎。开禧元年（1205）使金贺生辰，还言兵未可轻动。二年，为韩侂胄起草出师诏书，进权礼部尚书，拜参知政事。侂胄诛，谪居抚州。卒谥文懿。有《雁湖集》，已佚。

李壁使金，史书只记载开禧元年那一次。其实，李壁第一次使金，是在嘉泰四年（1204）。时韩侂胄建议恢复，李壁附和其对外用兵，并草伐金诏。使金期间，发生一件事，与词关系较大。张端义《贵耳集》卷下载：李季章奉使北庭，

---

① （元）脱脱等：《宋史》卷三九四，第12037—12038页。
② （元）脱脱等：《宋史》卷三七，第3册，第721页。
③ （明）徐𤊹撰，黄居中编：《徐氏笔精》卷六，刘心明主编：《子海珍本编》，凤凰出版社，第139页。

房馆伴发语云:"东坡作文,爱用佛书中语。"李答曰:"曾记《赤壁怀古》词所云:'羽扇纶巾,谈笑间,狂虏灰飞烟灭。'所谓'灰飞烟灭'四字,乃《圆觉经》中语云:'火出木烬,灰飞烟灭。'北使默无语。"①本来苏轼《念奴娇·赤壁怀古》词于"强虏灰飞烟灭"处有一异文,"强虏"作"樯橹",千年以来聚讼纷纭,李壁使金,选择"强虏",使金国使者"默无语",显示出政治对峙时期文学的特殊生态。同时,也见出苏轼词早已传播到金国,金人非常熟悉。

李壁第二次使金,在开禧元年(1205)。《宋史·宁宗纪二》载:开禧元年六月"己亥,遣李壁贺金主生辰"。对李壁此次使金,《两朝纲目备要》有较细致的背景介绍。《两朝纲目备要》卷九记载,开禧二年五月丙戌,"是日,御笔诏北伐"注云:"自隆兴甲申朝廷与金人再和,逮开禧丙寅凡四十三年矣。其夏五月丙戌,内批:'北虏世雠,久稽报复,爰遵先志,决策讨除。宜颁诏音,明示海内。'翌日,乃下北伐之诏。先是,韩侂胄用事,久有劝其立盖世功名以自固者,侂胄然之。"可谓君臣一拍即合。于是,七月庚申,"侂胄除平章军国事。是日,命兴元都统司增招战兵。乙丑,枢密都承旨苏师旦除安远军节度使。是月,侍郎李壁为生辰使,乞斩朱裕,枭首境上。从之。八月丁亥,命湖北安抚司增招神劲军。甲辰,赵师䨇罢户部尚书,以其有异论也。乙巳,殿前副都指挥使郭倪为镇江都统制。十月,李壁使还,言兵未可轻动。不听。十一月乙酉,置殿前司神武军五千人屯扬州。十二月庚午,增刺马军、司弩手"②。二者记载时间略异,而李壁使金归来后,劝宋廷不可轻易与金开战,但不被采信。

后来,李壁还有一次出使金国机会,然因为职位已高而未成行。据《金史·完颜匡传》,宋帝、韩侂胄因宋兵屡败,欲与金议和,金人提出"称臣割地,献首祸之臣,然后可"的条件,"宋主因密谕邱崈,使归罪边将,以请焉。及宗浩代揆,方信孺至,宗浩以方信孺轻佻不可信,移书宋人:果欲请和,当遣朱致和、吴管、李大性、李壁来。侂胄得报,大喜过望,乃召张岩于建康,罢为福建观察,使归罪苏师旦,贬之岭南。是时,李壁已为参政,不可遣;朱致和、吴管已死,李大性知福州,道远不能遽至,乃遣左司郎中王柟来"③。

李壁词,现存十余首。

---

① (宋)张端义:《贵耳集》卷下,中华书局,1985年版,第51页。
② 佚名编,汝企和点校:《续编两朝纲目备要》卷九,中华书局,2013年版,第162页。
③ (元)脱脱等:《金史》卷九八,中华书局,1975年版,第2169页。

二十四、史达祖

史达祖（生卒不详），字邦卿，号梅溪，汴（今河南开封）人。韩侂胄堂吏。韩侂胄被诛，雷孝友上书乞将史达祖等三人送大理寺根究，遂贬死。

史达祖不齿于士大夫。叶绍翁《四朝闻见录·丙集》云："自韩侂胄柄权，事皆不逮之都司，初议于苏师旦，后议之史邦卿，而都司失职。"[1]戊集云："韩为平章，事无决，专倚堂吏史邦卿，奉行文字、拟帖撰旨，俱出其手，权炙缙绅。侍从用简札，至用申呈。"[2]周密《浩然斋雅谈》卷上云："史达祖邦卿，开禧堂吏也。当平原用事时，尽握三省权。"[3]然其人小词颇佳，尤其使金词在宋人中堪称最多。

开禧元年（1205），史达祖随李壁使金，有《水龙吟·陪节欲行留别社友》词。途中，中秋节，寓宿真定驿，作《齐天乐》词。卫县道中，作《鹧鸪天》词。定兴道中，作《惜黄花》词。过汴京旧京，又作《满江红》词。

二十五、邹应龙

邹应龙（1172—1244），字景初，号南容，泰宁（今属福建）人。庆元二年（1196）进士第一。历官秘书省正字、校书郎、著作佐郎、起居舍人、太子詹事兼中书舍人、给事中兼太子詹事、权礼部侍郎兼侍讲、礼部侍郎兼侍读、端明殿学士、签书枢密院事、资政殿学士。卒谥元襄。著《务学须知》二卷，有词六首。

邹应龙于嘉定初年使金。《宋史·宁宗纪三》：嘉定元年六月"丙子，遣邹应龙贺金主生辰"[4]。邹应龙使金，是在宋金形势缓和之时，该月"庚午，金人归大散关。辛未，金人归濠州"[5]。故虽无建树，使金归来后按照惯例还是升迁："使金还，为太子詹事兼中书舍人。"[6]

邹应龙词，现存六首，全是寿伯母、寿母及奉亲之作。

二十六、方信孺

方信孺（1177—1223），字孚若，号好庵，自号柴帽山人。莆田（今属福建）

---

[1] （宋）叶绍翁：《四朝闻见录·丙集》，中华书局，1989年版，第128页。
[2] （宋）叶绍翁：《四朝闻见录·戊集》，中华书局，1989年版，第183页。
[3] （宋）周密：《浩然斋雅谈》卷上，中华书局，2010年版，第16页。
[4] （元）脱脱等：《宋史》卷三七，第3册，第750页。
[5] （元）脱脱等：《宋史》卷三七，第3册，第750页。
[6] （元）脱脱等：《宋史》卷四一九，第36册，第12550页。

人。以父荫补番禺县尉。秩满改萧山丞,兼淮东随军转运属官。宁宗开禧三年(1207),以荐假朝奉郎充枢密院参谋官使金议和。使还,忤韩侂胄,斥临江军居住。嘉定元年(1208),通判肇庆府。三年,知韶州。五年,知道州。六年,提点广西刑狱。迁提点淮东刑狱兼知真州。十二年,以建议规复山东,罢。嘉定初,通判肇庆府除知韶州,移知临江军,累迁淮东转运判官兼提刑,兼知真州。坐责降三秩,奉祠。著作今存《观我轩集》一卷,《南海百咏》一卷。词《好庵游戏》一卷,佚,今存一首。

方信孺使金,一年之中往返三次,不辞劳顿辛苦,而能保全气节,在宋人中堪称之最。《宋史》本传载:"韩侂胄举恢复之谋,诸将偾军,边衅不已。朝廷寻悔,金人亦厌兵,乃遣韩元靓来使,而都督府亦再遣壮士遗敌书,然皆莫能得其要领。近臣荐信孺可使,自萧山丞召赴都,命以使事。信孺曰:'开衅自我,金人设问首谋,当何以答之?'侂胄矍然。假朝奉郎、枢密院检详文字,充枢密院参谋官,持督帅张岩书通问于金国元帅府。

"至濠州,金帅纥石烈子仁之止于狱中,露刃环守之,绝其薪水,要以五事。信孺曰:'反俘、归币可也,缚送首谋,于古无之,称藩、割地,则非臣子所忍言。'子仁怒曰:'若不望生还耶?'信孺曰:'吾将命出国门时,已置生死度外矣。'至汴,见金左丞相、都元帅完颜宗浩,出就传舍。宗浩使将命者来,坚持五说,且谓:'称藩、割地,自有故事。'信孺曰:'昔靖康仓卒割三镇,绍兴以太母故暂屈,今日顾可用为故事耶?此事不独小臣不敢言,行府亦不敢奏也。请面见丞相决之。'将命者引而前,宗浩方坐幄中,陈兵见之,云:'五事不从,兵南下矣。'信孺辩对不少诎。宗浩叱之曰:'前日兴兵,今日求和,何也?'信孺曰:'前日兴兵复仇,为社稷也。今日屈己求和,为生灵也。'宗浩不能诘,授以报书曰:'和与战,俟再至决之。'信孺还,诏侍从、两省、台谏官议所以复命。众议还俘获,罪首谋,增岁币五万,遣信孺再往。时吴曦已诛,金人气颇索,然犹执初议。信孺曰:'本朝谓增币已为卑屈,况名分地界哉?且以曲直校之,本朝兴兵在去年四月,若贻书诱吴曦,则去年三月也,其曲固有在矣。如以强弱言之,若得滁、濠,我亦得泗、涟水。若夸胥浦桥之胜,我亦有凤凰山之捷。若谓我不能下宿、寿,若围庐、和、楚果能下乎?五事已从其三,而犹不我听,不过再交兵耳。'

"金人见信孺忠恳,乃曰:'割地之议姑寝,但称藩不从,当以叔为伯,岁币外,别犒师可也。'信孺固执不许。宗浩计穷,遂密与定约。复命,再差充通谢国信所参谋官,奉国书誓草及许通谢百万缗抵汴。宗浩变前说,怒信孺不曲折建白,遽以誓书来,有'诛戮禁锢'语。信孺不为动,将命曰:'此事非犒军钱可了。'别出事目。信孺曰:'岁币不可再增,故代以通谢钱。今得此求彼,吾有陨首而已。'将命曰:'不尔,丞相欲留公。'信孺曰:'留于此死,辱命亦死,不若死于此。'会蜀兵取散关,金人益疑。

"信孺还,言:'敌所欲者五事:割两淮一,增岁币二,犒军三,索归正等人四,其五不敢言。'侂胄再三问,至厉声诘之,信孺徐曰:'欲得太师头耳。'侂胄大怒,夺三秩,临江军居住。

"信孺自春至秋,使金三往返,以口舌折强敌,金人计屈情见,然愤其不屈,议用弗就。已而王柟出使,定和议,增币、函首,皆前信孺所持不可者。柟白庙堂:'信孺辩折敌酋于强愎未易告语之时,信孺当其难,柟当其易。柟每见,金人必问信孺安在,公论所推,虽敌人不能掩也。'乃诏信孺自便。"①

方信孺使金,坚持使节,不畏强势,不辱使命,虽然遭韩侂胄打压,夺秩斥外,但终不为所屈,堪称高义。

第三节　出使及滞留蒙元的词人

宋代词人出使蒙元者,目前所知仅家铉翁、文天祥二人,而文天祥出使外,复以抗元兵败,被俘拘禁燕山,并作《沁园春·至元间留燕山作》词。汪元量系随亡宋三宫入元,滞留多年。词人张炎被命北上,留燕时间不足一年。刘沆在燕,因国事因私事不明。王清惠以下十五人,为亡宋宫人,其词作,王国维《书宋旧宫人诗词湖山类稿水云集后》以为伪作(《观堂集林》卷二十一),孔凡礼先生考证后认为:"宋旧宫人诗词实大体可信。"②《全宋词》亦分置各人名下,今从二家之说。出使、滞留蒙元词人共二十家。

一、家铉翁

家铉翁(1213—?),号则堂,眉山(今属四川)人。德祐二年(1276)赐进士出身。以荫补官,知常州,迁浙东提点刑狱,入朝为大理少卿。咸淳八年(1272),权知绍兴府、浙东安抚提举司事。后历权户部侍郎兼知临安府、浙西安抚使、户部侍郎、权右侍郎,兼枢密都承旨、端明殿学士、签书枢密院事。有《则堂词》一卷。

---

① (元)脱脱等:《宋史》卷三九五,第34册,第12059—12061页。
② 孔凡礼:《汪元量事迹纪年》,汪元量撰,孔凡礼辑校:《增订湖山类稿·附录二》,中华书局,1984年版,第278—279页。

德祐二年(1276),元兵次宋都近郊,丞相贾余庆、吴坚檄天下守令以城降,家铉翁独不署命,奉使元营,被留馆中。宋亡,守节不仕元。至元成宗即位(1294),始放还,赐号处士,年已八十二岁,数年后去世。

家铉翁出使及滞元事迹,《宋史》本传有记载:

> 大元兵次近郊,丞相吴坚、贾余庆檄告天下守令以城降,铉翁独不署。元帅遣使至,欲加缚,铉翁曰:"中书省无缚执政之理。"坚奉表祈请于大元,以铉翁介之,礼成不得命,留馆中。闻宋亡,旦夕哭泣不食饮者数月。大元以其节高欲尊官之,以示南服。铉翁义不二君,辞无诡对。宋三宫北还,铉翁再率故臣迎谒,伏地流涕,顿首谢奉使无状,不能感动上衷,无以保存其国。见者莫不叹息。文天祥女弟坐兄故,系奚官,铉翁倾橐中装赎出之,以归其兄璧。
>
> 铉翁状貌奇伟,身长七尺,被服俨雅。其学邃于《春秋》,自号则堂,改馆河间,乃以《春秋》教授弟子,数为诸生谈宋故事及宋兴亡之故,或流涕太息。大元成宗皇帝即位,放还,赐号"处士",锡赉金币,皆辞不受。又数年以寿终。①

家铉翁不但出使时持节自守,还于宋亡后教授《春秋》,向学生谈宋故事及宋亡原因,与洪皓当年使金同,堪称忠义。

其词《水调歌头·题旅舍壁》:"瀛台居左界,觌面是重城。老龙蹲踞不动,潭影净无尘。此地高阳胜处,天付仙翁为主,那肯借闲人。暂挂西堂锡,仍同旦过宾。　六年里,五迁舍,得比邻。儒馆豆笾于粲,弦诵有遗音。甚喜黄冠为侣,更得青衿来伴,应不叹飘零。夜宿东华榻,朝餐泮水芹。"据内容,当为羁元期间所作。

另一首《念奴娇·送陈正言》:"南来数骑,问征尘、正是江头风恶。耿耿孤忠磨不尽,惟有老天知得。短棹浮淮,轻毡渡汉,回首觚棱泣。缄书欲上,惊传天外清跸。　路人指示荒台,昔汉家使者,曾留行迹。我节君袍雪样明,俯仰都无愧色。送子先归,慈颜未老,三径有余乐。逢人问我,为说肝肠如昨。"自"轻毡""汉家使者""我节"等语词看,显然也是留元期间,自表汉节哀忠之作,"我节君袍雪样明,俯仰都无愧色",尤见其人本色。

明瞿佑《归田诗话》卷下"家铉翁持节"云:

> 元兵南下,次高亭,宋朝纳降。吴坚为左相,家铉翁为参政,与贾

---

① (元)脱脱等:《宋史》卷四二一,第36册,第12598页。

余庆、刘岊为祈请使北行。文天祥诗云："当代老儒居首揆,殿前陪拜率公卿。"又云："程婴存赵真公志,赖有忠良壮此行。"前谓吴,后谓家也。至北,铉翁抗节不屈,拘留河间。世祖崩,成宗即位,始赐衣服,遣还乡里,年逾八十矣。林景熙有诗送之云："濒死孤臣雪满颠,冰毡齿尽偶生全。衣冠万里风尘老,名节千年日月县。清唳秋荒辽海鹤,古魂春冷蜀山鹃。归来亲旧旧惊相问,禾黍离离夕照边。"可谓不负文山所期矣。①

也表彰家铉翁的气节。

二、文天祥

文天祥(1236—1283),初名云孙,字天祥,后以字为名,改字履善,中举后又字宋瑞,号文山,吉州吉水(今属江西)人。理宗宝祐四年(1256)进士。开庆元年(1259)为宁海军节度判官。景定二年(1261)除秘书正字,累迁著作佐郎兼刑部郎官,出知瑞州。五年,迁江西提刑。度宗咸淳三年(1267),召除尚右郎官。五年,知宁国府。六年,召除军器监兼学士院权直,以忤贾似道罢。九年,起为湖南提刑。十年,改知赣州。恭帝德祐元年(1275),除枢密副都承旨,浙西江东制置大使兼江西安抚大使。二年,除右丞相、枢密使,诣元军议和,被拘,押至镇江,夜亡入真州,泛海至温州。同年五月,端宗继位,改元景炎,召赴福州,拜右丞相、枢密使、都督诸路军马,于汀州、漳州一带抗元。景炎二年(1277),败于空坑,出南岭。三年,授少保、信国公,移屯海丰,军溃被执北行,在道绝食八日不死。拘燕三年,终不屈遇害。有集三十二卷,后集七卷。另有《指南录》《指南后录》《集杜诗》等传世。

《宋史·瀛国公纪》:德祐二年春正月,"乙酉,以文天祥为右丞相兼枢密使、都督。丙戌,命天祥同吴坚使大元军"②。至元十五年,"十二月壬午,王道夫攻广州,兵败被执。凌震兵继至亦败。文天祥走海丰,壬寅,被执于五坡岭。震兵又败于荾塘。大军破南安县,守将李梓发死之"③。

《宋史》本传,对德祐二年文天祥使元军营事记载较详:"明年正月,除知临安府。未几,宋降,宜中、世杰皆去。仍除天祥枢密使。寻除右丞相兼枢密使,使如军中请和,与大元丞相伯颜抗论皋亭山。丞相怒拘之,偕左丞相吴坚、右

---

① (明)瞿佑:《归田诗话》,丁福保辑《历代诗话续编》(下),中华书局,1983年版,第1266页。
② (元)脱脱等:《宋史》卷四七,第939页。
③ (元)脱脱等:《宋史》卷四七,第946页。

丞相贾余庆、知枢密院事谢堂、签书枢密院事家铉翁、同签书枢密院事刘岊,北至镇江。天祥与其客杜浒十二人,夜亡入真州。"①记其为张弘范解往北方及在燕经过云:

> 天祥在道,不食八日,不死,即复食。至燕,馆人供张甚盛,天祥不寝处,坐达旦。遂移兵马司,设卒以守之。时世祖皇帝多求才南官,王积翁言:"南人无如天祥者。"遂遣积翁谕旨。天祥曰:"国亡,吾分一死矣。倘缘宽假,得以黄冠归故乡,他日以方外备顾问,可也。若遽官之,非直亡国之大夫不可与图存,举其平生而尽弃之,将焉用我?"积翁欲合宋官谢昌元等十人请释天祥为道士,留梦炎不可,曰:"天祥出,复号召江南,置吾十人于何地!"事遂已。天祥在燕凡三年,上知天祥终不屈也,与宰相议释之,有以天祥起兵江西事为言者,不果释。
>
> 至元十九年,有闽僧言土星犯帝坐,疑有变。未几,中山有狂人自称"宋主",有兵千人,欲取文丞相。京城亦有匿名书,言某日烧蓑城苇,率两翼兵为乱,丞相可无忧者。时盗新杀左丞相阿合马,命撤城苇,迁瀛国公及宋宗室开平,疑丞相者天祥也。召入谕之曰:"汝何愿?"天祥对曰:"天祥受宋恩,为宰相,安事二姓?愿赐之一死足矣。"然犹不忍,遽麾之退。言者力赞从天祥之请,从之。俄有诏使止之,天祥死矣。天祥临刑殊从容,谓吏卒曰:"吾事毕矣。"南乡拜而死。数日,其妻欧阳氏收其尸,面如生,年四十七。其衣带中有赞曰:"孔曰成仁,孟曰取义,惟其义尽,所以仁至。读圣贤书,所学何事,而今而后,庶几无愧。"②

文天祥之被拘燕山,元人亦盛赞其节,为之论曰:

> 自古志士,欲信大义于天下者,不以成败利钝动其心,君子命之曰"仁",以其合天理之正,即人心之安尔。商之衰,周有代德,盟津之师不期而会者八百国。伯夷、叔齐以两男子欲扣马而止之,三尺童子知其不可。他日,孔子贤之,则曰:"求仁而得仁。"宋至德祐亡矣,文天祥往来兵间,初欲以口舌存之,事既无成,奉两屏王崎岖岭海,以图兴复,兵败身执。我世祖皇帝以天地有容之量,既壮其节,又惜其才,

---

① (元)脱脱等:《宋史》卷四一八,第12537页。
② (元)脱脱等:《宋史》卷四一八,第12540—12541页。

留之数年,如虎兕在柙,百计驯之,终不可得。观其从容伏质,就死如归,是其所欲有甚于生者,可不谓之"仁"哉。宋三百余年,取士之科,莫盛于进士,进士莫盛伦魁。自天祥死,世之好为高论者,谓科目不足以得伟人,岂其然乎!①

文天祥词,今存不及十首,其中,《酹江月·驿中言别友人》《满江红·代王夫人作》《沁园春·至元间留燕山作》,三首皆作于被俘北上及在燕之时。《满江红·代王夫人作》,《永乐大典》卷三千零零四人字韵题作"王夫人至燕题驿中云,中原传颂,惜末句欠商量,代王夫人作"。

三、汪元量

汪元量(1241—1317?),字大有,号水云、水云子、楚狂,自称江南倦客、江淮倦客、倦客②。钱塘(今杭州)人。度宗时,以善琴事谢后、王昭仪。曾入太学。恭宗德祐二年(1276)临安陷,随三宫入燕。尝谒文天祥于狱中。元世祖至元二十五年(1288)出家为道士,获南归;次年抵钱塘。后往来江西、湖北、四川等地,终老湖山。时人比之杜甫,有"诗史"之目。著《湖山类稿》十三卷、《汪水云诗》四卷、《水云词》二卷等,已佚。

瞿佑《归田诗话》卷下"汪水云赐还":

> 水云汪元量,宋亡,以善琴召赴大都,见世祖,不愿仕,赐黄冠遣还。幼主送诗云:"黄金台上客,底事又思家。归问林和靖,寒梅几度花?"宋宫人多以诗送行者,有云:"客有黄金共璧怀,如何不肯赎奴回?今朝且尽穹庐酒,后夜相思无此杯。"意极凄惋。元量有诗一帙,皆叙宋亡事。如云:"乱点传筹杀六更,风吹庭燎灭还明。侍卧春罢降元表,臣妾签名谢道清。"余诗大抵类是,可备野史。元马易之题其帙后云:"三日钱塘海不波,子婴系组纳山河。兵临鲁国犹弦诵,客过商墟独啸歌。铁马渡江功赫奕,铜人辞汉泪滂沱。知章喜得黄冠赐,野水闲云一钓蓑。"③

《全宋词》收汪元量词三十三首,孔凡礼另据《湖山外稿》《诗渊》等补至五

---

① (元)脱脱等:《宋史》卷四一八,第12541页。
② 汪元量生年、卒年推断及自号,皆采自孔凡礼《汪元量事迹纪年》,汪元量撰、孔凡礼辑校《增订湖山类稿·附录二》,中华书局,1984年版。
③ (明)瞿佑:《归田诗话》,丁福保辑《历代诗话续编》(下),第1266—1267页。

十二首。其中,《望江南·幽州九日》《水龙吟·淮河舟中夜闻宫人弹琴》《忆秦娥》(笑盈盈)(雪霏霏)(天沉沉)(水悠悠)(风声恶)(如何说)(马萧萧)、《人月圆》(钱唐江上春潮急)[①]等,皆作于燕京或北上途中。

四、张炎

张炎(1248—1320),字叔夏,号玉田,又号乐笑翁,祖籍成纪,居临安(今属浙江)。俊裔孙。宋亡不仕,纵游浙东西以终。以春水词得名,因称"张春水"。有《山中白云词》《词源》。

张炎生平中,比较重要的一件事是北上抄写佛经。学术界关于此行是被迫还是自愿,北游时间是十一年还是一年,张炎是否佞佛等等问题,都存在争论。此处不介入争论,只借鉴相关成果,认可张炎于正元二十七年(1290)北上,其《台城路》(十年前事翻疑梦),有题曰:"庚寅秋九月,之北,遇汪菊坡,一见若惊,相对如梦。回忆旧游,已十八年矣。因赋此词。"庚寅,至元二十七年,可知张炎于此年九月北上。《长亭怨》(记横笛玉关高处),题曰:"岁庚寅,会吴菊泉于燕蓟……",再次证明其至元二十七年北上。其《疏影》(柳黄未结),题曰:"余于辛卯岁北归,与西湖诸友夜酌,因有感于旧游,寄周草窗。"辛卯,即至元二十八年。词云:"柳黄未结。放嫩晴消尽,断桥残雪。"可知,张炎在燕山,实际半年左右的时间,即南归,冬末春初已经回到西湖,与往日友人相聚。

张炎存词三百余首,俨然宋词大家。其中,《忆旧游·大都长春宫,即旧之太极宫也》《凄凉犯·北游道中寄怀》《壶中天·夜渡古黄河,与沈尧道、曾子敬同赋》《声声慢·都下与沈尧道同赋》《绮罗香·席间代人赋情》《庆春宫·都下寒食,游人甚盛,水边花外,多丽环集,各以柳圈被禊而,亦京洛旧事也》《国香·沈梅娇,杭妓也,忽于京都见之。把酒相劳苦,犹能歌周清真〈意难忘〉〈台城路〉二曲,因嘱余记其事。词成,以罗帕书之》《三姝媚·海云寺千叶杏二株,奇丽可观,江南所无。越一日,过傅岩起清晏堂。见古瓶中数枝,云自海云来,名芙蓉杏。因爱玩不去,岩起索赋此曲》《甘州·辛卯岁,沈尧道同余北归,各处杭越。逾岁,尧道来问寂寞,语笑数日,又复别去。赋此曲,并寄赵学舟》,等等,皆作于北游途中和燕都,具有词史价值。

---

① 按:汪元量《忆秦娥》以下八首,系孔凡礼新辑补,为《全宋词》所无。见汪元量撰,孔凡礼辑校《增订湖山类稿》,中华书局,1984年版,第174—176,237页。

五、刘沆

刘沆(生卒年不详),鄜州(今陕西省富县)人。其出使蒙元,抑或个人客燕,史无记载,今据其仅存之《甘州》词词题所示,录以补遗。

《甘州》题曰:"余客燕山,心传曾君携日观葡萄见示,辄倚玉田《甘州》韵,形容墨妙之万一云。"词云:

> 爱累累、万颗贯骊珠,特地写幽芳。想黄昏云淡,夜深人静,清影横窗。冷澹一枝两叶,笔下老秋光。参透圆明相,日观开荒。　　最是柔髭修梗,映风姿雾质,雅趣悠长。更淋漓草圣,把玩墨犹香。珍重好、卷藏归去,枕屏间、偏称道人床。江南路,后回重见、同话凄凉。

题中玉田,即词人张炎,有《甘州·题曾心传藏温日观墨蒲萄画卷》,刘沆词为和张炎词而作。

六、王清惠

王清惠,字冲华,度宗昭仪。宋亡被掳北上。授瀛国公书。《女史》载其至上都,恳为女道士,号冲华。词仅存《满江红》一首,文天祥、汪元量、邓剡均有和作。词曰:

> 太液芙蓉,浑不似、旧时颜色。曾记得、春风雨露,玉楼金阙。名播兰簪妃后里,晕潮莲脸君王侧。忽一声、鼙鼓揭天来,繁华歇。
> 龙虎散,风云灭。千古恨,凭谁说。对山河百二,泪盈襟血。客馆夜惊尘土梦,宫车晓碾关山月。问嫦娥、于我肯从容,同圆缺。

或云词非昭仪作。

七、章丽贞

章丽贞,宋宫人。宋亡,被虏至燕都。至元二十五年(1288),汪元量南归,为赋《长相思》以别:"吴山秋。越山秋。吴越两山相对愁。长江不尽流。风飕飕。雨飕飕。万里归人空白头。南冠泣楚囚。"事见汪元量《湖山类稿》。

八、袁正真

袁正真,宋宫人。事同章丽贞,存词仅至元二十五年送汪元量之《长相思》:"南高峰。北高峰。南北高峰云淡浓。湖山图画中。　　采芙蓉。赏芙蓉。小小红船西复东。相思无路通。"

九、金德淑

金德淑,宋宫人。沈雄《古今词话·词话卷上》引《乐府纪闻》,谓金德淑适章丘李生。词仅存至元二十五年(1288)送汪元量之《望江南》:"春睡起,积雪满燕山。万里长城横玉带,六街灯火已阑珊,人立蓟楼间。　空懊恼,独客此时还。辔压马头金错落,鞍笼驼背锦斓班。肠断唱门关。"

十、连妙淑

连妙淑,宋宫人。宋亡被虏北去,后与章丽贞等,至元二十五年,于燕山送汪元量南归,作《望江南》:"寒料峭,独立望长城。木落萧萧天远大,□声羌管遏云行。归客若为情。　樽酒尽,勒马问归程。渐近芦沟桥畔路,野墙荒驿夕阳明。长短几邮亭。"

十一、黄静淑

黄静淑,宋宫人,宋亡被虏北上,至元二十五年,在燕山,参与送汪元量南还,赋《望江南》一首,为仅存之作:"君去也,晓出蓟门西。鲁酒千杯人不醉,臂鹰健卒马如飞。回首隔天涯。　云黯黯,万里雪霏霏。料得江南人到早,水边篱落忽横枝。清兴少人知。"

十二、陶明淑

陶明淑,宋宫人,宋亡被虏,至元二十五年,在燕都,参与送汪元量南归,作《望江南》词一首:"秋夜永,月影上阑干。客枕梦回燕塞冷,角声吹彻五更寒。无语翠眉攒。　天渐晚,把酒泪先弹。塞北江南千万里,别君容易见君难。何处是长安。"

十三、柳华淑

柳华淑,宋宫人,宋亡被虏北上,至元二十五年,在燕都,参与送汪元量南归,作《望江南》词一首:"何处笛,觉妾梦难谐。春色恼人眠不得,卷帘移步下香阶。呵冻卜金钗。　人去也,毕竟信音乖。翠锁双蛾空宛转,雁行筝柱强安排。终是没情怀。"

十四、杨慧淑

杨慧淑,宋宫人,宋亡被虏,至元二十五年,至燕都,参与送汪元量南归,作

《望江南》词一首:"江北路,一望雪皑皑。万里打围鹰隼急,六军刁斗去还来。归客别金台。　　江北酒,一饮动千杯。客有黄金如粪土,薄情不肯赎奴回。挥泪洒黄埃。"

十五、华清淑

华清淑,宋宫人,宋亡被虏,至元二十五年(1288),在燕都,参与送汪元量南归,作《望江南》词,为仅存之作:"燕塞雪,片片大如拳。蓟上酒楼喧鼓吹,帝城车马走骈阗。羁馆独凄然。　　燕塞月,缺了又还圆。万里妾心愁更苦,十春和泪看婵娟。何日是归年。"

十六、梅顺淑

梅顺淑,宋宫人,宋亡被虏,至元二十五年,在燕都,参与送汪元量南归,作《望江南》词一首:"风渐软,暖气满天涯。莫道穷阴春不透,今朝楼上见桃花。花外碾香车。　　围步帐,羯鼓杂琵琶。压酒燕妓骑细马,秋千高挂彩绳斜。知是阿谁家。"

十七、吴昭淑

吴昭淑,宋宫人,宋亡被虏,至元二十五年,在燕都,参与送汪元量南归,作《望江南》词,为仅存之作:"今夜永,说剑引杯长。坐拥地炉生石炭,灯前细雨好烧香。呵手理丝簧。　　君且住,烂醉又何妨。别后相思天万里,江南江北永相忘。真个断人肠。"

十八、周容淑

周容淑,宋宫人,宋亡被虏,至元二十五年,在燕都,参与送汪元量南归,作《望江南》词一首:"春去也,白雪尚飘零。万里归人骑快马,到家时节藕花馨。那更忆长城。　　妾薄命,两鬓渐星星。忍唱干淳供奉曲,断肠人听断肠声。肠断泪如倾。"

十九、吴淑真

吴淑真,宋宫人,宋亡被虏。在燕山,听汪元量弹奏《胡笳十八拍》而作《霜天晓角》一首:"塞门桂月。蔡琰琴心切。弹到笳声悲处,千万恨、不能雪。　　愁绝。泪还北。更与胡儿别。一片关山怀抱,如何对、别人说。"

二十、张琼英

张琼英,王清惠位下宫人。事迹同王清惠,词仅存《满江红·题南京夷山驿》一首:"太液芙蓉,浑不似、丹青颜色。常记得、春风雨露,玉楼金阙。名播兰簪妃后里,晕生莲脸君王侧。忽一声、鼙鼓拍天来,繁华歇。　龙虎散,风云灭。千古恨,凭谁说。对山河百二,泪痕沾血。客馆夜惊尘土梦,宫车晓转关山月。问嫦娥、垂顾肯相容,同圆缺。"

或云:该词为王清惠作。

第四节　波斯词人及来自金国的词人

唐宋词人中,有少数来自异域,或是出生在汉地,而血统实为外国外族;或为汉族人,但出生于金国。今分述如下:

一、唐代的波斯词人

晚唐词人中,有李珣,其先波斯人,故李珣有波斯血统。尤其值得注意的是,李珣是出生在四川的波斯人,曾以宾贡身份参加科举考试,故称其为波斯人不误。《十国春秋》有传。

五代后蜀何光远《鉴诫录》卷四中记载:

> 宾贡李珣,字德润,本蜀中土生波斯也。少小苦心,屡称宾贡。所吟诗句,往往动人。尹校书鹗者,锦城烟月之士也,与李生常为善友。遽因戏遇嘲之,李生文章,扫地而尽。诗曰:"异域从来不乱常,李波斯强学文章。假饶折得东堂桂,胡臭熏来也不香。"[①]

北宋黄休复《茅亭客话》卷二载:

> 梓州李珣,其先波斯也。珣有诗名,以秀才预宾贡。事蜀主衍,国亡不仕。有《琼瑶集》,多感慨之音。其妹为衍昭仪,亦能词,有"鸳鸯瓦上忽然声"句,误入花蕊宫词中。

李四郎名玹,字廷仪,其先波斯国人,随僖宗入蜀,授率府率。兄

[①] (后蜀)何光远:《鉴诫录》卷四,王云五主编《丛书集成初编》,商务印书馆,1939年版,第24页。

珣,有诗名,预宾贡焉。玹举止温雅,颇有节行,以鬻香药为业……暮年以炉鼎之费,家无余财,惟道书、药囊而已。①

李珣精通医药学,曾游历岭南,认识许多从海外传入的药物,著有《海药本草》六卷,多记载、引述海药文献。今人据其现存佚文统计,全书收录药物一百二十四种,其中九十六种标注外国产地。如:安息香、诃梨勒出波斯,龙脑香出律因,金屑出大食国。书中还记述药物形态、真伪、优劣、性味、主治、附方、服法、制药法、禁忌、畏恶等。有些内容兼载药名解释。书中还收载有当时其他本草著作所未载的药物海桐皮、天竺桂、没药等。原书南宋时已佚,内容散见于《政类本草》和《本草纲目》等书中。

李珣词在晚唐五代词人中,存词数量较多:现存五十四首,《花间集》录三十七首,《尊前集》录十八首,其中一首《西溪子》重复。其所用词调有《渔父》《南乡子》《西溪子》《女冠子》《中兴乐》《酒泉子》《浣溪沙》《巫山一段云》《菩萨蛮》《渔歌子》《望远行》《河传》《虞美人》《临江仙》《定风波》等十五个。有些词,颇具南方特色,如《南乡子》调数首。

二、宋代来自金国的词人

宋代词人中,有来自金国的二人。

(一)辛弃疾

辛弃疾(1140—1207),字幼安,号稼轩,济南府历城县(今属济南)人。

辛弃疾生于金国,少年抗金归宋,曾任江西安抚使、福建安抚使等职。著有《美芹十论》与《九议》,条陈战守之策。主张抗金,被弹劾落职,退隐山居。开禧北伐,起知绍兴、镇江,迁枢密都承旨等。开禧三年(1207)病卒,后追赠少师,谥"忠敏"。著《稼轩词》,存词六百余首,数量为宋人第一。稼轩诗文多有散佚,今人辑有《稼轩诗文集》,并有校注。

辛弃疾之南归,具有传奇色彩。《宋史》本传云:

> 辛弃疾字幼安,齐之历城人。少师蔡伯坚,与党怀英同学,号辛党。始筮仕,决以蓍,怀英遇坎,因留事金。弃疾得离,遂决意南归。金主亮死,中原豪杰并起,耿京聚兵山东,称天平节度使,节制山东、河北忠义军马,弃疾为掌书记,即劝京决策南向。僧义端者,喜谈兵,弃疾间与之游。及在京军中,义端亦聚众千余,说下之,使隶京。义

---

① (宋)黄休复:《茅亭客话》卷二,汲古阁本,第10页。

端一夕窃印以逃,京大怒,欲杀弃疾。弃疾曰:勾我三日期,不获,就死未晚。揣僧必以虚实奔告金帅,急追获之。义端曰:我识君真相,乃青兕也,力能杀人,幸勿杀我!弃疾斩其首归报,京益壮之。绍兴三十二年,京令弃疾奉表归宋,高宗劳师建康,召见,嘉纳之,授承务郎、天平节度掌书记,并以节使印告召京。会张安国、邵进已杀京降金,弃疾还,至海州,与众谋曰:我缘主帅来归朝,不期事变,何以复命?乃约统制王世隆及忠义人马全福等,径趋金营。安国方与金将酣饮,即众中缚之以归。金将追之不及。献俘行在,斩安国于市,仍授前官,改差江阴佥判。弃疾时年二十三。

辛弃疾南归后,官职不断升迁,做到地方大员,二十六岁时向朝廷进献《美芹十论》,三十一岁再上《九议》,创建了著名的"飞虎军",积极备战,甚至也一度招入朝廷,但因为独特的"归正人"身份,始终得不到朝廷的真正信任与任用,未能尽其所学所能。从二十九岁到四十二岁,十三年间十四次调换官职;四十二岁被弹劾落职,闲居带湖十年;五十二岁起用为福建提刑,但三年后又被逸落职,赋闲八年;六十四岁,起知绍兴府兼浙东安抚使,向朝廷进六事,不纳;六十五岁,知镇江府,韩侂胄准备北伐,辛却被调知隆兴府,诬以"好色贪财,淫刑聚敛",提举冲佑观;六十六岁,回到其铅山旧居;六十八岁,去世。据载"临终前,高喊'杀贼'数声"。当韩侂胄为私利准备"起辛弃疾为枢密都承旨"(《宋史·韩侂胄传》)时,辛弃疾已经离世。一代英雄豪杰、军事家、大词人,赍志而没。《宋史》赞曰"辛弃疾知大义而归宋"[①],惜宋辜负了辛弃疾。

(二)韩玉

韩玉(生卒不详),本金人,所谓"北方之豪"(叶绍翁《四朝闻见录》丙集)。隆兴初年(1163),挈家南归,为张浚江淮都督府计议军事。二年,添差通判隆兴府,会张浚罢去,被议"被命之后,不肯之任,徘徊江上,意若不满"(《宋会要辑稿·职官》七一之八),勒停,送郴州编管。乾道五年(1169),添差袁州通判。六年,迁右承务郎、军器少监兼权兵部郎官,"六年以少监韩玉往建康点检物马,以奉使军器少监为名"(《宋史·职官五·军器监》)。七年,兼提点制造御前军器所。《宋史·汪应辰传》言其谗间汪应辰:"以端明殿学士知平江府。韩玉被旨拣马,过郡,应辰简其礼,玉归潛之于上曰:臣所过州县,未有若平江之不治者。上怪之平江米纲至,有折阅事,上连贬秩。力疾请祠,自是卧家不起

---

① (元)脱脱等:《宋史》卷四百一,第12178页。

矣,以淳熙三年二月卒于家。"①

韩玉与康与之、辛弃疾等人交往唱和,有《东浦词》一卷。清代《四库总目提要》、冯煦《蒿庵论词》、况周颐《蕙风词话》都指出宋代有二韩玉,其一即此,其一则字温甫,卒于金,《金史》卷一百十有传。

韩玉《东浦词》中,有词调《番枪子》,来自异域。

第五节　词僧

唐代词人中,僧人惟有船子和尚,即唐释德诚。宋代词僧人数达到十个,其中释仲殊、释惠洪较为著名。

一、唐释德诚

德诚(生卒年不详),号船子和尚。武信(今四川遂宁)人。曾在药山三十年,惟俨禅师法嗣。后住秀州华亭(今属上海),泛舟度日,以济四方。唐文宗大和、开成年间(827—840),覆舟入水而逝。

二、寿涯禅师

寿涯禅师,生卒年、籍贯、事迹均不详。明杨慎《词品》卷二云:"唐宋衲子诗,尽有佳句,而填词可传者仅数首。其一报恩和尚渔家傲云……其二寿涯禅师咏鱼篮观音云……"

寿涯禅师《咏鱼篮观音》,调寄《渔家傲》:

深愿弘慈无缝罅。乘时走入众生界。窈窕丰姿都没赛。提鱼卖。堪笑马郎来纳败。　清冷露湿金襕坏。茜裙不把珠缨盖。特地掀来呈捏怪。牵人爱。还尽许多菩萨债。

三、圆禅师

圆禅师,主湖州甘露寺。有《渔家傲》词一首:

本是潇湘一钓客。自东自西自南北。只把孤舟为屋宅。无宽窄。幕天席地人难测。　顷闻四海停戈革。金门懒去投书册。时

---

① (元)脱脱等:《宋史》卷三八七,第34册,第11882页。

向滩头歌月白。真高格。浮名浮利谁拘得。

四、则禅师

则禅师,主潼川天宁寺。有《满庭芳》词:

> 咄这牛儿,身强力健,几人能解牵骑。为贪原上,嫩草绿离离。只管寻芳逐翠,奔驰后、不顾倾危。争知道,山遥水远,回首到家迟。
> 牧童,今有智,长绳牢把,短杖高提。入泥入水,终是不生疲。直待心调步稳,青松下、孤笛横吹。当归去,人牛不见,正是月明时。

五、薛士

薛式,字道源,陕府(今河南陕县)鸡足山人。崇宁五年(1106)受业张伯端弟子石泰。尝为僧,法号紫贤,道家称紫贤真人。薛氏存有九首《西江月》,都是道教词,不见佛禅痕迹。但一度为僧,亦见佛教在当时之影响。

六、王道亨

王道亨,字逸民,郫人。初为僧,名绍祖。作画效周纯。存有《桃源忆故人》道教词一首。

七、陈义

陈义,字可常,温州乐清人。累举不第,出家为僧。存有《菩萨蛮》词四首。

八、释净端

释净端(1032—1103),俗姓邱(一言郑),字明表,自号安闲老人。归安(今浙江湖州)人。肄业于吴山解空讲院,参龙华齐岳禅师,得悟佛法,翻身作狻猊状,丛林号为端狮子。崇宁二年,一日辞众,歌《渔父》数声,一笑趺坐而化。存有词作五首,见《吴山净端禅师语录》。

九、释仲殊

释仲殊(生卒年不详),字师利,安州(今湖北安陆)人。与词人张先同籍。俗姓张,名挥,仲殊其法号。《佩文斋书画谱》卷三十六"释仲殊"引《云烟过眼录》:"释仲殊,号太平闲人。杨伯嵓藏林彦祥《卢鸿草堂图十志诗》,其九则太平闲人仲殊书。"此号未经今人道。仲殊尝应进士试,不中,弃家为僧,住苏州承天寺、杭州宝月寺。崇宁间自缢。与苏轼、黄庭坚等词人有交往。苏轼携妓见杭州净慈寺住持大通禅师,师愠行于色,苏轼命妓歌其所作《南歌子》词,黄庭坚闻而和作二首,仲殊亦和作一首。

仲殊性嗜蜜,苏轼戏称为"蜜殊",作《赠诗僧道通》诗云:"雄豪而妙苦而腴,只有琴聪与蜜殊。"自注:"安州僧仲殊,诗敏捷立成,而工妙绝人远甚。殊辟谷,常啖蜜。"苏轼又称其"胸中无一毫发事","能文善诗及歌词,皆操笔立成,不点窜一字"(《东坡志林》卷一一),与之往还甚善。王灼《碧鸡漫志》将仲殊与贺方回、周美成、晏叔原并列,"各尽其才力,自成一家。贺、周语意精新,用心甚苦。毛泽民、黄载万次之。叔原如金陵王谢子弟,秀气胜韵,得之天然,将不可学。仲殊次之,殊之赡,晏反不逮也"①。黄昇称曰:"仲殊之词多矣,佳者固不少,而小令为最。小令之中,《诉衷情》一调又其最。盖篇篇奇丽,字字清婉,高处不减唐人风致。"②

有词七卷,名《宝月集》,今不传。近人赵万里辑《宝月集》一卷,共词四十六首。孔凡礼《全宋词补辑》又新补二十二首。

十、释了元

释了元(1032—1098),字觉老,号佛印,俗姓林。浮梁(今属江西)人。云门宗僧。与苏东坡为方外交,苏轼为作《磨衲赞》。自幼学《论语》等典籍,后礼宝积寺日用为师,学习禅法。曾登临庐山参访开先善暹,复参圆通居讷。二十八岁,嗣善暹之法,住江州(江西省)承天寺。后历住淮山斗方、庐山开先、归宗,丹阳金山、焦山,江西大仰山等刹。尝四度住云居。整编白莲社流派,任青松社社主,于净土思想甚为关心。元符元年(1098)一月四日示寂,享年六十七岁,法腊五十二,朝廷赐号"佛印禅师"。今存词一首:"鳞甲何多,羽毛无数,悟来佛性皆同。世人何事,刚爱口头浓。痛把群生割剖,刀头转、鲜血飞红。□□□,零炮碎炙,不忍见渠侬。　　喉咙。才咽罢,龙肝凤髓,毕竟无踪。漫赢得、生前夭寿多凶。奉劝世人省悟,休恣意、激恼阎翁。轮回转,本来面目,改换片时中。"

话本《佛印师四调琴娘》中,有佛印作《西江月》(窣地重重帘幕)、《品字令》(觑着脚)、《蝶恋花》(执板娇娘留客住)、《浪淘沙》(昨夜遇神仙)四首;话本《苏长公章台柳传》中,佛印作《如梦令》(记得去年时节)一首,共五首词,乃依托佛

---

① (宋)王灼:《碧鸡漫志》卷二,《词话丛编》第1册,第83页。
② (宋)黄昇:《花庵词选·唐宋诸贤绝妙词选》卷九,中华书局,1958年版,第143页。

印之词,不足据。

十一、释祖可

释祖可,俗姓苏,字正平。澧州(今湖南澧县)人。父苏坚、兄苏庠皆诗人,与苏轼等人交往唱和。后出家为僧,住庐山。有恶疾,人称"癞可"。能诗,名列江西诗派中。吴曾评云:"释可正平,工诗之外,其长短句尤佳,世徒称其诗也。"①

祖可著有《东溪集》《瀑泉集》,皆不存。今存词三首。

十二、释惠洪

释惠洪(1071—?)俗姓喻(一说彭),字觉范。筠州新昌(今江西宜丰)人。宋人称其为"德洪"。年轻时曾经为县小吏,后得度牒为僧。以懂医,得识张商英,又与郭天信往从,后政和元年(1111),张、郭得罪,惠洪决配崖州。与苏轼、黄庭坚等交往。崇宁元年(1102),惠洪曾见过黄庭坚。胡仔《苕溪渔隐丛话·后集》卷三十七称惠洪"于禅门本分事,则无之也"。能诗文,喜作绮语,时号"浪子和尚"。著有《石门文字禅》三十卷。词被辑为《石门长短句》。

十三、宝月

宝月,俗姓史,宋初功臣史珪之后,能为小词。绍兴五年(1135),以献兵书三十九种,特补下州文学。"能为小词,枢密院言其通晓兵书"(《建炎以来系年要录》卷九十一)。而释仲殊有《宝月集》,各词题宝月撰者,旧多收入仲殊词中。唐圭璋先生《全宋词》云:"惟既题宝月撰,未必非僧作也,兹两收之。"其中,宝月名下有《蓦山溪》(清江平淡)、《鹊踏枝》(斜日平山寒已薄)、《点绛唇》(春遇瑶池)、《柳梢青》(脉脉春心)、《惜双双》(庚岭香前亲写得)、《洞仙歌》(广寒晓驾),及失调名残三句。

今存词一首《念奴娇·寿吴书监》,载于《诗渊》第二十五册。

十四、如晦

如晦,名皎,居剡之明心寺,与汝阴王铚相酬答。存有《长相思》(云一窝)一首,《卜算子·送春》词一首。

---

① (宋)吴曾:《能改斋漫录》卷一七,中华书局,1985年版,第428页。

十五、法常

法常(？—1180)，俗姓薛氏，开封(今属河南)人。报恩寺首座。《五灯会元》卷十八录其《渔父词》一首。

十六、晦庵

晦庵，生卒年及事迹不详。

十七、释可旻

释可旻(生卒不详)，号北山法师。大正新修《大藏经》卷四十七《乐邦文献》卷五录其词二十首，《全宋词》据以载录。

十八、释净圆

释净圆(生卒不详)，号白云大师。大正新修《大藏经》卷四十七《乐邦文献》卷五录其词十二首，《全宋词》据以载录。

十九、止禅师

止禅师，生平事迹不详，仅知为宋末人。《宋史·艺文志》著录《止禅师青谷集》二卷，列在惠洪之前，当为另一人。盖《游宦纪闻》卷十："谷帘三叠，庐阜胜处。惟三叠于绍熙辛亥岁始为世人所见。宣和初，有徐上老弃官修净业，名动天聪，被旨祝发，住圆通，号青谷止禅师，当时已观此泉，图于胜果寺之壁。盖未出之先，缁黄辈已见，特秘而不发耳。"《五灯会元》卷十四有传。此止禅师名及词，见《草堂诗余续集》卷上，仅存《卜算子·离念》词一首。

第三章

唐宋词中的域外乐器

唐宋词中有大量的域外乐器，它们未必都是唐宋时期才舶来，但却是词之为词的音乐本源，是唐宋词赖以生成的音乐母体。这些乐器不但参与词乐演奏，还进入词人情感内容的表达、抒写，构成具有特色的音乐意象。

第一节 唐宋词中的琵琶

琵琶是宋词中第一大外来乐器，它所承载的思想情感、情绪、情怀，远远大于、丰富于其他外来乐器，甚至本土乐器。

一、外来乐器琵琶

关于琵琶的外来性质，《隋书·音乐志》的论述堪称经典："先是，周武帝时，有龟兹人曰苏祗婆，从突厥皇后入国，善胡琵琶。听其所奏，一均之中有七声。因而问之，答云：'父在西域，称为知音，代相传习，调有七种。'以其七调勘校七声，冥若合符。一曰娑陀力，华言平声，即宫声也；二曰鸡识，华言长声，即南吕声也；三曰沙识，华言质直声，即角声也；四曰沙侯加滥，华言应声，即变徵声也；五曰沙腊，华言应和声，即徵声也；六曰般赡，华言五声，即羽声也；七曰俟利箑，华言斛牛声，即变宫声也。'"[①]

向达先生考证出隋唐龟兹乐实际源于天竺乐，苏祗婆琵琶七调出自印度

---

① （唐）魏征等：《隋书》卷一四，第345—346页。

北宗音乐:"按之《大唐西域记》,屈支国旧曰龟兹管弦伎乐,特善诸国。是龟兹音乐固著称西域。则苏祗婆之琵琶七调既出于龟兹部,或即为龟兹文化上之产物也。顾一考史实,龟兹文化实乃得诸印度。"具体而言,"就隋唐九部乐中龟兹、天竺二部考之,乐舞颇多同者","唐时二部乐乐工服饰头巾同","二部乐器,大都相同";敦煌佛曲之婆陁、般涉二调,即苏祗婆琵琶七调之婆陁力调、般赡调,则"佛曲亦当出于九部乐,而为天竺部之别支矣";"龟兹受佛教文化之影响,而佛教在其本土只盛行于北天竺一带……是知龟兹与印度交通,多在北方……苏祗婆琵琶七调与印度北宗音乐有关","印度北宗音乐即印度斯坦尼派。印度斯坦尼文与梵文同源,又其发音亦无大殊,音乐调名术语,印度斯坦尼文与梵文尤为相近"①。

向达先生的观点,日本学者高楠顺次郎、林谦三、法国学者伯希和等人进行了证明和修正②,且得到学术界的广泛认可。薛爱华就参照向达的成果,称:"龟兹乐工演奏的乐器也备受唐朝人的赞赏。龟兹乐器中最重要的一种是龟兹四弦曲项琵琶,唐代流行音乐的二十八调就是建立在四弦曲项琵琶的技法和曲式的基础上的,而且二十八调的旋律也是由此而发展起来的。"③

任中敏《唐声诗之范围与定义》对琵琶也有过论述:

> 至于唐代胡乐之盛,可因《通典》一四二所载,后魏、宣武以来胡声发展之大势,及一四六所载,周、隋以来管弦曲与鼓舞曲分用西凉、龟兹诸乐之事实推之,众所周知,毋俟赘缕。在上列八部之中,又以龟兹乐为最著。日人林谦三《隋唐燕乐调研究》谓唐代胡乐虽不限于龟兹乐一种,而其他胡乐之在中国者,大抵为龟兹乐所掩蔽。龟兹乐予中国音乐之感化最深!曾使中国人对于音调,向以宫声为调首之传统观念有所变更,于是音界大展。龟兹乐之主要乐器为琵琶,唐人之精此伎与赏此伎者均特盛,唐诗中之咏琵琶者亦特多。即在无数幅敦煌石窟"伎乐天"之壁画中,琵琶地位之重要亦复可验。从知唐人之音乐生活中,多不离琵琶。故相当部分之唐声诗,必托于胡乐,托于龟兹乐,托于琵琶,可以言也。

---

① 向达:《龟兹苏祗婆琵琶七调考原》,《唐代长安与西域文明》,河北教育出版社,2001年版,第249、253、255、259、261页。
② 向达:《作者致辞》,《唐代长安与西域文明》,河北教育出版社,2001年版,第2页。
③ [美]薛爱华著,吴玉贵译:《撒马尔罕的金桃——唐代的舶来品》,社会科学文献出版社,2016年版,第154页。薛氏注称其论出自向达。

惟琵琶之传入中国,早在汉代,向来广泛使用,初不以奏胡乐为限。久之,遂有"秦琵琶"与"胡琵琶"之分制(《通典》一四四)。无论纯粹胡乐,或半胡化之西凉乐,或参杂若干胡乐之法曲,甚至胡乐成分较少之清商乐,皆可用琵琶伴奏。琵琶如此,他器亦然。故顾况《李供奉弹箜篌歌》曰:"胡曲汉曲声皆好,弹着曲髓曲肝脑。"最为明证。近人以为琵琶所到,必为胡声,殊非事实,不可不辨。上述声诗之在清乐者,每用琵琶伴奏,若因此而否定其属清乐,则尤不可(《通典》一四六载清商舞曲用钟、磬、琴、瑟、箜篌、筑、筝、箫、笛等外,并用秦琵琶。又载大唐所造《庆善乐》《破阵乐》等,并用大小琵琶、大小五弦琵琶以伴奏,而二曲之辞实皆声诗)[①]。

任先生的论述重点在于声诗,在于唐代,但作为燕乐的产物,唐宋词的伴奏乐器皆以琵琶为主。"燕乐乐器种类不少,有琵琶等弹弦乐器,觱篥、笙、笛等吹乐器,羯鼓等打击乐器……其中,尤以琵琶为燕乐乐器之首","由于琵琶有二十八调,音域宽广,有丰富的表现力,为乐曲的创制与演奏开拓了广阔的领域,产生了数以百计的琵琶曲"[②]。

综合以上诸家所述,琵琶为外来乐器应无异议。一般研究只在考察词的起源、词乐结合等问题时,考证、论述、引用唐诗中的琵琶,论及唐宋词中琵琶描写者较少。实际上,唐宋词中的琵琶描写,涉及较多层面,值得关注。

二、唐宋词中琵琶演奏的描写

唐宋词中,琵琶意象的出现,首先是描写琵琶演奏,包括演奏的动作、表演的场景,即表演者的形象,再现词的生态。

"琵琶有两种,一是清乐所奏的,汉时从匈奴传入,体直长颈,四弦十二柱。一是燕乐所用的,从龟兹传入(传于伊朗),半梨形曲项,四柱四弦,又叫'曲项琵琶',有时亦统称为'胡琴'。龟兹琵琶的传入始于北魏时"[③]。四柱十二弦的琵琶,俗称"秦汉子"。而北魏时传入的曲项琵琶,亦即后来唐宋词演唱时所伴奏的主要乐器,它实际上得到龟兹乐人苏祗婆的改良。

作为燕乐主要伴奏乐器的曲项琵琶,经改进后,原横抱怀中,用拨子弹奏,改为柱位逐渐增多,横抱为竖抱,废拨子,用手指弹奏。宋词对琵琶演奏的描

---

① 任中敏:《唐声诗之范围与界定》,《唐艺研究》,凤凰出版社,2013年版,第101、102页。
② 吴熊和:《唐宋词通论》,浙江古籍出版社,1989年版,第7、9页。
③ 吴熊和:《唐宋词通论》,浙江古籍出版社,1989年版,第7页。

写,突出的就是一个"抱"字:

  琵琶闲抱理相思——陈亚《生查子》

  琵琶闲抱——柳永《隔帘听》

  重抱琵琶轻按——张先《更漏子》

  抱着琵琶凝伫——黄庭坚《忆帝京》

  闲抱琵琶寻——欧阳修《望江南》

  小琼闲抱琵琶——晏几道《清平乐》

  忆抱琵琶语——王观《菩萨蛮》

  抱琵琶、为谁清瘦——黄庭坚《鼓笛令》

  闲抱琵琶寻旧曲——谢逸《江神子》

  斜抱琵琶传密意——吕渭老《满江红》

  闲抱琵琶弄——袁去华《菩萨蛮》

  时把琵琶抱——杨泽民《氐州第一》

  犹记琵琶斜抱——曹邍《齐天乐》

  抱琵琶、闲过此秋——王沂孙《声声慢》

  低抱琵琶——无名氏《祝英台近》

  以上词例,与"抱"组合更多的是"闲抱",其他是"斜抱""低抱"。抱琵琶,似乎是没有选择的弹奏姿势,但这种亲密接触的姿势,却成为抒情的引导,欧阳修《蕙香囊》词,即由"抱"生发构思:

  身作琵琶,调全宫羽,佳人自然用意。宝檀槽在雪胸前,倚香脐、横枕琼臂。 组带金钩,背垂红绶,纤指转弦韵细。愿伊只恁拨《梁州》,且多时、得在怀里。

  全词有陶渊明《闲情赋》之风:"愿在衣而为领,承华首之余芳。悲罗襟之宵离,怨秋夜之未央。愿在裳而为带,束窈窕之纤身,嗟温凉之异气,或脱故而服新……"后唐代崔怀宝赠薛琼琼词《望江南》,亦是同一构思:"平生无所愿,愿作乐中筝。得近玉人纤手子,砑罗裙上放娇声。便死也为荣。"

  直接描写琵琶演奏动作的为"拨""弹""拢""拈":"回画拨,抹么弦"(张先《更漏子》),"停杯且听琵琶语,细拈轻拢"(苏轼《采桑子》),"拨弄么弦。未解将心指下传"(苏轼《减字木兰花》),"江边马上,弹指成千古""拨檀槽"(赵长卿《蓦山溪》),"朱弦调未惯"(辛弃疾《菩萨蛮》),"抱金槽、慢拈轻抛,柳梢莺妒。羽调六么弹遍了,花底灵犀暗度。奈敲断、玉钗纤股"(蒋捷《贺新郎》),"一抹弦器,初宴画堂,琵琶人把当头……轻拢慢拈,生情艳态,翠眉黛颦,无愁谩似愁……弹到遍急敲颖,分明似语,争知指面纤柔"(无名氏《百宝妆》)。

琵琶描写,离不开对演奏者的描写。在琵琶词中,琵琶演奏者全是女性,故描写琵琶表演的主体,就是描写那些女性。柳永《隔帘听》最能还原当时琵琶演奏的真实场景:"咫尺凤衾鸳帐,欲去无因到。虾须窣地重门悄。认绣履频移,洞房杳杳。强语笑。逞如簧、再三轻巧。梳妆早。　琵琶闲抱。爱品相思调。声声似把芳心告。隔帘听,赢得断肠多少。恁烦恼。除非共伊知道。""凤衾鸳帐",女性闺室铺设;"绣履",女性绣鞋;"洞房",闺室;"如簧""轻巧",女性语笑声;"梳妆",女性动作;"梳妆早",更是女性爱美天性及生活特质表现。而"隔帘"的帘,实即窣地的"虾须";加上"重门",见出这位女性表演者是把自己的闺房当作表演场所,听者是隔着重门、隔着帘,听其演奏的,故不免生出好奇心,对帘子里的人生出亲近的意愿。

张先的琵琶词侧重于描写女性的容貌、服饰。《醉垂鞭》:"朱粉不须施。花枝小。春偏好。娇妙近胜衣。轻罗红雾垂。琵琶金画凤。双条重。倦眉低。啄木细声迟。黄蜂花上飞。""朱粉不施",写其白美;"轻罗红雾",写其衣衫;"双条",臂上条脱;"倦眉低",写其眉眼;"啄木细声"二句,分别以啄木鸟的声音和花上黄蜂的声音,比喻这位表演者的歌声,而"黄蜂花上飞"一句,出以视觉形象,与一般的声音描写不同。《更漏子》的女性则是"薄霞衣,酣酒面……一声飞露蝉"。衣薄如霞,色如霞,人面如饮酒般灿烂。

宋词对琵琶女形象的描写,在不同词人笔下各有情态。晏几道词下的小蘋是"两重心字罗衣"(《临江仙》);苏轼所见"肤莹玉,鬓梳蝉。绮窗前。素娥今夜,故故随人,似斗婵娟"(《诉衷情》),仿佛嫦娥也有意与她比美;陈睦《沁园春》所写是"翠鬟双耸,舞衣半卷","浅淡精神,温柔情性";黄庭坚《忆帝京》的女性是"薄妆小靥闲情素";米芾《醉太平》的女性是"高梳髻鸦。浓妆脸霞。玉尖弹动琵琶。问香醪饮么",如温庭筠笔下的严妆仕女。周邦彦亦喜正面描写琵琶女:"争挽桐花两鬓垂。小妆弄影照清池。出帘踏袜趁蜂儿。　跳脱添金双腕重,琵琶拨尽四弦悲。夜寒谁肯剪春衣。"两鬓垂下不挽,淡妆弄影,不鞋踏袜而走出帘栊,双腕上带着金条脱。毛滂《蝶恋花》中的窈窕女是:"秀色天真,更夺丹青妙。细意端相都总好。春愁春媚生颦笑。　琼玉胸前金凤小。那得殷勤,细托琵琶道。十二峰云遮醉倒。华灯翠帐花相照。"秀色天生纯真,比画更美,仔细端详无处不好,一颦一笑都娇美。袁去华《菩萨蛮》:"流苏宝帐沈烟馥。寒林小景银屏曲。睡起鬓云松。日高花影重。　沉吟思昨梦。闲抱琵琶弄。"流苏宝帐,熏燃沉香;银屏曲折,画着寒林景致。李莱老《浪淘沙》所写是:"宝押绣帘斜。莺燕谁家……柳色春罗裁袖小,双戴桃花。"将自然景物与人的装饰合写。陈允平《醉桃源》："琐窗金绣纱。环佩小,领巾斜。绿云双髻鸦。佯羞无限托琵琶。笑拈萱草芽。"双鸦髻,笑拈萱芽,佯羞无限,以及环佩、领巾的描写,使得这位女性不同于众。

值得注意的是,对女性弹奏者的这种描写,从北宋时开始,呈逐渐减少的趋势,到南宋非常少。这应该是词人们节省更多笔力以抒发情感的原因。同时,对女性的这种描写,以突出其美丽、多情为主,整体上显示出娱乐的底色。

三、琵琶词的情感内涵

琵琶词呈现出鲜明的三大情感主题:一是男女离别相思的基调,二是司马青衫的个人升沉之感,三是胡沙万里的家国之悲。这三大情感主题,随着时代的发展逐次展开,而又并存不废,有时也会交融。

男女相思离别之苦:描写男女相思离别之痛苦,是琵琶词的主要内容之一。确切地说,是琵琶词的核心内容。

陶縠《风光好》:"琵琶拨尽相思调。"

陈亚《生查子》:"琵琶闲抱理相思,必拨朱弦断。"

柳永《隔帘听》:"琵琶闲抱。爱品相思调。声声似把芳心告。隔帘听,赢得断肠多少。恁烦恼。除非共伊知道。"

张先《谢池春慢》:"琵琶流怨,都入相思调。"《木兰花》:"今宵风月知谁共。声咽琵琶槽上凤。人生无物比情浓,江水不深山不重。"

晏殊《玉楼春》:"琵琶傍畔且寻思,鹦鹉前头休借问。惊鸿过后生离恨。红日长时忝酒困。未知心在阿谁边,满眼泪珠言不尽。"

孙洙《菩萨蛮》:"琵琶曲未终。回头断肠处。"

晏几道《临江仙》:"琵琶弦上说相思。"《玉楼春》:"相思拚损朱颜尽。天若多情终欲问。"

苏轼《菩萨蛮》:"相思拨断琵琶索。枕泪梦魂中。"

徐俯《踏莎行》:"云鬟烟鬓只供愁,琵琶更作相思调。"

韩淲《一剪梅》:"马上琵琶半额妆。拨尽相思,十二巫阳。"

黄机《丑奴儿》:"绮窗拨断琵琶索,一一相思。一一相思。无限柔情说似谁。"

无名氏《调笑令》:"琵琶拨尽相思调。更向当筵舞袖。"

司马青衫的个人升沉之感:最早在琵琶词中引入"青衫"一词的是司马光,其《锦堂春》(红日迟迟)在伤春的意绪中,感叹青春易逝、年华不再:"今日笙歌丛里,特地咨嗟。席上青衫湿透,算感旧、何止琵琶。怎不教人易老,多少离愁，散在天涯。"但青衫湿透，只是引出感旧，尚未及个人身世遭际。真正借琵琶泪写人生不遇的是北宋末的晁端礼，他因为向蔡京献梅词得到青睐，被人当作"大晟府词人"看待。晁端礼有两首琵琶词，无论是典源还是主题都一致：《满庭芳》（绿绕群峰），系其侄子晁补之词《满庭芳·赴信阳日舟中别次膺十二叔》作。晁补之于元符二年（1099）被贬监信州酒税，赴任时告别叔父晁端礼，晁端礼创作了这首同调词①，下阕云："风流。吾小阮，朝辞东观，夕向南州。况圣时、争教贾傅淹留。若过浔阳亭上，琵琶泪、莫洒清秋。"竹林七贤之一阮籍为大阮，其侄儿阮咸为小阮。贾傅，汉代贾谊，文帝时被贬为长沙王傅。浔阳江，琵琶泪，都是用白居易《琵琶行》中自述贬谪江州，夜送客于浔阳江上遇见琵琶女之事，借琵琶女身世及琵琶声，抒发贬谪不遇的情怀。《踏莎行》（衰柳残荷）云："琵琶休洒青衫泪。区区游宦亦何为，林泉早作归来计。"所谓"休洒"，亦即洒也。"青衫泪"，显然是白居易式的贬谪之痛。此后，借琵琶声一洒青衫泪遂成为词人抒情的一个模式，也成为宋代琵琶词一大主题。首先响应晁端礼的，就是他的侄儿晁补之，

胡沙万里的家国之悲：琵琶意象在宋词中，不限于个人情怀，它还传达出更深沉、深厚的家国情怀。朱敦儒《渔家傲》："谁转琵琶弹侧调。征尘万里伤怀抱。客散黄昏庭院悄。灯相照。春寒燕子归来早。　　可惜韶光虚过了。多情人已非年少。只恐莺啼春又老。知音少。人间何处寻芳草。"张元幹《贺新郎》："曳杖危楼去。斗垂天、沧波万顷，月流烟渚。扫尽浮云风不定，未放扁舟夜渡。宿燕落、寒芦深处。怅望关河空吊影，正人间、鼻息鸣鼍鼓。谁伴我，醉中舞。　　十年一梦扬州路。倚高寒、愁生故国，气吞骄虏。要斩楼兰三尺剑，遗恨琵琶旧语。谩暗涩、铜华尘土。唤取谪仙平章看，过苕溪、尚许垂纶否。风浩荡，欲飞举。"赵桓《眼儿媚》："宸传三百旧京华。仁孝自名家。一旦奸邪，倾天拆地，忍听琵琶。　　如今在外多萧索，迤逦近胡沙。家邦万里，伶仃父子，向晓霜花。"林正大《江神子》："狂胡鞍马自为家。遣宫娃。嫁胡沙。万里风烟，行不见京华。马上思归哀怨极，推却手，奏琵琶。　　胡儿共听亦咨嗟。貌如花。落天涯。谁按新声，争向汉宫夸。纤手不知离别苦，肠欲断，恨如麻。"刘克庄《贺新郎》："尽说番和汉。这琵琶、依稀似曲，蓦然弦断。怎么一年来一度，欺得南人技短。叹几处、城危如卵。元凯后身居玉帐，报胡儿、休作寻常看。布严令，运奇算。　　开门决斗雌雄判。笑中宵、奚车毡屋，兽惊禽散。个个巍冠横尘柄，谁了君王此段。也莫靠、长江能限。不论周郎并幼

---

① 参周笃文、马兴荣主编《全宋词评注》第二册，学苑出版社，2011年版，第108、487页。

度,便仲尼、复起嗟微管。驰露布,筑京观。"李曾伯《沁园春》:"大江之西,康庐之阴,壮哉此州。有舳舻千里,旌旗百万,襟喉上国,屏翰中流。弹压鲸波,指麾虎渡,着此商川万斛舟。青毡旧,看崇诗说礼,缓带轻裘。　　十年泉石优游久。高卧元龙百尺楼。正九重侧席,相期岩廊,一贤砥柱,聊试边筹。了却分弓,归来调鼎,得见茂洪何复忧。谈兵暇,问琵琶歌曲,无恙还不。"刘辰翁《摸鱼儿》:"对尊前、簪花骑竹,老胡起起能舞。春风浩荡天涯去,惟有熏吟自语。槐正午。看万户蜂脾,帘幕双双乳。娇儿呆女。漫学得琵琶,依稀马上,总是主恩处。　　凌烟像,空倚临风玉树。升沈事遽如许。刘郎贯是瑶池客,又醉碧桃三度。花下数。记三度三千,结子多红雨。年年五五。共准拟阶庭,钗符献酒,袅袅缀双虎。"刘辰翁《莺啼序》:"愁人更堪秋日,长似岁难度。相携去、晼晚登高,高极正犯愁处。常是恨、古人无计,看今人痴绝如许。但东篱半醉,残灯自修菊谱。归去来兮,怨调又苦。有寒蛩余赋。湖山外、风笛阑干,胡床夜月谁据。恨当时、青云跌宕,天路断、险艰如许。便桥边,卖镜重圆,断肠无数。是谁玉斧,惊堕团团,失上界楼宇。甚天误、婵娟余误。悔却初念,不合梦他,霓裳楚楚。而今安在,枫林关塞,回头忆着神仙处,漫断魂飞过湖江去。时时说与,地上群儿,青琐瑶台,阆风悬圃。琵琶往往,凭鞍劝酒,千载能胡语。叹自古、宫花薄命,汉月无情,战地难青,故人成土。江南憔悴,荒村流落,伤心自失梨园部,渺空江、泪隔芦花雨。相逢司马风流,湿尽青衫,欲归无路。"文天祥《满江红》:"试问琵琶,胡沙外、怎生风色。最苦是、姚黄一朵,移根仙阙。王母欢阑琼宴罢,仙人泪满金盘侧。听行宫、半夜雨淋铃,声声歇。　　彩云散,香尘灭。铜驼恨,那堪说。想男儿慷慨,嚼穿龈血。回首昭阳离落日,伤心铜雀迎秋月。算妾身、不愿似天家,金瓯缺。"邓剡《满江红》:"王母仙桃,亲曾醉、九重春色。谁通道、鹿衔花去,浪翻鳌阙。眉锁娇娥山宛转,髻梳堕马云敧侧。恨风沙、吹透汉宫衣,余香歇。　　霓裳散,庭花灭。昭阳燕,应难说。想春深铜雀,梦残啼血。空有琵琶传出塞,更无环佩鸣归月。又争知、有客夜悲歌,壶敲缺。"刘将孙《沁园春》:"流水断桥,坏壁春风,一曲韦娘。记宰相开元,弄权疮痏,全家骆谷,追骑仓皇。彩凤随鸦,琼奴失意,可似人间白面郎。知他是,燕南牧马,塞北驱羊。　　啼痕自诉衷肠。尚把笔低徊愧下堂。叹国手无棋,危涂何策,书窗如梦,世路方长。青冢琵琶,穹庐筚拍,未比渠侬泪万行。二十载,竟何时委玉,何地埋香。"

这些词中充满愁恨和悲愤,琵琶意象及琵琶典故,传达出词人对北宋亡国、南宋灭亡的无尽哀思。

四、时代变奏：南北宋的差异

宋词对琵琶弹奏的描写、典故的运用，基本上未脱离白居易《琵琶行》的范围。先看动作描写，多数都是"拈""拢""抹"；名词，无外乎"六幺""幺弦"（苏轼《减字木兰花》、张舜民《江神子》），只有以"瘦硬"风格著称的黄庭坚，描写琵琶使用"割"字，描写带有尖锐性，超出白居易唐诗的限制："慢拈复轻拢，切切如私语。转拨割朱弦，一段惊沙去……敛拨当心住"（《忆帝京》）。贺铸《清平乐》："船里琵琶金捍拨。弹断幺弦再抹"，"金捍拨"，即指琵琶，可见能够出众的毕竟太少。

琵琶典故，也多出白氏《琵琶行》。王观《菩萨蛮》："芦花枫叶浦。忆抱琵琶语。"出自《琵琶行》"枫叶荻花秋瑟瑟""轻拢慢拈抹复挑"。黄庭坚《忆帝京》："慢拈复轻拢，切切如私语"，出自《琵琶行》"大弦嘈嘈错杂弹，小弦切切如私语"；"借问本师谁，敛拨当心住"，出自《琵琶行》"曲终收拨当心画"。晁端礼《满庭芳》："若过寻阳亭上，琵琶泪，莫洒清秋"，直接用《琵琶行》："浔阳江上夜送客"；其《踏莎行》"琵琶休洒青衫泪"，用《琵琶行》"江州司马青衫湿"句。晁补之《蓦山溪》"司马更堪怜，掩金觞、琵琶催泪"，《水龙吟》"应记狂司马，去年时，黄花高宴。竹枝苦怨，琵琶多泪"，加用《琵琶行》"黄芦苦竹饶宅生"句。朱敦儒《减字木兰花》"多似浔阳江上泪"，用"浔阳江头夜送客"句。王之道《念奴娇》"谁使琵琶声到耳，轻赋荻花枫叶"，用《琵琶行》"浔阳江头夜送客，枫叶荻花秋瑟瑟"句。出自白居易《琵琶行》的还有：

> 谢懋《杏花天》："琵琶泪揾青衫浅。"
> 王质《西江月》："见君江浦到芦花。意在琵琶亭下。"
> 赵长卿《一丛花》："最断肠、湓浦琵琶。"
> 赵长卿《蓦山溪》："落落琵琶语。江边马上，弹指成千古。"
> 辛弃疾《菩萨蛮》："玉纤初试琵琶手。桐叶雨声干。珍珠落玉盘。"
> 石孝友《水调歌头》："琵琶亭畔，正是风叶荻花秋。"
> 刘过《贺新郎》："莫鼓琵琶江上曲，怕荻花、枫叶俱凄怨。"
> 戴复古《清平乐》："江上琵琶旧曲，只堪分付商人。"
> 史达祖《夜合花》："共凄凉处，琵琶湓浦，长啸苏门。"
> 葛长庚《贺新郎》："枫叶荻花动凉思，又寻思、江上琵琶泪。"
> 魏庭玉《贺新凉》："也何须、琵琶江上，掩青衫泪。"
> 陈允平《醉桃源》："伴羞无限托琵琶"，《荔枝香近》："江上琵琶"，

《玉楼春》："春去江上琵琶曲"，《绮寮怨》："一曲琵琶，溢江上、惯曾听。"

张炎《凤凰台上忆吹箫》："犹记得、琵琶半面，曾湿衫青。"《法曲献仙音》："正人在、银瓶底，琵琶半遮面。"《春从天上来》："似荻花江上，谁弄琵琶。"《意难忘》："付情在琵琶。更叹我，黄芦苦竹，万里天涯。"《南楼令》："想难忘、江上琵琶。"

刘天迪《齐天乐》："记罗帕求诗，琵琶遮面。"

刘景翔《小重山》："琵琶私语近、问谁来。"

无名氏《百宝妆》："琵琶人把当头……轻拢慢抾。"

而南宋词中，较多使用王昭君的典故。辛弃疾《贺新郎》："马上琵琶关塞黑。"林正大《江神子》："狂胡鞍马自为家。遣宫娃。嫁胡沙。万里风烟，行不见京华。马上思归哀怨极，推却手，奏琵琶。胡儿共听亦咨嗟。貌如花。落天涯。谁按新声，争向汉宫夸。"刘克庄《贺新郎》："尽说番和汉。这琵琶、依稀似曲，蓦然弦断。"邓剡《满江红》："恨风沙、吹透汉宫衣，余香歇……空有琵琶传出塞，更无环佩鸣归月。"赵文《大酺》："心情浑何似，似琵琶马上，晓寒沙漠。"汪元量《传言玉女》："昭君流泪，手拈琵琶弦索。"《满江红》："昭君去，空愁绝……想琵琶哀怨，流泪成血。"刘将孙《沁园春》："青冢琵琶，穹庐筘拍。"还有一些词缉合昭君与《琵琶行》者，刘辰翁《莺啼序》："琵琶往往，凭鞍劝酒，千载能胡语。叹自古、宫花薄命，汉月无情，战地难青，故人成土……渺空江、泪隔芦花雨。相逢司马风流，湿尽青衫，欲归无路。"

白居易《琵琶行》的典故，南北宋词人都有使用，而王昭君的琵琶典故，更多地为南宋词人使用。原因在于北宋承平日久，词人们遭受的更多的是个人仕途的得失，所以，琵琶描写中往往借用白居易《琵琶行》中的典故，抒发个人不遇之感，体会到家国之痛的词人很少，即使有也进入了南宋。而南宋从一开始就遭受金人侵凌欺辱，王昭君被迫和亲去国的体验，南宋词人感同身受，所以，昭君琵琶典故在南宋琵琶词中运用得更多。这是琵琶的时代变奏，是政治作用于音乐、文学的结果。

第二节　唐宋词中的箜篌

箜篌之为外来乐器，不仅被多种传世文献证实，也为考古所证实。《光明日报》2016年7月20日第一版报道的《新疆文物展现西域乐舞悠久历史》称：

7月15日,在国家大剧院开展的《西域回响——新疆古代舞乐文物展》,用近几年新疆出土的众多有关音乐与舞蹈的文物,向观众展示了新疆古代舞乐艺术的发展变迁和文化交流史。

一件小如海螺,只有10厘米长的陶埙,两端细,中间粗,呈橄榄形,一端有吹奏用的圆孔,腹侧有4个排列整齐的孔。这是7000年前诞生于浙江一带的埙,但它出土在新疆哈密地区的伊吾县,距今有3000多年。它的出现,证明了内地与西域的文化交流。

两块用整胡杨挖刻而成的古代弹拨乐器箜篌,已有2500多年的历史。这个在和田地区且末县出土的箜篌,被认定为世界最早年代的出土弹拨弦古代乐器。它的出现,证明了它从中亚传入新疆,最终于汉唐时代在内地流行的过程。

早在去年7月第四届中国新疆国际民族舞蹈节期间,新疆博物馆策划的专题展《舞动生命乐扬心声——新疆古代舞乐艺术的记忆》就引起了国家大剧院的关注。经过近一年的筹备,终于将它搬到了北京展出。

这其中就有两千五百年以前从中亚传入的箜篌。其后历代都有箜篌传入的记载。《西汉书·五行志》载:"灵帝好胡服、胡帐、胡座、胡饭、胡箜篌、胡笛、胡舞,京都贵戚皆竞为之。"《旧唐书·音乐志》对《高昌乐》的编制阵容做了记载:"《高昌乐》,舞二人,白袄锦袖,赤皮靴,赤皮带,红抹额。乐用答腊鼓一,腰鼓一,鸡娄鼓一,羯鼓一,箫二,横笛二,筚篥二,琵琶二,五弦琵琶二,铜角一,箜篌一。"[1]宋代王延德出使高昌见其国民好音乐,而最多的乐器是琵琶和箜篌。[2]到宋代,箜篌仍是外国贡献的乐器,往往随其他一些贡物进入宋廷。《宋会要辑稿·蕃夷四·拂菻国》载:

> 神宗元丰四年十月六日,拂菻国贡方物。大首领你厮都令厮孟判言:……音乐弹胡琴、箜篌,吹小筚篥,击偏鼓,拍手而歌,戏舞。

---

[1] (后晋)刘昫等:《旧唐书》卷二十九,第1070—1071页。
[2] 《宋史》卷四九〇引王延德《使高昌记》云:"至七月,见其王及王子,侍者皆东向拜受赐。旁有持磬者击以节拜,王闻磬声乃拜,既而王之儿女亲属皆出,罗拜以受赐,遂张乐饮宴,为优戏,至暮。明日泛舟于池中,池四面作鼓乐。又明日游佛寺,曰应运太宁之寺,贞观十四年造。"(元)脱脱等:《宋史》,第40册,第14112—14113页。

《宋会要辑稿·蕃夷七·历代朝贡》载：

(太宗太平兴国三年)四月二日，俶进银五万两，钱五万贯，绢十万匹，绫二万匹，绵十万两，牙茶十万斤，建茶万斤，干姜万斤，瓷器五万事，锦彩席千，金银饰画舫三，银饰龙舟四，金饰乌楯木、御食案御□各一，金樽罍、盏罩各一，金饰玳瑁器三十事，金扣藤盘二，金扣雕象俎十，银假果十株，翠花真珠花三丛，七宝饰食案十，银樽罍十，盏十，盏罩副焉，金扣瓷器百五十事，雕银俎五十，密假果、翦罗花各二十株，银扣大盘十，银装鼓二，七宝饰胡琴、五弦筝各四，银饰箜篌、方响、羯鼓各四，红牙乐器二十二事，乳香万斤，犀、象各百株，香药万斤，苏木万斤。

钱俶时与海量金银、香料、首饰等一起所进的箜篌，仍然是从其他国家贡献的，不过用银装饰，更为华美。

唐宋词中有专门咏写箜篌的词作。南宋韩淲《一萼梅·闻箜篌》："缥渺神仙云雾窗。说与苏州，未断人肠。带湖烟月堕苍茫。唤醒嫦娥，春笋纤长。马上琵琶半额妆。拨尽相思，十二巫阳。疏□清梦入潇湘。佩玉鸣鸾，吹下天香。"危稹《渔家傲·和晏虞卿咏侍儿弹箜篌》："老去诸余情味浅。诗词不上闲钗钏。宝幌有人红两靥。帘间见。紫云元在梨花院。　十四条弦音调远。柳丝不隔芙蓉面。秋入西窗风露晚。归去懒。酒酣一任乌巾岸。"

唐宋词中关于箜篌的描写，不是特别多，故值得多呈现一些：

《过龙门》　史达祖

醉月小红楼。锦瑟箜篌。夜来风雨晓来收。几点落花饶柳絮，同为春愁。　寄信问晴鸥。谁在芳洲。绿波宁处有兰舟。独对旧时携手地，情思悠悠。

《浣溪沙》　洪咨夔

细雨斜风寂寞秋。黄花压鬓替人羞。归舟云树负箜篌。　燕子楼寒迷楚梦，凤皇池暖惬秦讴。暮云凝碧可禁愁。

《南歌子》　陈允平

懒傍青鸾镜，慵簪翠凤翘。玉屏春重宝香销。因甚不忺梳洗、怕登楼。　载酒垂杨浦，停桡杜若洲。伤春情绪寄箜篌。流水残阳芳草、伴人愁。

《忆秦娥》 颜奎

水云幽。怕黄霜竹生新愁。生新愁。如今何处,倚月明楼。

龙吟杳杳天悠悠。腾蛟起舞鸣箜篌。鸣箜篌。听吹短气,江上无秋。

《个侬》 廖莹中

恨个侬无赖,卖娇眼、春心偷掷。苍苔花落,先印下一双春迹。花不知名,香才闻气,似月下箜篌,蒋山倾国。半解罗襟,蕙熏微度,镇宿粉、栖香双蝶。语态眠情,感多情、轻怜细阅。休问望宋墙高,窥韩路隔。　寻寻觅觅。又暮雨凝碧。花径横烟,红扉映月,尽一刻、千金堪值。卸袜熏笼,藏灯衣桁,任裹臂金斜,搔头玉滑。更恨檀郎,恶怜深惜。尽颤袅、周旋倾侧。软玉香钩,怪无端、凤珠微脱。多少怕晓听钟,琼钗暗擘。

《忆秦娥》 汪元量

水悠悠。长江望断无归舟。无归舟。欲携斗酒,怕上高楼。

当年出塞拥貂裘。更听马上弹箜篌。弹箜篌。万般哀怨,一种离愁。

《婆罗门引》 汪元量

一生富贵,岂知今日有离愁。锦帆风力难收。望断燕山蓟水,万里到幽州。恨病余双眼,冷泪交流。　行年已休岁,七十又平头。梦破银屏金屋,此意悠悠。几度见青冢,虚名不足留。且把酒、细听箜篌。

《合欢带》 仇远

令巍巍、一段风流。看情性、忒温柔。记得河桥曾识面,雨凝晴、欲问还羞。沈吟半晌,蝉鼓舞鬓、莺涩歌喉。到黄昏饮散,□虽未语,心已相留。　纱窗低转,红袖同携,随花归去秦楼。酒力难禁花易软,聚眉峰、点点清愁。瞋人笑语,朦胧娇眼,欹鬟扶头。醒来时、月转西厢,隔窗犹听箜篌。

锦瑟箜篌、月下箜篌、楼上箜篌、马上箜篌、隔帘箜篌,宋词中箜篌的演奏总有一种别样的环境,传达一种别样的情绪、情怀。

第三节　唐宋词中的羯鼓

羯鼓被精通音乐的唐玄宗称为"八音之领袖",《新唐书·礼乐志十二》:"羯鼓,八音之领袖,诸乐不可方也。"①此言即出自这位爱好并精通音乐的皇帝。作为打击乐器的一种,羯鼓的演奏需要特殊的技艺。它起源于印度,从西域传入,盛行于唐开元、天宝年间。《通典·乐四》:"羯鼓,正如漆桶,两头俱击。以出羯中,故号羯鼓,亦谓之两杖鼓。"②唐温庭筠《华清宫》诗:"宫门深锁无人觉,半夜云中羯鼓声。"羯鼓有自己的曲子,而考其乐曲,多数有异域成分。明代胡震亨《唐音癸签》卷十四《乐通三》专门记载有"羯鼓曲",又分为太簇宫曲、太簇商曲、太簇角曲,而"徵、羽调与胡部失载"。其曲如下:

太簇宫曲:《色俱腾》《耀日光》《乞婆娑》《大勿》《大通》《舞山香》《罗挚罗》《苏莫赖耶》《俱伦仆》《阿个盘陀》《苏合香》《藏钩乐》《春光好》《无首罗》《鹪岭盐》《疏勒女》《要杀盐》《通天乐》《万载乐》《景云》《紫云》《承天乐》《顺天乐》。

太簇商曲:《苏罗》《榛利梵》《大借席》《耶婆色鸡》《堂堂》《半社渠》《君王盛神武》《赫赫君之明》《大钵乐背》《大沙野婆》《破阵乐》《黄骏蹄》《放鹰乐》《英雄乐》《思归》《忆新院》《西楼送落月》《撮霜风》《九成乐》《倾杯乐》《百岁老寿》《还城乐》《打球乐》《饮酒乐》《舞厥么赋》《太平乐》《大酺乐》《大宝乐》《圣明乐》《婆罗门》《崩加那》《万岁乐》《秋风高》《回婆乐》《夜半击羌兵》《香山》《优婆师》《匝天乐》《禅曲》《渡积破虏回》《五更啭》《黄莺啭》《大定乐》《越殿》《须婆》《钵罗背》《大秋秋盐》《栗时》《突厥盐》《踏蹄长》。

太簇角曲:《大苏赖耶》《大春杨柳》《大东袛罗》《大郎赖耶》《即渠沙鱼》《大达么支》《俱伦毗》《悉利都》《移都师》《阿鹊鹩鸟歌》《飞仙》《杨下采桑》《西河师子》《三台》《舞石州》《破勃律》。③

可以看出,羯鼓有五音规模,体制完备,只是因为唐玄宗之后,喜好羯鼓的

---

① (宋)欧阳修、宋祁:《新唐书·礼乐志十二》卷二二,中华书局,1975年版,第476页。
② (唐)杜佑:《通典》卷一四四,中华书局,1988年版,第3677页。
③ (明)胡震亨:《唐音癸签》卷一四,上海古籍出版社,1981年版,第123—149页。

帝王很少了,其徵、羽调与胡部曲子才失载。

根据记载,羯鼓,在龟兹、高昌、疏勒、天竺部之乐中都使用。其状如漆桶,下承以牙床,用两杖击敲,其声焦杀鸣烈,合太簇一均。玄宗素达音律,尤善于此,故称之为"八音领袖"。有一次,春旦初晴,柳杏将吐,玄宗感叹道:"对此景物,岂可不与他判断?"乃取羯鼓,纵击《春光好》一曲,再回视柳杏,皆已发拆矣。故笑谓嫔嫱、内官曰:"此一事不唤我作天公,可乎?"据载,他又制作《秋风高》曲,每至秋风迥彻,纤翳不起,即奏之,必远风徐来,庭叶纷下,其妙绝如此。当时汝阳王琎,乃宁王之子,玄宗赏爱之,而以羯鼓授之。琎尝戴砑绢帽打曲,上自摘红槿花一朵置于帽上,奏《舞山香》一曲,而花不坠,帝夸赏其能。盖击羯鼓难在头项不动。宰相宋璟尝与玄宗论羯鼓云:"头如青山峰,手如白雨点。山峰取不动,雨点取碎急。"

胡震亨所记羯鼓曲调,载于南卓《羯鼓录》内,九十二曲,都是玄宗所亲制,其余亦并开元、天宝时曲。"缘此乐本出戎羯,故以夷语为名者居多,大半有声无辞,其谱然也。是器所重在桲与杖,桲铁贵精炼至匀,开元供御者,人多传宝。亦有养杖木脊沟中二十年,取其绝湿气复柔腻者。一时人主好尚,达官雅士,相效求精工至此。后曲调寖失传,如务本里乐工打《耶婆色鸡曲》失结尾之类,时有之。至宋而古曲益不存,惟邠州一父老能之,中有《大合蝉》《滴滴泉》之曲。其人死,羯鼓遗音遂绝。"①

《羯鼓录》载:"羯鼓出外夷,以戎羯之鼓,故曰羯鼓……躁如漆桶(山桑木为之),下以牙床承之,击用两杖,其声焦杀鸣烈,尤宜促曲急破,作战杖连碎之声。又宜高楼晚景,明月清风,破空透远,特异众乐。杖用黄檀、狗骨、花楸等木,须至乾紧绝湿气,而复柔腻。干取发越响亮,腻取战袞健举。桲用钢铁,铁当精炼,桲当至匀,若不刚,即应條上下,挡揆不停,不均,即鼓面缓急,若琴徽之敂病矣。"②

唐词中,有南唐后主李煜《子夜歌》一首写到羯鼓:

寻春须是先春早。看花莫待花枝老。缥色玉柔擎。醅浮盏面清。　　何妨频笑粲。禁苑春归晚。同醉与闲平。诗随羯鼓成。③

沈括《梦溪笔谈》载:"羯鼓曲,惟有邠州一父老能之,中有《大合蝉》《滴滴

---

① (明)胡震亨:《唐音癸签》卷一四,上海古籍出版社,1981年版,第151页。
② (唐)南卓:《羯鼓录》,古典文学出版社,1957年版,第3页。
③ (南唐)李煜:《子夜歌》,曾昭岷、曹济平、王兆鹏、刘尊民:《全唐五代词》,第760页。

泉》之曲。鄜延时尚闻其声。泾源承事王元孙因奏事回,有旨令召此人赴阙,元孙至邠,而其人已死,羯鼓遗音遂绝。"①

但言羯鼓在宋代完全消失之说,恐怕有些夸张,在民间、在词中,羯鼓之音仍然不绝如缕,李冠《六州歌头》(凄凉绣岭)、谢逸《虞美人》(角声吹散梅梢雪)、叶梦得《临江仙》(一醉年年今夜月)等皆有描写。

在李冠的《六州歌头》等词中,羯鼓是用典,即唐明皇的典故,而谢逸《虞美人》词"花瓷羯鼓催行酒",蔡伸《一剪梅》词"急管飞霜,羯鼓声干",侯寘《念奴娇》词"羯鼓声高回笑脸,怎得天公来促"等,所显示的是歌舞筵席之上的羯鼓演奏,说明它在宋代还存在,在宋词中延续着它的音乐生命。

而值得关注的是,在宋末汪元量、梅顺妃的词中,因为彼时赵宋王朝被凶猛彪悍的蒙元倾覆,故羯鼓复其外来本色,反倒蒙上一层蒙昧、野蛮色彩,成为词人厌恶、仇恨的对象,所谓"羯鼓喧哗撼绿漪""花外碾香车。围步帐,羯鼓杂琵琶",在承平时代可能是很美好的东西,此时却因民族战争而改变了性质,羯鼓这一域外乐器,见证了时代的演变更迭。乐器如此,其他何不如此。

第四节　唐宋词中的其他乐器

一、铜鼓

马端临《文献通考》卷一三四《乐考七·金之属·胡部》中有大铜鼓、中铜鼓、小铜鼓。"大铜鼓"云:"铜鼓,铸铜为之,作异兽以为饰,惟以高大为贵,面阔丈余,出于南蛮、天竺之国也。昔马援南征交趾,得骆越铜鼓,铸为马式,此其迹也。今秘阁所藏颇多,特其大小异制耳。""小铜鼓":"唐乐图所传,天竺部用之。盖以革冒其一面,形如腰鼓,面广二尺,与身连,遍有虫鱼草木之状。击之响亮不下鸣鼍。唐贞元中骠国所进乐,亦有是鼓。"②

朱敦儒《卜算子》词:"山晓鹧鸪啼,云暗泷州路。榕叶阴浓荔子青,百尺桄榔树。　　尽日不逢人,猛地风吹雨。惨黯蛮溪鬼峒寒,隐隐闻铜鼓。"所写乃溪峒蛮旋铜鼓。

---

① (宋)沈括撰,胡道静校证:《梦溪笔谈校证》卷五,上海人民出版社,2016年版,第179页。
② (元)马端临:《文献通考》卷一三四,第4114页。

二、方响

马端临《文献通考》卷一三四《乐考七·金之属·胡部》首即方响、铁响:"梁有铜磬,盖今之方响之类也。方响以铁为之,修八寸,广二寸,圆上方下,架如磬而不设业,倚于架上,以代钟磬。人间所用者,才三四寸。周正乐载西凉清乐方响一架十六枚,具黄钟大吕二均声。唐武宗朝,朱崖李太尉有乐史廉郊,尝携琵琶于池上,弹蕤宾调,忽闻芰荷间有物跃出其岸,视之,乃方响。蕤宾,铁也,岂指拨精妙能致律吕之然耶?和凝有响铁之歌,盖本诸此。"①

宋词中对方响的描写较多。苏轼《浣溪沙·方响》:"花满银塘水漫流。犀槌玉板奏凉州。顺风环佩过秦楼。　远汉碧云轻漠漠,今宵人在鹊桥头。一声敲彻绛河秋。"丘崈《好事近·留干家咏方响》:"空涧落鸣泉,千骑雨霖衣铁。金奏欲终人醉,有玉声清越。　夜深纤手怯轻寒,余韵寄愁绝。玉树梦回何处,但满庭霜月。"刘过《贺新郎·平原纳宠姬,能奏方响,席上有作》:"倦舞轮袍后。正鸾慵凤困,依然怨新怀旧。别有艳妆来执乐,春笋微揎罗袖。试一曲、琅璈初奏。莫放珠帘容易卷,怕人知、世有梨园手。钗玉冷,钏金瘦。　烛花对翦明于昼。画堂深、屏山掩翠,炭红围兽。错认佩环犹未是,依约雏莺啭柳。任箭滴、铜壶银漏。一片雄心天外去,为声清、响彻云霄透。人醉也,尚呼酒。"蒋捷《念奴娇·梦有奏方响而舞者》云:"夜深清梦,到丛花深处,满襟冰雪。人在琼云方响乐,杳杳冲牙清绝。翠篡翔龙,金枞跃凤,不是蕤宾铁。凄锵仙调,风敲珠树新折。　中有五色光开,参差岐影,对舞山香彻。雾阁云窗归去也,笑拥灵君旌节。六曲阑干,一声鹦鹉,霍地空花灭。梦回孤馆,秋笳霜外鸣咽。"从词题可以看出,这四首词都是专咏方响。

在歌舞筵席上,也会出现伴奏乐器方响。张元幹《青玉案·生朝》云:"花王独占春风远。看百卉、芳菲遍。五福长随今日宴。粉光生艳,宝香飘雾,方响流苏颤。　寿祺堂上修篁畔。乳燕双双贺新院。玉斝明年何处劝。旌幢满路,貂蝉宜面,归觐黄金殿。"是生日宴会用方响。张元幹《瑞鹧鸪》:"雏莺初转斗尖新。双蕊花娇掌上身。总解满斟偏劝客,多生俱是绮罗人。　回波偷顾轻招拍,方响底敲更合箦。豆蔻梢头春欲透,情知巫峡待为云。"这是表演中用方响。

吴文英《还京乐》属黄钟商,题曰:"友人泛湖,命乐工以筝、笙、琵琶、方响迭奏。"多种乐器迭奏,见出宋词演奏情形,特别是乐器合奏。词云:"宴兰溆,

---

① (元)马端临:《文献通考》卷一三四,第4114页。

促奏丝縈管裂飞繁响。似汉宫人去,夜深独语,胡沙凄哽。对雁斜玫柱,琼琼弄月临秋影。凤吹远,河汉去杳,天风飘冷。　　泛清商竟。转铜壶敲漏,瑶床二八青娥,环佩再整。菱歌四碧无声,变须臾、翠翳红暝。叹梨园、今调绝音希,愁深未醒。桂楫轻如翼,归霞时点清镜。"

蒋捷《步蟾宫》云:"玉窗掣锁香云涨。唤绿袖、低敲方响。流苏拂处字微讹,但斜倚、红梅一饷。　　蒙蒙月在帘衣上。做池馆、春阴模样。春阴模样不如晴,这催雪、曲儿休唱。"方响低敲,见出演奏时另一种情形。

三、缶

缶之是否属于胡乐器,古人已疑。马端临《文献通考》卷一三五《乐考八·土之属·胡部》仅列胡缶,云:"古者西戎用缶以为乐,党项因亦击缶焉。然则缶本中国乐器,窃意夷人窃而用之也。李斯曰:'击瓮扣缶,真秦之声。'岂以秦人尽有西戎之地,而为此声故耶?"[①]华夷皆用缶,但是华缶抑或夷缶,今人仅从文字上判断,较难。

词中描写到缶乐器的并不多见。京镗《洞庭春色·次宇文总领韵》云:"命驾访嵇,泛舟思戴,此兴甚浓。料情侔杨恽,乌乌拊缶,意轻殷浩,咄咄书空。莫讶群芳淹速异,到时序推排元自同。休怅望,任春来桃李,秋后芙蓉。　　因嗟锦城四载,漫赢得、齿豁头童。叹里门密迩,易成间阔,诗筒频寄,难续新工。我已怀归今得请,念此地迟回谁似公。经济手,看鸾台凤阁,晚节收功。"词中,击缶的动作是"拊",亦即拍、击;其声音是"乌乌"。所谓"情侔杨恽",是指《汉书·杨恽传》:"酒后耳热,仰天拊缶,而呼乌乌。"

辛弃疾《水调歌头·和德和上南涧韵》:"上界足官府,公是地行仙。青毡剑履旧物,玉立侍天颜。莫怪新来白发,恐是当年柱下,道德五千言。南涧旧活计,猿鹤且相安。　　歌秦缶,宝康瓠,世皆然。不知清庙钟磬,零落有谁编。堪笑行藏用舍,试问山林钟鼎,底事有亏全。再拜荷公赐,双鹤一千年。"词人对世人弃清庙钟磬而用缶、瓠不满,这是对现实的感慨。"宝康瓠"出自《史记·屈原贾生列传》:"斡弃周鼎兮宝康瓠。"康瓠,即瓦瓠、空瓠。秦缶,秦人之缶,用《史记·廉颇蔺相如列传》典,代指低级、俗的乐器,显然不能与清庙里的钟磬相比。

刘克庄《风入松·福清道中作》:"归鞍尚欲小徘徊。逆境难排。人言酒是消忧物,奈病余、孤负金罍。萧瑟捣衣时候,凄凉鼓缶情怀。　　远林摇落晚

[①] (元)马端临:《文献通考》卷一三五,第4140页。

风哀。野店犹开。多情惟是灯前影,伴此翁、同去同来。逆旅主人相问,今回老似前回。"鼓缶,是一种很原始、朴素甚至让人感到凄凉的行为。

李曾伯《兰陵王·甲寅初度和次贾韵》:"问梁益。天设金城铁壁。西风外,依约雁来,还报关山旧秋色。三秦听汉檄。远恨绵绵脉脉。频年事,虚掷桑阴,祎允诸人竟何策。　彤弓误殊锡。怅活国难医,救世须佛。平生本藉毛锥力。对弧矢初度,满头白发,何堪兵卫迭画戟。咄青史陈碛。　酒石。羡王绩。任击缶呼天,此乐何极。奚须太息惊前席。望天阍休待,梦如陶翼。柳边春后,放定远,出西域。"在此词中,缶却以其原始、古朴的风格,让词人得以宣泄闭藏在身体里的生命力,一种原始的力量。

蒋捷《满江红》:"秋本无愁,奈客里、秋偏岑寂。身老大、忺敲秦缶,懒移陶甓。万误曾因疏处起,一闲且向贫中觅。笑新来、多事是征鸿,声嘹呖。　双户掩,孤灯剔。书束架,琴悬壁。笑人间无此,小窗幽阒。浪远微听葭叶响,雨残细数梧梢滴。正依稀、梦到故人家,谁横笛。"秦缶与陶甓一起构成词人随意任情的生活诗意。

四、杖鼓、腰鼓

马端临《文献通考》卷一三五《乐考九·革之属·胡部》无杖鼓,然"汉鼓"下小字"震鼓",云:"震鼓之制,广首而纤腹,汉人用之",复小字注:"即杖鼓也。"因知杖鼓即震鼓,即汉鼓。所谓"汉鼓",此处易混,联系下条"魏鼓(含杖鼓、相鼓、细腰鼓、正鼓、和鼓)"解题:"昔苻坚破龟兹国,获羯鼓、鞉鼓、杖鼓、腰鼓,汉魏用之。大者以瓦,小者以木,类皆广首纤腰,宋萧思话所谓细腰鼓是也。唐有正鼓、和鼓之别,后周有三等之制,右击以杖,左拍以手,后世谓之杖鼓。拍鼓亦谓之魏鼓,每奏大曲入破时,与羯鼓、大鼓同震,其声和状,而有节也。今契丹拍鼓如震鼓,而小。"①可知,所谓"汉人用之",是指汉魏人用之,也就是苻坚破龟兹国后所获,由魏朝汉人使用。至赵宋,保存在史浩大曲中的宋代采莲舞,尚用杖鼓:

《采莲舞》

唱了,后行吹画堂春。众舞,舞了又唱河传:

蕊宫阆苑。听钧天帝乐,知他几遍。争似人间,一曲采莲新传。柳腰轻,莺舌啭。　逍遥烟浪谁羁绊。无奈天阶,早已催

---

① (元)马端临:《文献通考》卷一三六,第4155页。

班转。却驾彩鸾,芙蓉斜盼。愿年年,陪此宴。

唱了,后行吹河传,众舞。舞了,竹竿子念遣队:浣花一曲湄江城,雅合凫鹥醉太平。楚泽清秋余白浪,芳枝今已属飞琼。歌舞既阑,相将好去。

念了,后行吹双头莲令。五人舞转作一行,对厅杖鼓出场。

腰鼓,在李弥逊的词《水调歌头·八月十五夜集长乐堂,月大明,常岁所无,众客皆欢。戏用伯恭韵作》中有反映:

白发闽江上,几度过中秋。阴晴相半,曾见玉塔卧寒流。不似今年三五,皎皎冰轮初上,天阙怳神游。下视人间世,万户水明楼。

贤公子,追乐事,占鳌头。酒酣喝月,腰鼓百面打凉州。沈醉尽扶红袖,不管风摇仙掌,零露湿轻裘。但恐尊中尽,身外复何忧。

从词中看,百面腰鼓击打,而曲子是《梁州》,曲调与乐器正相符合。苏轼有《惜花》诗云:"道人劝我清明来,腰鼓百面如春雷。"春雷,也可证明腰鼓声音之宏大。"百面腰鼓",在诗词中皆出现,见出腰鼓非单一演奏,而是很多甚至百面同时击奏。

五、胡琴

马端临《文献通考》卷一三七《乐考十·丝之属·胡部》中所载来自异域的乐器有胡琴、奚琴、匏琴、胡瑟、胡弄、大箜篌、小箜篌、竖箜篌、凤首箜篌、挡琵琶(五弦)、大琵琶(六弦)、小琵琶(五弦)、秦汉琵琶、昆仑琵琶、蛇皮琵琶、屈茨琵琶、卧筝、挡筝、弹筝十九个名目,其"胡琴"曰:"唐文宗朝,女伶郑中丞善弹胡琴。昭宗末,石潨善胡琴也。琴,一也,而有胡汉之异,特其制度殊耳。"[①]郑中丞善胡琴,出自唐段安节《乐府杂录·琵琶》:"文宗朝,有内人郑中丞善胡琴,内库有二琵琶,号大小忽雷,郑尝弹小忽雷。"[②]唐岑参有《白雪歌送武判官归京》诗:"中军置酒饮归客,胡琴琵琶与羌笛。"宋曾巩《明妃曲》诗之二云:"直欲论情通汉也,独能将恨寄胡琴。"元杨维桢《张猩猩胡琴引序》云:"胡琴在南为第二弦子,在北为今名,亦古月琴之遗制也。"[③]《元史·礼乐志五》对胡琴形制有记载:"火不思,制如琵琶……胡琴,制如火不思,卷颈,龙首,二弦,用弓捩

---

① (元)马端临:《文献通考》卷一三七。
② (唐)段安节:《乐府杂录》,第31页。
③ (元)杨维桢著,邹志方点校:《杨维桢诗集》,浙江古籍出版社,1994年版,第32页。

之,弓之弦以马尾。"①

北宋张先有一首《南乡子·送客过余溪,听天隐二玉鼓胡琴》:"相并细腰身。时样宫妆一样新。曲项胡琴鱼尾拨,离人。入塞弦声水上闻。　天碧染衣巾。血色轻罗碎折裙。百卉已随霜女妒,东君。暗折双花借小春。"曲项胡琴,与《元史》记载相合。胡琴是拨弦乐器,鱼尾拨是指拨的形状如鱼尾。词题中"天隐二玉"指弹胡琴的两个歌伎,名字中都含"玉"字,其中一个叫犀丽玉;题中之"客",应是杨元素,并见苏轼《南乡子》词,自序云:"沈强辅雯上出犀丽玉作胡琴,送元素还朝,同子野各赋一首。"张先词中,二玉都婀娜细腰,虽然季节已是十月霜降,但她们还穿着时样宫装,碧色衣巾,红色轻罗碎折裙,弓弦上弹奏的是《入塞》之类的曲子。

张先还有一首《定西番·执胡琴者九人》词,描写胡琴演奏场面:"捍拨紫槽金衬,双秀蕚,两回鸾。齐学汉宫妆样,竞蝉娟。　三十六弦蝉闹,小弦蜂作团。听尽昭君幽怨,莫重弹。""焊拨",即"捍拨",是琵琶的拨子。胡琴有时指琵琶,有时指忽雷,词中指胡琴。紫槽以金衬,《海录碎事》云:"金捍拨在琵琶面上当弦。或以金涂为饰,所以捍护其拨。"②词题言执胡琴者九人,如所周知琵琶四弦,九人所执正是三十六弦。"小弦",胡琴(琵琶)的细弦。九人同时弹奏胡琴,声音如蝉鸣如群蜂嗡嗡,当然这是很不好的比喻,作者似乎不喜欢这种群奏的声音,当然还可能因为弹奏的是《昭君怨》这样哀婉的曲子,令人情绪不愉快。

其他写到胡琴的还有一些词作。舒亶《菩萨蛮·次韵》云:"香波绿暖浮鹦鹉。黄金捍拨么弦语。小雨落梧桐。帘栊残烛红。　人生闲亦好。双鬓催人老。莫惜醉中归。醒来思醉时。"黄庭坚《减字木兰花》:"黄金捍拨春风手。帘幕重重音韵透。梅花破蕚便回春,似有黄鹂鸣翠柳。　晓妆未慊梅添就。玉笋捧杯离钿袖。会拚千日笑尊前,他日相思空损寿。"秦观《调笑令》:"回顾。汉宫路。捍拨檀槽鸾对舞。玉容寂寞花无主。顾影偷弹玉箸。未央宫殿知何处。目送征鸿南去。"贺铸《清平乐》:"林皋叶脱。楼下清江阔。船里琵琶金捍拨,弹断么弦再抹。　夜潮州渚生寒。城头星斗阑干。忍话旧游新梦,三千里外长安。"葛胜仲《诉衷情·友人生日》:"清明寒食景暄妍。花映碧罗天。参差捍拨齐奏,丰颊拥芳筵。逢诞日,揖真仙。托炉烟。朱颜长似,头上花枝,岁岁年年。"刘一止《点绛唇》:"云鬓分行,照人明艳新妆就。御香窗牖。细酌

---

① (明)宋濂:《元史》卷七一,中华书局,1976年版,第1772页。
② (宋)叶延珪撰,李之亮校点:《海录碎事》卷一六,中华书局,2002年版,第790页。

鹅儿酒。铁拨鹍弦,一试春风手。龙仙奏。绛霄声透。不许人间有。"李弥逊《虞美人》:"金泥捍拨春声碎。恨入相思泪。醉欹秋水绿云斜。浑似梦中重到、阿环家。　　主人着意留春住。不醉无归去。只愁银烛晓生寒。明日落花飞絮、满长安。"曾觌《定风波·应制听琵琶作》:"捍拨金泥雅制新。紫檀槽映小腰身。姹姹雏莺相对语。欣睹。上林花底暖生春。　　飒飒胡沙飞指下。休讶。一般奇绝称精神。向道曲终多少意。须记。昭阳殿里旧承恩。"李处全《醉蓬莱·毛氏女兄生朝三月二十八日》:"政余春眷眷,首夏骎骎,清和时候。晓色曈昽,瑞霭凝轩牖。着子青梅,裊枝红药,物物俱情厚。绿倚朱弦,檀槽铁拨,华堂称寿。　　季父高怀,庆钟吾姊,富贵长年,自应兼有。更看诸郎,谢砌芝兰秀。蚤晚成名,雁行亲膝,无忌胜如舅。沆瀣朝霞,蓬莱弱水,酿为春酒。"

韩玉有一首《西江月》词云:"捍拨声传酒绿,蔷薇面衬宫黄。娇波斜入鬓云长。眉与春山一样。　　潇洒不禁疏瘦,低回犹似思量。换花梨叶晚阴凉。说与三年梦想。"捍拨,代指琵琶。

刘埙《清平乐·赠教坊乐师》:"铿金戛玉。弹就神仙曲。铁拨鹍弦清更熟。新腔浑胜俗。　　教坊尽道名师。声华都处俱知。指日内前宣唤,云韶独步丹墀。""铁拨",应该也是胡琴的拨子。

苏轼《南乡子》有其自序云:"沈强辅雯上出犀丽玉作胡琴,送元素还朝,同子野各赋一首。"这首词与前引张先同调词"相并细腰身"同时、同事所作,可以对读。词云:"裙带石榴红。却水殷勤解赠侬。应许逐鸡鸡莫怕,相逢。一点灵犀必暗通。　　何处遇良工。琢刻天真半欲空。愿作龙香双凤拨,轻拢。长在环儿白雪胸。"首句,结合张先词中"血色轻罗碎折裙"所写,可知两个名字中含"玉"的女子都穿着红裙。张词所写胡琴,是"曲项胡琴鱼尾拨",苏轼此词所写则是"龙香双凤拨",形状不同,可见当时胡琴形制之一般。

苏轼另有《哨遍·春词》一首,也写到胡琴:"睡起画堂,银蒜押帘,珠幕云垂地。初雨歇,洗出碧罗天,正溶溶养花天气。一霎暖风回芳草,荣光浮动,掩皱银塘水。方杏靥匀酥,花须吐绣,园林排比红翠。见乳燕捎蝶过繁枝。忽一线炉香逐游丝。昼永人闲,独立斜阳,晚来情味。　　便乘兴携将佳丽。深入芳菲里。拨胡琴语,轻拢慢捻总揔利。看紧约罗裙,急趣檀板,霓裳入破惊鸿起。颦月临眉,醉霞横脸,歌声悠扬云际。任满头红雨落花飞。渐鹈鹕楼西玉蟾低。尚徘徊、未尽欢意。君看今古悠悠,浮宦人间世。这些百岁,光阴几日,三万六千而已。醉乡路稳不妨行,但人生、要适情耳。"从下阕看,"轻拢慢捻总揔利"用白居易《琵琶行》语典,知苏轼所写胡琴,也是琵琶;"急趣檀板"二句,写这次胡琴演奏,以檀板为节拍,所弹乃《霓裳羽衣曲》的入破部分,音声高亢。而随着琵琶声,女子唱起歌,歌声悠扬,高入云际。这种乐、歌相生的表演,还原了当时词的原生态。

贺铸《蝶恋花》:"几许伤春春复暮。杨柳清阴,偏碍游丝度。天际小山桃叶步。白蘋花满湔裙处。　　竟日微吟长短句。帘影灯昏,心寄胡琴语。数点雨声风约住。朦胧淡月云来去。"胡琴在词中成为寄托心语、传达心意的载体。但此词无更多关于胡琴信息的透露。

六、觱篥(头管)

马端临《文献通考》卷一三六《乐考十·竹之属·胡部》,载竹类胡部乐器有觱篥、悲篥、头管、风管、漆觱篥、双觱篥、银字觱篥(银字管)、十八管箫、二十一管箫、歌箫、双角(长鸣角)、警角、大胡笳、小胡笳、芦管、羌笛(五孔)、胡笛、大横吹、小横吹、龙头笛,共二十种。

又云:"觱篥本名悲篥,出于胡中,其声悲。"注:"或云:儒者相传,胡人吹角以惊马,后以笳为首,竹为管。"①

在北宋时期先后进行的六次音乐改革中,李照曾经论述过觱篥及其作为胡乐代表的作用:"古之郑卫之乐,亦用歌钟,今胡部中方响十六,乃是郑卫编县之数,然而方响之用十六数者,亦有所为也。夫胡部之有筚篥,相传目之为梁柱,此言筚篥之声,于胡部管色之中得其实,不可增减其声,是故谓之梁柱。其曲法用十字,已极尽人手指之力,过此,不可能也。以此十字能应响方十六声中,若方响中去其清声四版,筚篥中去其五六二字,则胡部调曲不可成矣。"②在南宋祝穆《武夷山记》中,记一次人仙大会中用乐情景,就有觱篥:

> 亭之东西有青绫幛幄,内各设床,陈乐具。又闻赞者命鼓师张安陵打引鼓,赵元奇拍副鼓,刘小禽坎铃鼓,曾小童摆鼗鼓,高智满振曹鼓,高子春持短鼓,管师鲍公希吹横笛,板师何凤儿拊节板,于是东幄奏《宾云左仙之曲》。次命弦师董娇娘弹坎篌,谢英妃抚长琴,吕荷香夏圆鼓,管师黄次姑噪筚篥,秀淡鸣洞箫,宋小娥运居巢,金师罗妙容挥哑铓铙,于是西幄奏《宾云右仙之曲》。③

---

① (元)马端临:《文献通考》卷一三八,第4209页。
② (宋)李照:《编钟磬之数议》,《全宋文》第20册,第12页。
③ (宋)祝穆:《武夷山记》,《全宋文》第325册(卷七四六九),第165页。

日本学者林谦三则认为:"筚篥相传是出于龟兹。唐李颀《听安完善吹筚篥歌》云'南山截竹为筚篥,此乐本是龟兹出。'《乐府杂录》云'筚篥者本是龟兹乐也。'《事物纪原》引唐令狐揆《乐要》云'筚篥出于胡中,或出龟兹国也。'但此乐器之源当更在西天①,其律制似为与以印度乐调为主的龟兹乐调相和合地而制定下的。尽管天南地北的两相悬隔,骠国的两头笛与龟兹系的筚篥这两种乐器之律制竟全相契合,真使千载下的我们不能不生出惊异。陈旸《乐书》所载的漆筚篥、双筚篥(大约是唐制)之律制,除掉都缺林钟一律之外,均与两头笛律相应,也是一件奇事。"②

觱篥是宋词赖以歌唱的主要乐器,这已为夏承焘先生等指出。但不同于琵琶,宋词中直接描写、涉及觱篥的,非常少,仅有姜夔一例,还是出现在词序中,究其原因,实在令人不解。

姜夔《凄凉犯》,是其自度曲,为犯调典范。其词序云:

> 合肥巷陌皆种柳,秋风夕起骚骚然。予客居阖户,时闻马嘶。出城四顾,则荒烟野草,不胜凄黯,乃着此解。琴有凄凉调,假以为名。凡曲言犯者,谓以宫犯商、商犯宫之类。如道调宫上字住,双调亦上字住。所住字同,故道调曲中犯双调,或于双调曲中犯道调,其他准此。唐人乐书云:犯有正、旁、偏、侧。宫犯宫为正,宫犯商为旁,宫犯徵为偏,宫犯羽为侧。此说非也。十二宫所住字各不同,不容相犯,十二宫特可犯商、角、羽耳。予归行都,以此曲示国工田正德,使以哑觱栗角吹之,其韵极美,亦曰《瑞鹤仙影》。

《凄凉犯》曲调,可以用哑觱篥吹出,韵极美动听。

头管

即筚篥之别名。马端临《文献通考》卷一三八"筚篥"下,引陈旸《乐书》云:

> 陈氏《乐书》曰:觱篥一名悲篥,一名笳管,羌胡龟兹之乐也,以竹为管,以芦为首,状类胡笳而九窍,所法者角音而甚悲,篥胡人吹之以惊中国马焉。唐天后朝有陷冤狱者,其室配入掖庭,善吹觱篥,乃撰《别离难》曲,以寄哀情,亦号《怨回鹘》焉。后世乐家者流,以其旋宫转器以应律管,因谱其音,为众器之首,至今鼓吹教坊用之,以为头管

---

① 原注:参看 C. Sachs, Geist und Werden der Musikinstrumente, 1922, Kurz Oboe 条下。
② [日]林谦三著,郭沫若译:《隋唐燕乐调研究》,商务印书馆,1955年版,第90页。

是进。今之新声加于古之雅乐之上,不几于以新乱旧乎?降之雅乐之下,作之国门之外,可也。宋朝元会、乘舆行幸并进之,以冠雅乐,非先王下管之制也。然其大者九窍,以觱篥名之;小者六窍,以风管名之。六窍者,犹不失乎中声,而九窍者其失。盖与太平管同矣。今教坊所用上七空后三空,以五、凡、工、尺、上、一、四、六、勾、合十字谐其声。

尽管陈旸有着华夷意识,对觱篥头管之类来自异域的乐器持警惕态度,但宋代元会、乘舆行幸之际以觱篥头管冠诸雅乐,可见其使用程度及重要性。

《梦粱录》卷二十"妓乐",载宋代节日演出时各种乐器的使用情形,其中多次出现头管:

散乐传学教坊十三部,惟以杂剧为正色。旧教坊有筚篥部、大鼓部、拍板部。色有歌板色、琵琶色、筝色、方响色、笙色、龙笛色、头管色、舞旋色、杂剧色、参军等色。但色有色长、部有部头。上有教坊使、副钤辖、都管、掌仪、掌范,皆是杂流命官。其诸部诸色,分服紫、绯、绿三色宽衫,两下各垂黄义襕。杂剧部皆诨裹,余皆幞头帽子。更有小儿队、女童采莲队。其外别有钧容班人,四盂乘马从驾后动乐者是也。御马院使臣,凡有宣唤或御教,入内承应奏乐。绍兴年间,废教坊职名,如遇大朝会、圣节,御前排当及驾前导引奏乐,并拨临安府衙前乐人,属修内司教乐所集定姓名,以奉御前供应。向者汴京教坊大使孟角球曾做杂剧本子,葛守诚撰四十大曲,丁仙现捷才知音。南渡以后,教坊有丁汉弼、杨国祥等。景定年间至咸淳岁,衙前乐拨充教乐所都管、部头、色长等人员,如陆恩显、时和、王见喜、何雁喜、王吉、赵和、金宝、范宗茂、傅昌祖、张文贵、侯端、朱尧卿、周国保、王荣显等。且谓杂剧中末泥为长,每一场四人或五人。先做寻常熟事一段,名曰"艳段"。次做正杂剧、通名两段。末泥色主张,引戏色分付,副净色发乔,副末色打诨。或添一人,名曰"装孤"。先吹曲,破断送,谓之"把色"。大抵全以故事,务在滑稽唱念,应对通遍。此本是鉴戒,又隐于谏诤,故从便跣露,谓之"无过虫"耳。若欲驾前承应,亦无责罚。一时取圣颜笑。凡有谏诤,或谏官陈事,上不从,则此辈妆做故事,隐其情而谏之,于上颜亦无怒也。又有杂扮,或曰"杂班",又名"经元子",又谓之"拔和",即杂剧之后散段也。顷在汴京时,村落野夫,罕得入城,遂撰此端。多是借装为山东、河北村叟,以资笑端。

今士庶多以从省，筵会或社会，皆用融和坊、新街及下瓦子等处散乐家，女童装末，加以弦索赚曲，袛应而已。大凡动细乐，比之大乐，则不用大鼓、杖鼓、羯鼓、头管、琵琶等，每只以箫、笙、箪篥、嵇琴、方响，其音韵清且美也。若合动小乐器，只三二人合动尤佳，如双韵合阮咸，嵇琴合箫管，鳌琴合葫芦琴，或弹拨下四弦，独打方响，吹赚动鼓《渤海乐》一拍子至十拍子。又有拍番鼓儿，敲水盏，打锣板，和鼓儿，皆是也。街市有乐人三五为队，擎一二女童舞旋，唱小词，专沿街赶趁。元夕放灯、三春园馆赏玩、及游湖看潮之时，或于酒楼，或花衢柳巷妓馆家袛应，但搞钱亦不多，谓之"荒鼓板"。若论动清音，比马后乐加方响、笙与龙笛，用小提鼓，其声音亦清细轻雅，殊可人听。更有小唱、唱叫、执板、慢曲、曲破，大率轻起重杀，正谓之"浅斟低唱"。若舞四十六大曲，皆为一体。但唱令曲小词，须是声音软美，与叫果子、唱耍令不犯腔一同也。朝廷御宴，是歌板色承应。如府第富户，多于邪街等处，择其能讴妓女，顾倩袛应。或官府公筵及三学斋会、缙绅同年会、乡会，皆官差诸库角妓袛直。自景定以来，诸酒库设法卖酒，官妓及私名妓女数内，拣择上中甲者，委有娉婷秀媚，桃脸樱唇，玉指纤纤，秋波滴溜，歌喉宛转，道得字真韵正，令人侧耳听之不厌。官妓如金赛兰、范都宜、唐安安、倪都惜、潘称心、梅丑儿、钱保奴、吕作娘、康三娘、桃师姑、沈三如等，及私名妓女如苏州钱三姐、七姐、文字季惜惜、鼓板朱一姐、媳妇朱三姐、吕双双、十般大胡怜怜、婺州张七姐、蛮王二姐、搭罗邱三姐、一丈白杨三妈、旧司马二娘、裱背陈三妈、展片张三娘、半把伞朱七姐、轿番王四姐、大臂吴三妈、浴堂徐六妈、沈盼盼、普安安、徐双双、彭新等。后辈虽有歌唱者，比之前辈，终不如也。说唱诸宫调，昨汴京有孔三传编成传奇灵怪，入曲说唱；今杭城有女流熊保保及后辈女童皆效此，说唱亦精，于上鼓板无二也。盖嘌唱为引子四句就入者谓之"下影带"。无影带，名为"散呼"。若不上鼓面，止敲盏儿，谓之"打拍"。唱赚在京时，只有缠令、缠达。有引子、尾声为缠令。引子后只有两腔迎互循环，间有缠达。绍兴年间，有张五牛大夫，因听动鼓板中有《太平令》或赚鼓板，即令拍板大节抑扬处是也，遂撰为"赚"。赚者，误赚之之义也，正堪美听中，不觉已至尾声，是不宜为片序也。又有"覆赚"，其中变花前月下之情及铁骑之类。今杭城老成能唱赚者，如窦四官人、离七官人、周竹窗、东西两陈九郎、包都事、香沈二郎、雕花杨一郎、招六郎、沈妈妈等。凡唱赚最难,兼慢曲、曲破、大曲、嘌唱、耍令、番曲、叫声,接诸家腔谱也。若唱嘌耍令,今者如路岐人、王双莲、吕大夫唱得音律端正耳。今街市与宅院,往往效京师叫声,以市井诸色歌叫卖物之声,采合宫商成其词也。①

贺铸《千叶莲》词写到头管:

闻你侬嗟我更嗟。春霜一夜扫秾华。永无清啭欺头管,赖有浓香着臂纱。　　侵海角,抵天涯。行云谁为不知家。秋风想见西湖上,化出白莲千叶花。

根据陈旸前引《乐书》,头管其音"甚悲",词中所写"清啭",堪为近之。南宋王千秋《青玉案》词,上阕描写音乐表演:

鸣鼍欲引鱼龙戏。先自作、长江擂。头管一声天外起。群仙俱上,有人姝丽。认得分明是。　　欲相问劳来无计。但隔炉烟屡凝睇。掷我胸前方寸纸。拥翘欲去。颦蛾还住。不尽徘徊意。

"头管一声天外起"句,可见头管音声之高。第二句所谓"先自作、长江擂","擂"即"擂",敲击、击打乐器,它实际与首句相合,完整地表达意思:敲击鼍鼓。首句的"鸣鼍",鼍即长江中的鳄鱼,扬子鳄,也称"鼍龙""猪婆龙",古以其皮蒙鼓,声甚雄壮。《敦煌变文集·张义潮变文》云:"仆射即令整理队伍,排比兵戈,展旗帜,动鸣鼍,纵八阵,骋英雄。"唐皇甫松《醉乡日月·饮论》云:"醉得意,宜艳唱,宜其和也;醉将离,宜鸣鼍,壮其神也。"都见出鸣鼍声洪壮。王千秋词中,先以鼍鼓声开场,继以头管换声,似天外而来,引出"群仙"上场,这其中就有男主人公的意中人。

七、银字笙箫

《文献通考》卷一三八《银字》:

银字觱篥银字管。唐德宗朝,有将尉迟青素善觱篥,冠绝古今。时幽州有王麻奴,河北推为第一手。后访尉迟,令于高般涉调中吹《勒部羝曲》。曲终,尉迟颔颐而已,谓麻奴曰:"何必高般涉也?"即自取银字管,于平般涉中吹之,麻奴恭听,愧谢,自此不复言律矣。元

---

① (宋)吴自牧:《梦梁录》,《东京梦华录》(外四种),古典文学出版社,1957年版,第308—310页。

和、太和以来,有黄日迁、楚林、尚六六、史敬约、史汉瑜之徒,皆雅能者,然方尉迟邈乎天冠而地履也。懿皇命史敬约以觱篥初弄《通调》,上谓是曲乃误,乃随拍制成其曲。①

可知银字笙箫来自异域。宋词中,有数首写到这种乐器。毛滂一人就有三首。其《浣溪沙·泛舟》云:"银字笙箫小小童。梁洲吹过柳桥风。阿谁劝我玉杯空。　小醉径须眠锦瑟,夜归不用照纱笼。画船帘卷月明中。"《诉衷情·三月八日仲存席上见吴家歌舞》云:"花阴柳影映帘栊。罗幕绣重重。行云自随语燕,回雪趁惊鸿。　银字歇,玉杯空。蕙烟中。桃花髻暖,杏叶眉弯,一片春风。"《感皇恩·镇江待闸》云:"绿水小河亭,朱阑碧甃。江月娟娟上高柳。画楼缥缈,尽挂窗纱帘绣。月明知我意,来相就。　银字吹笙,金貂取酒。小小微风弄襟袖。宝熏浓炷,人共博山烟瘦。露凉钗燕冷,更深后。"

侯寘有一首。《踏莎行·壬午元宵戏呈元汝功参议》云:"元夕风光,中兴时候。东风着意催梅柳。谁家银字小笙簧,倚阑度曲黄昏后。　拨雪张灯,解衣贳酒。觚棱金碧闻依旧。明年何处看升平,景龙门下灯如昼。"李吕《鹧鸪天·寄情》:"脸上残霞酒半消。晚妆匀罢却无聊。金泥帐小教谁共,银字笙寒懒更调。　人悄悄,漏迢迢。琐窗虚度可怜宵。一从恨满丁香结,几度春深豆蔻梢。"

蒋捷有两首。《一剪梅·舟过吴江》云:"一片春愁待酒浇。江上舟摇。楼上帘招。秋娘度与泰娘娇。风又飘飘。雨又萧萧。　何日归家洗客袍。银字笙调。心字香烧。流光容易把人抛。红了樱桃。绿了芭蕉。"《行香子·舟宿兰湾》云:"红了樱桃。绿了芭蕉。送春归、客尚蓬飘。昨宵谷水,今夜兰皋。奈云溶溶,风淡淡,雨潇潇。　银字笙调。心字香烧。料芳惊、乍整还凋。待将春恨,都付春潮。过窈娘堤,秋娘渡,泰娘桥。"

八、管箫

马端临《文献通考》卷一三八《乐考十一·竹之属·胡部》有十八管箫和二十一管箫两种,前者云:"唐乐图所传之箫,凡十八管,取五声四清倍音,通林钟黄钟二均声,而梁部用之。"后者称:"此箫取七音而三倍之。龟兹部所用。岂宜存之以乱华音哉?"②马端临于此表达出他一贯坚持的华夷之别的文化本位思想,以存华音为务。

---

① (元)马端临:《文献通考》卷一三八,第4210页。
② (元)马端临:《文献通考》卷一三八,第4210页。

北宋时,元丰二年(1079),慈圣光献皇后去世,无名氏作有《虞主回京四首》,其中《警场内三曲·六州》云:

> 庆深恩。宝历正乾坤。前帝子,后圣孙。援立两仪轩。西宫大母朝寝门。望椒阃常温。芳时媚景,有三千宫女,相将奉、玉辇金根。上林红英繁。缥缈钧天。奏梨园。望绝瑶池,影断桃源。　　恨难论。开禁闱。春风丹旐翩翩。飞翠盖、驾珊辒。容卫入西原。管箫动地清喧。陵上柏烟昏。残霞弄影,孤蟾浮天外,行人触目是销魂。问苍天。尘世光阴去如奔。河洛溽湲。此恨长存。

在举行的皇后虞主回京的仪式中,管箫是惟一提到的乐器。其音清喧动地,令人哀痛,引得"行人触目是销魂",可见其悲哀感动人心之深,尽管词人未明确交代是十八管箫还是二十一管箫。

南宋时,吴潜作有《昼锦堂·己未元夕》一首,写到管箫:

> 绮縠团成,珠玑搦就,极目灯火楼台。七子八仙三教,耍队相挨。管箫笙簧相间斗,远如声韵碧霄来。环千炬,宝栅绛纱,云球雾袤交加。　　千里人笑乐,游妓合、脂尘香霭笼街。尽道今宵节物,天与安排。晚来风阵全收了,夜阑还放月儿些。休辞醉,长愿每年时候,一样情怀。

词中"管箫笙簧"似仅指笙、箫,不指外来乐器管箫。

九、胡笳

《文献通考》卷一三八"大胡笳"下有小字"大箛":

> 杜挚《笳赋》云:"李伯阳入西戎所造。"晋《先蚕仪注》:"车驾住,吹小箛;发,吹大箛。"箛即笳也。又有胡笳。《汉书篴笛录》有其曲,不记所出本末。大胡笳似觱栗而无孔,后世卤部用之,岂张博望所传《摩阿兜勒》之曲邪?晋有大箛、小箛,盖其遗志也。《沈辽集》:大胡笳十八拍,世号为"沈家声";小胡笳十九拍,末拍为契声,世号为"祝家声"。唐陈怀古、刘充渚,尝勘停歇句度无谬,可谓备矣。楚调有大胡笳鸣,小胡笳鸣,并琴、筝、笙得之,亦其遗声欤?杜《赋》以为老子所作,非也。①

---

① (元)马端临:《文献通考》卷一三八,第4212页。

同书"小胡筘小筑"调云:

  陈氏《乐书》曰:"昔《先蚕仪注》,凡车驾所止,吹小筘,发大筘,其实胡筘也。古之人激南楚,吹胡筘,叩角动商,鸣羽发征,风云为之摇动,星辰为之变度,况人乎?刘畴尝避乱坞壁,贾胡欲害之者百数,畴援而吹之,为出塞之声,动游客之思,群胡卒泣遁而去。刘越石为胡骑围之者数重,越石中夜奏之,群胡卒弃围而奔。由此观之,筘声之感人如此其深,施之于戎貉可也。晋之施于车驾仪注,不几乎变夏于夷邪?"刘畴事,出曹嘉之《晋书》;刘越石事,出《世说》。①

宋词中,有二十余首写到胡筘。柳永《迷神引》云:"一叶扁舟轻帆卷。暂泊楚江南岸。孤城暮角,引胡筘怨。水茫茫,平沙雁、旋惊散。烟敛寒林簇,画屏展。天际遥山小,黛眉浅。　旧赏轻抛,到此成游宦。觉客程劳,年光晚。异乡风物,忍萧索、当愁眼。帝城赊,秦楼阻,旅魂乱。芳草连空阔,残照满。佳人无消息,断云远。"

欧阳修《渔家傲》云:"十月轻寒生晚暮。霜华暗卷楼南树。十二阑干堪倚处。聊一顾。乱山衰草还家路。　悔别情怀多感慕。胡筘不管离心苦。犹喜清宵长数鼓。双绣户。梦魂尽远还须去。"

沈蔚《清商怨》云:"城上鸦啼斗转。渐渐玉壶冰满。月淡寒梅,清香来小院。　谁遣鸾笺写怨。翻锦字、迷迷如愁卷。梦破胡筘,江南烟树远。"

吴则礼《秦楼月·送别》:"怅离阕。淮南三度梅花发。梅花发。片帆西去,落英如雪。　新秦古塞人华发。一樽别酒君听说。君听说。胡筘征雁,陇云沙月。"

叶梦得《水调歌头》:"秋色渐将晚,霜信报黄花。小窗低户深映,微路绕敧斜。为问山翁何事,坐看流年轻度,拚却鬓双华。徙倚望沧海,天净水明霞。　念平昔,空飘荡,遍天涯。归来三径重扫,松竹本吾家。却恨悲风时起,冉冉云间新雁,边马怨胡筘。谁似东山老,谈笑静胡沙。"

胡世将《念奴娇》:"神州沈陆,问谁是、一范一韩人物。北望长安应不见,抛却关西半壁。塞马晨嘶,胡筘夕引,赢得头如雪。三秦往事,只数汉家三杰。　试看百二山河,奈君门万里,六师不发(朝议主和)。阃外何人回首处,铁骑千群都灭(富平之败)。拜将台敧,怀贤阁杳,空指冲冠发。阑干拍偏,独对中天明月。"

---

① (元)马端临:《文献通考》卷一三八,第4212—4213页。

洪皓《江梅引》题序："顷留金国,四经除馆。十有四年,复馆于燕。岁在壬戌,甫临长至,张总侍御邀饮。众宾皆退,独留少欵。侍婢歌江梅引,有'念此情、家万里'之句,仆曰:此词殆为我作也。又闻本朝使命将至,感慨久之。既归,不寐,追和四章,多用古人诗赋,各有一笑字,聊以自宽。如暗香、疏影、相思等语,虽甚奇,经前人用者众,嫌其一律,故辄略之。卒押吹字,非风即笛,不可易也。此方无梅花,士人罕有知梅事者,故皆注所出。(旧注:阙一首。)此录示乡人者,北人谓之四笑江梅引。"词云:"天涯除馆忆江梅。几枝开。使南来。还带余杭、春信到燕台。准拟寒英聊慰远,隔山水,应销落,赴诉谁。　　空恁遐想笑摘蕊。断回肠,思故里。漫弹绿绮。引三弄、不觉魂飞(阁本作'强弹录绮。引三迭、恍若魂飞')。更听胡笳、哀怨泪沾衣。乱插繁花须异日,待孤讽,怕东风,一夜吹。"

张孝祥《浣溪沙·坐上十八客》:"同是瀛州册府仙。只今聊结社中莲。胡笳按拍酒如川。　　唤起封姨清晚景,更将荔子荐新圆。从今三夜看蝉娟。"

卢炳《念奴娇》:"好风明月,共芙蕖、占作人间三绝。试问千花还□□,敢与英姿同列。一曲千钟,凌云长啸,舒放愁肠结。人生易老,莫教双鬓添雪。　　回首蝇利蜗名,微官多误,自笑尘生袜。争似玉人真妩媚,表里冰壶明洁。露下寒生,参横斗转,又听胡笳发。夜阑人静,一声清透云阙。"

魏了翁《洞庭春色·再用初八日韵谢通判运管以下》:"安石声名,买臣富贵,我不敢知。谩扬州泛泛,浮湛随水,阊门轧轧,开阖从时。满目浮荣何与我,只赢得一场闲是非。诚知此,问不归何待,不饮胡为。　　岩松涧篁易老,应只能、采菽烹葵。看风沙漠漠,未清紫逻,烟云冉冉,时露晴晖。谁唤当年刘越石,为携取胡笳乘月吹。吾无用,但寱言独宿,奋不能飞。"

李曾伯《沁园春·庚寅为亲庭寿》:"鸿禧主人,一闲半年,未尝厌闲。谓有溪可钓,有田可秫,有兰堪佩,有菊堪餐。羽檄秋风,胡笳夜月,多少勋名留汉关。如今且,效樽罍北海,歌舞东山。　　门前。咫尺长安。但只恐纶音催禁班。把鹭鬓数茎,更因民白,鸥心一片,犹为君丹。蓝绶儿痴,彩衣家庆,倦羽伶俜江汉还。春光小,看庭闱岁岁,一笑梅间。"

陈允平《蝶恋花》:"楼上钟残人渐定。庭户沉沉,月落梧桐井。闷倚琐窗灯炯炯。兽香闲伴银屏冷。　　淅沥西风吹雁影。一曲胡笳,别后谁堪听。誓海盟山虚话柄。凭书问着无言应。"

刘辰翁《烛影摇红·丙子中秋泛月》:"明月如冰,乱云飞下斜河去。旋呼艇子载箫声,风景还如故。袅袅余怀何许。听尊前、呜呜似诉。近年潮信,万里阴晴,和天无据。　　有客秋风,去时留下金盘露。少年终夜奏胡笳,谁料归无路。同是江南倦旅。封婵娟、君歌我舞。醉中休问,明月明年,人在何处。"

刘辰翁《水调歌头·中秋口占》:"明月几万里,与子共中秋。古今良夜如此,寂寂几时留。何处胡笳三弄,尚有南楼余兴,风起木飕飕。白石四山立,玉露下平洲。　　醉青州,歌赤壁,赋黄楼。人间安得十客,谭笑发中流。看取横江皓彩,犹似沈河白璧,光气彻天浮。举首快哉去,灯火见神州。"

刘辰翁《临江仙》:"过眼纷纷遥集,来归往往豜儿。草间塞口袴间啼。提携都不是,何似未生时。　　城上胡笳自怨,楼头画角休吹。谁人不动故乡思。江南秋尚可,塞外草先衰。"

文天祥《酹江月·甲戌湘宪种德堂灯屏》:"庐山依旧,凄凉处、无限江南风物。空翠晴岚浮汗漫,还障天东半壁。雁过孤峰,猿归危嶂,风急波翻雪。乾坤未老,地灵尚有人杰。　　堪嗟漂泊孤舟,河倾斗落,客梦催明发。南浦闲云连草树,回首旌旗明灭。三十年来,十年一过,空有星星发。夜深愁听,胡笳吹彻寒月。"

刘埙《菩萨蛮·和詹天游》:"故园青草依然绿。故宫废址空乔木。狐兔穴岩城。悠悠万感生。　　胡笳吹汉月。北语南人说。红紫闹东风。湖山一梦中。"

刘埙《长相思·客中景定壬戌秋》:"雾隔平林,风欺败褐,十分秋满黄华。荒庭人静,声惨寒蛩,惊回羁思如麻。庾信多愁,有中宵清梦,迢递还家。楚水绕天涯。黯消魂、几度栖鸦。　　对绿橘黄橙,故园在念,怅望归路犹赊。此情吟不尽,被西风、吹入胡笳。目极黄云,飞渡处、临流自嗟。又斜阳,征鸿影断,夜来空信灯花。"

汪元量《一翦梅·吴山》:"十年愁眼泪巴巴。今日思家。明日思家。一团燕月照窗纱。楼上胡笳。塞上胡笳。　　玉人劝我酌流霞。急拍琵琶。缓拍琵琶。一从别后各天涯。欲寄梅花。莫寄梅花。"

汪元量《忆秦娥》:"如何说。人生自古多离别。多离别。年年辜负,海棠时节。　　娇娇独坐成愁绝。胡笳吹落关山月。关山月。春来秋去,几番圆缺。"

佚名《蓦山溪·野梅》:"当时曾见,上苑东风暖。今岁却相逢,向烟村、亭边驿畔。垂鞭立马,一晌黯无言,江南信,寿阳人,怅望成肠断。　　琼妆雪缀,满野空零乱。谁是倚阑干,更那堪、胡笳羌管。疏枝残蕊,犹懒不娇春,水清浅,月黄昏,冷淡从来惯。"

十、芦管

马端临《文献通考》卷一三八《乐考十一·竹之属·胡部·芦管》:"胡人截芦为之,大概与觱篥相类,出于北国。唐宣宗善吹芦管,自制《杨柳枝》《新倾杯》二曲,有数拍,不均。尝命俳优辛骨餐拍,不中,因嗔视。骨餐忧惧,一夕而毙。"又引《桂苑丛谈》所载:"唐咸通中,丞相李蔚自大梁移镇淮海,尝构池亭,目曰赏心。有小校薛杨陶因献朱崖李相、陆畅、元白所撰《芦管歌》一轴,次出其管,兹亭奏之。盖其管绝征,每于一觱篥管中常容三管。"①

芦管在宋词中,仅有晏几道一首《蝶恋花》:"庭院碧苔红叶遍。金菊开时,已近重阳宴。日日露荷凋绿扇。粉塘烟水澄如练。　　试倚凉风醒酒面。雁字来时,恰向层楼见。几点护霜云影转。谁家芦管吹秋怨。"

十一、羌笛

笛子本是中国乐器,关于笛子的起源,有西来说和外来说两主张。主西来说者,主要依据文献记载而认为笛子由西域传入,其与张骞出使西域有关。如常被作为论据的晋崔豹《古今注》说:"横吹,胡乐也。博望侯张骞入西域,传其法于西京(长安),惟得《摩诃兜勒》一曲……"但出土西汉笛大多比张骞第一次由西域归来的年代(前126)要早,有些笛的出土地点在地理范围上也非西域,显然西来说无法成立。

"主外来说者,主要根据美索不达米亚乌尔古墓出土笛而认为中国笛子是由两河流域传入的。但裴李岗和河姆渡文化骨笛要比乌尔古墓笛子(取断代为纪元前2800年的说法)早两三千年。在这些确凿的事实面前,西来说、外来说都不攻自破了。目前看来,至少有黄河中游之裴李岗文化和长江下游之河姆渡文化两处,这在当时是世界上领先的"②。

但羌笛,显然来自羌中,早在东汉许慎《说文解字》中,已有"羌笛三孔"之说,而中国本土之笛,无论是篪,还是箫,还是笛,多是六孔,有的七孔、八孔。其中,三孔者,如甲渠侯官出土的竹笛仅有三孔,且孔位设置也不同。这说明"甘、青一带出土的笛子与中原和鄂、湘、贵地区不同,当是另一个发展支

---

① (元)马端临:《文献通考》卷一三八,第4213页。
② 方建军:《乐器——中国古代音乐文化的物质构成》,台湾台北市学艺出版社,1996年版,第182页。

系"①,这个支系应该就是羌笛。

《文献通考》卷一三八:

> 陈氏《乐书》曰:"马融赋笛,以为出于羌中,旧制四孔而已。京房因加一孔以备五音。"《风俗通》:汉武帝时,邱仲作尺四寸笛,后更名羌笛焉。《宋书》云:有胡笛小篪出于鼓吹,岂梁之胡歌邪?灵帝好胡笛,而汉室以倾;明皇喜胡箫,而唐祚几坠。以中华万乘之主,耽膻胡淫乱之音,则天下何以观化为哉?然而不乱且亡,未之有也。《广雅》曰:籥谓之笛,七孔,有黄钟、大吕,为二均声,盖不考笙师"籥笛异器"之过也。古者羌笛有《落梅花》曲,开元中,有李谟善吹,独步当时。越州刺史皇甫政月夜泛鉴湖,命谟吹笛,谟为之尽妙,时有一老父泛舟听之,因奏一声,湖波摇动,笛遂中裂,即探怀中一笛以毕其曲,政视之,有三龙翔舟而听。老人曲终,以笛付谟,谟吹之,竟不能声,而老父亦失所在矣。大中以来,有王六六、王师简,亦妙手也。②

宋词对羌笛的描写较多,仅佚名词人之作,即达二十首。今略举数例。柳永《轮台子》:"雾敛澄江,烟消蓝光碧。彤霞衬遥天,掩映断续,半空残月。孤村望处人寂寞,闻钓叟、甚处一声羌笛。九疑山畔才雨过,斑竹作、血痕添色。感行客。翻思故国,恨因循阻隔。路久沉消息。 正老松枯柏情如织。闻野猿啼,愁听得。见钓舟初出,芙蓉渡头,鸳鸯滩侧。干名利禄终无益。念岁岁间阻,迢迢紫陌。翠蛾娇艳,从别后经今,花开柳拆伤魂魄。利名牵役。又争忍、把光景抛掷。"

柳永《倾杯》:"鹜落霜洲,雁横烟渚,分明画出秋色。暮雨乍歇。小楫夜泊,宿苇村山驿。何人月下临风处,起一声羌笛。离愁万绪,闻岸草、切切蛩吟如织。 为忆。芳容别后,水遥山远,何计凭鳞翼。想绣阁深沉,争知憔悴损、天涯行客。楚峡云归,高阳人散,寂寞狂踪迹。望京国。空目断、远峰凝碧。"

王诜《落梅花》:"寿阳妆晚,慵匀素脸,经宵醉痕堪惜。前村雪里,几枝初绽,□冰姿仙格。忍被东风,乱飘满地,残英堆积。可堪江上起离愁,凭谁说寄,肠断未归客。 流恨声传羌笛。感行人、水亭山驿。越溪信阻,仙乡路杳,但风流尘迹。香艳浓时,东君吟赏,已成轻掷。愿身长健,且凭阑,明年还

---

① 方建军:《乐器——中国古代音乐文化的物质构成》,第181页。
② (元)马端临:《文献通考》卷一三七,第4213页。

赵佶《眼儿媚》："玉京曾忆昔繁华。万里帝王家。琼林玉殿,朝喧弦管,暮列笙琶。花城人去今萧索,春梦绕胡沙。家山何处,忍听羌笛,吹彻梅花。"

权无染《孤馆深沉》："琼英雪艳岭梅芳。天付与清香。向腊后春前,解压万花,先占东阳。　拟待折、一枝相赠,奈水远天长。对妆面、忍听羌笛,又还空断人肠。"

韩世忠《满江红》："万里长江,淘不尽、壮怀秋色。漫说道、秦宫汉帐,瑶台银阙。长剑倚天氛雾外,宝弓挂日烟尘侧。向星辰、拍袖整乾坤,难消歇。　龙虎啸,风云泣。千古恨,凭谁说。对山河耿耿,泪沾襟血。汴水夜吹羌笛管,銮舆步老辽阳月。把睡壶敲碎问蟾蜍,圆何缺。"

十二、胡笛

马端临《文献通考》卷一三八《乐考十一·竹之属·胡部》把胡笛与羌笛并列,可见胡笛即羌笛。宋词出现更多的是羌笛,胡笛仅出现一次,即无名氏《满庭霜》中所写:

一种江梅,偷传春信,夜来先绽南枝。嫩苞寒萼,妆点缀胭脂。雪里浑迷素质,明月下、惟有香肌。山村路,人家舍窄,低亚水边篱。

偏宜。寿阳女,新妆淡淡,粉面曾施。更胡笛羌管,塞曲争吹。陌上行人暂听,香风动、都入愁眉。音书杳,天涯望断,折寄拟凭谁。

十三、横吹

马端临《文献通考》卷一三八《乐考十一·竹之属·胡部·大横吹小横吹》："并以竹为之,笛之类也。《律书·乐图》云:'横吹,胡乐也。'昔张博望入西域,传其法于西京,得《摩诃兜勒》一曲,李延年因之更造新声二十八解,乘舆以为武乐,汉时常给边将。魏晋以后,二十八解又不复存,其所用者,惟《黄鹤》《垄头水》《出关》《入关》《出塞》《入塞》《折杨柳》《黄覃子》《赤之杨》《望行人》十四曲也。唐乐所载大横吹部有角、鼓、角(按:此处疑误)、笛、箫、筚、觱篥七色,小横吹部有角、笛、箫、筚、觱篥、桃皮觱篥六色,惟大横吹三十四曲内三曲马上警严用之。"这三大曲,"一曰《欢乐树》,二曰《空口莲》,三曰《贺六浑》";另有二十一曲备拟所用:"一曰《灵泉崔》,二曰《达和若轮空》,三曰《白净王子》,四曰《他贤逸勒》,五曰《鸣和罗纯羽(玉追)》,六曰《叹度热》,七曰《吐九利纯比伦》,八曰《元比顿》,九曰《植菩离》,十曰《胡笛尔笛》,十一曰《鸣罗特罚》,十二曰

《比久伏大汗》,十三曰《于理真斤》,十四曰《素和斛律》,十五曰《鸣缆真》,十六曰《乌铁甘》,十七曰《特介汉》,十八曰《度宾哀》,十九曰《阿若于楼达》,二十曰《大贤真》,二十一曰《破阵乐》。"①用于警严之三曲,备拟所用二十一曲,从名目看,都是非中国所有,更像是汉语翻译过来的。

宋词中的横吹,多数是指笛子,然不能完全指笛子。同时,马端临已指出"横吹,笛之类也",故一并现之:

则禅师《满庭芳》:"咄这牛儿,身强力健,几人能解牵骑。为贪原上,嫩草绿离离。只管寻芳逐翠,奔驰后、不顾倾危。争知道,山遥水远,回首到家迟。　　牧童,今有智,长绳牢把,短杖高提。入泥入水,终是不生疲。直待心调步稳,青松下、孤笛横吹。当归去,人牛不见,正是月明时。"

蔡伸《念奴娇》:"凌空宝观,乍登临、多少伤离情味。森森烟波吴会远,极目江淮无际。槛外长江,楼中红袖,淡荡秋光里。一声横吹,半滩鸥鹭起。　　因念遐馆香闺,玉肌花貌,有盈盈仙子。弄水题红传密意,宝墨银钩曾寄。泪粉香销,碧云□杳,脉脉人千里。一弯新月,断肠危栏独倚。"

张元幹《念奴娇·题徐明叔海月吟笛图》:"秋风万里,湛银潢清影,冰轮寒色。八月灵槎乘兴去,织女机边为客。山拥鸡林,江澄鸭绿,四顾沧溟窄。醉来横吹,数声悲愤谁测。　　飘荡贝阙珠宫,群龙惊睡起,冯夷波激。云气苍茫吟啸处,鼍吼鲸奔天黑。回首当时,蓬莱方丈,好个归消息。而今图画,谩教千古传得。"

杨无咎《解蹀躞·吕倩倩吹笛》:"金谷楼中人在,两点眉颦绿。叫云穿月,横吹楚山竹。怨断忄亡忆因谁,坐中有客,犹记住、平阳宿。泪盈目。百转千声相续。停杯听难足。谩夸天海风涛旧时曲。夜深烟惨云愁,倩君沈醉,明日看、梅梢玉。"

王质《一斛珠·桃园赏雪》:"寒江凝碧。是谁剪作梨花出。花心犹带江痕湿。轻注香腮,却是桃花色。飞来飞去何曾密。疏疏全似新相识。横吹小弄梅花笛。看你飘零,不似江南客。"

王质《水调歌头·饶风岭上见梅》:"花上插苍碧,花下走清湍。浓霜深覆残雪,更有月相参。似我竹溪茅屋,欲晓未明天气,扶杖绕

---

① (元)马端临:《文献通考》卷一三八,第4214页。

篱看。秦楚五千里,何处是江南。　　饶风下,人不断,马相连。颇尝见有此客,相属意惓惓。欲为横吹出塞,无处可寻羌管,短策叩征鞍。策断征鞍裂,惊堕玉毰毸。"

吴泳《满江红·送魏鹤山都督》:"白鹤山人,被推作、诸军都督。对朔雪边云,上马龙光醲郁。戊己营西连太白,甲丁旗尾扣箕宿。倚梅花、听得凯歌声,横吹曲。　　船易漏,衽难沃。柯易烂,棋难复。阅勋名好样,只推吾蜀。风撼藕塘猩鬼泣,月吞采石鲸鲵戮。管明年、缚取敌人回,持钩轴。"

徐宝之《桂枝香》:"人间秋至。对暮雨满城,沉思如水。桐叶惊风,似语怨蛩齐起。南楼月冷曾多恨,怕而今、夜深横吹。那堪更听,萧萧搣摵,透窗摇睡。　　问楚梦、闲云何地。但手约轻绡,省人深意。红树池塘,谁见宿妆凝睇。旧时裘马行歌事,合都归、汀苹烟芷。思王渐老,休为明珰,沉吟洛涘。"

无名氏《鼓笛慢》:"雪霏冰结霜凝,是谁透得春工意。南枝向暖,江边岭上,独先众卉。闲态幽姿,绿窗红蒂,粉英金蕊。念冰肤秀骨,人间要见,除非是、真仙子。　　羌管且休横吹。待佳人、新妆初试。鸾台晓鉴,人花相对,何须更比。疏影横斜,暗香浮动,月低风细。又岂知,渐结枝头翠玉,有和羹美。"

无名氏《汉宫春》:"横吹声沉,倚危楼红日,江转天斜。黄尘边火洶洞,何处吾家。胎禽怨夜,半乘风、玄露丹霞。先生笑,飞空一剑,东风犹自天涯。　　情知道山中好,早翠罽含隐,瑶草新芽。青溪故人信断,梦逐飚车。乾坤星火,归来兮、煮石煎砂。回首处、幅巾蒲帐,云边独笑桃花。"

第四章

唐宋词中的域外名物

第一节 唐宋词中的域外植物

宋词中有不少植物、水果意象,人们较为容易知道来自异域,如葡萄等,有些则忽略其不是本土所产,如金桃、庵摩勒等。考察这些异域植物、水果,人们可以进一步认识宋词,了解宋代词人的创作。

金桃

金桃作为舶来品,其来源有两个说法。一是来自日本。南朝梁任昉《述异记》卷上:"日本国有金桃,其实重一斤。"另一说法是来自西域,唐代开始贡献中国。这个说法材料最多,占据主导地位。美国著名汉学家薛爱华的名著《撒马尔罕的金桃——唐代舶来品研究》,标题即以金桃命名。他说:

> 在我们当前的时代,舶来品对人们具有强烈的吸引力……我们之所以要得到这些具有神奇魅力的货物,或者是因为在本地不出产类似的产品,或者是因为舶来品比土产品质量更好,而最重要的则是这些舶来品是从那些令人心驰神往的地方来的。这些地区在我们心目中的形象,与在讲求实际的外交生活、进出口贸易以及战争中假定的"实体"是风马牛不相及的。舶来品的真实活力存在于生动活泼的想象的领域之内,正是由于赋予了外来物品以丰富的想象,我们才真正得到了享用舶来品的无穷乐趣。

"撒马尔罕的金桃"之所以被选作本书的书名,是因为"金桃"可以使人产生丰富的联想——西方传说中的金苹果;见于中国古代传说中记载的、生长在遥远的西方、能够使人长生不老的仙桃;而且这个名字还使人不禁想起詹姆斯·埃尔罗斯·弗莱克《通往撒马尔罕的金色旅程》以及弗雷德里克·戴流士写的音乐。除了上面所提到的有关"金桃"与"撒马尔罕"的神话传说和音乐作品之外,在历史上,撒马尔罕也确实曾经出产过金桃。七世纪时,撒马尔罕的王国曾经两次向唐朝宫廷贡献一种珍异灿黄的桃子作为正式的贡品,而当时就将这种桃子称作"金桃"。据记载,"康国献黄桃,大如鹅卵,其色如金,亦呼金桃"。当时进贡的这些水果是专门供唐朝的皇室成员享用的,其中有些树种还被那些长途跋涉、穿越西域戈壁荒漠的使臣商队带入唐朝境内,并且移植进了长安的宫廷果园。但是金桃究竟是一种什么样的水果,这种水果的滋味又到底如何,我们现在已经无从推测了。种种奇妙的传说,使这种水果罩上了一层耀眼迷人的光环,从而也就成了唐朝人民所渴求的所有外来物品以及他们所希冀的所有未知事物的象征。①

薛爱华书中"康国献金桃",出自多种史书记载:
《唐会要》卷九十九《康国》:

　　贞观九年七月,献狮子。太宗嘉其远来,使秘书监虞世南为之赋。十一月,又献金桃、银桃,诏令植于苑。

《唐会要》卷一百《杂录》:

　　(贞观)二十一年三月十一日,以远夷各贡方物,其草木杂物有异于常者,诏所司详录焉。叶护献马乳葡卜,一房长二尺,子亦稍大,其色紫。摩伽献菩提树一,名皮罗,叶似白杨。康国献黄桃,大如鹅卵,其色如金,亦呼金桃。

唐杜佑《通典》卷一百九十三《边防九·西戎五康居》:

　　大唐贞观二十一年,其国献黄桃,大如鹅卵,其色如金,亦呼为金桃。

---

① [美]薛爱华著,吴玉贵译:《撒马尔罕的金桃——唐代舶来品研究》,第27、28页。

《旧唐书》卷一百九十八《西戎·康国》：

> 武德十年，屈术支遣使献名马。贞观九年，又遣使贡狮子。太宗嘉其远至，命秘书监虞世南为之赋。自此朝贡，岁至。十一年，又献金桃、银桃，诏令植之于苑囿。

《新唐书》卷二百二十一《西域·康国》：

> 贞观五年，遂请臣。太宗曰：朕恶取虐名害百姓。且康臣我，缓急当同其忧。师行万里，宁朕志邪？却不受。俄又遣使献师子兽。帝珍其远，命秘书监虞世南作赋。自是岁入，贡致金桃、银桃，诏令植苑中。

《通志》卷一百九十六《康居》：

> 唐贞观二十一年，其国献黄桃，大如鹅卵，其色如金，亦呼为金。

宋乐史撰《太平寰宇记》卷一百八十三，《四夷十二·西戎四康居国》：

> 贞观九年，献狮子。太宗嘉其远至，命秘书少监虞世南为之赋。至十一年，其国献黄桃，大如鹅卵，其色如金，亦呼之为金桃，诏令植于苑囿。

马端临《文献通考》卷三百三十八《四裔考·十五·康居》：

> 贞观五年，又献狮子兽、金桃、银桃。

薛爱华说："七世纪时，撒马尔罕的王国曾经两次向唐朝宫廷贡献一种珍异灿黄的桃子作为正式的贡品，而当时就将这种桃子称作'金桃'。"说康国两次进贡金桃，不确。以上各书所记不一，当是康国所献金桃次数较多，概括而言，康国分别于贞观五年（631）、贞观九年、贞观十一年、贞观二十一年，凡四次贡献金桃。所以，薛爱华的论说不准确。南朝梁代任昉所记日本国金桃，与唐代未发生关系；而唐代大诗人杜甫《山寺》诗所写："麝香眠石竹，鹦鹉啄金桃。"清代仇兆鳌注引朱鹤龄曰："崇仁饶焯景仲与余言：尝见武林有金桃，色如杏，七八月熟。因知《东都事略》所记外国进金桃、银桃种，即此。"然《东都事略》所记外国进金桃、银桃事，今本未见，不知何故。

薛爱华在书中对金桃到底是什么样的水果产生好奇，他说："金桃究竟是一种什么样的水果，这种水果的滋味又到底如何，我们现在已经无从推测了。"实际上，作为一种水果，金桃的具体情形，在《广群芳谱·果谱一·桃》中有记录："金桃，形长，色黄如金，肉粘核，多蛀，熟迟，用柿接者，味甘色黄。"色黄如金,正是其得名之由。或许可以弥补薛爱华的遗憾。

金桃的栽培情况,薛爱华有过研究:

>金桃那金黄灿灿的颜色,使唐朝宫廷乐于将它栽种在皇家的果园里。唐朝的花园和果园从外国引进了大大小小许多植物品种,其中有些植物长久地留传了下来,而有些则只存在了很短的时期。作为这些外来植物的代表和象征,金桃确实是很合适的。目前还没有记载表明,这种金桃曾经传播到长安御苑之外的地方,甚至就在御苑中,七世纪之后也没有金桃存在。有意思的是,唐朝曾经培育过"金桃",也许这是对康国原产的模仿,也许就是某位目不识丁的园丁的创造。据称,唐朝境内自己培育的金桃是通过将桃树的枝条嫁接在柿子树上而长成的。①

说七世纪之后没有金桃的存在,不符合事实;即使嫁接的金桃,仍然是金桃,否则前引《广群芳谱》对金桃的记载,也就不会出现。

宋词中的金桃,一种就是桃,似乎与普通的桃并无区别。杨无咎《长相思·己卯岁留涂上同诸交泛舟至卢家洲登小阁追用贺方回韵以资坐客歌笑》:"急雨回风,淡云障日,乘闲携客登楼。金桃带叶,玉李含朱,一樽同醉青州。福善桥头。记檀槽凄绝,春笋纤柔。 窗外月西流。似浔阳、商妇邻舟。况得意情怀,倦妆模样,寻思可奈离愁。何妨乘逸兴,任征帆、直抵芦洲。月怯花羞。重见相欢情更稠。问何时佳期,卜夜绸缪。"词中的"金桃",可能只是普通的黄桃,词人与友朋酒聚即可享用。当然,"金桃带叶,玉李含朱"还是很美的。大词人苏轼《木兰花令》所写:"经旬未识东君信。一夕熏风来解愠。红绡衣薄麦秋寒,绿绮韵低梅雨润。 瓜头绿染山光嫩。弄色金桃新傅粉。日高慵卷水晶帘,犹带春醪红玉困。"不知是否为外国金桃。

一种金桃带有神话色彩,就是薛爱华书中所说,使人产生丰富联想的,"见于中国古代传说中记载的、生长在遥远的西方、能够使人长生不老的仙桃",这在柳永、朱敦儒等人的词作中都有描写:

《玉楼春》 柳永

阆风歧路连银阙。曾许金桃容易窃。乌龙未睡定惊猜,鹦鹉能言防漏泄。 匆匆纵得邻香雪。窗隔残烟帘映月。别来也拟不思量,争奈余香犹未歇。

---

① [美]薛爱华著,吴玉贵译:《撒马尔罕的金桃——唐代舶来品研究》,第305页。

《聒龙谣》 朱敦儒

凭月携箫,溯空秉羽,梦踏绛霄仙去。花冷街榆,悄中天风露。并真官、蕊佩芬芳,望帝所、紫云容与。享钧天、九奏传觞,听龙啸,看鸾舞。　　惊尘世,悔平生,叹万感千恨,谁怜深素。群仙念我,好人间难住。劝阿母、偏与金桃,教酒星、剩斟琼醑。醉归时、手授丹经,指长生路。

词中的"金桃",与神仙、西王母的传说有关,是天上的仙桃。当然,柳永的一首,用东方朔窃桃的传说典故,暗指"偷香"之类的行为;朱敦儒的一首,合用天宫、神龙等传说,喻写自己的一段真实经历和心路历程,金桃亦与西王母连在一起。"劝阿母偏与金桃",有希冀长生之意,说自己不准备再登天了(暗指到朝廷为官),而想隐逸求仙。

还有一种金桃,介于二者之间,把现实中的金桃增加上神话的仙力,或者借用神话中的金桃,为人祝寿:

《齐天乐·寿史沧州》 刘子寰

雅歌堂下新堤路。柳外行人相语。碧藕开花,金桃结子,三见使君初度。楼台北渚。似画出西湖,水云深处。彩鹢双飞,水亭开宴近重午。　　溪蒲堪荐绿醑。慢亭何惜,为曾孙留住。碧水吟哦,沧洲梦想,未放身横野渡。维申及甫。正夹辅中兴,擎天作柱。愿祝嵩高,岁添长命缕。

《鹊桥仙·寿女人》 七月初八　佚名

星桥才罢,嫩凉如水,一夕祥烟萦绕。欢传玉母宴西池,正绿发、斑衣称寿。　　儿孙鼎贵,弟兄同相,辉映貂蝉前后。六宫宣劝锡金桃,看盛事、明年重又。

哀长吉贺人入赘一阕,用西王母宴客用金桃的典故,称美对方婚宴之华丽,金桃在词中纯属神话之物:

《齐天乐·贺人入赘》 哀长吉

青鸾海上传芳信。蓝田路入仙境。万卷书传,六奇计运,冰玉炯然清润。帷褰凤锦。□镜启鸾台,烟横鸳枕。一笑相迎,一双两好恰厮称。　　风流人在仙隐。更一县、陶柳春近。梦想金桃,宴分玉果,指日送尝汤饼。枌榆接畛。管此去亲盟,镇长交聘。自古朱陈,一村惟两姓。

葡萄

葡萄之为外来水果,早已是中国人的常识。《汉书·西域传上·大宛国》:"汉使采蒲陶、目宿种归。"明代医学家、医药学家李时珍《本草纲目·果五·葡萄》对此有过修正:"葡萄……可以造酒……《汉书》言张骞使西域还,始得此种,而《神农本草》已有葡萄,则汉前陇西旧有,但未入关耳。"李时珍的说法是个重要补充,但是,汉前陇西葡萄既然未入关,对关内之人的生活便未产生何种影响,那么,关内人所接受之葡萄,仍然是舶来品。

薛爱华研究指出,唐代时,"鲜美的'马奶葡萄'当时可以新鲜完整地穿越戈壁沙漠边缘,从高昌转输到长安":

> 汉朝初年张骞凿空西域,将西域的葡萄种子引进了内地,在都城中种植了葡萄,并且以食用为目的,开始小规模地种植这种水果。根据唐朝的一则传说,葡萄有黄、白、黑三个品种。据记载,五世纪时,在敦煌附近的地区非常适宜这些葡萄品种的生长……所以直到唐朝统治初年,由于唐朝势力迅速扩张到了伊朗人和突厥人的地方,而葡萄以及葡萄酒也就在唐朝境内变得家喻户晓了。甚至到了唐代,葡萄在人们的心目中还仍然保持着与西方的密切关系:在几百年中,一串串的葡萄一直被当作外来饰物的基本图样而在彩色锦缎上使用;而在唐镜背面的"古希腊艺术风格的"的葡萄纹样式,则更为世人所熟知。更能说明问题的是:罗马人、大食人以及西域的回鹘人等,全都以精于栽种葡萄和善于饮酒而知名……七世纪时,葡萄在唐朝已经很知名了,足以使得专门的饮食学家向公众说出他们对葡萄的看法……但是葡萄毕竟还不是非常普通的水果,甚至在八世纪时,葡萄虽然已经移植到了唐朝的土地上,然而杜甫还是在一组新奇陌生、非汉地物品的比喻中使用了"葡萄"这个词……[1]

其实,一直到宋代,仍然有外国进贡葡萄的记载:

> 《宋会要辑稿·蕃夷四·大食》:"(真宗咸平)二年闰三月,遣蒲押提黎来贡象牙四株,揀香二百斤,千年枣、白沙糖、葡萄各一琉璃瓶,蔷薇水四十瓶,贺皇帝登位。六月,遣其判官文茂来贡。"[2]

---

[1] [美]薛爱华著,吴玉贵译:《撒马尔罕的金桃——唐代舶来品研究》,第309、359—362页。
[2] (清)徐松辑,刘琳、刁忠民、舒大刚校点:《宋会要辑稿·蕃夷四》,第7758页。

《宋会要辑稿·蕃夷四·拂菻国》:"神宗元丰四年十月六日,拂菻国贡方物。大首领你厮都令厮孟判言:……产金、银、珠、胡锦、牛、羊、马、独峰驼、杏、梨、糖、千年枣、巴榄子、大小麦、粟、麻,以蒲桃酿酒。音乐弹胡琴、箜篌,吹小筚篥,击偏鼓,拍手而歌,戏舞。不务战斗。事小,止以文字往来诘问,事大亦出兵。"①

而"葡萄"在宋词中出现的次数,也是很有限的:

《菩萨蛮》 高观国

玉阑秋色知谁主。隔阑一架葡萄雨。绿藓怕啼螀。可堪宫漏长。　　乌丝吟古怨。清泪消尘砚。梦冷不成云。□峰峰外情。

《南浦》 王沂孙

柳下碧粼粼,认曲尘乍生,色嫩如染。清溜满银塘,东风细、参差縠纹初遍。别君南浦,翠眉曾照波痕浅。再来涨绿迷旧处,添却残红几片。　　葡萄过雨新痕,正拍拍轻鸥,翩翩小燕。帘影蘸楼阴,芳流去,应有泪珠千点。沧浪一舸,断魂重唱苹花怨。采香幽径鸳鸯睡,谁道湔裙人远。

《乐语》 王义山

还比蒲桃天上植。稚柳阴中,蜀锦开如织。万岁藤边娇五色。宜春馆里香寻觅。　　七十二行鲜的的。岁岁如今,早趁熏风摘。金掌露浓堪爱惜。龙涎华润凝光碧。

《荔枝香近》 赵以夫

翡翠丛中,万点星球小。怪得鼻观香清,凉馆熏风透。冰盘快剥轻红,滑凝水晶皱。风姿,姑射仙人正年少。　　红尘一骑,曾博妃子笑。休比葡萄,也尽压江瑶倒。诗情放逸,更判琼浆和月酹。细度冰霜新调。

《苏幕遮》 赵文

绿秧平,烟树远,村落声喧,兔雁归来晚。自倚阑干舒困眼。一架葡萄,青得池塘满。饮先愁,吟又懒。　　几许闲情,百计难消遣。客落不如归梦短。何况啼鹃,怎不教肠断。

《菩萨蛮》 卢祖皋

翠楼十二阑干曲。雨痕新染蒲桃绿。时节又黄昏。东风深闭

---

① 《宋会要辑稿·蕃夷四》,第7722页。

门。　　玉箫吹未彻。窗影梅花月。无语只低眉。闲拈双荔枝。

在高观国的《菩萨蛮》和赵文的《苏幕遮》词中,都写到"一架葡萄",可见当时葡萄种植情况,与今天一致。王沂孙的《南浦》词,写春天过去,只留残红几片,但葡萄经过新雨,显示出旺盛的生机。卢祖皋的《菩萨蛮》,也写雨过之后葡萄的绿色。王义山的《乐语》,是为宫廷演剧所作,所谓"蒲桃天上植",虽然用作比喻,但是客观指的是御苑种植葡萄的事实。赵以夫的《荔枝香近》,以葡萄与荔枝比较,写的是葡萄果实。

刘沉《甘州》(爱累累)一首,词题云:"余客燕山,心传曾君携日观葡萄见示,辄倚玉田甘州韵,形容墨妙之万一云。"据此,实写画中葡萄。词云:

爱累累、万颗贯骊珠,特地写幽芳。想黄昏云淡,夜深人静,清影横窗。冷澹一枝两叶,笔下老秋光。参透圆明相,日观开荒。　　最是柔髭修梗,映风姿雾质,雅趣悠长。更淋漓草圣,把玩墨犹香。珍重好、卷藏归去,枕屏间、偏称道人床。江南路,后回重见、同话凄凉。

而在另外一些词中,"葡萄"是指葡萄酒,往往与酒、玻璃杯、醉、酌、饮等连在一起:

《酹江月》　曾协

苕溪古岸,有朱门初建,落成华屋。对启园林随杖履,迤逦柳蹊相属。好是危亭,片峰迎面,独立清溪曲。芜城低远,一尘不碍游目。

公子豪饮方酣,夜堂深静,隐隐鸣丝竹。却尽春寒宾满座,深酌葡萄新绿。密户储香,广庭留月,待得清欢足。纷纷沾醉,四筵倒尽群玉。

《清平乐》　赵长卿

水乡清楚。襟袖销袢暑。绰约藕花初过雨。出浴杨妃无语。
葡萄满酌玻璃。已拚一醉酬伊。浪卷夕阳红碎,池光飞上帘帏。

《满江红》　韩玉

正欲登临,何处好、登临眺望。君约我、今朝携酒,古台同上。风静秋郊浑似洗,碧空淡覆玻璃盏。夕照外、渺渺万遥山,开青嶂。

龙山事,空追想。风流会,今安往。我劝君一杯,为君高唱。今日谋欢真雅胜,休辞痛饮葡萄浪。纵黄花、明日未凋零,非佳赏。

《贺新郎》　刘克庄

宿雨轻飘洒。少年时、追欢记节,同人于野。老去登临无脚力,徙倚屋东篱榭。但极目、海山如画。千古惟传吹帽汉,大将军、野马尘埃也。须彩笔,为陶写。　　鹤归旧里空悲咤。叹原头、累累高冢,洛英凋谢。留得香山病居士,却入渔翁保社。怅谁伴、先生情话。樽有葡萄簪有菊,西凉州、不似东篱下。休唤醒,利名者。

《八声甘州》　刘辰翁

记前朝、鹤会又重来,攀翻第三桃。看云华授策,麻姑擘脯,嬴女吹箫。寻思曲江旧事,宫锦胜龙标。奏罢清华梦,独立春宵。　　不数相州锦样,是调羹御手,重解金貂。但今年此日,疏了醉葡萄。闻老仙、衣冠皓伟,又丁宁、天语着儿招。都人望,回班赐第,赤乌飞朝。

《采桑子》　陈亮

桃花已作东风笑,小蕊嫣然。春色暄妍。缓步烟霞到洞天。

一杯满泻蒲桃绿,且共留连。醉倒花前。也占红香影里眠。

所谓"深酌葡萄新绿"(曾协)、"葡萄满酌玻璃"(赵长卿)、"休辞痛饮葡萄浪"(韩玉)、"樽有葡萄簪有菊"(刘克庄)、"但今年此日,疏了醉葡萄"(刘辰翁)、"一杯满泻蒲桃绿,且共留连"(陈亮),都是饮葡萄酒。这大致反映出宋人饮酒情形,并不都是传统的米酒。

还有一种情况,是以葡萄的绿色比喻水。这是源自著名诗人李白等人的诗歌经典:

《贺新郎》　叶梦得

睡起啼莺语。掩青苔、房栊向晚,乱红无数。吹尽残花无人见,惟有垂杨自舞。渐暖霭、初回轻暑。宝扇重寻明月影,暗尘侵、尚有乘鸾女。惊旧恨,遽如许。江南梦断横江渚。　　浪黏天、葡萄涨绿,半空烟雨。无限楼前沧波意,谁采苹花寄取。但怅望、兰舟容与。万里云帆何时到,送孤鸿、目断千山阻。谁为我,唱金缕。

《霜天晓角》　杨冠卿

渔舟簇簇。西塞山前宿。流水落红香远,春江涨、葡萄绿。蕲竹。奏新曲。惊回幽梦独。却把渔竿远去,骑鲸背、钓璜玉。

《贺新郎》　辛弃疾

柳暗清波路。送春归、猛风暴雨,一番新绿。千里潇湘葡萄涨,人解扁舟欲去。又樯燕、留人相语。艇子飞来生尘步,唾花寒、唱我新番句。波似箭,催鸣橹。　　黄陵祠下山无数。听湘娥、泠泠曲罢,为谁情苦。行到东吴春已暮,正江阔、潮平稳渡。望金雀、觚棱翔舞。前度刘郎今重到,问玄都、千树花存否。愁为倩,么弦诉。

《风流子》 李从周

双燕立虹梁。东风外、烟雨湿流光。望芳草云连,怕经南浦,葡萄波涨,怎博西凉。空记省,浅妆眉晕敛,胃袖唾痕香。春满绮罗,小莺捎蝶,夜留弦索,幺凤求凰。　　江湖飘零久,频回首、无奈触绪难忘。谁信温柔牢落,翻坠愁乡。仗玉笺铜爵,花间陶写,宝钗金镜,月底平章。十二主家楼苑,应念萧郎。

《宝鼎现》 刘辰翁

红妆春骑。踏月影、竿旗穿市。望不尽、楼台歌舞,习习香尘莲步底。箫声断、约彩鸾归去,未怕金吾呵醉。甚辇路、喧阗且止。听得念奴歌起。父老犹记宣和事。抱铜仙、清泪如水。还转盼、沙河多丽。　　滉漾明光连邸第。帘影冻、散红光成绮。月浸葡萄十里。看往来、神仙才子。肯把菱花扑碎。肠断竹马儿童,空见说、三千乐指。等多时春不归来,到春时欲睡。又说向、灯前拥髻。暗滴鲛珠坠。便当日、亲见霓裳,天上人间梦里。

《齐天乐》 文天祥

南楼月转银河曙,玉箫又吹梅早。鹦鹉沙晴,葡萄水暖,一缕燕香清袅。瑶池春透。想桃露霏霞,菊波沁晓。袍锦风流,御仙花带瑞虹绕。　　玉关人正未老。唤矶头黄鹤,岸巾谈笑。剑拂淮清,槊横楚黛,雨洗一川烟草。印黄似斗。看半砚蔷薇,满鞍杨柳。沙路归来,金貂蝉翼小。

词作中,"葡萄涨绿"(叶梦得)、"春江涨、葡萄绿"(杨冠卿)、"千里潇湘葡萄涨,人解扁舟欲去"(辛弃疾)、"怕经南浦,葡萄波涨"(李从周)、"月浸葡萄十里"(刘辰翁)、"葡萄水暖"(文天祥),都以葡萄的绿色比喻水、波,反映了人们对葡萄这种植物的集体认识和记忆。

还有词作通过葡萄的绿色,以及代指酒、喻指水的功能,在水、酒之间转换变化,引人遐想:

《渔家傲》 辛弃疾

风月小斋模画舫。绿窗朱户江湖样。酒是短桡歌是桨。和情放。醉乡稳到无风浪。　　自有拍浮千斛酿。从教日日蒲桃涨。门外独醒人也访。同俯仰。赏心却在鸱夷上。

《木兰花慢》 罗志仁

汉家糜粟诏,将不醉、饱生灵。便收拾银瓶,当垆人去,春歇旗亭。渊明权停种秫,遍人间,暂学屈原醒。天子宜呼李白,妇人却笑刘伶。　　提葫芦更有谁听,爱酒已无星。想难变春江,蒲桃酿绿,空想芳馨。温存鸬鹚鹦鹉,且茶瓯淡对晚山青。但结秋风鱼梦,赐酺依旧沈冥。

辛弃疾的《渔家傲》词,"自有拍浮千斛酿。从教日日蒲桃涨",是说自己有很多酒够饮醉的,虽然门前天天涨起葡萄一样绿色的水流;罗志仁的《木兰花慢》则反过来说,自己没有美酒堪醉,空想着把满江的葡萄绿水变成酒浆。

无论一架葡萄,还是雨后葡萄,还是葡萄酒、水波,在宋词中都呈现出一个共性:绿色。这代表了当时人们的认知水平,以及对传统的依皈。

庵摩勒(余甘子)

天宝五载(746),一个来自突骑施、石国、史国、米国和罽宾的联合使团向唐朝宫廷贡献了一批珍贵的物品,其中有一种礼物是庵摩勒。但是这种水果更常见的来源,通常是南方海路,特别是通过波斯舶进口。三种印度古代的诃子都统称为"triphalā",梵文的意思是"三果"。汉文也将它们称作"三果"或"三勒","勒"(＊—rak)是吐火罗方言中这三种水果各自名称的最后一个音节。吐火罗语是中亚的一种重要的印欧系语言,而"三勒"各自的汉文名称似乎也是来源于吐火罗语。这三种名称分别是"庵摩勒"(梵文"āmalakī")、"毗黎勒"(梵文"vibhītakī")及"诃梨勒"(梵文"harītakī")。

天竺人、吐蕃人以及其他受印度文明影响的民族赋予这三种苦涩的果实以最神奇的特性。一份吐蕃文献将它们全都描写成长生不老的灵丹妙药,称诃梨勒生长在因陀罗神居住的香山,无论在哪里,都是最受人们极度赞美的果实。

唐朝的医药学家们,尤其是官方药典的校订者苏恭声称,这三种重要的药用植物全都生长在当时唐朝控制之下的安南地区,而在岭南地区,至少也生长着庵摩勒和毗黎勒。而十一世纪时,宋朝的药物学家苏颂则称,在他所处的这个时代,诃梨勒"岭南皆有而广州最盛"。看来虽然古代的三果是通过波斯水路经由天竺舶输入的,但是印度支那所特有的,而且具有与三果相同的本质属性的其他品种,似乎也就近输入了中国。可是,或许我们必须接受学识渊博的药物学家苏恭的考定,承认在南方大港的周围地区也栽培了这三种果树。

根据七世纪时的医师甄权记载,庵摩勒"作浆染发,发变黑色",这就是庵摩勒具有回复青春能力的明证。①

在美国汉学家薛爱华的著作中,庵摩勒果也是充满神奇色彩的一种进口植物果实。在中国文献中,庵摩勒还有一个别称"余甘子",比"庵摩勒"更广为人知。

晋嵇含《南方草木状》卷下:"庵摩勒树,叶细,似合昏,花黄,实似李,青黄色,核圆,作六七棱,食之,先苦后甘。术士以变白须发,有验,出九真。"②

唐苏恭《本草》:"庵摩勒,生岭南交、广、管等州,树叶细,似合昏,其花黄,实似李,青黄色,核圆有棱,或六或七,其中仁亦可入药用。"③

唐玄应《一切经音义》卷二十一:"阿末罗,旧言庵摩罗,果亦作阿摩勒果,其叶似小枣,花亦白小,果如胡桃,其味酸而且甜,可入药,经中言如观掌中者也。"④

宋苏颂《本草图经》:"余甘子,生岭南交、广、爱等州,今两广诸郡及西川(戎泸),蛮界山谷皆有之……春生冬凋;三月有花,着条而生,如粟粒,微黄。随即结实作荚,每条三两子,至冬而熟,如李子状,青白色,连核作五六瓣,干即并核皆裂。其俗亦作果子啖之,初觉味苦,良久更甘,故以名也。"⑤

宋代宋祁《益部方物略记》云:"黄葩翠叶,圆实而泽,咀久还甘,或号庵勒。右余甘子,生戎泸等州山,树大,叶细似槐,实若李而小,咀之,前苦后歆歆有味,故号为余甘,核有棱,或六或七,解硫黄毒,即《本草》所谓庵摩勒者。"⑥

周去非《岭外代答》卷八《花木门·余甘子》:"南方余甘子,风味过于橄榄。多贩入北州。方实时零落藉地,如槐子榆荚,土人干以合汤,意味极佳。其木可以制器,钦阳所产为最。盖大如桃李,清芬尤甚也。世间百果,无不软熟。惟此与橄榄,虽腐犹坚脆,可以比德君子。"⑦

---

① [美]薛爱华著,吴玉贵译:《撒马尔罕的金桃——唐代舶来品研究》,第366—368页。
② (晋)嵇含:《南方草木状》卷下,王云五主编《丛书初编集成》,商务印书馆,1939年版,第13页。
③ (唐)苏恭等:《新修本草》卷一二,《续修四库全书》(子部),上海古籍出版社,1985年版,第639页。
④ (唐)玄应:《一切经音义》卷二一,江苏古籍出版社,1988年版,第659页。
⑤ (宋)苏颂撰,尚志钧辑校:《本草图经》,安徽科学技术出版社,1994年版,第384页。
⑥ (宋)宋祁撰:《益部方物略记》,王云五主编、清圣祖敕撰《万有文库第二集七百种广群芳谱》卷五七,商务印书馆,1935年版,第1361页。
⑦ (宋)周去非撰,屠友祥校注:《岭外代答》卷八,第186页。

明代李时珍《本草纲目·果三·庵摩勒》引唐代陈藏器曰:"梵书名庵摩勒,又名摩勒落迦果。其味初食苦涩,良久更甘,故曰余甘。"①

而早在北魏贾思勰的著作《齐民要术》中,就有对余甘的专门记载:"《异物志》曰:余甘大小如弹丸,视之理如定陶瓜。初入口苦涩,咽之口中,乃更甜美足味。盐蒸之尤美。可多食。"②

清何焯《义门读书记·文选赋》:"余甘,实小核大,不至吴中。余辛巳夏始获。尝其盐渍者。柳子厚与槟榔并言之。问之闽人,亦不敢多食也。"③

因为庵摩勒或曰余甘先苦后甜,咀有余味,所以也有人把它当作橄榄的。《齐民要术·橄榄》引三国吴沈莹《临海异物志》云:"余甘子如梭形。初入口,舌涩;后饮水更甘,大于梅实,核两头锐。"④

宋岳珂《桯史·味谏轩》亦言:"戎州有蔡次律者,家于近郊。山谷尝过之。延以饮。有小轩极华洁,槛外植余甘子数株。因乞名焉,题之曰'味谏'。后王子予以橄榄遗山谷,有诗曰:'方怀味谏轩中果,忽见金盘橄榄来。想共余甘有瓜葛,苦中真味晚方回。'时盖徽祖始登极,国论稍还,是以有此句云。"⑤则山谷并未将庵摩勒与橄榄混同。而他的《更漏子》词,更成为宋代最早写庵摩勒的词作:

《更漏子》 黄庭坚

庵摩勒,西土果。霜后明珠颗颗。凭玉兔,捣香尘。称为席上珍。　　号余甘,争奈苦。临上马时分付。管回味,却思量。忠言君试尝。

根据岳珂的记载,这是黄庭坚晚年贬谪到戎州时所作,故马兴荣先生把它定为元符三年(1100)年所作,是可信的⑥。词中直接称庵摩勒为"西土果",强调其外来属性。"霜后明珠颗颗",言其秋后成熟,形状如珍珠般。"凭玉兔"三句,是说要把它捣得粉碎,才能在筵席上使用,那真是珍贵之物。下片把这种异域之果实先苦后甘的特性,与忠言逆耳相比,将之上升到德性高度,这是山谷作词的特点。比如他写茶时,能联想到故人万里归来,友朋相聚时的人伦之

---

① (明)李时珍:《本草纲目》卷三一,人民卫生出版社,1981年版,第1824页。
② (北魏)贾思勰:《齐民要术》,中华书局,1956年版,第188页。
③ (清)何焯:《义门读书记》,中华书局,1987年版,第865页。
④ (北魏)贾思勰:《齐民要术》,第185页。
⑤ (宋)岳珂:《桯史》,中华书局,1981年版,第138页。
⑥ (宋)黄庭坚撰,马兴荣、祝振玉校注:《山谷词》,上海古籍出版社,2001年版,第201页。

乐。此词一种版本有题目《余甘汤》，亦可证余甘与庵摩勒为同一果实。

宋词中写到这种果实的还有二家三首词，但它们都是以"余甘"的面目出现的，直接称呼为庵摩勒的，只有黄庭坚。

《解蹀躞》　杨泽民

一掬金莲微步。堪向盘中舞。主人开阖，呼来慰行旅。暂时略得舒怀，事如橄榄，余甘卒难回苦。惹愁绪。　　便□假人低唱，如何当奇遇。怎生真得、欢娱效云雨。有计应不为难，待□押出门时，却教休去。

《解连环》　王沂孙

万珠悬碧。想炎荒树密，□□□□。恨缥娣、先整吴帆，政鬓翠逞娇，故林难别。岁晚相逢，荐青子、独夸冰颊。点红盐乱落，最是夜寒，酒醒时节。　　霜槎猬芒冻裂。把孤花细嚼，时咽芳冽。断味惜、回涩余甘，似重省家山，旧游风月。崖蜜重尝，到了输他清绝。更留人、绀九半颗，素瓯泛雪。

《临江仙》　王沂孙

促坐重燃绛蜡，香泉细泻银瓶。一瓯月露照人明。清真无俗韵，久淡似交情。　　正味能销酒力，余甘解助茶清。琼浆一饮觉身轻。蓝桥知不远，归卧对云英。

这几首词，只有王沂孙的《临江仙》是正面写余甘的功效"余甘解助茶清"，其他两首都把余甘的回味、余味作为比喻使用。

水仙

水仙花现在已被看作中国自己的花卉，其实它也是来自异域。

水仙是传入中世纪中国的罗马植物。但是它的汉文名叫"＊nai－gi"（捺祇），这个名字很像希腊名"narkissos"，很可能是从波斯名称"nargis"翻译过来的。段成式笔下的捺祇是一种"红白色，花心赤黄"的花。这位坚持不懈的观察家还写道："取其花，压以为油，涂身，除风气。拂林国王及国内贵人皆用之。"普林尼也曾经记载，从水仙中榨取的一种油对于冻伤具有加热升温的效用……但是就实情而论，并没有证据说明段成式曾经见过这种花或者油。虽然我们可能假定会有行人向段成式出示这种花或者油的样品，然而他留给我们的毕竟只是有关水仙花的描述，而没有说他是否亲眼见过这种植物。①

在文学作品中,作为花卉的"水仙",很容易与传说中水中神仙的"水仙"相混,需要辨别。水中神仙有多个传说,唐司马承顺《天隐子·神解八》:"在人谓之人仙,在天曰天仙,在地曰地仙,在水曰水仙,能变通之曰神仙。"这是水仙之统称,如汉袁康《越绝书·德序外传记》因伍子胥死后被沉尸于江,称伍子胥为"水仙";晋王嘉《拾遗记·洞庭山》以屈原自投汨罗江以死称屈原为"水仙"。甚至水葬的人,在水上逍遥的生人,都被称为"水仙",前者如北齐刘昼《新论·风俗》:"胡之北有射姑之国,其亲死,则弃尸于江中,谓之'水仙'。"后者如唐袁郊《甘泽谣·陶岘》:"(陶岘)富有田业,择家人不欺而了事者,悉付之,身则泛艚江湖,遍游烟水,往往数岁不归……吴越之士,号为水仙。"

像柳永《临江仙引》(画舸、荡桨),"疑水仙游泳,向别浦相逢",词中"水仙"自是水中神仙。

著名词人周密《绣鸾凤花犯·赋水仙》,则是专写水仙花:

楚江湄,湘娥乍见,无言洒清泪。淡然春意。空独倚东风,芳思谁寄。凌波路冷秋无际。香云随步起。谩记得,汉宫仙掌,亭亭明月底。　冰弦写怨更多情,骚人恨,枉赋芳兰幽芷。春思远,谁叹赏、国香风味。相将共、岁寒伴侣。小窗净、沉烟熏翠袂。幽梦觉,涓涓清露,一枝灯影里。

赵闻礼有《水龙吟·水仙》,亦专咏水仙:

几年埋玉蓝田,绿云翠水烘春暖。衣熏麝馥,袜罗尘沁,凌波步浅。钿碧搔头,腻黄冰脑,参差难剪。乍声沉素瑟,天风佩冷,蹁跹舞、霓裳遍。　湘浦盈盈月满。抱相思、夜寒肠断。含香有恨,招魂无路,瑶琴写怨。幽韵凄凉,暮江空渺,数峰清远。粲迎风一笑,持花酹酒,结南枝伴。

此外,还有一些词亦以水仙花为描摹对象:

《减字木兰花·水仙花》　韦骧

雕阑香砌。红紫妖韶何足计。争似幽芳。几朵先春蘸碧塘。

玉盘金盏。谁谓花神情有限。绰约仙姿。仿佛江皋解佩时。

---

① [美]薛爱华著,吴玉贵译:《撒马尔罕的金桃——唐代舶来品研究》,第325页。

《促拍丑奴儿·水仙》 朱敦儒

清露湿幽香。想瑶台、无语凄凉。飘然欲去,依然如梦,云度银潢。　又是天风吹澹月,佩丁东、携手西厢。泠泠玉磬,沉沉素瑟,舞遍霓裳。

《点绛唇·寒香水仙》 王十朋

清夜沉沉,携来深院柔枝小。佩兰开巧。雪里乘风袅。　温室寒祛,旖旎仙姿早。看成好。花仙欢笑。不管年华老。

《念奴娇·水仙》 王千秋

开花借水,信天姿高胜,都无俗格。玉陇娟娟黄点小,依约西湖清魄。绿带垂腰,碧簪鬖髻,索句撩元白。西清微笑,为渠模写香色。　常记月底风前,水沈肌骨,瘦不禁怜惜。生怕因循纷委地,仙去难寻踪迹。缥槛深栽,彤帏密护,不肯轻抛释。等差休问,未容梅品悬隔。

《如梦令·水仙用雪堂韵》 姚述尧

绰约冰姿无语,高步广寒深处。香露浥檀心,拟到素娥云路。仙去。仙去。莫学朝云暮雨。

这些词都较为生动地描写了水仙的绰约姿态和高雅品格。韦骧《减字木兰花》所写"玉盘金盏",正是单叶水仙的形状。宋赵彦卫《云麓漫钞》卷四引杨万里云:"世以水仙为金盏银台。盖单叶者,其中真有一酒盏,深黄而金色。"

词人们不约而同地都用"仙"写其风神:"绰约仙姿"(韦骧)、"想瑶台……飘然欲去"(朱敦儒)、"仙子""花仙"(王十朋)、"天姿高胜,都无俗格"(王千秋)、"绰约冰姿无语,高步广寒深处"(姚述尧)等等。

此外,还有一些词中,以水仙与其他花卉对比,非专写水仙花。

至于词调中的《水仙子》,在《教坊记·曲名》中就有[1],而《中国词学大辞典》认为是"元小令曲调名……唐五代及两宋均未见词例……《水仙子》实为曲牌,《词谱》所列举之四十二字体者属北曲双调(夹钟商),又名《凌波仙》《湘妃怨》等。可作小令,亦可入套曲,还可带《折桂令》为带过曲。《词谱》有失辨察"[2]。但事实上,《翰墨大全丁集》卷三收佚名《水仙子·寿贩米运舟人,四月廿三》《水仙子·贺生孙生子》二阕,《全宋词》收录为宋人之作,故《词谱》不误。两首《水仙子》词如下:

---

[1] (唐)崔令钦:《教坊记·曲名》,第16页。
[2] 马兴荣、吴熊和等:《中国词学大辞典》,第498页。

《水仙子》 佚名

　　晚节寒花犹带蕊。隐映老人星瑞世。绿衣初是政成归,真盛事。谁可比。那更新来孙又子。　　烟细金炉香旖旎。想象瑶池生绿蚁。酿成佳气郁葱葱,当此际。将一醉。百岁从交今日始。

　　《水仙子》 佚名

　　浮家泛宅生涯好。聚米堆盐多积宝。烟波得趣乐江湖,宜乘兴,寻安道。不负轩辕当日造。　　初度喜逢维夏早。孔释昔曾亲送抱。下弦良日是生朝,称觞献,金樽倒。惟愿寿筵长不老。

两首词都是双片,六十八字,上下片皆三十四字,六句四仄韵,整齐,也与《中国词学大辞典》所说"四十二字体"完全不同,益证《中国词学大辞典》失误。

茉莉

茉莉也是外来植物。晋代嵇含《南方草木状》卷上称:"耶悉茗花、末利花皆胡人自西国移植于南海。南人怜其芳香,竞植之。陆贾《南越行纪》曰:南越之境,五谷无味,百花不香,此二花特芳香者,缘自胡国移至,不随水土而变,与夫橘北为枳异矣。彼之女子,以彩丝穿花心,以为首饰。"①北宋"苏门后四学士"之一的李格非在其名著《洛阳名园记·李氏仁丰园》中记载:"远方奇卉如紫兰、茉莉、琼花、山茶之俦。"②所谓"远方奇卉",即是来自异域来的花卉。明代李时珍《本草纲目》卷十四:"末利原出波斯,移植南海,今滇、广人栽莳之。其性畏寒,不宜中土,弱茎繁枝,绿叶团尖,初夏开小白花,重瓣无蕊,秋尽乃止。不结实者有千叶者、红色者、蔓生者,其花皆夜开,芬香可爱。女人穿为首饰,或合为脂,亦可熏茶,或蒸取液以代蔷薇水。又有似末利而瓣大,其香清绝者,谓之狗牙,亦名雪瓣,海南有之。素馨、指甲,皆其类也。"③清代著名文人赵翼《哈密瓜》诗云:"君不见蒥葡分根自大食,茉莉购种从波斯。"④茉莉来自异域是事实。薛爱华亦称:

　　唐朝人知道两种外国来的茉莉,一种是以波斯名"yāsaman"(耶塞漫)知名,而另一种则是来源于天竺名"mallikā"(茉莉)。这两种

---

① 嵇含:《南方草木狀》卷上,王云五主编《丛书初编集成》,第1页。
② (宋)李格非:《洛阳名园记》,王云五主编《丛书初编集成》,商务印书馆,1935年版,第138页。
③ (明)李时珍:《本草纲目》卷一四,人民卫生出版社,1981年版,第895页。
④ (清)赵翼撰,华夫主编:《赵翼诗编年全集》卷六,天津古籍出版社,1998年版,第140页。

茉莉在当时都已经移植到了唐朝的岭南地区。香气馥郁的茉莉花与波斯、大食以及拂林都有关系，它象征着爱情与美丽，特别是指冰清玉洁、天香国色的美女。①

南宋周去非《岭外代答》记茉莉花云："茉莉花，番禺亦多，土人爱之，以淅米浆日溉之，则作花不绝，可耐一夏。花亦大，且多叶，倍常花。六月六日又以治鱼腥水一溉，益佳。"②番禺多，见南宋时茉莉仍以南方栽种为主。以淘米水灌溉，以及六月六日以洗鱼腥水灌溉，使花开时间长，使花开得艳盛，反映出南宋人已经掌握了培植茉莉的新技术。

唐词中未见茉莉身影。宋词中，茉莉或作"末利""抹利"，这种写法的不确定性，也反映出它的外来身份。宋代有一些词，专门咏写茉莉：

《洞仙歌·茉莉花》 史浩

琼肌太白，浅着鹅黄罩。金缕檀心更天巧。算同时、虽有似火红榴，争比得、淡妆伊家轻妙。　　兴来清赏处，无限真香，可惜生教生闽峤。这消息、纵使移向蒸沈，终不似凭栏，披襟一笑。若归去长安诧标容，单道胜、酴醾水仙风貌。

《点绛唇·艳香茉莉》 王十朋

畏日炎炎，梵香一炷熏亭院。鼻根充满。好利心殊浅。　　贝叶书名，名义谁能辨。西风远。胜鬘不见。喜见琼花面。

《南歌子》 韩元吉

五月炎州路，千重扑地开。只疑标韵是江梅。不道熏风庭院、雪成堆。　　宝髻琼瑶缀，仙衣翡翠裁。一枝长伴荔枝来。付与玉人和笑、插鸾钗。

《行香子·抹利花》 姚述尧

天赋仙姿。玉骨冰肌。向炎威、独逞芳菲。轻盈雅淡，初出香闺。是水宫仙，月宫子，汉宫妃。　　清夸詹卜，韵胜酴醾。笑江梅、雪里开迟。香风轻度，翠叶柔枝。与玉郎摘，美人戴，总相宜。

史浩的《洞仙歌》词，写茉莉的淡妆雅致，用石榴、酴醾、水仙花衬托茉莉花，写其芳香、素雅。"可惜生教生闽峤"，说明史浩时代，茉莉花仍然在南方栽种，在北方的长安是没有的。王十朋的《点绛唇》则以琼花为比，突出其艳、香。

---

① [美]薛爱华著，吴玉贵译：《撒马尔罕的金桃——唐代舶来品研究》，第429页。
② （宋）周去非著，屠友祥校注：《岭外代答》卷八《花木门·茉莉花》，第199页。

韩元吉的《南歌子》词,"熏风",称其香气;"雪成堆",言其色;"标韵是江梅",以江梅作比;"宝髻琼瑶""仙衣翡翠",以仙女为喻;"玉人和笑、插鸾钗",又以现实中的美女为衬托,多方面摹写茉莉之美。姚述尧的《行香子》词,称茉莉"天赋仙姿。玉骨冰肌""轻盈雅淡",并连用四个比喻:"初出香闺"的少女,"是水宫仙,月宫子,汉宫妃",也就是水仙子、嫦娥、昭君,写其高雅标格。

此外,辛弃疾《小重山·茉莉》:"倩得熏风染绿衣。国香收不起,透冰肌。略开些子未多时。窗儿外,却早被人知。　越惜越娇痴。一枝云鬓上,那人宜。莫将他去比荼蘼。分明是,他更的些儿。"以口语化的语言,突出茉莉的馨香。"国香"指兰花,《左传·宣公三年》"兰有国香",词中比喻茉莉之香,并比较茉莉与荼蘼,说茉莉分明比荼蘼更好。

赵师侠《酹江月·信丰赋茉莉》:"化工何意,向天涯海峤,有花清绝。缟袂绿裳无俗韵,不畏炎荒烦热。玉骨无尘,冰姿有艳,雅淡天然别。真香冶态,未饶红紫春色。　底事□落江南,水仙兄弟,端自难优劣。瘴雨蛮烟魂梦远,宁识溪桥霜雪。苍卜同芳,素馨为伴,百和清芬爇。凄然风露,夜凉香泛明月。"赵师侠是燕王德昭七世孙,江西新淦人,淳熙二年(1175)进士。值得注意的是:信丰在江西,这首词赋写信丰的茉莉花,说明赵师侠的时代,大致公元十二世纪末十三世纪初,茉莉已经可以在江西培植。将来自波斯、天竺,开始只能在"天涯海峤"生长的茉莉,移植到江西,这是中国花卉种植技术的一大进步。尽管词中对这种移植表达一种文人不遇似的同情:"底事□落江南,水仙兄弟,端自难优劣。瘴雨蛮烟魂梦远,宁识溪桥霜雪","凄然风露,夜凉香泛明月"。词极尽能事地称赞了茉莉的"清绝""无俗韵""玉骨无尘,冰姿有艳,雅淡天然别",以及"真香冶态"。这种叠加不断的赞扬,是其他描写茉莉的词作少见的。

姜夔《好事近·赋茉莉》:"凉夜摘花钿,苒苒动摇云绿。金络一团香露,正纱厨人独。　朝来碧缕放长穿,钗头挂层玉。记得如今时候,正荔枝初熟。"词人很简约地写夜晚、朝晨时分茉莉的芬香和身姿,夜晚的茉莉以纱厨寂寞的女子为衬,朝晨的茉莉以美女头上的玉钗为托,不着一字赞美,而精神毕现。

韩淲《忆秦娥·茉莉》:"香滴滴。肌肤冰雪娇无力。娇无力。秋风凉冷,有谁消得。　洗妆不奈云鬓侧。璧堂珠院空相忆。空相忆。轻颦浅笑,小梅标格。"这首词描写茉莉的香气和洁白的颜色,用轻颦浅笑的女子小梅作喻。其另一首《浣溪沙·为仲如赋茉莉》云:"滴滴琼英发翠绡。江梅标韵木香娇。乍凉时候漏声遥。　欲绾鬓丝妆未了,半回身分曲初招。霓裳依约梦魂飘。"思路、手法与前一首一样,以女子比喻茉莉之美。

史达祖《风入松·茉莉花》："素馨树萼太寒生。多翦春冰。夜深绿雾侵凉月，照晶晶、花叶分明。人卧碧纱幮净，香吹雪练衣轻。　频伽衔得堕南熏。不受纤尘。若随荔子华清去，定空埋、身外芳名。借重玉炉沈炷，起予石鼎汤声。"此词与前举王十朋《点绛唇·艳香茉莉》都涉及佛教，王词的"梵香""鼻根""贝叶"等，此词中的"频伽"，皆与佛教有关，这是显示茉莉的天竺身份。尤其史达祖此词"频伽衔得堕南熏"，更是把茉莉的天竺出身演绎得近乎神话。他认为如果把茉莉像荔枝那样送到北方去，定会埋没她的芳名，也就是香不起来。史达祖时代迟于赵师侠，看来他尚不知道江西已有茉莉栽种之事。

卢祖皋《洞仙歌·赋茉莉》："玉肌翠袖，较似酴醾瘦。几度熏醒夜窗酒。问炎洲何事，得许清凉，尘不到，一段冰壶翦就。　晚来庭户悄，暗数流光，细拾芳英黯回首。念日暮江东，偏为魂销，人易老、幽韵清标似旧。正簟纹如水帐如烟，更奈向，月明露浓时候。"词将茉莉绿叶白花，比喻成玉肌翠袖的女子，而将她的芳香放在醉酒的背景下，再扩大到秋暮凉夜的回忆，和年华暗换的黯伤，清雅幽淡，人花交映。

刘克庄《卜算子·茉莉》："老圃献花来，异域移根至。相对炎官火伞中，便有清凉意。　淡薄古梳妆，娴雅仙标致。欲起涪翁再品花，压了山矾弟。"这里还把茉莉作为异域之葩的身份予以强调，可见在宋末人的观念里，并没有因为茉莉在中国栽培了数百年而忽视其域外来历。此词用黄庭坚山矾诗歌典故，以山矾衬托茉莉，黄庭坚有一首诗，题曰《王充道送水仙花五十枝欣然会心为之作咏》，诗云："含香体素欲倾城，山矾是弟梅是兄。"又有《戏咏高节亭边山矾花诗序》："江湖南野中有一种小白花，木高数尺，春开极香，野人号为郑花。王荆公尝欲求此花栽，欲作诗而陋其名，予请名曰山矾。野人采郑花叶以染黄，不借矾而成色，故名山矾。"刘克庄词强调茉莉来自炎热的南方，却带有清凉意，她简约娴雅，如梳着古妆的女子，如仙人标致。

尹焕《霓裳中序第一·茉莉咏》："青鬟粲素靥。海国仙人偏耐热。餐尽香风露屑。便万里凌空，肯凭莲叶。盈盈步月。悄似怜、轻去瑶阙。人何在，忆渠痴小，点点爱轻捻。　愁绝。旧游轻别。忍重看、锁香金箧。凄凉清夜簟席。杳杳诗魂，真化风蝶。冷香清到骨。梦十里、梅花雾雪。归来也，恹恹心事，自共素娥说。"整首词把茉莉比作海外仙人，青鬟素靥，餐香饮露，离别瑶宫，离开旧游，万里来到中土，从此锁香金箧，在清夜化为一缕诗魂，向嫦娥诉说着心事。在这里，这位海外仙子与嫦娥遭遇一般，词人赞美其冷香到骨的清雅，又同情其身世。整首词由茉莉海外身份进行构思、联想，也值得关注。

翁元龙《朝中措·赋茉莉》："花情偏与夜相投。心事鬓边羞。熏醒半床凉梦,能消几个开头。　　风轮慢卷,冰壶低架,香雾飕飕。更着月华相恼,木犀淡了中秋。"也把茉莉的馨香放在夜的背景下描写,以月、桂相衬托,"凉""风""冰"三个语词,写出了茉莉的身姿和风标。

杨泽民《浣溪沙·素馨茉莉》与史达祖的《风入松·茉莉花》二词,是少有的把茉莉、素馨这两种都来自异域,且非常接近的花一起描写:"南国幽花比并香。直从初夏到秋凉。素馨茉莉占时光。　　梅□正寒方着蕊,芙蓉过暑即空塘。个中春色最难量。"南国,交代其身份来历;幽花,见其品格。从初夏到秋凉,写其花期。下阕的梅、芙蓉都是陪衬。

周密有两首词咏茉莉。《夜合花·茉莉》云:"月地无尘,珠宫不夜,翠笼谁炼铅霜。南州路杳,仙子误入唐昌。零露滴,湿微妆。逗清芬、蝶梦空忙。梨花云暖,梅花雪冷,应妒秋芳。　　虚庭夜气偏凉。曾记幽丛采玉,素手相将。青蕤嫩萼,指痕犹映瑶房。风透幕,月侵床。记梦回、粉艳争香。枕屏金络,钗梁绛缕,都是思量。""南州路杳",写其来自南方;"误入唐昌",用琼花的典故,显然以琼花比茉莉,下文还以梅花作衬托,而"清芬""玉""青蕤嫩萼"都是直接描写茉莉;"蝶梦""梨花(梦)"则使用典故以渲染氛围,词人也把茉莉安排在秋夜滴露的背景中描写。其另一首《朝中措·茉莉拟梦窗》:"彩绳朱乘驾涛云。亲见许飞琼。多定梅魂才返,香瘢半掐秋痕。　　枕函钗缕,熏篝芳焙,儿女心情。尚有第三花在,不妨留待凉生。"在构思、用语上与前一首高度相似,如"指痕"与"香瘢半掐秋痕","枕屏金络,钗梁绛缕"与"枕函钗缕","仙子"与"许飞琼"。

宋末出现两首描写残败茉莉的词。一首作者陈允平,一首作者施岳。在陈允平的笔下,茉莉一仍素质娇姿,但凭空多了几分风流妖冶,这是其他词人未曾描写过的。其《南歌子·茉莉》:"素质盈盈瘦,娇姿淡淡妆。曲勾阑畔倚秋娘。一撮风流都在、晚西凉。　　彩线串层玉,金簪络细香。半钩新月浸牙床。犹记东华年少、那门相。"尤其不同于他人的是,词人把茉莉写成年老色衰的"秋娘",斜倚勾阑,回忆着与东华年少们的美妙时光。这应该因为他所见所写是即将开败的茉莉,"一撮"形容其香气减少;"晚西凉"象征着她的穷途末路。境界衰飒,与众不同。

施岳的《步月·茉莉》,上阕所写茉莉仍然高雅素洁:"玉宇熏风,宝阶明月,翠丛万点晴雪。炼霜不就,散广寒霏屑。采珠蓓、绿萼露滋,嗔银艳、小莲冰洁。花痕在,纤指嫩痕,素英重结";下阕却转入时节叹惋之中:"枝头香未绝。还是过中秋,丹桂时节。醉乡冷境,怕翻成消歇。玩芳味、春焙旋熏。贮秾韵、水沈频爇。堪怜处,输与夜凉睡蝶。"中秋已过,丹桂当令,茉莉在枝头

"香未绝",却是将绝;"怕翻成消歇"以下,是说怕茉莉香气消歇,就把它与春茶、沉香一并贮藏,保留其香味。虽同是残茉,却与陈允平的衰飒完全不同。这可以见出宋末时代已经有茉莉茶之制了。

程垓《瑞鹧鸪》(东风冷落旧梅台)、马子严《最高楼》(花解笑)、张镃《杨柳枝》(绿蜡芽疏雪一包)等近二十首词,都涉及茉莉,可见出茉莉在宋代的栽种情形:

《瑞鹧鸪》 程垓

东风冷落旧梅台。犹喜山花拂面开。绀色染衣春意静,水沈熏骨晚风来。 柔条不学丁香结,矮树仍参茉莉栽。安得方盆载幽植,道人随处作香材。

《最高楼》 马子严

花解笑,冷淡不求知。长是殿、众芳时。鲜鲜秀颈磋圆玉,洛阳翠佩剪琉璃。向人前,迎茉莉,送荼蘼。几欲把、清香换春色。费多少、黄金酬不得。梅雨妒,麦风欺。细腰空恋当心蕊,同时犹结旧年枝。谢家娘,将远寄,待凭谁。

《杨柳枝》 张镃

绿蜡芽疏雪一包。绽云梢。清香却暑置堂坳。晚风飘。 冰电无声栖碧叶,笑仍娇。相随茉莉展轻绡。伴凉宵。

《鹧鸪天》 张镃

闲立飞虹远兴长。一方云锦荐疏凉。翻风翠盖无尘土,出水红妆有艳香。 携靓侣,泛轻航。棹歌惊起野鸳鸯。同过清夏看新月,茉莉花园小象床。

《鹧鸪天》 韩淲

莫道庞公不入州。为谁歌酒也迟留。襟期别乘真难事,领略同游岂易谋。 他扰扰,自悠悠。香浮茉莉笑花头。一帘云影催诗雨,唤起佳人无限愁。

《十二时》 彭耜

素馨花、在枝无几。秋入阑干十二。那茉莉、如今已矣。只有兰英菊蕊。霜蟹年时,香橙天气。总是悲秋意。问宋玉、当日如何,对此凄凉风月,怎生存济。 还未知、幽人心事。望得眼穿心碎。青鸟不来,彩鸾何处,云锁三山翠。是碧霄有路,要归归又无计。奈何他、水长天远,身又何曾生翼。手拈芙蓉,耳听鸿雁,怕有丹书至。纵人间富贵,一岁复一岁。此心终日绕香盘,在篆畦儿里。

《念奴娇》 刘克庄

素馨茉莉,向炎天、别有一般标致。淡妆绰约堪□□,导引海山大士。从者谁欤,青藜阁下,汉卯金之子。云阶月地,夜深凉意如水。

客又疑这仙翁,唐玄都观里,咏桃花底。且赌樽前身见在,休管汉唐时事。坡颍归迟,机云发早,得似侬兄弟。屡来户外,但言二叟犹醉。

《贺新郎》 刘克庄

曾与瑶姬约。恍相逢、翠裳摇曳,珠鞯联络。风露青冥非人世,揽结玉龙骖鹤。爱万朵、千条纤弱。祷祝花神怜惜取,问开时、晴雨须斟酌。枝上雪,莫消却。　　恼人匹似中狂药。凭危栏、烛光交映,乐声遥作。身上春衫香熏透,看到参横月落。算茉莉、犹低一着。坐有缑山王郎子,倚玉箫、度曲难为酢。君不饮,铸成错。

《清平乐》 刘克庄

冰轮万里。云卷天如洗。先向海山生大士。却诞卯金之子。

冰盆荔子堪尝。胆瓶茉莉尤香。震旦人人炎热,补陀夜夜清凉。

《秋霁》 吴潜

阶砌吟蛩,正竹外萧萧,雨骤风驶。凉浸桃笙,暑消葵扇,借伊一些秋意。枕边茉莉。满尘查、贮香能腻。也不用,玉骨冰肌,人伴佳眠尔。　　谁信此境,渐入华胥,旷然不知,庄蝶谁是。笑邯郸、羁魂客梦,贪他荣贵暂时里。飞鼠扑灯还自坠。辗转惊寤,才听禁鼓三敲,夜声寥阒,又般滋味。

《贺新郎》 吴潜

汲水驱炎热。晚些儿、披衣露坐,待他凉月。俄顷银盘从海际,推上璇霄璧阙。尽散作、满怀冰雪。万里河潢收卷去,掩长庚、弧矢光都灭。一大片,琉璃揭。　　玉魏捣药何时歇。几千年、阴晴隐现,团圆亏缺。月缺还圆人但老,重换朱颜无诀。想旧日、嫦娥心别。且吸琼浆斟北斗,尽今来、古往俱休说。香茉莉,正清绝。

《浣溪沙》 杨泽民

南国幽花比并香。直从初夏到秋凉。素馨茉莉占时光。　　梅□正寒方着蕊,芙蓉过暑即空塘。个中春色最难量。

《真珠帘》 陈著

青云玉树南熏扇。京华地、别是潇湘图展。茉莉芰荷香,拍满笙箫院。雪藕盈盈歌袅处,早已带、秋声凄怨。堪叹。把时光轻靠,冰山一片。　从古幻境如轮,问铜驼、应是多番曾见。谁把笛吹凉,总是腔新换。水枕风船空入梦,但极目、波流云远。消黯。更华林蝉咽,系人肠断。

　　《秋夜雨》　蒋捷

　　檾车转急风如喧。冰丝松藕新雪。有人凉满袖,怕汗湿、红梢犹绝。　三更梦断敲荷雨,细听来、疏点还歇。茉莉标致别。占断了、纱厨香月。

　　《南楼令》　张炎

　　风雨怯殊乡。梧桐又小窗。甚秋声、今夜偏长。忆着旧时歌舞地,谁得似、牧之狂。　茉莉拥钗梁。云窝一枕香。醉醟腾、多少思量。明月半床人睡觉,听说道、夜深凉。

综上所述,宋词对茉莉的书写,首重其地域身份,"生闽峤""炎方""炎州""炎洲""炎官""炎威""炎荒""炎天""南州""南国""天涯海峤""海国""海山""异域""震旦""补陀"(普陀)等等地域性名词在词中屡屡出现。"秋天""秋夜""秋风""秋月""凉""露",构成的冷寂的环境、氛围,是茉莉花开的时间背景。以仙子作比喻,以梅、山矾、桂等相衬托,以女子的鬓、钗、卧具(床)、纱厨作烘托,是茉莉词常见的构思和写法。在公元十二世纪末十三世纪初,茉莉已经从炎热、遥远的海峤、岭南移植到江西等少数内地,进行栽培。大致在宋末(施岳生活的时代),茉莉已经与茶叶、沉水香等和合制成茉莉花茶了。

值得一提的是,宋词中,柳永使用过《爪茉莉》词调,填词一首。另有无名氏残句"残蝉噪晚",《类编草堂诗余》卷二收录,调名亦作《爪茉莉》。这个词调名的出现,以柳永词最早,无论是不是柳永自度腔,都可以见出其时代之早,反映出茉莉与词发生关系之早。

素馨

素馨之为外来花卉,在上文茉莉部分已有说明。宋词中写到素馨花的词作有以下诸首:

　　《青玉案》　张元幹

　　月华冷沁花梢露。芳意恋、香肌住。心字龙涎饶济楚。素馨风味,碎琼流品,别有天然处。　围炉屈曲宜深炷。留取春光向朱户。绿绮声中谁暗许。小窗归去,梦回犹记,金鼎分云缕。

《小重山》 张元幹

　　谁向晴牕伴素馨。兰芽初秀发,紫檀心。国香幽艳最情深。歌白雪,祗少一张琴。　　新月冷光侵。醉时花近眼,莫频斟。薛涛笺上楚妃吟。空凝睇,归去梦中寻。

洪适《番禺调笑》题曰"素馨巷",诗云:"南国英华赋众芳。素馨声价独无双。未知蟾桂能相比,不是人间草木香。轻丝结蕊长盈穗。一片瑞云萦宝髻。水沉为骨麝为衣,剩馥三熏亦名世。"词云:"名世。花无二。高压阇提倾末利。素丝缕缕联芳蕊。一片云生宝髻。屑沈碎麝香肌细。剩馥熏成心字。"

《酹江月·信丰赋茉莉》 赵师侠

　　化工何意,向天涯海峤,有花清绝。缟袂绿裳无俗韵,不畏炎荒烦热。玉骨无尘,冰姿有艳,雅淡天然别。真香冶态,未饶红紫春色。

　　底事□落江南,水仙兄弟,端自难优劣。瘴雨蛮烟魂梦远,宁识溪桥霜雪。蘑卜同芳,素馨为伴,百和清芬爇。凄然风露,夜凉香泛明月。

《菩萨蛮》 张镃

　　层层细剪冰花小。新随荔子云帆到。一露一番开。玉人催卖栽。　　爱花心未已。摘放冠儿里。轻浸水晶凉。一窝云影香。

《风入松·茉莉花》 史达祖

　　素馨柎萼太寒生。多翦春冰。夜深绿雾侵凉月,照晶晶、花叶分明。人卧碧纱幮净,香吹雪练衣轻。　　频伽衔得堕南薰。不受纤尘。若随荔子华清去,定空埋、身外芳名。借重玉炉沈炷,起予石鼎汤声。

《念奴娇》 刘镇

　　调冰弄雪,想花神清梦,徘徊南土。一夏天香收不起,付与蕊仙无语。秀入精神,凉生肌骨,销尽人间暑。稼轩愁绝,惜花还胜儿女。

　　长记歌酒阑珊,开时向晚,笑浥金茎露。月浸栏干天似水,谁伴秋娘窗户。困殢云鬟,醉欹风帽,总是牵情处。返魂何在,玉川风味如许。

《十二时》 彭耜

　　素馨花、在枝无几。秋入阑干十二。那茉莉、如今已矣。只有兰英菊蕊。霜蟹年时,香橙天气。总是悲秋意。问宋玉、当日如何,对此凄凉风月,怎生存济。　　还未知、幽人心事。望得眼穿心碎。青鸟不来,彩鸾何处,云锁三山翠。是碧霄有路,要归归又无计。奈何他、水长天远,身又何曾生翼。手拈芙蓉,耳听鸿雁,怕有丹书至。纵人间富贵,一岁复一岁。此心终日绕香盘,在篆畦儿里。

《念奴娇·居厚弟生日》 刘克庄

素馨茉莉,向炎天、别有一般标致。淡妆绰约堪□□,导引海山大士。从者谁欤,青藜阁下,汉卯金之子。云阶月地,夜深凉意如水。

客又疑这仙翁,唐玄都观里,咏桃花底。且赌樽前身见在,休管汉唐时事。坡颍归迟,机云发早,得似侬兄弟。屡来户外,但言二叟犹醉。

《浪淘沙·素馨》 刘克庄

目力已茫茫。缝菊为囊。论衡何必帐中藏。却爱素馨清鼻观,采伴禅床。 风露送新凉。山麝开房。旋吹银烛闭华堂。无奈纱厨遮不住,一地闻香。

《金明池·素馨》 赵崇嶓

桂海云蒸,瘴山雾暖,片雪何曾到地。羡长日、岛仙清暑,自学得、剪冰裁□。把岁寒、五出工夫,别妆点熏风,尽成清致。尽虹雨翻晴,暮霞焦土,一种凄凉如洗。 酝藉丰标浑无比。应似惜、潇湘蕙疏兰弃。纵未入、众芳题品,终自倚、一涯风味。待等闲、留取遗芬,伴檐卜芳菲,蔷薇清泚。看佩贯胡绳,心灰宝燎,到了未输兰蕙。

《浣溪沙·素馨茉莉》 杨泽民

南国幽花比并香。直从初夏到秋凉。素馨茉莉占时光。 梅□正寒方着蕊,芙蓉过暑即空塘。个中春色最难量。

《水龙吟·木樨》 杨泽民

腻金匀点繁英,好风更与花为地。梅魂蕙魄,素馨□长,酴醾请避。拍塞清香,远闻十里,如何藏闭。笑东篱嫩菊,空攒细蕊,祗供得、重阳泪。 争似青青叶底。傍西窗、时复轻吹。玉炉换骨,宝瓶熏梦,幽人睡起。管领秋光,留连佳景,几多新意。怕姮娥、不□蟾宫桂种,□高枝比。

第二节 唐宋词中的域外动物

唐宋词中有不少动物,其实都来自异域,有的是很早就从域外进献,有的则从唐宋时期才来到中国。它们丰富了唐宋词的审美意象,增加了唐宋词的审美意趣,增添了唐宋词的域外文化色彩。

一、孔雀

"在古代,即汉代之前,中国人所知道的孔雀只有印度孔雀。根据一则传说,某个现在还不能确定的西方国家曾经向周朝的第二个国王贡献过这种美丽的鸟,这件事发生在大约公元前一千年初期。这则传说虽然未必完全可信,但毫无疑问的是,到了汉朝时,中国人就已经认为孔雀主要是一种西方的鸟,孔雀的家园位于克什米尔和安息王的疆域的某地。然而汉朝人对于孔雀的了解也只限于传闻,这些传闻可能是由过往的行人带来的。正是在这一时期,即在世界另一端的意大利,正将孔雀饲养在林木葱茏的小岛上,而且这种鸟已经成了他们餐桌上的珍馐美味。但是不久之后,现代中国南方的热带地区就得到了开发,中国人在南方发现了印度支那的绿孔雀。到了三世纪,这种披着绿色和金色的金属光泽的美丽生灵,就与香药、珠宝、象牙以及鹦鹉一起被带进了中国的内地,而对这种神奇的鸟的需求也随之迅速增长起来。吴永安五年(262),南方的吴国派遣了一位官员前往交趾征调三千只孔雀。这次征发再加上交趾的地方官的类似的掠夺行为,导致了一次起义,吴国派出的征发使节也在次年被杀害了"①。

尽管"随着唐朝移民日渐熟悉岭南热带环境,他们发现在唐朝本土的孔雀实际上同在印度支那的一样多,所以到了唐代,孔雀就开始从雷州半岛的罗州和雷州,与斑竹、鹦鹉以及白银一起作为年贡被源源不断地送往长安。作为公认的南方的象征,孔雀在唐朝人的心目中成了'越鸟'——在公元十世纪时,养鸟行家李昉也确实是将孔雀称作'南客'"②。宋代周去非也说"孔雀世所常见者",但南方常见,北方仍以为稀有:"中州人得一,则贮之金屋。南方乃腊而食之,物之贱于所产者如此。胆能杀人。以胆一滴沾于酒盏之臀,而酌以饮人亦死。前志谓南方有大雀,五色成文,为鸾凤之属。"③但是,在唐宋词中,孔雀还是充满异域情调的一个文学精灵:

孙光宪《八拍蛮》:"孔雀尾拖金线长,怕人飞起入丁香。越女沙头争拾翠,相呼归去背斜阳。"

---

① [美]薛爱华著,吴玉贵译:《撒马尔罕的金桃——唐代舶来品研究》,第259—261页。
② [美]薛爱华著,吴玉贵译:《撒马尔罕的金桃——唐代舶来品研究》,第261页。
③ (宋)周去非著,屠友祥校注:《岭外代答》卷九,第230页。

宋代，外国也贡献过孔雀这种美丽的动物：

《宋会要辑稿·蕃夷四·交趾》："（八年）五月，黎桓自称权交州三使留后，遣军将赵子爱等进奉通犀（带）五、牯犀二十九株、象牙百根、乳香二百斤、绢万匹、孔雀尾百枚，表言：'去年十月，丁璿与其母杨氏表言去年十月，率管内吏民将校以三使印绶推臣领府事。'并以璿表来上。"①

《宋会要辑稿·蕃夷四·占城》："占城国在中国之西南，泛海南去三佛齐五日程，陆行至宾陀罗国一月程，其国隶占城焉；东去麻逸国二日程，蒲端国七日程；北至广州半月程；东北至两浙一月程；西北至交州两日程，陆行半月程。其地东西七百里，南北三千里。南曰施备州，西曰上源州，北曰乌里州。国无城郭，有百余村，村落户三五百，或至七百，亦有县镇之名。土地出产笺沉香、槟榔、乌㭴木、苏木、白藤、黄（腊）[蜡]、吉贝花布、丝绫布、白氎布、藤簟、贝多叶簟、金银铁锭等物。五谷无麦，有粳米、粟、麻子。官给种一斛，计租百斛。果实有莲、甘蔗、蕉子、椰子。鸟兽多孔雀、犀牛。畜产多黄牛、水牛而无驴。亦有山牛，不任耕耨，但杀以祭鬼。将杀，令巫祝之曰：'阿罗和及拔。'译之云：'早教他托生。'民获犀、象，皆输于王。国人多乘象或软布兜，或于交州市马。颇食山羊、水兕之肉……

"太祖建隆元年十二月，其王释利因塔蛮遣使菩诃萨布君等以方物、犀角、象牙来贡。二年正月，其王释利因陀盘遣使莆诃散等来朝。表章书于贝多叶，以香木函盛之。贡犀角、象牙角、象、龙脑、香药、孔雀四、大食瓶二十。使回，仍赐赍有差，仍以器币优赐其王。"②

（开宝七年）"七年正月，其王波利税褐茶遣使来贡孔雀伞二、西天烽铁四十斤。"③

（太祖建隆二年）"十一月十三日，沙州节度使曹元忠、瓜州团练使曹延继遣使贡玉鞍勒马。《玉海》：十一月，三佛齐贡象牙、孔雀。"④

（开宝九年六月四日）"明州节度使惟治进涂金银香狮子并台重千两，金银香鹿一对，重千两，涂金银凤、孔雀并鹤三对，重三千两，白龙脑十斤，金合重二百两，大绫千匹，宝装合盘二十只，瓷器万一千事，内千事银棱。俶又进谢加恩银五千两、绢五千匹，谢令男惟浚押送加恩官告银万两，谢男已下加恩乳香万

---

① 刘琳，刁忠民，舒大刚等校点：《宋会要辑稿》，上海古籍出版社，2014年版，第9781页。
② 《宋会要辑稿》，第9806—9807页。
③ 《宋会要辑稿》，第9808页。
④ 《宋会要辑稿》，第9933页。

斤,又银四万两、绢四万匹、绵三十万两。"①

(太宗太平兴国)"八年五月十五日,交州权三使留后黎桓遣牙吏来贡方物。《玉海》:贡通犀、孔雀尾。"②

《春明退朝录》:"忠懿钱尚文自国初至归朝,其奉贡之物,着录行于时,今大宴所施涂金银花凤狻猊、压舞茵蛮人及装龙凤鼓,皆其所进也。凡献银、绢、绫锦、乳香、金器、玳瑁、宝器、通天带之外,其银香、龙香、象、狮子、鹤、鹿、孔雀,每只皆千余两,又有香囊、酒瓮诸什器,莫能悉数。祥符、天圣经火,多爇去,今太常有银饰鼓十枚尚存。"③

可见,宋代初年,交趾、占城等国,多次向宋贡献孔雀。

宋词中,出现孔雀这种奇异动物的不足十首:

《渔家傲》 净端

七宝池中堪下钓。八功德水烟波渺。池底金沙齐布了。羡鱼鸟。周回旋绕为阶道。 白鹤孔雀鹦鹉噪。弥陀接引毫光照。不是修行何得到。一般好。西方净土无烦恼。

《满庭芳》 史浩

烘锦花堤,铺绵柳巷,晓来膏雨初晴。画堂初建,碧沼映朱楹。最好芙蓉绣褥,交辉敞、孔雀金屏。那堪更,华裾满坐,和气动欢声。 冰清。真美行,棠阴善政,槐市高名。今朝消受得,茜服光荣。况是齐眉并寿,谁云道、乐事难并。相将见,飞凫过阙,除目下彤庭。

《鹧鸪天》 史浩

孔雀双飞敞画屏。锦花茵上舞婷婷。红绡袖暖琉璃滑,金鸭炉香椒桂馨。 丹脸渥,秀眉青。平生阴德在遐龄。如今便好添龟鹤,元是南箕一寿星。

《江城子》 王质

柳梢无雪受风吹。绿垂垂。乳鸦啼。直下蒲萄,春水未平堤。却似今年春气早,白团扇,已相宜。 红巾当日鸟衔飞。曲江湄。暮春时。孔雀麒麟,交虋绣罗衣。何似野堂陪胜客,花影外,竹影移。

《阮郎归》 史达祖

旧时明月旧时身。旧时梅萼新。旧时月底似梅人。梅春人不

---

① 《宋会要辑稿》,第9936页。
② 《宋会要辑稿》,第9939页。
③ 《宋会要辑稿》,第9971页。

春。　　香入梦,粉成尘。情多多断魂。芙蓉孔雀夜温温。愁痕即泪痕。

《声声慢》　林正大

暮春天气,争看长安,水边多丽人人。意远态浓,肌理骨肉轻匀。绣罗衣裳照映,尽蹙金、孔雀麒麟。夸荣贵,是椒房云幕,恩宠无伦。　　簇簇紫驼翠釜,间水精盘里,缕脍纷纶。御送珍羞,夹道箫鼓横陈。后来宾从杂沓,认青鸾、飞舞红巾。扶下马,似杨花、翻入锦茵。

《木兰花慢》　张枢

歌尘凝燕垒,又软语、在雕梁。记剪烛调弦,翻香校谱,学品伊凉。屏山梦云正暖,放东风、卷雨入巫阳。金冷红绦孔雀,翠间彩结鸳鸯。　　银釭。焰冷小兰房。夜悄怯更长。待采叶题诗,含情赠远,烟水茫茫。春妍尚如旧否,料啼痕、暗里浥红妆。须觅流莺寄语,为谁老却刘郎。

《千秋岁》　佚名

律调无射。月望才逾日。昴宿呈祥南极。称觞祈五福,膺聘陈双璧。彩堂上,老人婺宿光交集。　　龟鹤年相敌。孔雀屏开侧。喜与寿,俱逢吉。门楣他日作,椒觞歌今日。看父子,乘龙跨鹤皆仙匹。

这些孔雀,多数都不是真实的动物。释净端《渔家傲》中的"孔雀",是佛教意象,为了衬托西方净土的祥和、美妙。佚名《千秋岁》词系为人祝寿,"龟鹤年相敌。孔雀屏开侧",虽然不能排除是真实的孔雀,但主要是用来渲染寿筵的喜庆气氛。有的则是饰物上的孔雀像,如史浩《鹧鸪天》词、王质《江城子》词、张枢《木兰花慢》词,所写皆非真实。史达祖《阮郎归》词中"芙蓉孔雀夜温温",写的是绣被上的孔雀图案。林正大《声声慢》隐括杜甫《丽人行》诗歌,"绣罗衣裳照映,尽蹙金、孔雀麒麟"二句,对应原诗"绣罗衣裳照暮春,蹙金孔雀银麒麟"句,孔雀显然是罗衣上所绣孔雀图案。史浩《满庭芳》(烘锦花堤)所写,"最好芙蓉绣褥,交辉敞、孔雀金屏"二句,也是绣缛上的芙蓉花,与屏风上的金孔雀,交相辉映。

毕竟,孔雀的养护非一般人家所能承担,美丽的孔雀形象,更多地存在于人们的想象中,各种美好的祝福、憧憬中。

二、鹦鹉

鹦鹉本来是中国的土生鸟,早在《礼记·曲礼上》,就有"鹦鹉能言,不离飞鸟"之言,但是后来因为被人类过度捕捉而濒临灭绝。"从古代起,中国人就已经有了本土出产的鹦鹉。这些鹦鹉栖息在古代的商道附近,即位于今陕西、甘肃交界处的陇山之中。这些古代的鸟因为具有说话的能力,所以有时又被称作'西域神鸟',陇山里的鹦鹉大多数是一种紫胸的绿色长尾小鹦鹉,这种鹦鹉又被称作'德比安长尾小鹦鹉',现在它是四川、云南以及西藏东部的土生鹦鹉,但是在北纬30度以北已经见不到这种鸟的踪迹了。遗憾的是,在中世纪,当地鹦鹉聚生之地不断遭受劫掠,被捕捉为笼鸟,因而这一品种以后便濒于灭绝了"①。

唐代的鹦鹉,品种上发生变化。"从唐朝统治的第二个世纪起,新品种的鹦鹉,即'南鸟'(象征与孔雀同类的鸟)就开始在唐朝北方地区出现了。这些鹦鹉是从唐朝新开发的岭南、交趾地区送来的。这时候在唐朝本土的雷州半岛和广东西部地区,人们也可以见到玫瑰色环纹鹦鹉、红胸鹦鹉以及蓝头(或花头)鹦鹉。这些鹦鹉的外貌就像它们的名字一样美丽动人……也有一些鹦鹉被送进了北方的玩鸟人的鸟笼里和庭园里,这些'南鸟'在这里与人们熟悉的陇山的鹦鹉比美争宠。当时在北方必定还有许多地道的陇山鹦鹉,因为即使到了十世纪,在李昉的庭园里的鹦鹉还被称作'陇客'"②。

"从唐朝统治的第三个世纪起,唐朝西北和南方地区的长尾小鹦鹉却遇到一个耀眼夺目的有力竞争对手。有钱的玩鸟人或达官贵人都对这种鸟宠爱有加,西北和南方的长尾小鹦鹉则受到了冷遇。这种新出现的鸟就是印度支那和印度尼西亚的鹦鹉。这些光彩夺目的鸟儿或者由热带的大国作为献给唐朝皇帝的贡礼,或者由远航的水手和商人从地球的尽头带进(无论何时何地,都可以轻易地捕捉到鹦鹉)唐朝的境内。这个事例生动地证明,与本土的出产相比,来自远国绝域的物品往往更加为人夸饰"③。

宋代的鹦鹉,可从周去非的记载中略窥一斑。周去非《岭外代答》卷九,以亲身经历记载了宋人对鹦鹉的认识和印象:"占城产五色鹦鹉,唐太宗时环王所献是也。案传谓能诉寒,有诏还之。环王国即占城也。余在钦,尝于聂守见白鹦鹉、红鹦鹉。白鹦鹉大如小鹅,羽毛有粉如蝴蝶翅。红鹦鹉其色正红,尾如乌鸢之尾。然皆不能言,徒有其表尔。钦州富有鹦哥,颇慧易教。土人不复

---

① [美]薛爱华著,吴玉贵译:《撒马尔罕的金桃——唐代舶来品研究》第五章《飞禽》,第265页。
② [美]薛爱华著,吴玉贵译:《撒马尔罕的金桃——唐代舶来品研究》,第266、267页。
③ [美]薛爱华著,吴玉贵译:《撒马尔罕的金桃——唐代舶来品研究》,第267页。

雅好。惟福建人在钦者,时或教之歌,乃真成闽音。此禽南州群飞如野鸟,举网掩群,鬻以为鲊。物之不幸如此。"①

范成大《桂海虞衡志》:"南人养鹦鹉者云:此物出炎方,稍北中冷,则发瘴噤战,如人患寒热。以柑子饲之则愈,不然必死。"②

唐词中已经出现鹦鹉,以冯延巳所写最多。其《采桑子》:"画堂昨夜愁无睡,风雨凄凄。林鹊争栖。落尽灯花鸡未啼。　年光往事如流水,休说情迷。玉箸双垂。只是金笼鹦鹉知。"③《酒泉子》:"庭树霜凋。一夜愁人窗下睡,绣帏风,兰烛焰,梦遥遥。　金笼鹦鹉怨长宵。笼畔玉筝弦断,陇头云,桃源路,两魂销。"④《应天长》:"当时心事偷相许。宴罢兰堂肠断处。挑银灯,扃珠户。绣被微寒值秋雨。　枕前和泪语。惊觉玉笼鹦鹉。一夜万般情绪。朦胧天欲曙。"⑤《虞美人》:"玉钩鸾柱调鹦鹉。宛转留春语。云屏冷落画堂空。薄晚春寒无奈落花风。　搴帘燕子低飞去。拂镜尘鸾舞。不知今夜月眉弯。谁佩同心双结倚阑干。"⑥《菩萨蛮》:"回廊远砌生秋草。梦魂千里青门道。鹦鹉怨长更。碧笼金锁横。　罗帏中夜起。霜月清如水。玉露不成圆。宝筝悲断弦。"⑦

敦煌词集《云谣集杂曲子》有一首《倾杯乐》,写到鹦鹉,词云:

窈窕逶迤,貌超倾国应难比。浑身挂绮罗装束,未省从天得知。脸如花自然多娇媚。翠柳画蛾眉,横波如同秋水。裙生石榴,血染罗衫子。　观艳质语软言轻,玉钗坠素绾乌云髻。年二八久镇香闺,爱引猧儿鹦鹉戏。十指如玉如葱,银苏体雪透罗裳里。堪婷与公子王孙,五陵年少风流婿。

---

① (宋)周去非著,屠友祥校注:《岭外代答》卷九,第231页。
② (宋)范成大撰,严沛校注:《桂海虞衡志校注》,广西人民出版社,1986年版,第50页。
③ (南唐)冯延巳:《采桑子》,曾昭岷、曹济平、王兆鹏、刘尊民等编撰《全唐五代词》,第663页。
④ (南唐)冯延巳:《酒泉子》,曾昭岷、曹济平、王兆鹏、刘尊民等编撰《全唐五代词》,第666页。
⑤ (南唐)冯延巳:《应天长》,曾昭岷、曹济平、王兆鹏、刘尊民等编撰《全唐五代词》,第675页。
⑥ (南唐)冯延巳:《虞美人》,曾昭岷、曹济平、王兆鹏、刘尊民等编撰《全唐五代词》,第679页。
⑦ (南唐)冯延巳:《菩萨蛮》,曾昭岷、曹济平、王兆鹏、刘尊民等编撰《全唐五代词》,第699页。

无名氏《捣练子》也写到鹦鹉：

> 云染幕，绿堆烟。霏霏细雨湿花钿。一片芳菲吹不起，闲愁损，更啼鹃。　　人去后，景依然。画堂谁复听哀弦。鹦鹉不知情意懒，频催我，下犀帘。①

需要注意的是，随着各种猩猩鹦鹉、白鹦、红鹦鹉、五色鹦鹉进入唐朝的，还有关于鹦鹉的传说。"有不少广为流传的故事，内容是说主人将鹦鹉作为密探，监视家里的仆人和红杏出墙的妻子。这种故事很可能来源于印度。最后，鹦鹉又象征笼子里的智慧——虽称乖巧，却非明睿。不过，'当鹦鹉象征着为丈夫的利益而牺牲自己利益的新娘，或者是为了主人的利益而牺牲个人利益的仆人时，牺牲自由或许就是无偿的或是出于利他的目的。从另一方面来说，美丽的羽衣——这是其主人的自负的根源——会使它被捕捉，被禁闭，而这也正是它的大不幸'"②。鹦鹉作为密探，会报告或者泄漏人的秘密、话语，在宋词中有隐约的反映。这可以从柳永、晏殊等人的作品中看出：

《玉楼春》　柳永

> 阆风歧路连银阙。曾许金桃容易窃。乌龙未睡定惊猜，鹦鹉能言防漏泄。　　匆匆纵得邻香雪。窗隔残烟帘映月。别来也拟不思量，争奈余香犹未歇。

《木兰花》　晏殊

> 朱帘半下香销印。二月东风催柳信。琵琶旁畔且寻思，鹦鹉前头休借问。　　惊鸿去后生离恨。红日长时添酒困。未知心在阿谁边，满眼泪珠言不尽。

晏殊（一说欧阳修）词说"鹦鹉前头休借问"，并非说鹦鹉不是人，向鹦鹉"借问"等于不问，而是说它有泄漏的危险。柳永的词则明说"鹦鹉能言防漏泄"。这些女性都知道在保守机密方面，鹦鹉是靠不住的。

《宋会要辑稿·蕃夷四·天竺国》总结历代鹦鹉贡献的材料显示，早在南北朝刘宋文帝元嘉五年（428），"天竺伽毗黎国王月爱又遣使奉表，献金刚指环、摩勒金环、宝物、赤白鹦鹉各一"③。李唐（开元）"八年，南天竺国遣使献五

---

① 无名氏：《捣练子》，曾昭岷、曹济平、王兆鹏、刘尊民等编撰《全唐五代词》，第796页。
② ［美］薛爱华著，吴玉贵译：《撒马尔罕的金桃——唐代舶来品研究》，第271、272页。
③ 刘琳、刁忠民、舒大刚校点：《宋会要辑稿》，第9822页。

色能言鹦鹉"①。赵宋王朝也多次接受外国贡献鹦鹉。《宋会要辑稿·蕃夷四·蒲端》：

> 蒲端在海上，与占城相接，未尝与中国通。真宗咸平六年九月，其王其陵遣使李饯罕、副使加弥难来贡方物及红鹦鹉。
>
> 大中祥符四年（1011）二月，国主悉离芭大遐至又遣使李于燮以金板镌表，奉丁香、白龙脑、玳瑁、红鹦鹉来贡。②

《宋会要辑稿·蕃夷四·阇婆国》：

> 太宗淳化三年八月，明州言："阇婆国遣使乘大船求贡方物。其使自言：中国有真主，声教所被，本国航海修贡。"
>
> 十二月，其使陁湛、副使蒲蘸里、判官李陀那假澄等至阙下。其贡物：象牙十株、真株二斤半、杂色丝绞三十六段、吉贝织杂色绞布五十六段、檀香四千四百二十三斤、玳瑁槟榔盘二面、犀牙金银装霸剑十二口、藤织花簟席四十领、白鹦鹉一、杂色绣花销金丝绞八段、七宝檀香亭子一。陀湛又进大玳瑁六十七斤、藤织花簟席二十领、丁香十斤、白龙脑五斤。先是，朝贡使泛海舶六十日至明州定海县，掌市舶张肃先驿奏其使服饰之状，与尝来入贡波斯相类。③

《宋会要辑稿·蕃夷七·历代朝贡》：

> （淳化）三年八月十八日，阇婆国遣使婆罗钦乘大舶以方物来贡。《玉海》：是年八月丁丑，阇婆遣使航海修贡，十二月至阙下，贡象齿、珠（具）［贝］、白鹦鹉。
>
> （真宗咸平六年九月）五日，大食国贡方物。蒲端国献红鹦鹉。
>
> （大中祥符四年）五月二十四日，蒲端国主悉离芭大遐至遣使，以金版镌表，奉丁香、白龙脑、玳瑁、红鹦鹉来贡。
>
> （熙宁四年四月）五日，大食勿巡国遣使辛毗陁罗奉表，贡真珠、通犀、龙脑、乳香、珊瑚、笔格、琉璃、水精器、龙涎香、蔷薇水、五味子、千年枣、猛火油、白鹦鹉、越诺布、花布、兜罗绵毯、锦襈蕃花簟。④

---

① 刘琳，刁忠民，舒大刚校点：《宋会要辑稿》，第9824页。
② 刘琳，刁忠民，舒大刚校点：《宋会要辑稿》，第9829页。
③ 刘琳，刁忠民，舒大刚校点：《宋会要辑稿》，第9830页。
④ 刘琳，刁忠民，舒大刚校点：《宋会要辑稿》，第9941、9943、9946、9956页。

宋词中写到鹦鹉的,相对于唐,数量多很多。宋词中的鹦鹉,大体有这样几种情况。一种是闺房中的鹦鹉,乖巧能言,成为女主人公最佳陪伴,解其寂寞,增其巧慧;能言,可以传语、寄语,也可以报告檀郎到来的消息;但有时作为"笼中鸟",鹦鹉与孤独女主人公的情形一致,没有自己的独立和自由:

《甘草子》 柳永

秋暮。乱洒衰荷,颗颗真珠雨。雨过月华生,冷彻鸳鸯浦。池长凭阑愁无侣。奈此个、单栖情绪。却傍金笼共鹦鹉。念粉郎言语。

《踏莎行》 欧阳修

雨霁风光,春分天气。千花百卉争明媚。画梁新燕一双双,玉笼鹦鹉愁孤睡。　薜荔依墙,莓苔满地。青楼几处歌声丽。蓦然旧事心上来,无言敛皱眉山翠。

《玉楼春》 欧阳修

珠帘半下香销印。二月东风催柳信。琵琶傍畔且寻思,鹦鹉前头休借问。　惊鸿过后生离恨。红日长时添酒困。未知心在阿谁边,满眼泪珠言不尽。

而有时,深闭笼中,是一种保护、保障,令人羡慕、令人向往。这反衬出向往者身份之低下、处境之悲惨:

《风流子》 陆游

佳人多命薄,初心慕、德耀嫁梁鸿。记绿窗睡起,静吟闲咏,句翻离合,格变玲珑。更乘兴,素纨留戏墨,纤玉抚孤桐。蟾滴夜寒,水浮微冻,凤笺春丽,花砑轻红。　人生谁能料,堪悲处、身落柳陌花丛。空美画堂鹦鹉,深闭金笼。向宝镜鸾钗,临妆常晚,绣茵牙版,催舞还慵。肠断市桥月笛,灯院霜锺。

当然,笼中鹦鹉并非都是女性的化身,有时也借调教鹦鹉这种女性专业以写男性的闲适、无聊,或者象征英雄受困:

《临江仙》 邓肃

带雨梨花看上马,问人底事匆匆。于飞有愿恨难从。大鹏抟九万,鹦鹉锁金笼。　忽忽便为千里隔,危岑已接高穹。回头那忍问前踪。家留烟雨外,人在斗牛中。

《南歌子·陆义斋燕喜亭》 张炎

　　窗密春声聚,花多水影重。只留一路过东风。围得生香不断、锦熏笼。　　月地连金屋,云楼瞰翠蓬。惺忪笑语隔帘栊。知是谁调鹦鹉、柳阴中。

《祝英台近》 佚名

　　剪酴醾,移红药,深院教鹦鹉。消遣宿酲,欹枕熏沈炷。自从载酒西湖,探梅南浦,久不见、雪儿歌舞。　　恨无据。因甚不展眉头,凝愁过百五。双燕见情,难寄断肠句。可怜泪湿青绡,怨题红叶,落花乱、一帘风雨。

有时鹦鹉的能言,被用以比喻声音、歌声:

《沁园春》 冯取洽

　　有孤竹君,音节拂云,谥曰洞箫。纵柳郎填就,周郎顾罢,欠伊品藻,律也难调。惭愧何郎。呜呜袅袅,翻入颈唇齿舌喉。谁知道,是郭郎亲授,共贯同条。　　后来一辈楞楞。甚声响都如鹦鹉娇。叹秦青已往,嘉荣何在,念奴骨朽,李八魂消。试向尊前,听君一曲。前辈风流未觉凋。冯郎老,但点头咽唾,拼解金貂。

还有一种是鹦鹉杯,借指酒杯。鹦鹉杯的饮酒、醉酒等行为,显示出文人的风流、豪气,或者借酒浇愁:

《留春令》 晏几道

　　海棠风横,醉中吹落,香红强半。小粉多情怨花飞,仔细把、残香看。　　一抹浓檀秋水畔。缕金衣新换。鹦鹉杯深艳歌迟,更莫放、人肠断。

《减字木兰花》 向子𬤇

　　几年不见。蝴蝶枕中魂梦远。一日相逢。鹦鹉杯深笑靥浓。　　欢心未已。流水落花愁又起。离恨如何。细雨斜风晚更多。

《满庭芳》 张元幹

　　韩国殊勋,洛都西内,名园甲第相连。当年绿鬓,独占地行仙。文彩风流瑞世,延朱履、丝竹喧阗。人皆仰,一门相业,心许子孙贤。　　中兴,方庆会,再逢甲子,重数天元。问千龄谁比,五福俱全。此去沙堤步稳,调金鼎、七叶貂蝉。香檀缓,杯传鹦鹉,新月正娟娟。

《蝶恋花》 陆游

　　禹庙兰亭今古路。一夜清霜,染尽湖边树。鹦鹉杯深君莫诉。

他时相遇知何处。　　冉冉年华留不住。镜里朱颜,毕竟消磨去。一句丁宁君记取。神仙须是闲人做。

周去非《岭外代答》卷六《器用门·螺杯》云:"南海出大螺,南人以为酒杯。螺之类不一,有哆口而圆长者,曰螺杯;有阔而浅形如荷叶者,则曰潋滟杯;有剖半螺色红润者,曰红螺杯;有形似鹦鹉之睡、朱喙绿首者,曰鹦鹉杯。"[①]鹦鹉杯虽非鹦鹉,但可见出鹦鹉之形象早已为人熟知,鹦鹉与生活与文人创作关系之密切。

还有一种是用汉代祢衡《鹦鹉赋》、鹦鹉洲的典故,表达文人怀才不遇之感。《后汉书》:祢衡得罪,"祢衡在黄祖座,作《鹦鹉赋》,笔不停辍,文不加点"。当时黄祖是江夏太守,其长子射在鹦鹉洲宴客,有人献鹦鹉,祢衡为赋。后黄祖杀祢衡,亦葬于此。唐崔颢《黄鹤楼》"晴川历历汉阳树,芳草萋萋鹦鹉洲",所写即此。

《江南好》　曾布

江南客,家有宁馨儿。三世文章称大手,一门兄弟独良眉。藉甚众多推。　　千里足,来自渥洼池。莫倚善题鹦鹉赋,青山须待健时归。不似傲当时。

《满江红》　苏轼

江汉西来,高楼下、蒲萄深碧。犹自带、岷峨云浪,锦江春色。君是南山遗爱守,我为剑外思归客。对此间、风物岂无情,殷勤说。

江表传,君休读。狂处士,真堪惜。空洲对鹦鹉,苇花萧瑟。不独笑书生争底事,曹公黄祖俱飘忽。愿使君、还赋谪仙诗,追黄鹤。

《八节长欢》　毛滂

名满人间。记黄金殿,旧赐清闲。才高鹦鹉赋,风懔惠文冠。涛波何处试蛟鳄,到白头、犹守溪山。且做龚黄样度,留与人看。桃溪柳曲阴圆。离唱断、旌旗却卷春还。襦裤寄余温,双石畔、惟闻吏胆长寒。诗翁去,谁细绕、屈曲阑干。从今后、南来幽梦,应随月度云端。

《满庭芳》　蔡伸

鹦鹉洲边,芙蓉城下,迥然水秀山明。小舟双桨,特地访云英。惊破兰衾好梦,开朱户、一笑相迎。良宵永,南窗皓月,依旧照娉婷。

[①] (宋)周去非著,屠友祥校注:《岭外代答》卷六,第113页。

别来,无限恨,持杯欲语,恍若魂惊。念霎时相见,又惨离情。还是匆匆去也,重携手、密语叮咛。佳期在,宝钗鸾镜,端不负平生。

同样是用《鹦鹉赋》典故,有时也会反用作为文人才华的表现,与"七步成诗""倚马可待"意思一样,代表着文人的狂放、文人的风流:

《鹧鸪天》 王之望

撩乱江云雪欲飞。小轩幽会酒行时。佳人喜得鸳鸯侣,豪客争题鹦鹉词。　　歌舞地,喜追随。歙州端恨外迁迟。谪仙狂监从来识,七步初看子建诗。

《水调歌头》 戴复古

轮奂半天上,胜概压南楼。筹边独坐,岂欲登览快双眸。浪说胸吞云梦,直把气吞残虏,西北望神州。百载一机会,人事恨悠悠。　　骑黄鹤,赋鹦鹉,谩风流。岳王祠畔,杨柳烟锁古今愁。整顿乾坤手段,指授英雄方略,雅志若为酬。杯酒不在手,双鬓恐惊秋。

《水调歌头》 岳甫

鲁口天下壮,襟楚带三吴。山川表里营垒,屯列拱神都。鹦鹉洲前处士,黄鹤楼中仙客,拍手试招呼。莫诵昔人句,不食武昌鱼。　　望樊冈,过赤壁,想雄图。寂寥霸气,应笑当日阿瞒疏。收拾周黄策略,成就孙刘基业,未信赏音无。我醉君起舞,明日隔江湖。

《水龙吟》 李曾伯

梅边连辔偕来,柳边先我观光去。一门椿桂,尊君孙盛,小儿文举。黄鹤联登,横翔雕鹗,健凌鹦鹉。趁霜晴春小,南宫问讯,又同奏、明光赋。　　从此青云阔步。看龙门、锦标双取。荆州时事,不妨大对,细陈当宁。久要论交,中年语别,不堪离绪。约杏园,得意归时,吾已在浙江浒。

还有一种鹦鹉是佛陀世界的使者,出现在词僧或涉及佛教的词人笔下:

《渔家傲》 净端

七宝池中堪下钓。八功德水烟波渺。池底金沙齐布了。美鱼鸟。周回旋绕为阶道。　　白鹤孔雀鹦鹉噪。弥陀接引毫光照。不是修行何得到。一般好。西方净土无烦恼。

《渔家傲》 可旻

鹦鹉频伽知几只。音声和雅鸣朝夕。演畅五根并五力。令人忆。心飞恨不身生翼。　　从是西方十万亿。山长水远谁人识。惟是观门归路直。真消息。坐澄劫水琉璃碧。

　　《朝中措》　刘克庄

　　海天万顷碧玻璃。风露洗炎曦。鹦鹉绿毛导从,蟾□雪色追随。

　　分明来处,补陀大士,先后同时。觅取善财童子,膝边要个孙儿。

还有一种是借鹦鹉头上毛发之绿色,指绿水,或者绘有鹦鹉图像的船只：

　　《临江仙·送鄞令李易初》　舒亶

　　折柳门前鹦鹉绿,河梁小驻归船。不堪华发对离筵。孤村啼鸠日,深院落花天。　　文采弟兄真逸玉,赤霄去路谁先。明朝便恐各风烟。江山如有恨,桃李自无言。

　　《菩萨蛮》　舒亶

　　香波绿暖浮鹦鹉。黄金捍拨么弦语。小雨落梧桐。帘栊残烛红。　　人生闲亦好。双鬓催人老。莫惜醉中归。醒来思醉时。

末世词人张炎有几首词中借鹦鹉传达一种世事无常或者怀旧的情绪,这在所有涉及鹦鹉的词中,显得很另类：

　　《祝英台近·与周草窗话旧》　张炎

　　水痕深,花信足,寂寞汉南树。转首青阴,芳事顿如许。不知多少消魂,夜来风雨。犹梦到、断红流处。　　最无据。长年息影空山,愁入庾郎句。玉老田荒,心事已迟暮。几回听得啼鹃,不如归去。终不似、旧时鹦鹉。

　　《甘州·赋众芳所在》　张炎

　　看涓涓、两水自东西,中有百花庄。步交枝径里,帘分昼影,窗聚春香。依约谁教鹦鹉,列屋带垂杨。方喜闲居好,翻为诗忙。　　多少周情柳思,向一丘一壑,留恋年光。又何心逐鹿,蕉梦正钱塘。且休将扇尘轻障,万山深、不是旧河阳。无人识,牡丹开处,重见韩湘。

　　《大圣乐·华春堂分韵同赵学舟赋》　张炎

　　隐市山林,傍家池馆,顿成佳趣。是几番临水看云,就树揽香,诗满阑干横处。翠径小车行花影,听一片春声人笑语。深庭宇。对清昼渐长,闲教鹦鹉。　　芳情缓寻细数。爱碧草平烟红自雨。任燕来莺去,香凝翠暖,歌酒清时钟鼓。二十四帘冰壶里,有谁在箫台犹醉舞。吹笙侣。倚高寒、半天风露。

三、频伽

作为一种鸟,频伽有着美丽的外表和美妙动听的声音:"这种美丽的鸟长着闪烁着蓝色光泽的鲜亮的羽毛,在山林之中宛转鸣叫,它美丽动人,勇敢无畏。"它的学名叫"Dicrurus(或 Dissemurus)paradiseus","在印度、缅甸、越南和云南以及印度尼西亚有这种鸟的几个亚种",它又叫"凤卷尾""大盘尾卷尾",爪哇种"美凤卷尾"(Dicrurus paradiseus formosus)①。

根据研究,频伽鸟在唐代时曾经被进贡给唐朝皇帝:"在八世纪初年,一位来自诃陵国的使臣向唐朝皇帝贡献了鹦鹉、若干名僧祇童、许多异香,此外还有一只频伽鸟。"②但唐代的频伽鸟,并不限于进贡给皇帝的这一只。《浙江通志》卷十五载:浙江宝掌山,因唐代贞观中宝掌禅师得名。禅师种贝多树,时有频伽鸟巢其上,则唐代浙江早有这种鸟:

> 宝掌山,《名胜志》:在县东南四十五里,一名千岁岩,唐贞观中,宝掌禅师开岩于此,自云年已千岁。真身在半岩,去地四十九尺。山岩中石室,可容百余人。洞口石壁数片如削。禅师种贝多木一株,在岩上,时有频伽鸟巢其上。③

同书卷一百三:"频伽鸟,至正《四明续志》:昌国补陀山有之,鄞县句章北岩亦有。"④

同时,在中国其他地方如湖北,也出现过频伽鸟。《湖广通志》卷十八"武昌府":"频伽鸟,出崇阳县岩头畔。"⑤

其次,频伽鸟多与佛教有关。薛爱华说:"在佛教的文学作品中,经常提到频伽鸟和它那悦耳动听的歌喉。频伽鸟这位神奇的歌手之所以在佛教文学中出现,并不是由于它自身的缘故,而是因为它是佛陀及其声音的定型。它会告知天下众生形色世界一切皆苦,人生无常的伟大真理。杰出的佛教词汇编纂者慧琳曾经描绘过这种鸟。他写道:'此鸟本出雪山,在壳中能鸣,其音和雅,听者无厌也。'"⑥中国古代记载中的频伽鸟,或巢于寺庙,或巢于贝多树,很能

---

① [美]薛爱华著,吴玉贵译:《撒马尔罕的金桃——唐代舶来品研究》,第276页及其注释。
② [美]薛爱华著,吴玉贵译:《撒马尔罕的金桃——唐代舶来品研究》,第275页。
③ 浙江省地方志编纂委员会编:《浙江通志》,中华书局,2001年版,第561页。
④ 浙江省地方志编纂委员会编:《浙江通志》,第2387页。
⑤ 清雍正十年《湖广通志·天赋志·物产附·武昌府》卷一八。
⑥ [美]薛爱华著,吴玉贵译:《撒马尔罕的金桃——唐代舶来品研究》,第274页。

说明这个问题。

"频伽"乃梵语,是迦罗频迦或迦陵频迦之略称,意思是妙音鸟。此鸟常住极乐净土。唐段成式《酉阳杂俎》曰:"频伽,共命鸟,一头两身。"宋代方勺《泊宅编》又称之为"太平鸟"。

频伽鸟不只是佛教文学作品中描写的对象,在许多佛经中,都能见到它的身影,听到它美妙的声音:

《长阿含经》:"菩萨生时。其声清彻。柔软和雅。如迦罗频伽鸟声。"

《人仙经》:"大梵天王说偈之时。具五种妙音。所谓大梵音。迦陵频伽音。大鼓音。大雷音。及爱乐音等。"

《方广大庄严经》:"佛告诸比丘。尔时菩萨住于最胜微妙宫中。一切所须皆悉备具。殿堂楼阁众宝庄严。幢幡宝盖处处罗列。宝铃宝网而严饰之。垂悬无量百千缯彩众宝璎珞。一切桥道以众宝板之所合成。处处皆有众宝香炉烧众名香。珠交露幔张施其上。有诸池沼其水清冷。时非时华周遍开发。其池之中凫雁鸳鸯。孔雀翡翠迦陵频伽。共命之鸟出和雅音。其地纯以瑠璃所成。光明可爱犹如明镜。庄严绮丽无以为喻。人天见者莫不欢喜。复于一时。诸婇女等乐器之音。由十方佛威神力故。"

其三,频伽鸟在宋代确实存在。张邦基《墨庄漫录》卷五载:

予在四明市舶局日,同官司户王璪粹昭,郡檄往昌国县普陀山观音洞祷雨,归,为予言:宝陀山去昌国两潮,山不甚高峻,山下居民百许家,以鱼盐为业,亦有耕稼。有一寺,僧五六十人。佛殿上有频伽鸟二枚,营巢梁栋间,大如鹌颐,毛羽绀翠,其声清越如击玉,每岁生子必引去,不知所之。①

五代词中,已经出现频伽。敦煌词《归去来·出家乐赞》之三:"共命鸟。对鸳鸯。鹦鹉频伽说妙法。恒叹众生住苦力。住苦力。"可见出频伽鸟与佛教之间的紧密关系。

宋词中,频伽鸟也与佛教有关。史达祖《风入松》词云:"素馨柎萼太寒生。多蒂春冰。夜深绿雾侵凉月,照晶晶、花叶分明。人卧碧纱幮净,香吹雪练衣

---

① (宋)张邦基撰,孔凡礼点校:《墨庄漫录》,中华书局,2002年版,第152页。

轻。　　频伽衔得堕南熏。不受纤尘。若随荔子华清去,定空埋、身外芳名。借重玉炉沈炷,起予石鼎汤声。"词赞美素馨花仿佛频伽鸟从佛国衔来,堕在南风中,香气随风散发;它又洁白尽净,不受一点尘土染污。因为素馨来自外国,频伽也是外来鸟,所以有频伽衔来之说。

可旻《渔家傲》:"鹦鹉频伽知几只。音声和雅鸣朝夕。演畅五根并五力。令人忆。心飞恨不身生翼。　　从是西方十万亿。山长水远谁人识。惟是观门归路直。真消息。坐澄劫水琉璃碧。"词中出现"五根""五力","西方""十万亿""劫"等佛教语词,说鹦鹉、频伽鸟的和雅鸣声,好像在阐发佛谛,令人心起往生西方乐土之思。

可旻《渔家傲》:"彼土因何名极乐。莲华九品无三恶。虽有频伽并白鹤。非彰灼。如来变化宣流作。　　九品一生离五浊。自然身挂珠璎珞。宛转白毫生额角。长辉烁。百千业障都消却。"这首词不是一般的使用佛教语词,而是通首宣扬佛家教义,频伽在其中只是一个。

净圆《望江南》:"西方好,清旦供尤佳。缥缈仙云随宝仗,轻盈衣祴贮天华。十万去非赊。　　诸佛土,随念遍河沙。莲掌抚摩亲授记,潮音清妙响频伽。时至即还家。"

频伽鸟,可以称之为"佛教鸟"。

四、天马

"在西极,生长着被称为'骏骨龙媒'的神奇的天马,天马的骨头长得类似于理想中的西方神骑的双翼,天马是致龙之兆,也是神龙之友……关于西方龙马的信仰,可以追溯到公元前二世纪,当时汉武帝想借助炼丹术士配制的神奇的食物,或者通过精心安排的(和可疑的)古代仪式,来保证他本人的神性,以及做到长生不老,他渴望能得到一批超自然的骏马,以便带着他飞升天界"[①]。

"在突厥斯坦各地都有水中出生的马的传说。例如龟兹地区就是如此。七世纪时,唐玄奘曾经路过龟兹城。根据他的记载,龟兹一座天祠前有一处龙池……其实这个故事必定来源于更西部的伊朗地区。长着双翼的马,普遍存在于伊朗地区的艺术作品和神话传说之中。甚至长着长腿、小腹的'大食(Tajik)马'(即阿拉伯马)据说也是'西海'岸边的龙与牝马交合所生。到汉武帝的时代,典型的神马就已经被定在了锡尔河流域的'大宛'(Farghana),大宛马与波斯诸王骑乘的米底亚的尼萨(Nisaean)种马是同一个种系,这种马在

---

① [美]薛爱华著,吴玉贵译:《撒马尔罕的金桃——唐代舶来品研究》,第172页。

东、西方都以'汗血马'著称……虽然张骞本人并没有带回神马,但是最晚到公元二世纪时,中国人就已经从西方得到了一种品系优良、外观神骏的良马,他们将这种马看作传说中的龙马。虽然这种马并没有长双翼,但它们却长着'龙翼骨'。这种龙马比蒙古种的马身材更高大,而且它经过驯化的变种在中国也很普遍,可是龙马似乎并没有被用作战马,而是被训练成了在仪式上使用的立仗马。这些神奇的骏马在动物学上的归属到现在还无法确定"①。薛爱华较为详细地交代了天马的品种、来历、历史。

《史记·大宛列传》:"初,天子发书《易》,云'神马当从西北来'。得乌孙马好,名曰'天马'。及得大宛汗血马,益壮,更名乌孙马曰'西极',名大宛马曰'天马'云。"②三国魏阮籍《咏怀》之五:"天马出西北,由来从东道。"唐王维《送刘司直赴安西》诗:"苜蓿随天马,蒲桃逐汉臣。"都指这种马。

天马与天子的关系极密。一方面,汉代大宛马就与天子有关;另一方面,天马之称与天命、天子等有关,是帝权、帝力的象征。还有,天马就是龙马,天子也是龙,二者也有关联。故在宋词中,特别在宋金交战的语境中,天马就更具神秘色彩和政治意义:

《满江红》 张孝祥

千古凄凉,兴亡事、但悲陈迹。凝望眼、吴波不动,楚山丛碧。巴滇绿骏追风远,武昌云斾连江赤。笑老奸、遗臭到如今,留空壁。 边书静,烽烟息。通轺传,销锋镝。仰太平天子,坐收长策。蹴踏扬州开帝里,渡江天马龙为匹。看东南、佳气郁葱葱,传千亿。

《浣溪沙》 张孝祥

罗袜生尘洛浦东。美人春梦琐窗空。眉山魇恨几千重。 海上蟠桃留结子,渥洼天马去追风。不须多怨主人公。

《水龙吟》 杨冠卿

渡江天马龙飞,翠华小住兴王地。石城钟阜,雄依天堑,鼎安神器。䴗鹊楼高,建章宫阔,玉绳低坠。望郁葱佳气,非烟非雾,方呈瑞、璇霄际。 魏虎云屯羽卫。壮金汤、更隆国势。天骄胆落,狼烽昼熄,玉门晏闭。祗谒陵园,长安□远,中兴可冀。笑六朝旧事,空随流水,千古恨、无人记。

---

① [美]薛爱华著,吴玉贵译:《撒马尔罕的金桃——唐代舶来品研究》,第172—174页。
② (汉)司马迁:《史记·大宛列传》,中华书局,1963年版,第3170页。

《水龙吟》 辛弃疾

渡江天马南来，几人真是经纶手。长安父老，新亭风景，可怜依旧。夷甫诸人，神州沈陆，几曾回首。算平戎万里，功名本是，真儒事，君知否。　　况有文章山斗。对桐阴、满庭清昼。当年堕地，而今试看，风云奔走。绿野风烟，平泉草木，东山歌酒。待他年，整顿乾坤事了，为先生寿。

《贺新郎》 李昴英

元日除书湿。到而今、西风老矣，驾鞀初入。自是龙颜深注想，孤凤翔而后集。久父老、攀留原隰。庾岭经行梅亦喜，小奚奴、背底惟诗笈。冰雪操，又谁及。　　昨来容易风云翕。便三台两地，也只等闲如拾。天马不鸣凡马喑，百步何如五十。况汹汹、波涛方急。此去一言回天力，着高高、百尺竿头立。浣磊魂，快鲸吸。

《少年游》 陈允平

光风怀抱玉精神。不染世间尘。香暖衣篝，歌题彩扇，清似晋时人。　　柳边小驻朝天马，一笑领佳宾。帘卷湖山，花围尊俎，同醉碧桃春。

《法驾导引》 刘辰翁

棠阴日，棠阴日，清美近花朝。共喜治中持福笔，春当霄汉布宽条。兰蕙雪初销。　　和气满，和气满，生意到渔樵。清澈已倾螺子水，黑头宜着侍中貂。天马拟归朝。

《雨中花》 百兰

钉斗云山，挨排烟水，六丁午夜文移。道滁翁孙子，欲寄游嬉。高趁鹜霞舒啸，低群鸥鹭忘机。牢笼两下，楼乘汗漫，桥枕清漪。　　灞陵吟畅，岳阳登览，百色都副襟期。还好是、行天马渡，探月人归。倚柱荷香扑面，凭栏桂影侵衣。索梅无便，春风不碍，容我追随。

张孝祥《浣溪沙》（罗袜生尘）中"渥洼天马去追风"，渥洼，乃一水名，即传说中产出神马的地方，其现实之地在甘肃安西境内。《史记·乐书》："又尝得神马渥洼水中，复次以为《太一之歌》。"裴骃集解引李斐曰："南阳新野有暴利长，当武帝时遭刑，屯田燉煌界。人数于此水旁见群野马中有奇异者，与凡马异……（利长）代土人持勒鞯，收得其马，献之。"[①]这种神异性，可以代表宋词

---

① （汉）司马迁：《史记·乐书》，第1178页。

中天马出现的政治语境。当金兵灭亡北宋,康王赵构仓皇南逃,民间传说其乘一匹泥马渡江。传为宋辛弃疾撰《南渡录》云:靖康之变,康王质于金,与金太子同射。康王三矢俱中,金人以为此必拣选宗室之长于武艺者冒名为之,留之无益,遣还。康王得脱,奔窜疲困,假寐于崔府君庙中,梦神人曰:"金人追及,速去之。已备马于门首。"康王惊觉,马已在侧,跃马南驰。既渡河而马不复动,下视之,则泥马也。《京本通俗小说·冯玉梅团圆》:"康王泥马渡江,弃了汴京,偏安一隅,改元建炎。"《醒世恒言·卖油郎独占花魁》:"直至二帝蒙尘,高宗泥马渡江,偏安一隅,天下分为南北,方得休息。"此事,虽属文人、小说家者虚构,但也有一点事实的影像,《宋史·宗泽传》载:康王构(宋高宗)再度使金,至磁州,留守宗泽劝留,不从。宗泽乃借神以止之,曰:此间有崔府君庙,甚灵,可以卜珓。是夜人报庙中泥马衔车辇等物填塞去路。康王因止不前。清代史学家赵翼《陔余丛考·高宗泥马渡江之讹》考证云:"宋高宗初至杭州,即命立崔府君庙,以示灵异,于是精忠小说遂有泥马渡江之说。"

宋词中,包括辛弃疾的名作《水龙吟》,屡屡出现的"渡江天马",是宋人对这段带艰难创国历史的群体记忆,当然也是一种神话的再造。

五、猧子

猧子也称"拂菻狗",是来自外国的一种珍贵犬。唐段成式《酉阳杂俎·忠志》载:"上夏日尝与亲王棋,令贺怀智独弹琵琶,贵妃立于局前观之。上数子将输,贵妃放康国猧子于坐侧。猧子乃上局,局子乱,上大悦。"①这段记载非常著名,而猧子在唐代也是非常出名的宠物,以至著名画家周昉《簪花仕女图》中,也有两只猧子的形象:

图画"描绘有这样的场面:唐朝贵族仕女身披帛薄纱衣团花长裙,微袒丰润的酥胸,高高的云髻和插着金簪子的牡丹花冠,额间点两只蝶翅状倒晕眉,

---

① (唐)段成式撰,曹中孚校点:《酉阳杂俎》,上海古籍出版社,2012年版,第2页。

眉间点一颗泥金色花压子,玉手执着拂尘游戏两只褐黑色小狗。相传作者周昉的长兄周浩就曾跟随哥舒翰征讨吐蕃,并建立军功,被封为执金吾。而哥舒翰则是'康猧乱局'中的亲王,所以《簪花仕女图》中的小狗可推测为猧子无疑"①。

猧子在唐宋时期的文学作品中不断出现,唐王涯《宫词》之十三:"白雪猧儿拂地行,惯眠红毯不曾惊。"宋赵与时《宾退录》卷六:"莺雏金旋系,猧子彩丝牵。"宋范成大《题汤致远运使所藏隆师四图·倦绣》诗:"猧儿弄暖缘阶走,花气熏人浓似酒。"甚至在传奇小说中,猧子也成为主角。《玄怪录》云:"洛州刺史卢顼表姨常畜一猧子,名花子,每加念焉。一旦而失,为人所毙。后数月,卢氏忽亡。冥间见判官姓李,乃谓曰:'夫人天命将尽,有人切论,当得重生一十二年。'拜谢而出,行长衢中,逢大宅,有丽人,侍婢十余人,将游门屏,使人呼夫人入,谓曰:'夫人相识耶?'曰:'不省也。'丽人曰:'某即花子也。平生蒙不以兽畜之贱,常加育养。某今为李判官别室。昨所嘱夫人者,即某也。冥司不广其请,只加一纪。某潜以改十二年为二十,以报存育之恩。'……后二十年,夫人乃亡也。"②

薛爱华《撒马尔罕的金桃——唐代舶来品研究》指出:"唐朝从西亚进口的另一种犬是'拂林狗',这种狗就是'罗马犬'。罗马犬最初出现于七世纪初期,它是由高昌(Qoco)王向唐朝贡献的礼物……这种小动物的外貌如何,我们尚一无所知。但是有人提出它正是典型的古代马耳他种的犬,即古典时代的巴儿狗。这种看法或许不失为一种合理的解释。究其根源,这种面部尖削、毛发茸茸、聪明伶俐的小玩物属于尖嘴丝毛犬系的犬类,它们曾经是希腊妓女和罗马主妇珍爱的宠物。这种品种的犬显然一直保留了下来,因为至今仍然有这类犬的白色的异种。在宋朝的一幅绘画作品中,曾经出现过一只白犬,虽然我们对其种系还无法确定,但是它很可能就类似马耳他种白犬。我们还无法确定高昌贡献的这对小狗是否在中国留下了它们的后代,可是很可能就是在高昌贡献'拂林狗'以后,与拂林狗类似的巴儿狗就开始源源不断地补充着远东巴儿狗的种群。"③

"杨贵妃的猧子是康国种,这就表明它是属于拂林狗,因而也就是马耳他

---

① 丛振:《西域"猧子"与唐代社会生活》,《新疆师范大学学报》,2012年第6期,第47页。
② (唐)牛僧孺撰,程毅中点校:《玄怪录》,(唐)李复言撰,程毅中点校:《续玄怪录》,中华书局,2006年版,第136、137页。
③ [美]薛爱华著,吴玉贵译:《撒马尔罕的金桃——唐代舶来品研究》,第212、213页。

种的狗。虽然有些权威认为,凡是被称作'猧'的狗(即我们翻译的 toy dog),都应该属于出自罗马系统的狗,但是对于那条报知萧郎归来的消息的巴儿狗,我们还不能像对待康国猧子一样,断定它是拂林狗。"①

薛爱华认为猧子是拂林狗,但巴儿狗不一定是;他所说"那条报知萧郎归来消息的巴儿狗",出自唐代佚名《醉公子》词:

门外猧儿吠夜醉,知是萧郎至。划袜下香阶,冤家今夜醉。
扶得入罗帏,不肯脱罗衣。醉则从他醉,还胜独睡时。

唐词中,还有作品写到猧子:

《鱼歌子·月》

绣帘前,美人睡。厅前猧子频频吠。雅奴卜,玉郎至。扶下骅骝沉醉。　　出屏帏,正云起。莺啼湿尽相思被。共别人,好说我不是。得莫辜天负地。

这首词,曾昭岷等《全唐五代词》指出其由来云:"出自桥川时雄所藏敦煌写卷,傅惜华获摄影照片,发表于一九三〇年七月三十日《北京画报》,赵尊岳《唐人写本曲子》予以校录,刊布于《词学季刊》一卷第四号,周泳先亦据以收入《敦煌词掇》。"②可谓渊源有自,但说"原本题'月',然与词意不符",故收入时删去"月"之题,则不佳。一方面,敦煌词中已有词题,这颇具有词史价值,对一些文学史、词史表述的混乱是个纠正;另一方面,题"月"也未必"与词意不符",美人的睡、猧子的吠、丫鬟的占卜等等,都是在月夜中发生的。而且,末句"得莫辜天负地",显系美人心愿,这就是唐宋时期的拜月习俗了,女子拜月无非是乞求美好姻缘、乞巧、祈求平安。在词中,猧子的吠,出现在月下,才有诗意,才有美感。

前引敦煌词集《云谣集杂曲子》中《倾杯乐》也写到猧子:

窈窕逶迤,貌超倾国应难比。浑身挂绮罗装束,未省从天得知。脸如花自然多娇媚。翠柳画蛾眉,横波如同秋水。裙生石榴,血染罗衫子。　　观艳质语软言轻,玉钗坠素绾乌云髻。年二八久镇香闺,爱引猧儿鹦鹉戏。十指如玉如葱,银苏体雪透罗裳里。堪婷与公子王孙,五陵年少风流婿。

---

① [美]薛爱华著,吴玉贵译:《撒马尔罕的金桃——唐代舶来品研究》,第214页。
② 曾昭岷、曹济平、王兆鹏、刘尊民:《全唐五代词》下册,第939页。

二八娇女闺中生活,无非是调弄鹦鹉、猧子,完全是一种贵族化、贵妇化的。

宋代陈克有《菩萨蛮》词写到猧子:

> 绿阴寂寂樱桃下。盆池岁照蔷薇架。帘影假山前。映阶红叶翻。　　芭蕉笼碧砌。猧子中庭睡。香径没人来。拂墙花又开。

中庭而睡的猧子,与"报知萧郎归来消息的巴儿狗"的吠鸣不同,在词中衬托了女主人公的失意和落寞。传统的闺怨题材,完全可以引入异域因素。

第三节　唐宋词中的异域香料与香水

中国从很早时候就使用外国香料。《后汉书·贾琮传》:"旧交阯土多珍产,明玑、翠羽、犀、象、瑇瑁、异香、美木之属,莫不自出。"汉乐府中的迷迭香等等,还有韩寿偷香、荀令香等,都是来自异域。一些词作出现的所谓"异香",其实也是外来香,如李煜《菩萨蛮》:"蓬莱院闭天台女。画堂昼寝人无语。抛枕翠云光。绣衣闻异香。　　潜来珠锁动。惊觉银屏蒙。脸慢笑盈盈。相看无限情。"[①]就是异域香。唐宋词中描写到的,有龙脑、龙涎、苏合等名香,还有一些不很知名的香料。

一、龙脑(婆律)

龙脑是产于苏门答腊、古南海波斯及我国闽、广等地的一种香树,树脂称"龙脑香",为名贵的香料。南朝梁任昉《述异记》卷下:"成阳山中有神农鞭药处,一名神农原、药草山,山上紫阳观,世传神农于此辨百药,中有千年龙脑。"[②]唐段成式《酉阳杂俎·木篇》:"龙脑香树,出婆利国,婆利呼为固不婆律,亦出波斯国……其树有肥有瘦,瘦者有婆律膏香。一曰瘦者山龙脑香,肥者出婆律膏也。"[③]龙脑在中国古代一称"婆律",当来自婆利国的音译;中国人对它的异域性早就有明确的认识。

薛爱华《撒马尔罕的金桃——唐代舶来品研究》中,对龙脑有更为科学的

---

① 曾昭岷、曹济平、王兆鹏、刘尊民:《全唐五代词》下册,第756页。
② (梁)任昉撰:《述异记》,第20页。
③ (唐)段成式撰,曹中孚校点:《酉阳杂俎》,上海古籍出版社,2012年版,第109、110页。

研究：

中国（或日本）樟脑为"右旋樟脑"。这种樟脑是从中国、日本及北部湾的一种大树的木材中提取出来的结晶状物质。而婆罗洲（或"苏门答腊"）樟脑则是"左旋樟脑"，它是从印度尼西亚和马来亚的一种高大的树木中提取出来的，类似于中国樟脑的一种产品。中国最需要的就是婆罗洲樟脑，而且从中世纪起直到现在，与欧洲贸易的也是这种樟脑。

在中世纪的中国，婆罗洲樟脑有两个很流行的名称，其中一个是从马来亚的商业行话"Kapur Baros"（婆律樟脑）翻译来的；有时径自就称作"婆律膏"。"婆律"（Baros）是苏门答腊西海岸的一个村落，这里曾经是樟脑的主要出口地。婆罗洲樟脑的另外一个名称叫作"龙脑香"。那些从海外带来的奇异而珍贵的物质，很容易使人们在想象中将它们与主宰大海的龙联系起来，人们将"阿末香"叫作"龙涎香"也是同样的道理。①

樟脑在唐朝的进贡情况，薛爱华的书中已有研究，唐词中，《云谣集杂曲子》中有一首《内家娇》，上阕写到龙脑：

丝碧罗冠，搔头坠髻鬓，宝装玉凤金蝉。轻轻傅粉，深深长画，眉渌，雪散胸前。嫩脸红唇，眼如刀割，口似朱丹。浑身挂异种罗裳，更熏龙脑香烟。

这里先看宋代的进贡情况，以说明它与宋词的关系。

《宋会要辑稿·蕃夷四·占城》：

太祖建隆元年十二月，其王释利因塔蛮遣使菩诃萨布君等以方物、犀角、象牙来贡。二年正月，其王释利因陀盘遣使莆诃散等来朝。表章书于贝多叶，以香木函盛之。贡犀、牙、龙脑、香药、孔雀四、大食瓶二十。使回，赐赉有差，仍以器币优赐其王。

乾德四年三月，其王悉利因陀盘遣使因陀玢李帝婆罗、（使副）[副使]白不罗低冬来朝，贡牝犀一株、象牙二株、白氎二十条、哥缦三十五条、绣哥缦一对、亲色哥缦十四合，并杂药物等。王妻波良仆瑠、男茶罗继、占谋律秀琼等又各贡犀角、象牙、龙脑、玳瑁、香药。其进

---

① ［美］薛爱华著，吴玉贵译：《撒马尔罕的金桃——唐代舶来品研究》，第413、414页。

奉使、副又各进奉犀、象、方物。赐衣服、金带、银器、鞍马、被褥、巾屦有差。六月,遣还本国。七月,江南国主李煜上言:"占城国使入贡,道出臣国,遗臣犀角一株、象牙二株、白龙脑三十两、苍龙脑十斤、乳香三十斤、沉香三十斤、煎香七十斤、石亭脂五十斤、白檀香百斤、紫矿五十斤、豆蔻二万颗、龙脑后三片、槟榔五十斤、藤花簟四领、占城孤班古缦二段、阇婆马礼偃驾国古缦一段、阇婆沙剡古缦一段、阇婆绣古缦一段、大食绣古缦一段、大食缦锦古缦一段、占城绣水织布五匹、阇婆沙剡锦绣古缦一段。"以其物来上,诏曰:"远夷述职,钦我文明,经行既历于彼邦,赞聘遂修于常礼。烦持信币,远至上都。深认忠勤,即宜收领。今后更有礼币,不须进来。"

太宗太平兴国二年二月,其王波美税杨布印茶遣使李牌、副使李麻那、判官李屠奉方物越诺布四段、龙脑二斤、杂香药千斤、丁香五十斤、煎香二十五斤来贡。

雍熙二年二月,其(主)[王]施利陀盘吴日欢遣使婆罗门金歌麻来献龙脑、玳瑁、象牙、越诺、无名异,赐衣服、冠带、鞍辔马。且诉为交州所侵,诏答令其保国睦邻。

三年三月,其王刘继宗使李朝仙来贡通犀二株、生白龙脑十斤、速香五十斤、丁香五十斤、篾香二百斤、沉香百八十斤;朝仙又进牙二株、白龙脑十斤。

淳化元年十月,新王杨陀排自称所生"新坐佛逝国杨陀排",遣使李臻、副使蒲诃散来贡,进驯犀及螺犀十株、象牙十五株、腊沉香一斤、白龙脑二斤、山得鸡三十三斤。其使、副又献螺犀、药犀、象牙、没药、胡卢巴、龙脑、白豆蔻及蔷薇水。赐袭衣、巾带、被褥、靴、笏、器帛有差。表诉为交州所攻,国中人民、财宝皆为所略。帝赐诏黎桓,各令保境。

三年十二月,其王(李)[杨]陀排遣使李良甫、副使亚麻罗婆低来贡螺犀、药犀十株、象牙二十株、煎香三十六斤、白龙脑一斤四两、绞布六段、槟榔十三斤、山得鸡六十四斤、椰子五十颗;其使、副又献象、犀、螺犀、玳瑁、煎香等。赐其王白马二匹、兵器等。占城喜白马,故以赐之。本国僧净戒又献金龙脑、金铃、铜香炉、如意等,各优赐之。

至道元年正月至,其王杨波占遣使李波珠来贡。杨波占表云:……今特遣专使李波珠、副使李诃散、判官李磨勿等进奉犀角十株、象牙三十株,玳瑁十斤、龙脑二斤、沉香百斤、夹笺黄熟香九十斤、檀香六十斤、山得鸡一万四千三百只、胡椒二百斤、簟席五。前件物固非珍奇,惟表诚恳。

（大中祥符）四年十一月,遣使蒲萨多婆、副使蒲多波底、判官陈义来贡象牙六十二株、螺犀十一株、药犀二十九株、玳瑁三百片、沉香五十斤、煎香三百五十斤、黄熟香二百一十斤、带枝丁香三十斤、豆蔻六十斤。其又进熟龙脑三十两、没药八十斤、紫矿四百七十斤、肉豆蔻二百斤、胡椒二百斤、没药三十斤、紫矿百斤。

（神宗熙宁）五年五月二十二日,占城国进奉琉璃、珊瑚、酒器并龙脑及药物、乳香、丁香、荜澄茄、紫矿等。诏回赐外,特赐银二千一百两。①

《宋会要辑稿·蕃夷四·蒲端》：

（景德）四年六月,王其陵遣使已絮汉等贡玳瑁、龙脑、带枝丁香、丁香母及方物。赐冠带、衣服、器币、缗钱有差。

大中祥符四年二月,国主悉离琶大遐至又遣使李于燮以金板镂表,奉丁香、白龙脑、玳瑁、红鹦鹉来贡。

《宋会要辑稿·蕃夷四·阇婆国》：

太宗淳化三年八月,明州言："阇婆国遣使乘大船求贡方物。其使自言：中国有真主,声教所被,本国航海修贡。"十二月,其使陁湛、副使蒲蘵里、判官李陀那假澄等至阙下。其贡物：象牙十株、真株二斤半、杂色丝绞三十六段、吉贝织杂色绞布五十六段、檀香四千四百二十三斤、玳瑁槟榔盘二面、犀牙金银装霸剑十二口、藤织花簟席四十领、白鹦鹉一、杂色绣花销金丝绞八段、七宝檀香亭子一。陀湛又进大玳瑁六十七斤、藤织花簟席二十领、丁香十斤、白龙脑五斤。先是,朝贡使泛海舶六十日至明州定海县,掌市舶张肃先驿奏其使服饰之状,与尝来入贡波斯相类。②

《宋会要辑稿·蕃夷七·历代朝贡》：

（太祖建隆元年）十二月二十三日,伪泉州节度使留从效遣其掾黄禹锡间道奉表称藩,贡獬豸犀带一、龙脑香数十斤。《玉海》：十二

---

① 刘琳,刁忠民,舒大刚校点：《宋会要辑稿》,第9807—9813页。
② 刘琳,刁忠民,舒大刚校点：《宋会要辑稿》,第9829—9830页。

月,占城以方物犀角、象齿来贡,表章书于贝多叶。《山堂考索》:十二月壬辰,占城国王释利因塔蛮遣使贡物。女真国,建隆朝贡不绝。

四年,《宋史·世家》:二月,高继冲献钱五万贯、绢五千匹、布五万匹,复遣王崇范贡金器五百两、银器五千两、锦绮二百段、龙脑香十斤、锦绣帏幙二百事。①

(开宝九年六月四日)明州节度使惟治进涂金银香狮子并台重千两,金银香鹿一对,重千两,涂金银凤、孔雀并鹤三对,重三千两,白龙脑十斤,金合重二百两,大绫千匹,宝装合盘二十只,瓷器万一千事,内千事银棱。俶又进谢加恩银五千两、绢五千匹,谢令男惟浚押送加恩官告银万两,谢男已下加恩乳香万斤,又银四万两、绢四万匹、绵三十万两。

七月十三日,泉州节度使陈洪进遣其子漳州刺史文颢奉表乞朝觐,贡瓶香万斤、象牙二千斤、白龙脑五斤。

(太宗太平兴国)二年正月八日,俶进贺登极御衣、通犀带及绢万匹,又黄金并玳瑁器、金银棱器、涂金银香台、龙脑、檀香、龙床、银果子、水精花等,又银万两、绢万匹、绵三十万两、干姜五万斤、大茶万斤、犀十株、牙二十株、乳香五十斤、杂香药五千斤。四月,陈洪进银千两、香二千斤、干姜万斤、葛万匹、生黄茶万斤、龙脑、蜡面茶等。

(八月)五日,陈洪进来朝,对于崇德殿,进朝见银万两、绢万匹,谢允朝觐绢千匹、香千斤,谢降使远加劳问绢千匹、香千斤,谢远赐茶药绢千匹、香千斤,谢迎春苑赐宴绢千匹、香千斤,谢差人船绢千匹、香千斤、币帛二千匹、涂金鞍勒马一匹、钱二百万。其子文颢进绢千匹。又进贺登极香万斤、牙二千斤,又乳香三万斤、牙五千斤、犀二十株、共重四十斤,苏木五万斤、白檀香万斤、白龙脑十斤、木香千斤、石膏脂九百斤、阿魏二百斤、麒麟竭二百斤、没药二百斤、胡椒五百斤。又进贺纳后银千两、绫千匹,又谢赐都亭驿安下乳香千斤,谢追封祖考及男已下加恩乳香万三千斤。又进通犀带一、金匣百两、白龙脑十斤、金合五十两,通牯犀一株、金合百两,牯犀四株、金合二百两,真珠五斤,玳瑁五斤,水晶棋子五副、金合六十两,乳香万斤。

(八月)二十日,勃泥国王向打遣使施弩、副使蒲亚利、判官哥心来贡龙脑、玳瑁、白檀、象牙。

---

① 刘琳,刁忠民,舒大刚校点:《宋会要辑稿》,第9933、9934页。

(十月)十七日,钱俶进……白龙脑十斤,金合重二百两。

(十二月)二十八日,钱俶进瓶香二万五千六百斤,白龙脑三十一斤,象牙八十六株,药犀十株,木香、阿魏、玳瑁、紫矿共四百四十斤。《玉海》:是年,高丽国贡马。十二月,交趾贡方物。①

(雍熙二年二月)二十二日,占城国王施利陁般、吴日欢使婆罗门金歌麻贡龙脑、玳瑁、象牙、越诺、无名异。三佛齐国舶主金花亦以方物来贡。

(雍熙)三年三月十九日,占城国王刘继宗遣使李朝仙来贡通犀、象、龙脑、丁香、笺香、沉香。

(淳化元年)十二月四日,占城国王杨陁排遣使李臻、副使蒲诃散来贡驯犀、螺犀、象牙、蜡、沉香、龙脑、山得鸡、没药、胡卢巴、白豆蔻、蔷薇水。

(淳化三年)十二月二十一日,占城国遣使李良莆、副使亚麻罗婆低来贡螺犀、药犀、象牙、煎香、龙脑、绞布、槟榔、山得鸡、椰子。

(景德四年)六月十八日,蒲端国王其陵遣使已絮汉来贡。《玉海》:是月,贡玳瑁、龙脑。

(大中祥符四年)五月二十四日,蒲端国主悉离芭大遏至遣使,以金版镌表,奉丁香、白龙脑、玳瑁、红鹦鹉来贡。②

(熙宁三年)十二月二十四日,大食国遣使来奉表,来贡珊瑚、金装山子笔格、龙脑、真乳香、象牙、水晶、琉璃器、锦罽、药物。《玉海》:是年,高丽来贡。

(熙宁四年)七月五日,层檀国遣使层加尼、防援官那萨奉表,贡真珠、龙脑、乳香、琉璃器、白龙黑龙涎香、猛火油、药物。

(熙宁五年)四月,西南龙蕃、罗蕃、方蕃、石蕃八百九十人入贡。诏以道路遥远,往复甚劳,如愿于沿边纳所进物,更不须赴阙。即以回赐物与朝见所赐并沿路馆券与之。

五日,大食勿巡国遣使辛毗陁罗奉表,贡真珠、通犀、龙脑、乳香、珊瑚、笔格、琉璃、水精器、龙涎香、蔷薇水、五味子、千年枣、猛火油、白鹦鹉、越绪布、花蕊布、兜罗绵毯、锦襈蕃花簟。

六日,占城国遣使奉表,贡龙脑、乳香、丁香、紫矿、荜澄茄、胡椒、

---

① 刘琳,刁忠民,舒大刚校点:《宋会要辑稿》,第9936—9939页。
② 刘琳,刁忠民,舒大刚校点:《宋会要辑稿》,第9940—9946页。

回香。

（熙宁六年）七月三日，大食国陁婆离国遣使蒲麻勿等来贡真珠、玻璃、金饰寿带、连镮辔、臂钩念珠、龙脑、乳香、象牙、千年枣、琉璃器、药物。

（熙宁十年）六月七日，注辇国蕃王地华加罗遣使奇啰啰奉蕃唐表二通，来贡真珠、龙脑、通犀、象牙、乳香、金线织锦、琉璃器、蔷薇水、药物。是日入见，使、副以真珠、龙脑登陛，跪而散之，谓之"撒殿"。既降，上特遣内侍询劳之。①

（哲宗元祐三年）十二月十二日，三佛齐贡奉人请以金莲花一十五两、真珠五两、龙脑一十两，依例撒殿，从之。②

连篇累牍地引用这些材料，旨在说明宋代所受域外进贡的龙脑等各种香料，数量、种类都要比唐代多得多。史书之外，叶梦得记载：

元丰间，三佛齐、注辇国入贡，请以所贡金莲花、真珠、龙脑，依其国中法，亲撒于御座，谓之"撒殿"。诏特许之。③

这些均为宋词对龙脑描写的基础。但在宋词中，写到龙脑的仍然不多，恐怕是因为龙脑过于珍贵，尽管外国向宋廷贡献很多，但一般文人还是很少能够接触到。

《木兰花》 莫将

梅边晓景清无比。林下诗人呵冻指。玉龙留住麝脐烟，银漏滴残龙脑水。　　晨光渐渐收寒气，昨夜遗簪犹在地。好生折赠镜中人，只恐绿窗慵未起。

《玉楼春》 向子諲

记得江城春意动。两行疏梅龙脑冻。佳人不用辟寒犀，踏雪穿花云鬟重。　　真珠旋滴留人共。更爇沉香暖金凤。只今梅雪可怜时，都似绿窗前日梦。

《步蟾宫》 杨无咎

桂花馥郁清无寐。觉身在、广寒宫里。忆吾家、妃子旧游，瑞龙

---

① 刘琳，刁忠民，舒大刚校点：《宋会要辑稿》，第9956—9957页。
② 刘琳，刁忠民，舒大刚校点：《宋会要辑稿》，第9961页。
③ （宋）叶梦得撰，（宋）宇文绍奕考异，侯忠义点校：《石林燕语》卷二，中华书局，1984年版，第27页。

脑、暗藏叶底。　　不堪午夜西风起。更飐飐、万丝斜坠。向晓来、却是给孤园,乍惊见、黄金布地。

《瑞鹧鸪》　葛立方

榴花庭院戏氍毹。水剪双眸画不如。莫恨未能通瑟佩,只今先已辩之无。　　虎睛浅缀新花帽,龙脑浓熏小绣襦。乃祖未须贻厥力,及时须读五车书。

《点绛唇》　王十朋

仙友苍苍,西风吹散天香好。暗飘龙脑。金粟枝头小。　　谁种丹霄,造化玄功妙。真堪笑。学仙疏谬。有似西河老。

《红林擒近》　杨泽民

轻有鹅毛体,白如龙脑香。琼笋缀飞楠,冰壶鉴方塘。浑如瑶台阆苑,更无茅舍蓬窗。画阁自有梅装。　　贪耍罢弹簧。鼓舞沽酒市,蓑笠钓鱼乡。遐观自乐,吾心何必濠梁。待乔木都冻,千山尽老,更烦玉指劝羽觞。

《南柯子》　佚名

翠袖熏龙脑,乌云映玉台。春葱一簇荐金杯。曾记西楼同醉、角声催。　　袅袅凌波浅,深深步月来。隔纱微笑恐郎猜。素艳浓香依旧、去年开。

这些词中,龙脑或熏香,或是被用作比喻,可见它在宋代仍然是珍贵的香料。薛爱华说:"樟脑香的气味在唐代很受人们的喜爱,它是许多香水和焚香中都要使用的一种成分。最著名的一种樟脑是交趾贡献的'瑞龙脑'(宫廷里面是这样称呼的)。这种香气郁烈的樟脑被制作成蝉和蚕的行状,像护身符一样佩戴在衣物上。唐玄宗将十枚'瑞龙脑'赐给了他的宠妃杨贵妃。"[1]瑞龙脑,在杨无咎的词中也出现了,正关合杨贵妃,显见其珍贵。

前文已言龙脑又称"婆律",苏轼《子由生日以檀香观音像及新合印香银篆盘为寿》诗云:"旃檀婆律海外芬,西山老脐柏所熏。"陆游《秋日焚香读书戏作》诗亦云:"婆律一铢能敌国,水沉盈握有兼斤。"十分难得的是,有宋词直接使用"婆律"而不是龙脑:

《鹧鸪天》　葛胜仲

婆律香深气味佳。玻璃仙碗进流霞。凝膏清涤高阳醉,灵液甘

---

[1] [美]薛爱华著,吴玉贵译:《撒马尔罕的金桃——唐代舶来品研究》,第416页。

和正焙芽。　　香染指,浪浮花。加筵礼尽客还家。贯珠声断红裳散,踏影人归素月斜。

二、龙涎香

中国古代对龙涎香有不少误会和神化,认为它是"龙"这种神物的口水,而且还具有解暑、解毒等功能。唐苏鹗《杜阳杂编》卷下:"暑气将盛,公主命取澄水帛,以水蘸之,挂于南轩。良久,满座皆思挟纩。澄水帛长八九尺,似布而细,明薄可鉴,云其中有龙涎,故能消暑毒也。"①其实,作为一种极为名贵的香料,它是抹香鲸病胃的分泌物,类似结石,从鲸体内排出,漂浮海面或冲上海岸,呈黄、灰乃至黑色的蜡状物质,香气持久。

周去非《岭外代答》中,"大食诸国"之"蓝里"国,"此国产乳香、龙涎、真珠、琉璃、犀角、象牙、珊瑚、木香、没药、血竭阿魏、苏合油、没石子、蔷薇水等货,皆大食诸国至此博易"②。

薛爱华的研究指出,龙涎香与阿末香在宋代初年被混同了:

> 在中世纪时,人们对于阿末香的真正来源并不清楚。有些波斯和大食的学者"将它看成是从海底的泉水中流出来的一种物体;有些人则认为它就是露水,这种露水是从岩石中生出来,然后流进了大海,最终在大海里凝结在了一起;而其他人却坚持认为它不过是一种动物的粪便而已"。在中国,这个问题似乎直到唐朝末年才提出来。大约在十世纪或十一世纪时,阿末香开始被称作"龙涎"。虽然在唐朝的诗歌中就已经使用了"龙涎"这个词,但是当时只是在谈到龙出没的水域中的浮沫时,才使用"龙涎"这个说法的。"龙涎"一词的新用法的出现,大约是在宋朝的初年,它的出现与阿末香真正传入中国的时间,似乎正好是在同一个时期——这时实实在在的阿末香开始取代了关于它的传说。鲸与龙是很相似的,因为它们都是大海的精灵,而且同时都与印度的摩伽罗(它的脑中有一颗宝石)有关。很可能是因为都是人们将从抹香鲸脑子里取出来的"鲸脑油"与"阿末香"混淆在了一起,所以他们就将阿末香当成了龙的涎水。③

---

① (唐)苏鹗撰,阳羡生校点:《杜阳杂编》,《唐五代笔记小说大观》,上海古籍出版社,2000年版,第130页。
② (宋)周去非著,屠友祥校注:《岭外代答》卷三,第53页。
③ [美]薛爱华著,吴玉贵译:《撒马尔罕的金桃——唐代舶来品研究》,第433、434页。

在我们前引《宋会要辑稿》中有关外国进贡香料的记载中,就有熙宁四年(1071)七月五日,层檀国遣使层加尼、防援官那萨奉表,贡真珠、龙脑、乳香、琉璃器、白龙黑龙涎香、猛火油、药物;熙宁五年四月,大食勿巡国遣使贡献真珠、通犀、龙脑、乳香、珊瑚、笔格、琉璃、水精器、龙涎香、蔷薇水、五味子、千年枣、猛火油、白鹦鹉等记载。另据《山堂考索》载:天禧二年(1018)正月,三佛齐贡龙涎一块三十六斤,可见宋代所得到的龙涎香数量不少。

词人杨无咎有《醉落魄·龙涎香》专门描写龙涎:

双心小葶。瑞炉慢炷轻烟初着。清香已透红绡幄。底事多情,玉笋更轻掠。鬓云侧畔蛾眉角。　妆成曾印铅华薄。几回媂酒襟怀恶。莺舌偷传,低语教人嚼。

是将龙涎香与佳人合写,倍增美妙。还有一些词中出现"龙涎":

《浣溪沙》　秦观

霜缟同心翠黛连。红绡四角缀金钱。恼人香蓺是龙涎。　枕上忽收疑是梦,灯前重看不成眠。又还一断恶因缘。

《蝶恋花》　葛胜仲

共乐堂深帘不卷。恻恻寒轻,二月春犹浅。续寿竞来歌舞院。龙涎香衬鲛绡段。　画栋朝飞双语燕。端似知人,着意窥金盏。柳外花前同祝愿。朱颜长在年龄远。

《杏花天》　朱敦儒

听蝉翦叶迎秋燕。画戟散、金铺开遍。清风占住秦筝怨。楼上衔牌易晓。　飞雨过、绣幕尽卷。借水沈、龙涎旋碾。金盆弄水停歌扇。凉在冰肌粉面。

《点绛唇》　洪皓

耐久芳馨,拟将蜂蜡龙涎亚。化工裁下。风韵胜如画。　鼻观先通,顿减沉檀价。思量也。梦游吴野。凭仗神为马。

《虞美人》　蔡伸

鸾屏绣被香云拥。平帖幽闺梦。觉来重试古龙涎。深炷玉炉、烧气不烧烟。　匆匆人去三更也。月到回廊下。出门无语送郎时。泪共一天风露、湿罗衣。

《感皇恩》　蔡伸

膏雨晓来晴,海棠红透。碧草池塘袅金柳。王孙何在,不念玉容消瘦。日长深院静,帘垂绣。　璨枕堕钗,粉痕轻溜。玉鼎龙涎记同嗅。钿筝重理,心事谩凭纤手。素弦弹不尽,眉峰斗。

在词人笔下,龙涎香构成文人高雅生活的一种部分,亦成为其抒情的一个意象,如无名氏《侍象金童》中的"想韩寿、风流应暗识",以香识人,可见龙涎之标格。

三、苏合香

苏合香很早就出现在中国,但也是舶来品。《太平御览》卷九八二引晋郭义恭《广志》载:"苏合出大秦,或云苏合国。人采之,筌(笮)其汁以为香膏,卖滓与贾客。或云合诸香草,煎为苏合,非自然一种也。"① 晋代傅玄《拟四愁诗》之三:"佳人赠我苏合香,何以要之翠鸳鸯。"隋江总《闺怨篇》:"池上鸳鸯不独自,帐中苏合还空然。"唐李白《捣衣篇》:"横垂宝幄同心结,半拂琼筵苏合香。"唐白居易《裴常侍以题蔷薇架十八韵见示因广为三十韵以和之》:"燕脂含笑脸,苏合裹衣香。"以上都是写这种香。周去非《岭外代答》中,"大食诸国"之"蓝里"国:"此国产乳香、龙涎、真珠、琉璃、犀角、象牙、珊瑚、木香、没药、血竭、阿魏、苏合油、没石子、蔷薇水等货,皆大食诸国至此博易。"② 又有白达国,"产金银、碾花上等琉璃、白越诺布、苏合油";吉慈尼国,"产金银、越诺布、金丝锦、五色驼毛段、碾花琉璃、苏合油、无名异、摩挲石"③。

陈敬《陈氏香谱·苏合香》云:"《神农本草》云:'生中台州谷。'陶隐居云:'俗传是狮子粪,外国说不尔。今皆从西域来,真者难别。紫赤色,如紫檀坚实,极芬香,重如石,烧之灰白者佳。主辟邪、疟痫、鬼疰,去三虫。'《西域传》云:'大秦国,一名犁犍,以在海西,亦名云汉海西国。地方数千里,有四百余城。人俗有类中国,故谓之大秦国。人合香谓之香,煎其汁为苏合油,其津为苏合油香。'叶庭珪云:'苏合香油,亦出大食国。气味类于笃耨,以浓净无滓者为上。蕃人多以之涂身,以闽中病大风者亦做之。可合软香及入药用。'"④

薛爱华《撒马尔罕的金桃——唐代舶来品研究》中指出:

> 在唐代以前很久,苏合香就已经从扶林和安息传入了中国,中国古代的这种苏合香是紫赤色的,有人说苏合香就是狮子粪,是一种很厉害的药物。在唐朝以前,这种香树脂似乎就很流行,而且也很有

---

① (晋)郭义恭撰:《广志》,引自《太平御览》,中华书局,1960年版,第4347页。
② (宋)周去非著,屠友祥校注:《岭外代答》卷三,第53页。
③ (宋)周去非著,屠友祥校注:《岭外代答》卷三,第54页。
④ (宋)陈静:《陈氏香谱》,《香学汇典》,三晋出版社,2014年版,第185页。

名气。

苏合香是一种西域的树脂，它的地位与没药相当，但又有所不同，因为没药是外来树脂中最鲜为人知的一种，而到了唐代，那些以苏合香为名流通的香料，实际上只是一种用来制作香膏的马来的枞胶。十世纪时，人们为它想出了一个富有想象力的名称，将苏合香称作"帝膏"。就像其他香料一样，苏合香片也是被人们戴在身上，通常都是悬挂在腰带上。①

宋代，苏合香也是进口香料。《宋会要辑稿·蕃夷七·历代朝贡》载：

（天禧）二年，《山堂考索》：是年正月，三佛齐贡龙涎一块三十六斤，真珠一百一十三两，珊瑚一株二百四十两，犀角八株，梅花脑版三片，梅花脑二百两，琉璃三十九事，金刚钻三十九个，猫儿眼指环、青玛瑙指环、大真珠指环共一十三事，腽肭脐二十八两，番布二十六丈，大食糖四琉璃瓶，大食枣十六琉璃瓶，蔷薇水一百六十八斤，宾铁长剑九张，乳香八万一千六百八十斤，象牙八十七株共四千六十五斤，苏合油二百七十八斤，木香一百一十七斤，丁香三十斤，血竭一百五十八斤，阿魏一百二十七斤，肉豆蔻二千六百七十四斤，金椒一万七百五十斤，檀香一万九千九百三十五斤，笺香三百六十四斤。②

（绍兴二十六年）十二月二十五日，三佛齐国进奉使司马杰厨卢图打根加越仲蒲晋、副使马杰啰嗏华离蒲遐迹、判官司马杰旁胡凌蒲押陀啰到阙朝见，表贡龙涎一块三十六斤，真珠一百一十三两，珊瑚一株二百四十两，犀角八株，梅花脑板三片，又梅花脑二百两，琉璃三十九事，金刚锥三十九个，猫儿眼睛指环、青玛瑙指环、大真珠指环共十三个，腽肭脐二十八两，番布二十六条，大食糖四琉璃瓶，大食枣十六琉璃瓶，蔷薇水一百六十八斤，宾铁长剑九张，宾铁短剑六张，乳香八万一千六百八十斤，象牙八十七株共四千六十五斤，苏合油二百七十八斤，木香一百一十七斤，丁香三十斤，血竭一百五十八斤，阿魏一百二十七斤，肉豆蔻二千六百七十四斤，胡椒一万七百五十斤，檀香一万九千九百三十五斤，笺香三百六十四斤。③

---

① [美]薛爱华著，吴玉贵译：《撒马尔罕的金桃——唐代舶来品研究》，第418、419页。
② 刘琳，刁忠民，舒大刚校点：《宋会要辑稿》，第9948页。
③ 刘琳，刁忠民，舒大刚校点：《宋会要辑稿》，第9966、9967页。

在姜夔《霓裳中序第一》题序里,"苏合香"是一个曲名。曰:"丙午岁,留长沙,登祝融,因得其祠神之曲曰《黄帝盐》《苏合香》。又于乐工故书中得商调霓裳曲十八阕,皆虚谱无辞。按沈氏乐律,霓裳道调,此乃商调。乐天诗云:'散序六阕。'此诗特两阕,未知孰是。然音节闲雅,不类今曲。予不暇尽作,作中序一阕传于世。予方羁游,感此古音,不自知其辞之怨抑也。"

宋词中的苏合香描写,仅见于陈克《南歌子》词:

  献鲤荣今日,凭熊瑞此邦。年年寿酒乐城隍。共道使君椿树、似甘棠。 歌舞重城晓,从容燕席凉。不须苏合与都梁。风外荷花无数、是炉香。

四、栀子

《陈氏香谱·栀子香》:"叶庭珪云:'栀子香,出大食国。状如红花而浅紫,其香清越而酝藉。佛书所谓薝卜花是也。'段成式云:'西域薝卜花,即南花栀子花。诸花少六出,惟栀子花六出。'苏颂云:'栀子,白花六出,甚芬香。刻房七棱至九棱者为佳。'"①

可知栀子来自西域。宋词中对栀子的描写较少。范宽一首失调名词,有残句云:"谢娘栀子,贾妃蕙佩。"赵彦端《清平乐·席上赠人》词云:"桃根桃叶。一树芳相接。春到江南三二月。迷损东家蝴蝶。殷勤踏取青阳。 风前花正低昂。与我同心栀子,报君百结丁香。""同心栀子"与"百结丁香"对举,二者不单是香,而且都以其外形被赋予双关含义,表达深爱的情意。吴文英《清平乐·书栀子扇》词,也出自同一构思:"柔柯翦翠。蝴蝶双飞起。谁堕玉钿花径里。香带熏风临水。 露红滴□秋枝。金泥不染禅衣。结得同心成了,任教春去多时。"杨泽明《浣溪沙·薝卜》专咏薝卜:"原上芳华已乱飞。林间佛日却晖晖。一花六叶殿春归。 身外色香空荏苒,鼻端消息正霏微。禅林曲几坐忘时。"把栀子花与佛禅并写,以其香正而不烈,宜于参禅。

在吴泳《清平乐·寿吴毅夫》中,栀子的香气被淡化,词人需要的是栀子开花的时间季节:"梅霖未歇。直透菖华节。荔子才丹栀子白。抬贴诞弥嘉月。 峨冠蝉尾翛翛。整衣鹤骨彪彪。闻道彩云深处,新添弄玉吹箫。"

还有一些词中,涉及薝卜。

谢逸《减字木兰花》有"薝卜林中飞玉出"句;王之道《蝶恋花》咏木犀词,有

---

① (宋)陈静:《陈氏香谱》,《香学汇典》,三晋出版社,2014年版,第194页。

"荼蘼酴醾虽惯见"句,又《浣溪沙》咏木犀词,有"肌同荼蘼更薰香"句;《东风第一枝·梅》有"却自有、荼蘼酴醾,次第效颦追步"句;李石《捣练子》有"戴一枝,荼蘼花"句;李流谦《西江月》咏木樨,有"香如荼蘼微清"句;姚述尧《行香子》咏茉莉词,有"清夸荼蘼,韵胜酴醾"句;赵长卿《惜奴娇·赋水仙花》,有"荼蘼粗疏,怎似妖娆体调"句;赵师侠《酹江月·信丰赋茉莉》有"荼蘼同芳,素馨为伴,百和清芬爇"。

五、蔷薇露

蔷薇露是一种香水,五代张泌、宋代蔡絛都有记载。南唐张泌《妆楼记·蔷薇水》:"周显德五年,昆明国献蔷薇水十五瓶,云得自西域,以洒衣,衣敝而香不灭。"宋蔡絛《铁围山丛谈》卷五:"旧说蔷薇水,乃外国采蔷薇花上露水,殆不然。实用白金为甑,采蔷薇花蒸气成水,则屡采屡蒸,积而为香,此所以不败。但异域蔷薇花气,馨烈非常。故大食国蔷薇水虽贮琉璃缶中,蜡密封其外,然香犹透彻,闻数十步,洒着人衣袂,经十数日不歇也。"[①]前引周去非《岭外代答》的大食诸国,蓝里国,"产乳香、龙涎、真珠、琉璃、犀角、象牙、珊瑚、木香、没药、血竭阿魏、苏合油、没石子、蔷薇水等货";又有眉路骨惇国,产鲛绡、蔷薇水、栀子花、摩挲石、绷砂等[②]。

《陈氏香谱·蔷薇水》:"蔷薇水,大食国花露也。五代时,蕃将蒲歌散以十五瓶效贡,厥后罕有至者。今多采花浸水,蒸取其液以代焉。其水多伪杂,以琉璃瓶试之,翻摇数四,其泡自上下者为真。其花与中国蔷薇不同。"[③]

同书"大食水"云:"今按,此香即大食国蔷薇露也。本土人每早起,以爪甲于花上取露一滴,置耳轮中,则口眼耳鼻皆有香气,终日不散。"

"孩儿香"又云:"一名孩儿土,一名孩儿泥,一名乌爷土。今按,此香乃乌爷国蔷薇树下土也。本国人呼曰'海',今讹传为'孩儿'。盖蔷薇四时开花,雨露滋沐,香滴于土,凝如菱角块者佳。今人合茶饼者往往用之。"

"熏华香"又云:"今按,此香盖以海南降真劈作薄片,用大食蔷薇水浸透,于甑内蒸干,慢火蒸之,最为清绝。樟镇所售尤佳。"[④]

在宋词中,蔷薇露仍然是较为珍贵的物品。

---

① (宋)蔡絛撰,冯惠民、沈锡麟点校:《铁围山丛谈》,中华书局,1983年版,第97、98页。
② (宋)周去非著,屠友祥校注:《岭外代答》卷三,第53、54页。
③ (宋)陈静:《陈氏香谱》,《香学汇典》,三晋出版社,2014年版,第147页。
④ (宋)陈静:《陈氏香谱》,《香学汇典》,三晋出版社,2014年版,第198、199页。

毛滂《蝶恋花·攲枕》云:"不雨不晴秋气味。酒病秋怀,不做醒松地。初换夹衣围翠被。蔷薇水润衙香腻。　　旋折秋英餐露蕊。金缕虬团,更试康王水。幽梦不来寻小睡。无言划尽屏山翠。"

王安中《蝶恋花·六花冬词》之腊梅:"剪腊成梅天着意。黄色浓浓,对尊匀装缀。百和熏肌香旖旎。仙裳应渍蔷薇水。　　雪径相逢人半醉。手折低枝,拥髻云争翠。腲蕊拈枝无限思。玉真未洒梨花泪。"

侯寘《清平乐》:"忍寒情味。枝染蔷薇水。搅照清溪花影碎。笑杀小桃秾李。　　一生占断春妍。偏宜月露娟娟。欲寄江南春去,乱鸦点破云笺。"

陈亮《贺新郎·人有见诳以六月六日生者,且言喜唱贺新郎,因用东坡屋字韵追寄》:"镂刻黄金屋。向炎天、蔷薇水洒,净瓶儿浴。湿透生绡裙微褪,谁把琉璃藉玉。更管甚、微凉生熟。磊浪星儿无着处,唤青奴、记度新翻曲。娇不尽,蕲州竹。　　一泓曲水鳞鳞蹙。粉生红、香脐皓腕,藕双莲独。拂掠乌云新妆晚,无奈纤腰似束。白笃耨、霞觞浮绿。三岛十州心在否,是天花、只怕凡心触。才乱坠,便簌簌。"

朱填《点绛唇》:"绣被鸳鸯,宝香熏透蔷薇水。枕边一纸。明月人千里。　　宿酒初醒,全不忺梳洗。抬纤指。微签玉齿。百色思量起。"

陈克《渔家傲》:"宝瑟尘生郎去后。绿窗闲却春风手。浅色宫罗新染就。晴时后。裁缝细意花枝斗。　　象尺熏炉移永昼。粉香泹泹蔷薇透。晚景看来浑似旧。沉吟久。个侬争得知人瘦。"

王炎《朝中措·九月末水仙开》:"蔷薇露染玉肌肤。欲试缕金衣。一种出尘态度,偏宜月伴风随。　　初疑邂逅,湘妃洛女,似是还非。只恐乘云轻举,翩然飞度瑶池。"

王炎《临江仙·和将使许过双溪》:"鹈鴂一声春事了,不知苦劝谁归。花梢香露染蔷薇。小梅酸着齿,酒榼正堪携。　　鸭绿一篙新雨过,远山半出修眉。仙翁理棹欲来时。绕檐乌鹊喜,报与主人知。"

冯伟寿《春风袅娜·春恨黄钟羽》:"被梁间双燕,话尽春愁。朝粉谢,午花柔。倚红阑故与,蝶围蜂绕,柳绵无数,飞上搔头。凤管声圆,蚕房香暖,笑挽罗衫须少留。隔院兰馨趁风远,邻墙桃影伴烟收。　　些子风情未减,眉头眼尾,万千事、欲说还休。蔷薇露,牡丹球。殷勤记省,前度绸缪。梦里飞红,觉来无觅,望中新绿,别后空稠。相思难偶,叹无情明月,今年已是,三度如钩。"

薛爱华研究指出:"一般认为,后周世宗显德五年(958)之前,在中国还没见到过有关玫瑰香水的记载。也就是在这一年,占城国王释利因德漫派遣使臣向后周朝廷贡献'方物',其中'猛火油'八十四琉璃瓶,'蔷薇水'一十五琉璃瓶。这位使臣断言,这种香水出自'西域',是用来喷洒在衣物上的。这条史料在当今学界颇为人知,但是人们似乎还没有注意到,在中国有更早的有关玫瑰香水的报道。在此前二三十年,'后唐龙辉殿安假山水一铺,沉水为山阜,蔷薇水、苏合油为江池,芩藿、丁香为林树,薰陆为城郭,黄紫檀为屋宇,白檀为人物。方围一丈三尺'……然而我们还发现在九世纪时,唐朝就已经有了玫瑰香水。据说,每当柳宗元收到韩愈寄来的诗时,他总是要'先以"蔷薇露"盥手',薰玉蕤香,后发读。"①

但事实上,唐词还没有涉及蔷薇露这种西域贡献的香水,而在宋词中,它并不陌生。抗战派词人张元幹有《浣溪沙》词,题作"蔷薇水",是专咏这种香水的:

月转花枝清影疏。露华浓处滴真珠。天香遗恨冒花须。 沐出乌云多态度,韵成蛾绿费工夫。归时分付与妆梳。

蔷薇水被婀娜多姿的女子沐浴后使用,更增添妩媚。

吕渭老《小重山》词云:

云护柔条雪压枝。斜风吹绛蜡,点胭脂。蔷薇柔水麝分脐。园林晚,脉脉带斜晖。 深阁绣帘低。宝奁匀泪粉,晚妆迟。一枝屏外对依依。清宵永,谁伴破寒卮。

词把"蔷薇水"与"麝脐"并说,自然是指香水。这是普通的闺怨题材,寻常人家,孤寂的女主人公喷洒的就有蔷薇露。

在张孝祥的《风入松·蜡梅》词中,蔷薇水与郁金香、香囊等一起,创造一个氤氲浓烈的空间:

玉妃孤艳照冰霜。初试道家妆。素衣嫌怕姮娥妒,染成宫样鹅黄。宫额娇涂飞燕,缕金愁立秋娘。 湘罗百濯蹙香囊。蜜露缀琼芳。蔷薇水蘸檀心紫,郁金熏染浓香。萼绿轻移云袜,华清低舞霓裳。

当然,他是以蔷薇水等,比喻蜡梅的香气。宋词还喜欢说某种花、物比蔷薇露香;蔷薇水隐然成为一个标准,它间接反映出蔷薇水的知名度。

权无染《南歌子》所写,还原蔷薇水的液态,一个"浸"字把香气的浓郁赋予了重量、形态:

---

① [美]薛爱华著,吴玉贵译:《撒马尔罕的金桃——唐代舶来品研究》,第430、431页。

一点檀心紫,千重粉翅光。蔷薇水浸淡鹅黄。别是一般风韵、断人肠。　　有艳难欺雪,无花可此香。寻思无计与幽芳。除是玉人清瘦、道家妆。

李处全《菩萨蛮·菊花》,赋写菊花,"更渍蔷薇露"一句,"渍"字与权无染词中的"浸"字可谓搭配的当:

　　四时皆有司花女。杪秋犹见花如许。想得紫金丹。工夫造化间。　　春莺留弱羽。更渍蔷薇露。莫取落英餐。留供醉眼看。

与此二字可以媲美的,是王炎《朝中措·九月末水仙开》的"染"字:

　　蔷薇露染玉肌肤。欲试缕金衣。一种出尘态度,偏宜月伴风随。　　初疑邂逅,湘妃洛女,似是还非。只恐乘云轻举,翩然飞度瑶池。

姚述尧《南歌子·赵得全会同舍小集,屏间置山丹花红黄二枝,即席索词》云:"瑞彩迎朝日,柔枝绕庆云。谁将仙种下天阍。却笑葵杯榴火、俗纷纷。　　色映蔷薇水,光浮琥珀尊。美人浴罢近黄昏。总把淡妆浓抹、斗芳芬。"写到佳人沐浴,与张元幹词同一思路。

向子𬤇《如梦令》小词,有个很长的题序说:"余以岩桂为炉熏,杂以龙麝,或谓未尽其妙。有一道人授取桂华真水之法,乃神仙术也。其香着人不灭,名曰'苶林秋露'。李长吉诗云:'山头老桂吹古香。'戏作二阕,以贻好事者。"词云:"欲问苶林秋露。来自广寒深处。海上说蔷薇,何似桂华风度。高古。高古。不着世间尘污。"苶林秋露是用桂花秘酿成的。"海上说蔷薇",反映当时的蔷薇水仍然来自海外。

向子𬤇《生查子·绍兴戊午姑苏郡斋怀归赋》:"我爱木中犀(旧云:天上得灵根),不是凡花数。清似水沉香,色染蔷薇露。　　苶林月冷时,玉笋云深处。归梦托秋风,夜夜江头路。"结合前引王炎词名,宋人于蔷薇露,喜用"染"字,除去其液态香气外,可能还与蔷薇花之颜色有关。

笃耨

宋词中的异域之香,更令今人感到陌生的是笃耨。笃耨,亦作"笃傉""笃禄"。洪皓《松漠纪闻》:"(回鹘)香有乳香、安息、笃耨。"[①]张元幹有词《浣溪沙》,专赋笃耨香:"花气天然百和芬。仙风吹过海中春。龙涎沉水总销魂。

---

① (宋)洪皓撰:《松漠纪闻》,《春明退朝录:外四种》,上海古籍出版社,2012年版,第45页。

清润巧萦金缕曲,氤氲偏傍玉旨温。别来长是惜余熏。"据载:其树如杉桧,羽状复叶,夏日开小花,圆锥花序,切破其茎,则树脂流出,香气浓郁,名笃耨香,可作香料及供药用。宋无名氏《百宝总珍集·笃傉》称:"笃傉大者如手掌,色似鹅脂分外香。黑者价低不甚好,碎者只宜合底安。笃傉,泉、广路客贩到,如白胶香相类。如黑笃傉,多是合香使用,此香氤氲不散。"①可知它是通过南方泉州、广州传入者。宋王洋《李尹叔知丞借华严于仙山次韵》有句云:"窗明笃耨朝烟细,榻静篷篠午梦残。"宋陆游《书枕屏》诗亦云:"西域兜罗被,南番笃耨香。"宋方勺《泊宅编》卷上:"近岁除直秘阁者尤多,两浙市舶张苑进笃禄香得之,时号笃禄学士。"②

《陈氏香谱·笃耨》云:"笃耨黑白相杂者,用盏底盛,上饭甑蒸之。白浮于面,黑沉于下。"③并记载了制作假笃耨的秘方,如:"老柏根七钱,黄连七钱,丁香半两,降真香、紫檀香一两,栈香一两,上为细末,入米脑少许,炼蜜和匀,窨爇之。"又如:"檀香一两,黄连香三两,上为末拌匀,橄榄汁和湿,入瓷器收,旋取爇之。"还可以用"黄连香或白胶香,以极高煮,酒与香同煮,至干为度,收之可烧"。还有一种"冯仲柔假笃耨香"的做法:"通明枫香三两　桂末一两,白蜜三两匙　上以蜜入香,搅和令匀,泻于水中,冷便可烧。或欲作饼子,乘热捻成置水中。"也可以这样造假:"枫香乳、栈香、檀香、生香各一两　官桂、丁香,上为粗末,蜜和冷湿,瓷盒封窨月余,可烧。"④可见笃耨的名贵程度。

邓肃《临江仙》云:"剑水泠泠行碧玉,扁舟一叶吹风。玉人招手画桥东。浩歌随月去,春在小楼中。　　帘幕低垂围笃耨,雕觞笑捧春葱。谩将雨意作云浓。单于吹未彻,门外响玲珑。"

词人陈亮,有三首词写到笃耨,可能与永嘉地方易于接触外来品有关。其《桂枝香》云:"仙风透骨。向夏叶丛中,春花重出。骏发天香,不是世间尤物。占些空阔闲田地,共霜轮、伴他秋实。浅非冷蕊,深非幽艳,中无倚握。　　任点取、龙涎笃耨。儿女子看承,万屈千屈。做数珠见,刻画毋盐唐突。不知几树栾团着,但口吻、非鸣云室。是耶非也,书生见识,圣贤心术。"《贺新郎·人有觌以六月六日生者,且言喜唱贺新郎,因用东坡屋字韵追寄》云:"镂刻黄

---

① (宋)佚名等著,李音翰、朱学博整理校点:《百宝总珍集:外四种》,上海书店出版社,2015年版,第57页。
② (宋)方勺撰,许沛藻、杨立扬点校:《泊宅编》,中华书局,1983年版,第74页。
③ (宋)陈静:《陈氏香谱》,《香学汇典》,三晋出版社,2014年版,第213页。
④ (宋)陈静:《陈氏香谱》,《香学汇典》,三晋出版社,2014年版,第258、259页。

金屋。向炎天、蔷薇水洒,净瓶儿浴。湿透生绡裙微褪,谁把琉璃藕玉。更管甚、微凉生熟。磊浪星儿无着处,唤青奴、记度新翻曲。娇不尽,蕲州竹。

一泓曲水鳞鳞蹙。粉生红、香脐皓腕,藕双莲独。拂掠乌云新妆晚,无奈纤腰似束。白笃耨、霞觞浮绿。三岛十州心在否,是天花、只怕凡心触。才乱坠,便簌簌。"《贺新郎·又有实告以九月二十七日者,因和叶少蕴缕字韵并寄》云:"昵昵骈头语。笑黄花、重阳去也,不成分数。倾国容华随时换,依旧清歌妙舞。苦未冷、都无星暑。恰好良辰花共酒,斗尊前、见在阳台女。朝共暮,定何许。

蓼红徙倚明汀渚。正萧萧、迎风夹岸,淡烟微雨。笃耨龙涎烧未也,好向儿家祝取。是有分、分工须与。以色事人能几好,愿衾裯、无缝休离阻。心一片,丝千缕。"此外,则很少写到笃耨香的。

没药

明代著名药物学家李时珍《本草纲目·木一·没药》:"《集解》引马志曰:'没药生波斯国。其块大小不定,黑色,似安息香。'"① 没药是一种药物,主治外伤,味苦,性平,无毒。同时它又是香料。薛爱华研究指出:

> 乳香与没药、甲香以及古蓬香脂一样,曾经是古代希伯来人在仪式中使用的圣香的一种配料,它在基督教徒的礼拜仪式中也具有独特的地位。

没药如同乳香一样,是非洲和阿拉伯出产的一种树脂,而且在古代近东被视为圣洁之物。尤其是作为古代埃及人用于尸体防腐的一种香药,没药深深地留在人们的记忆之中。尼科迪默斯就曾使用这种方法来保存耶稣的遗体。唐朝人对于这种暗红色的香料所知甚少,当时了解没药性能的人的主要只限于药剂师。他们将没药调入温酒中,用来治疗"金刃伤和坠马伤",这明显是将没药作为一种镇痛剂来使用的。唐朝的医生还用没药治疗"堕胎及产后心腹疼"。唐朝人所知道的"没药"这个名称,只是闪语名"murr"的一种近似的译音——虽然在十世纪的一份名称怪异的药物目录中,没药是以"蛮龙舌血"的名字出现的。我在唐朝的有关文献中还没有发现将没药用作焚香或者是香脂的记载,而且除了关于没药在医药方面的传闻之

---

① (明)李时珍:《本草纲目》,人民卫生出版社,1981年版,第1957页。

外,我们也没有见到能够将没药放到下一章"药物"中进行讨论的材料。①

唐代,外国贡献过一定的没药,但赵宋时期更多。《宋会要辑稿·蕃夷四·占城》载:

> 淳化元年十月,新王杨陀排自称"新坐佛逝国杨陀排",遣使李臻、副使蒲诃散来贡,进驯犀及螺犀十株、象牙十五株、腊沉香一斤、白龙脑二斤、山得鸡三十三斤。其使、副又献螺犀、药犀、象牙、没药、胡卢巴、龙脑、白豆蔻及蔷薇水。赐袭衣、巾带、被褥、靴、笏、器帛有差。表诉为交州所攻,国中人民、财宝皆为所略。帝赐诏黎桓,各令保境。

> (大中祥符)四年十一月,遣使蒲萨多婆、副使蒲多波底、判官陈义来贡象牙六十二株、螺犀十一株、药犀二十九株、玳瑁三百片、沉香五十斤、煎香三百五十斤、黄熟香二百一十斤、带枝丁香三十斤、豆蔻六十斤。其使又进熟龙脑三十两、没药八十斤、紫矿四百七十斤、肉豆蔻二百斤、胡椒二百斤、没药三十斤、紫矿百斤。②

同书《蕃夷七·历代朝贡》又载:

> (太宗太平兴国元年八月)五日,陈洪进来朝,对于崇德殿,进朝见银万两、绢万匹,谢允朝觐绢千匹、香千斤,谢降使远加劳问绢千匹、香千斤,谢远赐茶药绢千匹、香千斤,谢迎春苑赐宴绢千匹、香千斤,谢差人船绢千匹、香千斤、币帛二千匹、涂金鞍勒马一匹、钱二百万。其子文颢进绢千匹。又进贺登极香万斤、牙二千斤,又乳香三万斤,牙五千斤、犀二十株共重四十斤,苏木五万斤、白檀香万斤、白龙脑十斤、木香千斤、石膏脂九百斤、阿魏二百斤、麒麟竭二百斤、没药二百斤,胡椒五百斤。又进贺纳后银千两、绫千匹,又谢赐都亭驿安下乳香千斤,谢追封祖考及男巳下加恩乳香万三千斤。又进通犀带一、金匣百两、白龙脑十斤、金合五十两,通牸犀一株、金合百两,牸犀四株、金合二百两,真珠五斤,玳瑁五斤,水晶棋子五副、金合六十两,乳香万斤。③

---

① [美]薛爱华著,吴玉贵译:《撒马尔罕的金桃——唐代舶来品研究》,第423、424页。
② 刘琳,刁忠民,舒大刚校点:《宋会要辑稿》,第9808、9809、9811页。
③ 刘琳,刁忠民,舒大刚校点:《宋会要辑稿》,第9937页。

（淳化元年）十二月四日，占城国王杨陁排遣使李臻、副使蒲诃散来贡驯犀、螺犀、象牙、蜡、沉香、龙脑、山得鸡、没药、胡卢巴、白豆蔻、蔷薇水。

（大中祥符）十一月，五日，占城国主杨普俱毗茶室离遣使贡狮子、象牙、螺犀、玳瑁、沉香、煎香、带枚、丁香、豆蔻、没药、紫矿。①

（淳熙）五年正月六日，三佛齐国进表，贡真珠八十一两七钱，梅花脑板四片，共一十四斤，龙涎二十三两，珊瑚一匣四十两，琉璃一百八十九事，观音瓶十，青琉璃瓶四，青口瓶六，阔口瓶大小五，环瓶二，只口瓶二，净瓶四，又瓶四十二，浅盘八，方盘三，圆盘三十八，长盘一，又盘二，渗金净瓶二，渗金劝杯连盖一副，渗金盛水瓶一，屈卮三，小屈卮二，香炉一，大小罐二十二，大小盂三十三，大小楪四，大小蜀葵楪二，小圆楪一，番糖四琉璃瓶共一十五斤八两，番枣三琉璃瓶共八斤，栀子花四琉璃瓶共一百八十两，象牙六十株共二千一百九斤九两六钱，胡椒一千五百五十斤，夹笺黄熟香八十五斤，蔷薇水三千九斤，肉豆蔻八十斤，阿魏二百三十斤，没药二百八十斤，安息香二百一十斤，玳瑁一百五斤，木香八十五斤，檀香一千五百七十斤，猫儿睛一十一只，番剑一十五柄。②

唐词中没有出现"没药"，宋词中，有陈亚的《生查子·药名寄章得象陈情》：

朝庭数擢贤，旋占凌霄路。自是郁陶人，险难无移处。　　也知没药疗饥寒，食薄何相误。大幅纸连粘，甘草归田赋。

整首词全部用药名表达朝廷不断擢用贤人，而自己却郁郁不得志的愤懑之情。词人说自己因此很贫穷，准备辞官回乡，躬耕陇亩了。词中"没药疗饥寒"，字面上是没有药物，暗中用的是香料没药。

郁金

郁金有两种，一种是中国本土的，用作染料；一种是舶来的，用作香料。这两种郁金往往被含混使用。

薛爱华指出："郁金在姜黄属植物中是一种微带辛味、多用作颜料的物种；

---

① 刘琳，刁忠民，舒大刚校点：《宋会要辑稿》，第9941、9946页。
② 刘琳，刁忠民，舒大刚校点：《宋会要辑稿》，第9970、9971页。

据悉,这种普通的郁金是中国西南地区土生土长的品种。与普通郁金有密切亲缘关系的一种植物,是在印度和印度尼西亚地区以蓬莪术知名的一种高级的芳香品种。蓬莪术主要是用作香料的原料。在印度支那和印度尼西亚地区,还有姜黄属植物的许多其他的品种,它们分别被用作染色剂、医药、咖喱粉以及香料制剂等多种用途。在汉文中,这些植物的集合名称叫作'郁金'……总而言之,在贸易中和实际应用中,郁金与郁金香往往混淆不清,当有关文献中强调其香味时,我们就可以推知:这不是指郁金香就是指蓬莪术,反之,就是指郁金。"[1]

宋词中的"郁金",一种指颜料,是女性染裙子的颜料;一种是高级香料。作为颜料的郁金,其比重大于香料的郁金。

作为香料的郁金,南朝梁武帝《河中之水歌》诗中,就有"卢家兰室桂为梁,中有郁金苏合香","郁金"与"苏合香"并列,显然是香料。"卢家兰室""郁金堂",后来成为女性芳香高雅居室的代称。北周庾信《奉和示内人》:"然香郁金屋,吹管凤凰台。"唐沈佺期《古意》诗:"卢家少妇郁金堂,海燕双栖玳瑁梁。"唐李商隐《药转》诗:"郁金堂北画楼东,换骨神方上药通。"词中都有描写。

郁金裙成为固定搭配,但有时郁金裙并不是裙,而是比喻像郁金裙一样的花的叶片:

《昼锦堂·牡丹》 黄载

丽景融晴,浮光起昼,玉妃信意寻春。一笑酒杯翻手,满地祥云。宝台艳麂文绡帕,郎官娇舞郁金裙。嫣然处,况是生香徽湿,腻脸余醺。 暖烘肌欲透,愁日炙还销,风动成尘。细为品归雪调,度与朱唇。翠帏晚映真图画,金莲夜照越精神。须拚醉,回首夕阳流水,碧草如茵。

"郎官娇舞郁金裙"是描写牡丹花的叶子随风舞动。

郁金,有时指黄色,用来描写初春的树枝、草芽等:

《临江仙》 苏氏

一夜东风穿绣户,融融暖应佳时。春来何处最先知。平明堤上柳。染遍郁金枝。 姊妹嬉游时节近,今朝应怨来迟。凭谁说与到家期。玉钗头上胜,留待远人归。

---

[1] [美]薛爱华著,吴玉贵译:《撒马尔罕的金桃——唐代舶来品研究》第十一章《药品》,第460页。

《浣溪沙》 张孝祥

鸲鹊楼高晚雪融。鸳鸯池暖暗潮通。郁金黄染柳丝风。 油壁不来春草绿,栏干倚遍夕阳红。江南山色有无中。

《小重山》 蒋捷

晴浦溶溶明断霞。楼台摇影处,是谁家。银红裙裥皱宫纱。风前坐,闲斗郁金芽。 人散树啼鸦。粉团黏不住,旧繁华。双龙尾上月痕斜。而今照,冷淡白菱花。

"郁金枝"指黄色的柳枝,春天来时景象。"郁金黄然柳丝风",也是指柳丝变黄。"郁金芽",指地里新生的草芽,黄色的。这种黄色,与"郁金"之所以与"裙"形成"郁金裙",有着密切关系。

宋词中,香料郁金也有呈现:

《试周郎》 贺铸

乔家深闭郁金堂。朝镜事梅妆。云鬟翠钿浮动,微步拥钗梁。情尚秘,色犹庄。递瞻相。弄丝调管,时误新声,翻试周郎。

《南歌子》 向子諲

江左称岩桂,吴中说木犀。水沈为骨郁金衣。却恨疏梅恼我、得香迟。 叶借山光润,花蒙水色奇。年年勾引赋新诗。应笑艿林冷淡、独心知。

《南乡子》 王之道

遗爱满南州。千骑曾为万里游。琳馆归来,无责更无忧。坐听笙歌醉玉舟。 香雾郁金虬。春入梅花助献酬。请祝遐年,长笑挹浮丘。何止莘君一百筹。

《风入松》 张孝祥

玉妃孤艳照冰霜。初试道家妆。素衣嫌怕姮娥妒,染成宫样鹅黄。宫额娇涂飞燕,缕金愁立秋娘。 湘罗百濯麑香囊。蜜露缀琼芳。蔷薇水蘸檀心紫,郁金熏染浓香。萼绿轻移云袜,华清低舞霓裳。

《定风波·咏丹桂》 丘崈

月殿移根入帝乡。风流犹是旧时妆。猩血染成丹杏脸。浓点。郁金笼就赭衣黄。 浪说锦城元自少。不道。只今何啻五枝芳。试问司花谁是主。传语。且烦都与十分香。

《眼儿媚》 高似孙

翠帘低护郁金堂。犹自未忺妆。梨花新月,杏花新雨,怎奈昏黄。　春今不管人相忆,欲去又相将。只销相约,与春同去,须到君行。

高似孙《眼儿媚》中的郁金堂系使用典故,本身就包含有香料在内。郁金裙在宋词中亦很有诗意:

《少年游》 柳永

淡黄衫子郁金裙。长忆个人人。文谈闲雅,歌喉清丽,举措好精神。　当初为倚深深宠,无个事、爱娇瞋。想得别来,旧家模样,只是翠娥颦。

《鹧鸪天》 周紫芝

晴日烘帘暖似春。菊回霜晕浅仍深。谁知此地栽花手,便是当时嗅蕊人。　秋渺渺,夜沉沉。一声清唱袅残音。娇痴应挽香罗比,六幅双裙染郁金。

《菩萨蛮》 舒亶

江梅未放枝头结。江楼已见山头雪。待得此花开。知君来不来。　风帆双画鹢。小雨随行色。空得郁金裙。酒痕和泪痕。

《花幕暗》 贺铸

绿绮新声隔坐闻。认殷勤。尊前为舞郁金裙。酒微醺。　月转参横花幕暗,夜初分。阳台拚作不归云。任郎瞋。

《减字浣溪沙》 贺铸

宫锦袍熏水麝香。越纱裙染郁金黄。薄罗依约见明妆。　绣陌不逢携手伴,绿窗谁是画眉郎。春风十里断人肠。

《瑞鹤仙》 侯寘

春风无检束。放倡条冶叶,恣情丹绿。□莺喧燕宿。似东邻北里,都无贞淑。高情恨麽。欢何时、重见桂菊。又谁知、天上黄姑,扫尽晚春余俗。　幽独。铅华不御,翡翠帷深,郁金裙褥。长眉了目。嫣然态,倚修竹。纵青门瓜美,江陵橘老,怎比无穷剩馥。最难禁、扇底横枝,恼人睡足。

《鹧鸪天》 李吕

甲帐春风肯见分。夜陪清梦当炉熏。寻香若傍阑干晓,定见堆红越鄂君。　雕玉佩,郁金裙。凭谁书叶寄朝云。兰芽九畹虽清绝,也要芳心伴小醺。

香茅

仙茅是一种植物,原生西域,粗细有筋,或如笔管,有节文理。唐开元元年(713)婆罗门僧进此药,因又名"婆罗门参"。分布于中国东南至西南部。其根、茎皆可以入药。宋代庄季裕《鸡肋编》卷下云:"仙茅一名婆罗门参,出南雄州大庾岭上,以路北云封寺后者为佳,切以竹刀,洗暴通白。其寺南及他处者,即心有黑晕,以此为别。"①这可能已经是移植之后的产品。薛爱华也说:"'仙茅'是一种星形花草本植物的根茎,一位天竺僧人将它献给了唐玄宗。仙茅又称'婆罗门参'。"②

香茅这种香料,在宋词中竟然比没药有更多的描写:

《乐语》 王义山

秘传玉诀自灵修。家在仙山最上头。更有仙茅香馥郁,年年今日,熏风时候,掇取献龙楼。

《水调歌头·寿》 石麟

九叶仙茅秀,旬浃一阳生。中山瑞气和暖,融作玉壶春。昨夜洪临跨鹤,翌早绿华骖凤,今日岳生申。须信神仙侣,引从降蓬瀛。

文中虎,寿中鹤,酒中鲸。一门盛事相继,桥梓奋鹏程。应美华堂燕处,许大规摹涵养,大器晚方成。醒后宫花句,竚看赋琼林。

《水调歌头·寿致政叔,时又得孙》 石麟

日暖唐宫绣,云绚鲁台观。九叶仙茅方茂,瑞气霭中山。逸老堂前戏彩,新抱玄孙弥月,红字写眉间。八十庆公寿,添撇更成千。

寿中星,人中杰,酒中仙。功名富贵,事业分付子孙贤。赢得濠梁真乐,剩有陶园佳趣,杖屦日安闲。第恐非熊兆,好事逼新年。

《蝶恋花·寿江察判孺人》 无名氏

风雨一春寒料峭。才到中和,喜气熏晴晓。九叶仙茅呈瑞巧。青青辉映萱庭草。　　红著蟠桃春不老。戏彩称觞,阿母开颜笑。丹桂五枝年并少。荣亲竚下金花诰。

---

① (宋)庄绰:《鸡肋编》卷下,中华书局,1983年版,第122页。
② [美]薛爱华著,吴玉贵译:《撒马尔罕的金桃——唐代舶来品研究》第十一章《药品》,第471页。

仙茅作为香料,只在王义山《乐语》中有直接表现,所谓"更有仙茅香馥郁",其他词都摘取其"仙"字,用于祝寿中的语境中,香则在其次,甚至不被关注。即使王义山的乐语中,香固然有所体现,而"仙"也是持献的一个原因。

檀香

檀香并不全是外来香料,但正如薛爱华所说:"尽管中国本地的香料和其他土产的质量都非常优异,但是我们也不能否认,来自异国他乡的奇香,尤其树脂和树脂胶——檀香、沉香、婆罗洲龙脑香和广藿香,安息香与苏合香,以及乳香与没药等等——无论品种还是数量都是相当可观的。虽然传到唐朝的这些贵重的香料出产于世界各地,但是它们中绝大多数都是由海船通过南中国海运来的。例如在元和十年(815)诃陵国派遣来贡献异香的大船就是取道南海达到唐朝的。源源不断的香料船,使广州成了当时世界上最大的香料市场之一,而扬州的香料贸易则仅次于广州。唐朝的贵族阶层在使用香料方面毫无节制,他们甚至将香料用于建筑物。根据这种情况推测,当时进口香料的数量一定是相当惊人的。"①

宋代时期,外国贡献檀香的事情不断出现。《宋会要辑稿·蕃夷四·占城》:

> (乾德四年)七月,江南国主李煜上言:"占城国使入贡,道出臣国,遗臣犀角一株、象牙二株、白龙脑三十两、苍龙脑十斤、乳香三十斤、沉香三十斤、煎香七十斤、石亭脂五十斤、白檀香百斤、紫矿五十斤、豆蔻二万颗、龙脑后三片、槟榔五十斤、藤花簟四领、占城孤班古缦二段、阇婆马礼偃鸾国古缦一段、阇婆沙剌古缦一段、阇婆绣古缦一段、大食绣古缦一段、大食缦锦古缦一段、占城绣水织布五匹、阇婆沙剌锦绣古缦一段。"以其物来上,诏曰:"远夷述职,钦我文明,经行既历于彼邦,赞聘遂修于常礼。烦持信币,远至上都。深认忠勤,即宜收领。今后更有礼币,不须进来。"
>
> 至道元年正月,其王杨波占遣使李波珠来贡。杨波占表云:……今特遣专使李波珠、副使李诃散、判官李磨勿等进奉犀角十株、象牙三十株、玳瑁十斤、龙脑二斤、沉香百斤、夹笺黄熟香九十斤、檀香六

---

① [美]薛爱华著,吴玉贵译:《撒马尔罕的金桃——唐代舶来品研究》第十一章《药品》,第397、398页。

十斤、山得鸡一万四千三百只、胡椒二百斤、簟席五。①

《蕃夷四·阇婆国》：

太宗淳化三年八月，明州言："阇婆国遣使乘大船求贡方物。其使自言：中国有真主，声教所被，本国航海修贡。"

十二月，其使陁湛、副使蒲蘵里、判官李陀那假澄等至阙下。其贡物：象牙十株、真株二斤半、杂色丝绞三十六段、吉贝织杂色绞布五十六段、檀香四千四百二十三斤、玳瑁槟榔盘二面、犀牙金银装霸剑十二口、藤织花簟席四十领、白鹦鹉一、杂色绣花销金丝绞八段、七宝檀香亭子一。陀湛又进大玳瑁六十七斤、藤织花簟席二十领、丁香十斤、白龙脑五斤。先是，朝贡使泛海舶六十日至明州定海县，掌市舶张肃先驿奏其使服饰之状，与尝来入贡波斯相类。②

《蕃夷七·历代朝贡》：

（太平兴国）二年正月八日，做进贺登极御衣、通犀带及绢万匹，又黄金并玳瑁器、金银棱器、涂金银香台、龙脑、檀香、龙床、银果子、水精花等，又银万两、绢万匹、绵三十万两、干姜五万斤、大茶万斤、犀十株、牙二十株、乳香五十斤、杂香药五千斤。

（同年）八月二日，山后两林蛮王子卑彩、副使牟盖、鬼主还祖等以名马来贡。五日，陈洪进来朝，对于崇德殿，进朝见银万两、绢万匹，谢允朝觐绢千匹、香千斤，谢降使远加劳问绢千匹、香千斤，谢远赐茶药绢千匹、香千斤，谢迎春苑赐宴绢千匹、香千斤，谢差人船绢千匹、香千斤，币帛二千匹、涂金鞍勒马一匹、钱二百万。其子文颢进绢千匹。又进贺登极香万斤，牙二千斤，又乳香三万斤，牙五千斤、犀二十株、共重四十斤，苏木五万斤、白檀香万斤、白龙脑十斤、木香千斤、石膏脂九百斤、阿魏二百斤、麒麟竭二百斤、没药二百斤，胡椒五百斤。又进贺纳后银千两、绫千匹，又谢赐都亭驿安下乳香千斤，谢追封祖考及男已下加恩乳香万三千斤。又进通犀带一、金匣百两，白龙脑十斤、金合五十两，通牯犀一株、金合百两，牯犀四株、金合二百两，真珠五斤，玳瑁五斤，水晶棋子五副、金合六十两，乳香万斤。③

---

① 刘琳，刁忠民，舒大刚校点：《宋会要辑稿》，第9807、9808、9809页。

② 刘琳，刁忠民，舒大刚校点：《宋会要辑稿》，第9830页。

③ 刘琳，刁忠民，舒大刚校点：《宋会要辑稿》，第9836、9837页。

（天禧二年），《山堂考索》：是年正月，三佛齐贡龙涎一块三十六斤，真珠一百一十三两，珊瑚一株二百四十两，犀角八株，梅花脑版三片，梅花脑二百两，琉璃三十九事、金刚钻三十九个，猫儿眼指环、青玛瑙指环、大真珠指环共一十三事，膃肭脐二十八两，番布二十六丈，大食糖四琉璃瓶，大食枣十六琉璃瓶，蔷薇水一百六十八斤，宾铁长剑九张，乳香八万一千六百八十斤，象牙八十七株共四千六十五斤，苏合油二百七十八斤，木香一百一十七斤，丁香三十斤，血竭一百五十八斤，阿魏一百二十七斤，肉蔻二千六百七十四斤，盒椒一万七百五十斤，檀香一万九千九百三十五斤，笺香三百六十四斤。①

（绍兴二十六年）十二月二十五日，三佛齐国进奉使司马杰厨卢图打根加越仲蒲晋、副使马杰啰嗟华离蒲遐迩、判官司马杰旁胡凌蒲押陛啰到阙朝见，表贡龙涎一块三十六斤，真珠一百一十三两，珊瑚一株二百四十两，犀角八株，梅花脑板三片，又梅花脑二百两，琉璃三十九事，金刚锥三十九个，猫儿眼睛指环、青玛瑙指环、大真珠指环共十三个，膃肭脐二十八两，番布二十六条，大食糖四琉璃瓶，大食枣十六琉璃瓶，蔷薇水一百六十八斤，宾铁长剑九张，宾铁短剑六张，乳香八万一千六百八十斤，象牙八十七株，共四千六十五斤，苏合油二百七十八斤，木香一百一十七斤，丁香三十斤，血竭一百五十八斤，阿魏一百二十七斤，肉豆蔻二千六百七十四斤，胡椒一万七百五十斤，檀香一万九千九百三十五斤，笺香三百六十四斤。②

（淳熙）五年正月六日，三佛齐国进表，贡真珠八十一两七钱，梅花脑板四片共一十四斤，龙涎二十三两，珊瑚一匣四十两，琉璃一百八十九事，观音瓶十，青琉璃瓶四，青口瓶六，阔口瓶大小五，环瓶二，只口瓶二，净瓶四，又瓶四十二，浅盘八，方盘三，圆盘三十八，长盘一，又盘二，渗金净瓶二，渗金劝杯连盖一副，渗金盛水瓶一，屈卮三，小屈卮二，香炉一，大小罐二十二，大小盂三十三，大小楪四，大小蜀葵楪二，小圆楪一，番糖四琉璃瓶共一十五斤八两，番枣三琉璃瓶共八斤，栀子花四琉璃瓶共一百八十两，象牙六十株共二千一百九斤九两六钱，胡椒一千五百五十斤，夹笺黄熟香八十五斤，蔷薇水三千九斤，肉豆蔻八十斤，阿魏二百三十斤，没药二百八十斤，安息香二百一

---

① 刘琳，刁忠民，舒大刚校点：《宋会要辑稿》，第9948页。
② 刘琳，刁忠民，舒大刚校点：《宋会要辑稿》，第9966、9967页。

十斤,玳瑁一百五斤,木香八十五斤,檀香一千五百七十斤,猫儿睛一十一只,番剑一十五柄。《玉海》:庆元六年,真里富国贡象。①

宋词中写到檀香的,有这样几首词:

《清平乐》 贺铸

吴波不动。四际晴山拥。载酒一尊谁与共。回首江湖旧梦。 长艭珠箔青篷。橹声鸦轧征鸿。泪□镂檀香枕,醉眠摇□春风。

《南歌子》 张元幹

桂魄分余晕,檀香破紫心。高鬟松绾鬓云侵。又被兰膏香染、色沉沉。 指印纤纤粉,钗横隐隐金。更阑云雨凤帷深。长是枕前不见、媂人寻。

《踏莎行》 曾觌

凤翼双双,金泥细细。四弦斜抱拢纤指。紫檀香暖转春雷,嘈嘈切切声相继。 弱柳腰肢,轻云情思。曲中多少风流事。红牙拍碎少年心,可怜辜负尊前意。

《桃源忆故人》 佚名

寒苞初吐黄金莹。色染蔷薇犹嫩。枝上紫檀香喷。洒落饶风韵。 南枝一种同春信。何事不忺朱粉。自称霓裳孤冷。怨感宫腰恨。

贺铸《清平乐》词写的是檀香木做的枕头,张元幹《南歌子》词中的"檀香破紫心",指的是这种植物花心的颜色,从这可以看出它是一株紫檀。宋叶廷珪《香谱》云:"皮实而色黄者为黄檀,皮洁而色白者为白檀,皮腐而色紫者为紫檀。其木并坚重清香,而白檀尤良。宜以纸封收,则不泄气。"曾觌《踏莎行》所写也是紫檀,"紫檀香暖转春雷",不过更确切地说,是紫檀木做的琵琶。佚名《桃源忆故人》亦称"枝上紫檀香喷",也是紫檀。看来宋代檀香流行的是紫檀香。

沉香

沉香是宋代异域大量进贡的香料。《宋会要辑稿·蕃夷四·占城》:

(雍熙)三年三月,其王刘继宗使李朝仙来贡通犀二株、生白龙脑

---

① 刘琳,刁忠民,舒大刚校点:《宋会要辑稿》,第 9970、9971 页。

十斤、速香五十斤、丁香五十斤、笺香二百斤、沉香百八十斤；朝仙又进牙二株、白龙脑十斤。

淳化元年十月，新王杨陀排自称"新坐佛逝国杨陀排"，遣使李臻、副使蒲诃散来贡，进驯犀及螺犀十株、象牙十五株、腊沉香一斤、白龙脑二斤、山得鸡三十三斤。其使、副又献螺犀、药犀、象牙、没药、胡卢巴、龙脑、白豆蔻及蔷薇水。赐袭衣、巾带、被褥、靴、笏、器帛有差。表诉为交州所攻，国中人民、财宝皆为所略。帝赐诏黎桓，各令保境。

至道元年正月，其王杨波占遣使李波珠来贡。杨波占表云：……今特遣专使李波珠、副使李诃散、判官李磨勿等进奉犀角十株、象牙三十株、玳瑁十斤、龙脑二斤、沉香百斤、夹笺黄熟香九十斤、檀香六十斤、山得鸡一万四千三百只、胡椒二百斤、簟席五。

（大中祥符）四年十一月，遣使蒲萨多婆、副使蒲多波底、判官陈义来贡象牙六十二株、螺犀十一株、药犀二十九株、玳瑁三百片、沉香五十斤、煎香三百五十斤、黄熟香二百一十斤、带枝丁香三十斤、豆蔻六十斤。其使又进熟龙脑三十两、没药八十斤、紫矿四百七十斤、肉豆蔻二百斤、胡椒二百斤、没药三十斤、紫矿百斤。其王又言："本国地毛不壮，土产无精，常思奇异而供王，每欲殊珍而作贡，所以特遣使使遍诣邻蕃。昨于三佛齐国得金毛狮子一。其狮子本出天竺国，彼人豢养，今以驯良，传来大食，又至三佛齐，蕃语谓之'虪猫'，唐言谓之'师子'。今遣专使诣阙上进。"是日，再见于便殿，命舁师子之槛以出。本国二蛮人引狮子出槛，其状正黄色，首班而身纯，视之可畏，偃仰于地，驯狎久之，命养于玉津园。

天禧二年九月，其王尸嘿排摩㖕遣使罗皮帝加等以象牙七十二株、犀角八十六株、玳瑁千片、乳香五十斤、丁香花八十斤、豆蔻六十五斤、沉香百斤、笺香二百斤、别笺一剂六十八斤、茴香百斤、槟榔千五百斤来贡。罗皮帝加言，国人诣广州，或风漂船至石堂，则累年不达矣。使还，诏赐其王尸嘿排摩㖕银四万七千两、器仗、鞍马等。①

《蕃夷四·占城》：

（绍兴二十五年）十一月十四日，占城蕃首邹时芭兰遣部领萨达

---

① 刘琳，刁忠民，舒大刚校点：《宋会要辑稿》，第9808、9809、9811页。

麻、滂摩加夺、满翁都纲以次凡二十人到阙入见，贡附子沉香一百五十斤、沉香三百九十斤、沉香头二块一十二斤、上笺香三千六百九十斤、中笺香一百二十斤、笺香头块四百八十斤、笺香头二百三十九斤、澳香三百斤、上速香三千四百五十斤、中速香一千四百四十斤、象牙一百六十八株、犀二十株、玳瑁六十斤、暂香一百二十斤、细割香一百八十斤、翠毛三百六十只、蕃油一十灯、乌里香五万五千二十斤。

二十一日，户部言："太府寺申：占城人使到阙，所有回赐钱物，准绍兴二十五年十月二日指挥，候见得所进物色价直，划刷参酌应副。其人使虽到行在，缘所进物色尚在泉州，并未起发，依熙宁六年指挥：'今后诸番进奉如有进贡物色，令本寺看估计价，下所属回赐。'今将所进香货名色下所属看估，纽计得香货等钱十万七千余贯。本寺划刷回赐物帛数目，乞下所属支给，关报客省回赐。今具下项：一、占城进奉到物：沉香九百五十六斤，附子沉香一百五十斤，笺香四千五百二十八斤，速香四千八百九十斤，象牙一百六十八株、三千五百二十六斤，澳香三百斤，犀角二十株，玳瑁六十斤，暂香一百二十斤，细割香一百八十斤，翠毛三百六十只，番油一十埕，乌里香五万五千二十斤。一、回答数目：锦三百五十四，生川绫二百匹、生川压罗四十匹，生楟蒲绫四十匹，生川丝一百匹，杂色绫一千匹，杂色罗一千匹，熟楟蒲绫五百匹，江南绢三千匹，银一万两。"诏依。①

《蕃夷七·历代朝贡》：

（雍熙）三年三月十九日，占城国王刘继宗遣使李朝仙来贡通犀、象、龙脑、丁香、笺香、沉香。

（淳化元年）十二月四日，占城国王杨陁排遣使李臻、副使蒲诃散来贡驯犀、螺犀、象牙、蜡、沉香、龙脑、山得鸡、没药、胡卢巴、白豆蔻、蔷薇水。

（大中祥符四年）十一月，五日，占城国主杨普俱毗茶室离遣使贡狮子、象牙、螺犀、玳瑁、沉香、煎香、带枚、丁香、豆蔻、没药、紫矿。②

（皇祐四年）十一月二十一日，占城贡到沉香九百五十六斤、附子沉香一百五十斤、笺香四千二百五十八斤、速香四千八百九十斤、象

---

① 刘琳、刁忠民、舒大刚校点：《宋会要辑稿》，第9815、9816、9818页。
② 刘琳、刁忠民、舒大刚校点：《宋会要辑稿》，第9940、9941、9946页。

牙一百六十八株三千五百二十六斤、澳香三百斤、犀角二十株、玳瑁六十斤、暂香一百二十斤、细割香一百八十斤、翠毛一百六十只、番油一十埕、乌里香五万五千二十斤。①

（绍兴二十五年）十月十四日，占城国进奉使部领萨达麻、副使滂摩加夺、判官蒲翁都纲以次凡二十人到阙入见，表贡附子沉香一百五十斤、沉香三百九十斤、沉香二块十二斤、上笺香三千六百九十斤、中笺香一百二十斤、笺香头块四百八十斤、笺香头二百三十九斤、澳香三百斤、上速香三千四百五十斤、中速香一千四百四十斤、象牙一百六十八株、犀角二十株、玳瑁六十斤、暂香一百二十斤、细割香一百八十斤、翠毛三百六十只、蕃油一十𤭛、乌里香五万五千二十斤。

二十六年正月十四日，交趾遣大中大夫周公明、右武大夫李义等二十二人进奉贺升平、常贡两纲方物：贺升平表章一匣，一百二十两数，生金圣寿山一座，五十五两数，妆宝金酒注一副，五十两数，金妆真珠劝寿杯并盘一副，七十两数，金香炉一座，四十两数，金香匣一副，五十两数，金花瓶二口，二百四十两数，金大果子楪并罩笼二十副，一百七十九两数，间宝金七星匣子并金盘龙大匣盛一副，一百二十两数，金盘龙沙锣二面，二百两数，御马金鞍辔一副，真珠一百颗，用五两数，金瓶盛载沉香等一千斤，翠毛五百只，绫绢五十四，共五角，每角十四，御马二匹，长进马八匹，雄驯象三头，雌驯象二头，龙头金银裹木胎象钩五柄，妆象铜铎连铁索五副，朱妆缠象藤条五副，常进表章一匣，雄象三头，雌象二头，金银裹木胎象钩五柄，妆象铜铎连铁索五副，朱妆缠象藤条五副。

（二十六年）十二月二十五日，三佛齐国进奉使司马杰厨卢图打根加越仲蒲晋、副使司马杰啰嗒华离蒲遐迩、判官司马杰旁胡凌蒲押陁啰到阙朝见，表贡龙涎一块三十六斤，真珠一百一十三两，珊瑚一株二百四十两，犀角八株，梅花脑板三片，又梅花脑二百两，琉璃三十九事，金刚锥三十九个，猫儿眼睛指环、青玛瑙指环、大真珠指环共十三个，腽肭脐二十八两，番布二十六条，大食糖四琉璃瓶，大食枣十六琉璃瓶，蔷薇水一百六十八斤，宾铁长剑九张，宾铁短剑六张，乳香八万一千六百八十斤，象牙八十七株，共四千六十五斤，苏合油二百七十八斤，木香一百一十七斤，丁香三十斤，血竭一百五十八斤，阿魏一

---

① 刘琳，刁忠民，舒大刚校点：《宋会要辑稿》，第9954页。

百二十七斤,肉豆蔻二千六百七十四斤,胡椒一万七百五十斤,檀香一万九千九百三十五斤,笺香三百六十四斤。

乾道三年十月一日,福建路市舶司言:"本土纲首陈应祥等昨至占城蕃,蕃首称欲遣使、副恭赍乳香、象牙等前诣(太宗)[大宋]进贡。今应祥等船五只,除自贩物货外,各为分载乳香、象牙等并使、副人等前来。继有纲首吴兵船人赍到占城蕃首邹亚娜开具进奉物数:白乳香二万四百三十五斤、混杂乳香八万二百九十五斤、象牙七千七百九十五斤、附子沉香二百三十七斤、沉香九百九十斤、沉香头九十二斤八两、笺香头二百五十五斤、加南木笺香三百一斤、黄熟香一千七百八十斤。"诏:"使人免到阙,令泉州差官以礼管设。章表先入递前来,候到,令学士院降敕书回答。据所贡物,许进奉十分之一,余依条例抽买。如价钱阙,申朝廷先次取拨,俟见实数估价定,市舶司发纳左藏南库,听旨回赐。"

(淳熙)三年四月,安南进谢赐国名牌印:金镀银花章表函一副,金厮锣五面,共重二百五十两,银厮锣一十面,共重五百两,杂色绫纱绢五十匹,沉香二百斤,熟香一千斤,笺香一千斤。又谢袭封纲:金镀银花章表函一副,金厮锣五面,共重二百五十两,银厮锣二十面,共重一千两。①

《玉海》:(绍兴二十六年)八月二十一日庚寅,交趾贺升平,献黄金器、明珠、沉香、翠羽、绫绢、马十、象九。②

宋词中的沉香,主要以香料的形象出现。但一种是薰香,或放在薰炉、古鼎金炉里,或不见器皿只见香:

《谒金门》 谢逸

帘外雨。洗尽楚乡残暑。白露影边霞一缕。绀碧江天暮。
沉水烟横香雾。茗碗浅浮琼乳。卧听鹧鸪啼竹坞。竹风清院宇。

《念奴娇》 朱敦儒

晚凉可爱,是黄昏人静,风生苹叶。谁作秋声穿细柳,初听寒蝉凄切。旋采芙蓉,重熏沉水,暗里香交彻。拂开冰簟,小床独卧明月。
老来应免多情,还因风景好,愁肠重结。可惜良宵人不见,角枕

---

① 刘琳,刁忠民,舒大刚校点:《宋会要辑稿》,第9966、9967、9968、9970页。
② 刘琳,刁忠民,舒大刚校点:《宋会要辑稿》,第9966页。

兰衾虚设。宛转无眠,起来闲步,露草时明灭。银河西去,画楼残角呜咽。

《西江月》 朱敦儒

澹澹熏风庭院,青青过雨园林。铜驼陌上旧莺声。今日江边重听。　　落帽酒中有趣,题桥琴里无心。香残沉水缕烟轻。花影阑干人静。

《朝中措》 周紫芝

雨余庭院冷萧萧。帘幕度微飙。鸟语唤回残梦,春寒勒住花梢。无憀睡起,新愁黯黯,归路迢迢。又是夕阳时候,一炉沉水烟销。

《潇湘夜雨》 周紫芝

晓色凝瞰,霜痕犹浅,九天春意将回。来年花信,先已到江梅。沉水烟浓如雾,金波满、红袖双垂。仙翁醉,问春何处,春在玉东西。瑶台。人不老,还从东壁,来步天墀。且细看八砖,花影迟迟。会见朱颜绿鬓,家长近、咫尺天威。君知否,天教雨露,常满岁寒枝。

《菩萨蛮》 李清照

风柔日薄春犹早。夹衫乍着心情好。睡起觉微寒。梅花鬓上残。　　故乡何处是。忘了除非醉。沉水卧时烧。香消酒未消。

《浣溪沙》 李清照

淡荡春光寒食天。玉炉沉水袅残烟。梦回山枕隐花钿。　　海燕未来人斗草,江海已过柳生绵。黄昏疏雨湿秋千。

这种沉香,是最常见的用法。沉香还可以做成球状:

《扬州慢》 郑觉斋

弄玉轻盈,飞琼淡泞,袜尘步下迷楼。试新妆才了,炷沉水香球。记晓剪、春冰驰送,金瓶露湿,缇骑新流。甚天中月色,被风吹梦南州。尊前相见,似羞人、踪迹萍浮。问弄雪飘枝,无双亭上,何日重游。我欲缠腰骑鹤,烟霄远、旧事悠悠。但凭阑无语,烟花三月春愁。

有的沉香,出自宫内:

《天香》 李彭老

捣麝成尘,熏薇注露,风酣百和花气。品重云头,叶翻蕉样,共说内家新制。波浮海沫,谁唤觉、鲛人春睡。清润俱饶片脑,芬馡半是沉水。　　相逢酒边花外。火初温、翠炉烟细。不似宝珠金缕,领巾红坠。荀令如今憔悴。消未尽、当时爱香意。炉暖灯寒,秋声素被。

一种是放入水瓶中、水中,饮用、食用,或者用来煮饭,或者放到花瓷里煮,制成现在所说的饮料:

《蝶恋花》 曹组

帘卷真珠深院静。满地槐阴,镂日如云影。午枕花前情思凝。象床冰簟光相映。　过面风情如酒醒。沉水瓶寒,带缏来金井。涤尽烦襟无睡兴。阑干六曲还重凭。

《点绛唇》 曹组

霜落吴江,万畦香稻来场圃。夜村春黍。草屋寒灯雨。　玉粒长腰,沉水温温注。相留住。共抄云子,更听歌声度。

《朝中措》 杨无咎

打窗急听□然汤。沉水剩熏香。冷暖旋投冰碗,荜膻一洗诗肠。　酒醒酥魂,茶添胜致,齿颊生凉。莫道淡交如此,于中有味尤长。

《八声甘州》 仲并

正西山、雨过弄晴景,竹屋贯斜晖。问谁将千斛,霏瑛落屑,吹上花枝。风外青鞋未熟,鼻观已先知。扰损江南客,诗面难肥。　两句林边倾盖,笑化工开落,尤甚儿嬉。叹额黄人去,还是来年期。渺飞魂、凭谁招取,赖故人、沉水煮花瓷。犹堪待,岭梅开后,一战雄雌。

有一种熏炉里的沉香,是用来熏香衣物的:

《虞美人》 赵彦端

烟空磴尽长松语。佳处遗基古。道人乘月又乘风。未用秋衣沉水、换熏笼。　两峰千涧依稀是。想象诗翁醉。莫惊青蕊后时开。笑倒江南陶令、未归来。

《蝶恋花》 吴礼之

睡思厌厌莺唤起。帘卷东风,犹未忺梳洗。眼细眉长云拥髻。笑垂罗袖熏沉水。　媚态盈盈闲举止。只有江梅,清韵能相比。诗酒琴棋歌舞地。又还同醉春风里。

《夜行船》 卢祖皋

暖入新梢风又起。秋千外、雾萦丝细。鸠侣寒轻,燕泥香重,人在杏花窗里。　十二银屏山四倚。春醪困、共篝沉水。却说当时,柳啼花怨,魂梦为君迢递。

《水龙吟》 方岳

当年睡里闻香,阿谁唤做花间瑞。巾飘沉水,笼熏古锦,拥青绫被。初日酣晴,柔风逗暖,十分情致。掩窗绡,待得香融酒醒,尽消受、这春思。　从把万红排比。想较伊、更争些子。诗仙老手,春风妙笔,要题教似。十里扬州,三生杜牧,可曾知此。趁紫唇微绽,芳心半透,与骚人醉。

《满江红》　汤恢

小院无人,正梅粉、一阶狼藉。疏雨过,溶溶天气,早如寒食。啼鸟惊回芳草梦,峭风吹浅桃花色。漫玉炉、沉水熨春衫,花痕碧。

绿縠水,红香陌。紫桂棹,黄金勒。怅前欢如梦,后游何日。酒醒香消人自瘦,天空海阔春无极。又一林、新月照黄昏,梨花白。

《念奴娇》　刘景翔

甚情幻化,似流酥围暖,酣春娇寐。不数锦篝烘古篆,沁入屏山沉水。笑吐丁香,紫绡衬粉,房列还同蒂。翠球移影,媚人清晓风细。

依约玉骨盈盈,小春暖逗,开到灯宵际。疑是九华仙梦冷,误落人间游戏。比雪情多,评梅香浅。三白还堪瑞。尘缘洗尽,醒来还又葱翠。

在宋词中,沉水香可以是祥和、吉祥的点缀:

《一箩金》　无名氏

新冬十叶蓂添一。良辰喜是翁生日。金鸭爇沉香。祥烟绕画堂。　遐龄方五十。厚福犹千百。看取小甥孙。年年捧寿樽。

沉水香也可以用来表达伤心、怀念等情感:

《望江南》　程垓

篷上雨,篷底有人愁。身在汉江东畔去,不知家在锦江头。烟水两悠悠。　吾老矣,心事几时休。沉水熨香年似日,薄云垂帐夏如秋。安得小书舟。

《祝英台》　程垓

坠红轻,浓绿润,深院又春晚。睡起厌厌,无语小妆懒。可堪三月风光,五更魂梦,又都被、杜鹃催攒。怎消遣。　人道愁与春归,春归愁未断。闲倚银屏,羞怕泪痕满。断肠沉水重熏,瑶琴闲理,奈依旧、夜寒人远。

《踏莎行》　石孝友

沉水销红,屏山掩素。锁窗醉枕惊眠处。芰荷香里散秋风,芭蕉叶上鸣秋雨。　飞阁愁登,倚阑凝伫。孤鸿影没江天暮。行云懒寄好音来,断云暗逐斜阳去。

《瑞鹤仙》 曹邍

炉烟销篆碧。对院落秋千,昼永人寂。浓春透花骨。正长红小白,晕香涂色。铜驼巷陌。想游丝、飞絮无力。念绣窗、深锁红鸾,虚度禁烟寒食。　　空忆。象床沉水,凤枕屏山,殢欢尤惜。粉香狼藉。海棠下、东风急。自秦台箫咽,汉皋佩冷,断雨零云难觅。但杏梁、双燕归来,似曾旧识。

沉水,也可以用来洗浴:

《满江红》 无名氏

月淡风轻,凉意在、碧梧修竹。极目际,澄空似水,素秋新沐。夜看庚星飞下界,晓传子舍生兰玉。想充闾、佳气郁葱葱,香芬馥。　　裁锦褓,铺金褥。沉水暖,金盆浴。向画堂深处,拥红斟绿。况是天潢真相宅,定知丰采惊凡目。看他年、槐馆振家声,飞腾速。

《柳梢青》 韩淲

雨洗元宵。楼台烟锁,隐隐笙箫。且插梅花,自烧银烛,沉水香飘。　　软红尘里星桥。想霁色、皇都绛霄。屏掩潇湘,醉和衣倒,春梦迢迢。

《江神子》 吴文英

天街如水翠尘空。建章宫。月明中。人未归来,玉树起秋风。宝粟万钉花露重,催赐带,过垂虹。　　夜凉沉水绣帘栊。酒香浓。雾蒙蒙。钗列吴娃,腰裹带金虫。三十六宫蟾观冷,留不住,佩丁东。

《天香》 吴文英

珠络玲珑,罗囊闲斗,酥怀暖麝相倚。百和花须,十分风韵,半袭凤箱重绮。茜垂四角,慵未揭、流苏春睡。熏度红薇院落,烟销画屏沉水。　　温泉降绡乍试。露华侵、透肌兰泚。漫省浅溪月夜,暗浮花气。苟令如今老矣。但未减、韩郎旧风味。远寄相思,余熏梦里。

沉香的表现形态及其所表达的情感,都丰富多样化,从而成为宋词景境描写、情感抒发的重要载体。

阇提

阇提是南方花,来自西域。《陈氏香谱·南方花》云:"余向云:'南方花,皆可合香。如末利、阇提、佛桑、渠那香花,本出西域佛书所载。其后传本来闽岭,至今遂盛。又有大含笑花、素馨花,就中小含笑香尤酷烈,其花常若菡萏之未敷者,故有含笑之名。又有麝香花,夏开,与真麝无异。又有麝香末,亦类麝气。此等皆畏寒,故此地莫能植也。或传吴家香,用此诸花合。'温子皮云:'素馨、末利,摘下花蕊,香才过,即以酒噀之,复香。凡是生香,蒸过为佳。每四时遇花之香者,皆次次蒸之,如梅花、瑞香、酴醾、密友、栀子、末利、木犀及橙橘花之类,皆可蒸。他日爇之,则群花之香毕备。'"①

阇提,在宋词中只出现一次。洪适《番禺调笑·素馨巷》中诗歌曰:"南国英华赋众芳。素馨声价独无双。未知蟾桂能相比,不是人间草木香。轻丝结蕊长盈穗。一片瑞云萦宝髻。水沉为骨麝为衣,剩馥三熏亦名世。"词曰:"名世。花无二。高压阇提倾末利。素丝缕缕联芳蕊。一片云生宝髻。屑沈碎麝香肌细。剩馥熏成心字。""阇提"与"茉莉"并称,都是"名世"之花。

丁香

丁香一名丁子香,出自西域。《陈氏香谱》:

《山海经》云:"生东海及昆仑国。二三月开花,七月方结实。"《开宝本草》注云:"生广州,树高丈余,凌冬不凋。叶似栎而花圆细,色黄。子如丁,长四五分,紫色,中有粗大长寸许者,俗呼为母丁香,击之则顺理折。味辛,主风毒诸肿。能发诸香,及止心疼、霍乱、呕吐,甚验。"叶庭珪云:"丁香,一名丁子香,以其形似丁子也。鸡舌香,丁香之大者,今所谓丁香母是也。"日华子云:"鸡舌香,治口气。所以三省故事:郎官含鸡舌香,欲其奏事对答,其气芬芳。至今方书为然。出大食国。"②

薛爱华研究指出:

丁香的较为古老的名称叫作"鸡舌香",所谓"鸡舌香"是指尚未完全绽开的干燥花蕾的外形来说的,它的更近代的名称叫"丁香"。正如英文字"clove"一样,汉文的"丁香"也是指这种香的外形而言的——"clove"来源于拉丁文"clavis",而它的英文名则是从古代法文"clou"(钉子)衍生而来的。汉文的"丁香"一词最初用来称呼中国土生的几种紫丁香种(lilacs)的花,这个名称也是根据这种小花的外形

---

① (宋)陈静:《陈氏香谱》,《香学汇典》,三晋出版社,2014年版,第199页。
② (宋)陈静:《陈氏香谱》,《香学汇典》,三晋出版社,2014年版,第186页。

命名的。唐诗中的"丁香"通常可能都是指中国土生的"紫丁香"而言,而不是指进口的丁香。相反,晚唐诗人如李商隐、黄滔等人的诗歌中出现的"鸡舌香"的简称"鸡香",则相当于英文的"clove"。无论从一般的观念意义上,还是具体的气味上,这些诗人都对丁香很感兴趣。①

在注释中又指出:"虽然陈藏器认为鸡舌香与丁香只是名称不同,但是研究应用药物的中国学者总是不能肯定这两种名称是否是指同一种产品。陈藏器之后的药物学家仍然对这个长期争论的问题表示怀疑。这两种名称同指一物,是经沈括考定之后才成为定论的。见《梦溪笔谈》卷二十六。"

又说:"唐朝的鸡舌香是从印度尼西亚进口的。李珣提到的'东海'应该是指位于摩鹿加群岛的鸡舌香的原产地。而苏恭则认定安南也出产鸡舌香。根据苏恭的记载,我们可以断定这种有用的树种已经传入了安南。"②

宋代,也大量从外国输入丁香。《宋会要辑稿·蕃夷四·占城》:

> 太宗太平兴国二年二月,其王波美税杨布印茶遣使李牌、副使李麻那、判官李屠奉方物越诺布四段、龙脑二斤、杂香药千斤、丁香五十斤、煎香二十五斤来贡。
>
> (雍熙)三年三月,其王刘继宗使李朝仙来贡通犀二株、生白龙脑十斤、速香五十斤、丁香五十斤、笺香二百斤、沉香百八十斤,朝仙又进牙二株、白龙脑十斤。③
>
> (大中祥符)四年十一月,遣使蒲萨多婆、副使蒲多波底、判官陈义来贡象牙六十二株、螺犀十一株、药犀二十九株、玳瑁三百片、沉香五十斤、煎香三百五十斤、黄熟香二百一十斤、带枝丁香三十斤、豆蔻六十斤。其使又进熟龙脑三十两、没药八十斤、紫矿四百七十斤、肉豆蔻二百斤、胡椒二百斤、没药三十斤、紫矿百斤。
>
> 天禧二年九月,其王尸嘿排摩㦜遣使罗皮帝加等以象牙七十二株、犀角八十六株、玳瑁千片、乳香五十斤、丁香花八十斤、豆蔻六十五斤、沉香百斤、笺香二百斤、别笺一剂六十八斤、茴香百斤、槟榔千五百斤来贡。罗皮帝加言,国人诣广州,或风漂船至石堂,则累年不

---

① [美]薛爱华著,吴玉贵译:《撒马尔罕的金桃——唐代舶来品研究》第十一章《药品》,第425页。
② [美]薛爱华著,吴玉贵译:《撒马尔罕的金桃——唐代舶来品研究》,第425页。
③ 刘琳,刁忠民,舒大刚校点:《宋会要辑稿》,第9808页。

达矣。使还,诏赐其王尸嘿排摩愶银四万七千两、器仗、鞍马等。①

(熙宁)五年五月二十二日,占城国进奉琉璃、珊瑚、酒器并龙脑及药物、乳香、丁香、荜澄茄、紫矿等。诏回赐外,特赐银二千一百两。②

《宋会要辑稿·蕃夷四·蒲端》:

(景德)四年六月,王其陵遣使己絮汉等贡玳瑁、龙脑、带枝丁香、丁香母及方物。赐冠带、衣服、器币、缗钱有差。

大中祥符四年二月,国主悉离琶大遐至又遣使李于燮以金板镂表,奉丁香、白龙脑、玳瑁、红鹦鹉来贡。时祀汾阴后土,命其使至行在。又献昆仑奴一,帝悯其异俗,离去乡土,命还之。时又有三麻兰国舶主娶兰遣使贡瓶香、象牙、千年枣、偏桃、五味子、蔷薇水、白沙糖、琉璃瓶、驮子。勿巡国舶主乌惶、蒲婆罗国主麻勿和勒并遣使贡瓶香、象牙。皆海上小国也。③

《宋会要辑稿·蕃夷四·阇婆国》:

(太宗淳化三年)十二月,其使陁湛、副使蒲蘸里、判官李陀那假澄等至阙下。其贡物:象牙十株、真株二斤半、杂色丝绞三十六段、吉贝织杂色绞布五十六段、檀香四千四百二十三斤、玳瑁槟榔盘二面、犀牙金银装霸剑十二口、藤织花簟席四十领、白鹦鹉一、杂色绣花销金丝绞八段、七宝檀香亭子一。陀湛又进大玳瑁六十七斤、藤织花簟席二十领、丁香十斤、白龙脑五斤。先是,朝贡使泛海舶六十日至明州定海县,掌市舶张肃先驿奏其使服饰之状,与尝来入贡波斯相类。④

《宋会要辑稿·蕃夷七·历代朝贡》:

(雍熙)三年三月十九日,占城国王刘继宗遣使李朝仙来贡通犀、象、龙脑、丁香、笺香、沉香。⑤

---

① 刘琳,刁忠民,舒大刚校点:《宋会要辑稿》,第9811页。
② 刘琳,刁忠民,舒大刚校点:《宋会要辑稿》,第9813页。
③ 刘琳,刁忠民,舒大刚校点:《宋会要辑稿》,第9829页。
④ 刘琳,刁忠民,舒大刚校点:《宋会要辑稿》,第9830页。
⑤ 刘琳,刁忠民,舒大刚校点:《宋会要辑稿》,第9940页。

（大中祥符四年）五月二十四日，蒲端国主悉离琶大遐至遣使，以金版镌表，奉丁香、白龙脑、玳瑁、红鹦鹉来贡。

十一月，五日，占城国主杨普俱毗茶室离遣使贡狮子、象牙、螺犀、玳瑁、沉香、煎香、带枕、丁香、豆蔻、没药、紫矿。①

《山堂考索》：

（天禧）二年正月，三佛齐贡龙涎一块三十六斤，真珠一百一十三两，珊瑚一株二百四十两，犀角八株，梅花脑版三片，梅花脑二百两，琉璃三十九事，金刚钻三十九个，猫儿眼指环、青玛瑙指环、大真珠指环共一十三事，腽肭脐二十八两，番布二十六丈，大食糖四琉璃瓶，大食枣十六琉璃瓶，蔷薇水一百六十八斤，宾铁长剑九张，乳香八万一千六百八十斤，象牙八十七株共四千六十五斤，苏合油二百七十八斤，木香一百一十七斤，丁香三十斤，血竭一百五十八斤，阿魏一百二十七斤，肉豆蔻二千六百七十四斤，榾椒一万七百五十斤，檀香一万九千九百三十五斤，笺香三百六十四斤。②

从树种及树形上看，丁香有两种，一是乔木，生长在热带地方；一是落叶灌木或小乔木，生长在北方。早在南唐后主李煜《一斛珠》中，已写到丁香："晓妆初过。浓檀轻注些儿个。见人微露丁香颗。一曲清歌，渐引樱桃破。　罗袖裛残殷色可。杯深旋被香醪污。绣床斜凭娇无那。乱嚼红茸，笑向檀郎唾。"

宋词中对丁香描写的极多，周邦彦更以《丁香结》为词调，属于商调。吴文英亦以《丁香结》为调，用夷则商。和周邦彦的杨泽民、陈允平各有一首《丁香结》词。

写到丁香的词，有欧阳光祖《满江红》云："恰则元宵，灿万灯、星球如昼。春乍暖、化工未放，十分花柳。和气并随灯夕至，一时钟作人间秀。问烟霄、直上舌含香，文摛绣。　命世杰，调元手。荆楚地，淹留久。看日边追诏，印垂金斗。翠竹苍松身逾健，蛾儿雪竹人如旧。愿湘江、卷入玉壶中，为公寿。"

柳永《西施》："自从回步百花桥。便独处清宵。凤衾鸳枕，何事等闲抛。纵有余香，也似郎恩爱，向日夜潜消。　恐伊不信芳容改，将憔悴、写霜绡。更凭锦字，字字说情愫。要识愁肠，但看丁香树，渐结尽春梢。"

---

① 刘琳，刁忠民，舒大刚校点：《宋会要辑稿》，第9946页。
② 刘琳，刁忠民，舒大刚校点：《宋会要辑稿》，第9948页。

欧阳修《惜芳时》："因倚兰台翠云鬌。睡未足、双眉尚锁。潜身走向伊行坐。孜孜地、告他梳裹。　发妆酒冷重温过。道要饮、除非伴我。丁香嚼碎偎人睡，犹记恨、夜来些个。"

韦骧《洛阳春·丁香花》："冷艳幽香奇绝。粉金裁雪。无端又欲恨春风，恨不解、千千结。　曲槛小池清切。倚烟笼月。佳人纤手傍柔条，似不忍、轻攀折。"

黄庭坚《望远行·勾尉有所昵，为太守所猜。兼此生有所爱，住马湖。马湖出丁香核荔枝，常以遗生。故戏及之》："自见来，虚过却、好时好日。这迤尿粘腻得处煞是律。据眼前言定，也有十分七八。冤我无心除告佛。　管人闲底，且放我快活碍。便索些别茶衹待，又怎不遇偎花映月。且与一班半点，只怕你没丁香核。"

秦观《河传》其二："恨眉醉眼。甚轻轻觑着，神魂迷乱。常记那回，小曲阑干西畔。鬓云松、罗袜刬。　丁香笑吐娇无限。语软声低，道我何曾惯。云雨未谐，早被东风吹散。闷损人、天不管。"

贺铸《菩萨蛮》："子规啼梦罗窗晓。开奁拂镜严妆早。彩碧画丁香。背垂裙带长。　钿筝寻旧曲。愁结眉心绿。犹恨夜来时。酒狂归太迟。"

贺铸《石州引》："薄雨初寒，斜照弄晴，春意空阔。长亭柳色纔黄，远客一枝先折。烟横水际，映带几点归鸦，东风销尽龙沙雪。还记初关来，恰而今时节。　将发。画楼芳酒，红泪清歌，顿成轻别。已是经年，杳杳音尘多绝。欲知方寸，共有几许清愁，芭蕉不展丁香结。枉望断天涯，两厌厌风月。"

晁补之《青玉案·伤娉娉》："彩云易散琉璃脆。念往事、心将碎。只合人间十三岁。百花开尽，丁香独自，结恨春风里。　小圆幽槛经行地。恨春草佳名谩抛弃。簇蝶罗裙休将施。香残烛烬，微风触幔，髣髴娇颦是。"

谢逸《如梦令·陈虚中席上作，赠李商老》："人似已圆孤月。心似丁香百结。不见谪仙人，孤负梅花时节。愁绝。愁绝。江上落英如雪。"

李清照《摊破浣溪沙》："揉破黄金万点轻。剪成碧玉叶层层。风度精神如彦辅，大鲜明。　梅蕊重重何俗甚，丁香千结苦粗生。熏透愁人千里梦，却无情。"

赵鼎《怨春风·闺怨》："宝鉴菱花莹。孤鸾慵照影。鱼书蝶梦两浮沉，恨恨恨。结尽丁香，瘦如杨柳，雨疏云冷。　宿醉厌厌病。罗巾空泪粉。欲将远意托湘弦，闷闷闷。香絮悠悠，画帘悄悄，日长春困。"

蔡伸有两首词写到丁香。《念奴娇》："当年豪放，况朋侪俱是，一时英杰。逸气凌云，佳丽地、独占春花秋月。冶叶倡条，寻芳选胜，是处曾攀折。昔游如梦,镜中空叹华发。　邂逅萍梗相逢,十年往事,忍尊前重说。茂绿成阴春又晚,谁解丁香千结。宝瑟弹愁,玉壶敲怨,触目堪愁绝。酒阑人静,为君肠断时节。"《柳梢青》云:"数声鹈鴂。可怜又是,春归时节。满院东风,海棠铺绣,梨花飘雪。　丁香露泣残枝,算未比、愁肠寸结。自是休文,多情多感,不干风月。"

李弥逊《清平乐·次韵叶少蕴和程进道梅花》:"断桥缺月。点点枝头雪。画角吹残声未歇。早是一年春别。　寿阳弄粉成妆。柔肠结结丁香。可怕真梅轻妒,游蜂说与何妨。"

邓肃《临江仙》:"夜饮不知更漏永,余酣困染朝阳。庭前莺燕乱丝簧。醉眠犹未起,花影满晴窗。　帘外报言天色好,水沈已染罗裳。檀郎欲起趁春狂。佳人嗔不语,劈面噀丁香。"

葛立方《满庭芳·和催梅》:"未许蜂知,难交雀啅,芳丛犹是寒丛。东方解冻,春仗做春工。何事仙葩未放,寒苞秘、冰麝香浓。应须是、惊闻羯鼓,谁敢喷髯龙。　梅花,君自看,丁香已白,桃脸将红。结岁寒三友,久迟筠松。要看含章檐下,闲妆靓、春睡朦胧。知音是,冻云影底,铁面葛仙翁。"

王十朋《点绛唇·素香丁香》:"落木萧萧,琉璃叶下琼葩吐。素香柔树。雅称幽人趣。　无意争先,梅蕊休相妒。含春雨。结愁千绪。似忆江南主。"

赵彦端《清平乐·席上赠人》:"桃根桃叶。一树芳相接。春到江南三二月。迷损东家蝴蝶。　殷勤踏取青阳。风前花正低昂。与我同心栀子,报君百结丁香。"

李吕《鹧鸪天·寄情》:"脸上残霞酒半消。晚妆匀罢却无聊。金泥帐小教谁共,银字笙寒懒更调。　人悄悄,漏迢迢。琐窗虚度可怜宵。一从恨满丁香结,几度春深豆蔻梢。"

袁去华《清平乐·瑞香》:"争妍占早。只有梅同调。紫晕丁香青盖小。比似横枝更好。　日烘锦被熏香。老夫恼得颠狂。把酒花前一笑,醉乡别有风光。"

王质《凤时春·见残梅》:"标格风流前辈。才瞥见春风,萧然无对。只有月娥心不退。依旧断桥,横在流水。　我亦共、月娥同意。肯将情移在,粗红俗翠。除丁香蔷薇酴醾外。便作花王,不是此辈。"

吕胜己《好事近》:"宿面浅匀妆,梅粉旋生春色。绣草冠儿宫样,系丁香新缬。　凤檀槽上四条弦,轻□□□撷。恰似寻阳江畔,话长安时节。"

赵长卿《虞美人·双莲》:"二乔姊妹新妆了。照水盈盈笑。多情相约五湖游。似向群花丛里、骋风流。　　丁香枝上千千结。怨惹相思切。争如特地嫁熏风。吐尽芳心点点、绛唇红。"

赵长卿《醉落魄·初夜感怀》："伤离恨别。愁肠又似丁香结。不应斗顿音书绝。烟水连天,何处认红叶。　　残更数尽银缸灭。边城画角声呜咽。罗衾泪滴相思血。花影移来,摇碎半窗月。"

赵长卿《柳梢青》："甜言软语。长记那时,萧娘叮嘱。清管危弦,前欢难断,鳞鸿无据。　　纷纷眼底浮花,拈弄动、几多思虑。千结丁香,且须珍重,休胡分付。"

赵长卿《眼儿媚》："先来客路足伤悲。那更话别离。玉骢也解,知人欲去,骧首频嘶。　　马蹄动是三千里,后会莫相违。切须更把,丁香珍重,待我重期。"

王炎《采桑子·秋日丁香》："一番飞次春风巧,细看工夫。点缀红酥。此际多应别处无。　　玉人不与花为主,辜负芳菲。香透帘帏。谁向钗头插一枝。"

程垓《满江红·忆别》："门掩垂杨,宝香度、翠帘重迭。春寒在,罗衣初试,素肌犹却。薄霭笼花天欲暮,小风送角声初咽。但独寨、幽幌悄无言,伤初别。　　衣上雨,眉间月。滴不尽,颦空切。羡栖梁归燕,入帘双蝶。愁绪多于花絮乱,柔肠过似丁香结。问甚时、重理锦囊书,从头说。"

程垓《瑞鹧鸪·瑞香》："东风冷落旧梅台。犹喜山花拂面开。绀色染衣春意静,水沈熏骨晚风来。　　柔条不学丁香结,矮树仍参茉莉栽。安得方盆载幽植,道人随处作香材。"

陈三聘《秦楼月》："青楼缺。楼心人待黄昏月。黄昏月。入帘无奈,柳绵吹雪。　　谁人弄笛声呜咽。伤春未解丁香结。丁香结。鳞鸿何处,路遥江阔。"

石孝友《念奴娇》："闷红颦翠,惜流年、忍对艳阳时节。白玉楼成人去后,两地音尘都绝。鸾鉴分飞,梦云零乱,欢意今衰飒。墨痕红淡,忆曾题遍红叶。　　须信后约难凭,臂唶鬟剪,也只成虚说。满眼凄凉无限事,付与丁香愁结。欲语情酸,临岐步懒,怅望兰舟发。出门谁伴,泪昏一片孤月。"

马子严《月华清·忆别》："瑟瑟秋声,萧萧天籁,满庭摇落空翠。数遍丹枫,不见叶间题字。人何处、千里婵娟,愁不断、一江流水。遥睇。见征鸿几点,碧天无际。　　怅望月中仙桂。问窃药佳人,谁与同岁。把镜当空,照尽别离情意。心里恨、莫结丁香,琴上曲、休弹秋思。怕里。又悲来老却,兰台公子。"

刘翰《好事近》："花底一声莺,花上半钩斜月。月落乌啼何处,点飞英如雪。　　东风吹尽去年愁,解放丁香结。惊动小亭红雨,舞双双金蝶。"

高观国《兰陵王·为十年故人作》："凤箫咽。花底寒轻夜月。兰堂静,香雾翠深,曾与瑶姬恨轻别。罗巾泪暗迭。情人歌声怨切。殷勤意,欲去又留,柳色和愁为重折。　　十年迥凄绝。念鬓怯瑶簪,衣裉香雪。双鳞不渡烟江阔。自春来人见,水边花外,羞倚东风翠袖怯。正愁恨时节。　　南陌。阻金勒。甚望断青禽,难倩红叶。春愁欲解丁香结。整新欢罗带,旧香宫箧。凄凉风景,待见了,尽向说。"

方千里《丁香结》："烟湿高花,雨藏低叶,为谁翠消红陨。叹水流波迅。抚艳景、尚有轻阴余润。乳莺啼处路,思归意、泪眼暗忍。青青榆荚满地,纵买闲愁难尽。　　勾引。正记着年时,乍怯春寒阵阵。小阁幽窗,残妆剩粉,黛眉曾晕。迢递魂梦万里,恨断柔肠寸。知何时重见,空为相思瘦损。"

葛长庚《满江红·赠豫章尼黄心大师尝为官奴》："荳蔻丁香,待则甚、如今休也。争知道、本来面目,风光洒洒。底事到头鸾凤侣,不如躲脱鸳鸯社。好说与、几个正迷人,休嗟讶。　　纱窗外,梅花下。酒醒也,教人怕。把翠云剪却,缁衣披挂。柳翠已参弥勒了,赵州要勘台山话。想而今、心似白芙蕖,无人画。"

吴文英《声声慢·友人以梅、兰、瑞香、水仙供客,曰四香,分韵得风字》："云深山坞,烟冷江皋,人生未易相逢。一笑灯前,钗行两两春容。清芳夜争真态,引生香、撩乱东风。探花手,与安排金屋,懊恼司空。　　憔悴欹翘委佩,恨玉奴销瘦,飞趁轻鸿。试问知心,尊前谁最情浓。连呼紫云伴醉,小丁香、才吐微红。还解语,待携归、行雨梦中。"

吴文英还有两首词写到丁香。《采桑子·瑞香》："茜罗结就丁香颗,颗颗相思。犹记年时。一曲春风酒一卮。　　彩鸾依旧乘云到,不负心期。清睡浓时。香趁银屏蝴蝶飞。"《踏莎行·敬赋草窗绝妙词》："杨柳风流,蕙花清润。苹□未数张三影。沉香倚醉调清平,新辞□□□□。　　鲛室裁绡,□□□□。□□白雪争歌郢。西湖同结杏花盟,东风休赋丁香恨。"

翁孟寅《齐天乐》："幽香不受春料理,青青尚余秋鬓。涧曲岩隈,烟梳露浴,甘与孤蒲共隐。芳标瘦迥。看缨结丁香,带萦晴荇。恨水东流,楚江憔悴乱云暝。　　凄凉梦游故苑,纵妒花风暴,吹梦难醒。艳李妖桃,纤青佩紫,争似广文官冷。尘波万顷。算谁是同心,自怜孤影。收敛风流,素弦清夜永。"

杨泽民《浪淘沙慢》："禁城外,青青细柳,翠拂高堧。征鼓催人骤发。长亭渐觉宴阕。情绪似丁香千百结。忍重看、手简亲折。听怨举离歌寄深意,新声更清绝。　　　心切。暮天塞草烟阔。正乍裛轻尘,新晴后,汨汨清渭咽。闻西度阳关,风致全别。玉杯屡竭。思故人千里,惟同明月。扶上雕鞍还三迭。那堪第四声未歇。念蟾魄、能圆还解缺。况人事、莫苦悲伤悴艳色。归来复见头应雪。"

冯伟寿《春云怨·上巳》:"春风恶劣。把数枝香锦,和莺吹折。雨重柳腰娇困,燕子欲扶扶不得。软日烘烟,干风吹雾,芍药荼蘼颜色。帘幕轻阴,图书清润,日永篆香绝。　　　盈盈笑靥宫黄额。试红鸾小扇,丁香双结。团凤眉心倩郎贴。教洗金罍,共看西堂,醉花新月。曲水成空,丽人何处,往事暮云万叶。"

柴望《桂枝香》:"今宵月色。叹暗水流花,年事非昨。潇洒江南似画,舞枫飘柞。谁家又唱江南曲,一番听、一番离索。孤鸿飞去,残霞落尽,怨深难托。　　　又肠断、丁香画雀。记牡丹时候,归燕帘幕。梦里襄王,想念王孙飘泊。如今雪上萧萧鬓,更相思、连夜花发。柘枝犹在,春风那似,旧时宋玉。"

刘之才《菩萨蛮》:"题花曾蘸花心露。当初误结丁香树。往事小蛮窗。新愁桃叶江。　　　缓歌留薄醉。急镫人千里。梅瘦月阑干。断云春梦寒。"

陈允平有两首词写到丁香。《摸鱼儿》:"倚东风、画阑十二,芳阴帘幕低护。玉屏翠冷梨花瘦,寂寞小楼烟雨。肠断处。怅折柳柔情,旧别长亭路。年华似羽。任锦瑟声寒,琼箫梦远,羞对彩鸾舞。　　　文园赋。重忆河桥眉妩。啼痕犹溅纨素。丁香共结相思恨,空托绣罗金缕。春已暮。纵燕约莺盟,无计留春住。伤春倦旅。趁暗绿稀红,扁舟短棹,载酒送春去。"《风流子》:"残梦绕林塘。诗添瘦、瘦不似东阳。正流水荡红,暗通幽径,嫩篁翻翠,斜映回墙。对握宝筝低度曲,销蜡靓新簧。莺懒昼长,燕闲人倦,乍亲花箪,慵引壶觞。帘栊深深地,歌尘静、芳草自碧空厢。十二画桥,一堤烟树成行。向杜鹃声里,绿杨庭院,共寻红豆,同结丁香。春已无多,只愁风雨相妨。"

周密《探芳讯·西泠春感》:"步晴昼。向水院维舟,津亭唤酒。叹刘郎重到,依依谩怀旧。东风空结丁香怨,花与人俱瘦。甚凄凉,暗草沿池,冷苔侵甃。　　　桥外晚风骤。正香雪随波,浅烟迷岫。废苑尘梁,如今燕来否。翠云零落空堤冷,往事休回首。最消魂,一片斜阳恋柳。"

张炎有两首词写到丁香。《国香·沈梅娇,杭妓也,忽于京都见之。把酒相劳苦,犹能歌周清真〈意难忘〉〈台城路〉二曲,因嘱余记其事。词成,以罗帕书之》:"莺柳烟堤。记未吟青子,曾比红儿。娴娇弄春微透,鬓翠双垂。不道留仙不住,便无梦、吹到南枝。相看两流落,掩面凝羞,怕说当时。　　　凄凉歌楚调,袅余音不放,一朵云飞。丁香枝上,几度款语深期。拜了花梢淡月,最难忘、弄影牵衣。无端动人处,过了黄昏,犹道休归。"《石州慢·书所见寄子野、公明》:"野色惊秋,随意散愁,踏碎黄叶。谁家篱院闲花,似语试妆娇怯。行行步影,未教背写腰肢,一搦犹立门前雪。依约镜中春,又无端轻别。　痴绝。汉皋何处,解佩何人,底须情切。空引东邻,遗恨丁香空结。十年旧梦,漫余恍惚云窗,可怜不是当时蝶。深夜醉醒来,好一庭风月。"

刘景翔《念奴娇·瑞香》:"甚情幻化,似流酥围暖,酣春娇寐。不数锦篝烘古篆,沁入屏山沉水。笑吐丁香,紫绡衬粉,房列还同蒂。翠球移影,媚人清晓风细。　依约玉骨盈盈,小春暖逗,开到灯宵际。疑是九华仙梦冷,误落人间游戏。比雪情多,评梅香浅。三白还堪瑞。尘缘洗尽,醒来还又葱翠。"

无名氏《眼儿媚》:"杨柳丝丝弄轻柔。烟缕织成愁。海棠未雨,梨花先雪,一半春休。　而今往事难重省,归梦绕秦楼。相思只在,丁香枝上,豆蔻梢头。"

无名氏《鹧鸪天·车中》:"紫陌朱轮去似流。丁香初结小银钩。凭阑试问秦楼路,瞥见纤纤十指柔。　金约腕,玉搔头。尽教人看却佯羞。欲题红叶无流水,别是桃源一段愁。"

水晶

水晶,又写作"水精",薛爱华研究说:

> 英文"crystal"或者"rock crystal"是指一种纯净、透明、结晶质的石英,即无色的自然硅石。其汉文名称叫作"水精",中国人相信这种矿物质是石化的冰,"水精"这个概念就是因此而得来的,而且中国人的这种看法与普林尼的观点也不无相似之处。水精是一种蕴藏很广的矿石,但是只有毫无瑕疵的水精才具有高贵的价值。输入唐朝的水精就突出地表明了水精纯洁无瑕的特质和水精工匠精湛绝伦的技艺,例如日本僧人圆仁带到唐朝来的水精念珠就是如此。八世纪时,康国首领曾经几次向唐朝贡献水精制品(包括水晶杯),罽宾国也向唐朝贡献过水晶杯。
>
> 水精本身又非常适合用作明喻和暗喻,在诗歌中,水精制品经常被比拟为冰、水、露珠,甚至月光。①

---

① [美]薛爱华著,吴玉贵译:《撒马尔罕的金桃——唐代舶来品研究》第十一章《药品》,第555、556页。

水晶,不止在唐代有外来的进贡,宋代也有。《宋会要辑稿·蕃夷七·历代朝贡》载:

> (太宗太平兴国)二年正月八日,傲进贺登极御衣、通犀带及绢万匹,又黄金并玳瑁器、金银棱器、涂金银香台、龙脑、檀香、龙床、银果子、水精花等,又银万两、绢万匹、绵三十万两、干姜五万斤、大茶万斤、犀十株、牙二十株、乳香五十斤、杂香药五千斤。
>
> 二月二日,傲进黄金桃菜器四、黄金错刀四、银桃菜器二十、银错刀二十。①
>
> (熙宁五年)四月,西南龙蕃、罗蕃、方蕃、石蕃八百九十人入贡。诏以道路遥远,往复甚劳,如愿于沿边纳所进物,更不须赴阙,即以回赐物与朝见所赐并沿路馆券与之。
>
> 五日,大食勿巡国遣使辛毗陁罗奉表,贡真珠、通犀、龙脑、乳香、珊瑚、笔格、琉璃、水精器、龙涎香、蔷薇水、五味子、千年枣、猛火油、白鹦鹉、越诺布、花蕊布、兜罗绵毯、锦襖蕃花草。
>
> 十月二十二〔日〕,日本国僧成寻献银香炉、木槵子、白琉璃、五香、水精、紫檀、琥珀装束念珠、青色织物绫。②

《宋会要辑稿·蕃夷一·辽(上)》载:

> (景德二年)十二月,国母遣使保静军节度使耶律干宁、副使宗正卿高正,国主同遣使左卫大将军耶律昌主、副使右金吾卫将军韩檎奉书礼来贺来年正旦。凡承天节,献刻丝花罗御样透背御衣七袭或五袭,七件紫青貂鼠翻披或银鼠鹅项鸭头纳子项:原作"顶",据《长编》卷六一改。涂金银装箱,金龙水晶带,银柙副之……水晶鞍勒、新罗酒、青白盐。国主或致戎器宾铁刀、鸷禽曰海东青之类。③

《宋会要辑稿·蕃夷四·天竺国》载:

> 宋乾德三年,沧州僧道圆自西域还,得佛舍利一、水晶器、贝叶梵经四十夹来献。道圆天福中诣西域,在途十二年,住五印度凡六年,五印度即天竺也。还经于阗,与其使偕至。太祖召问所历风俗山川

---

① 刘琳,刁忠民,舒大刚校点:《宋会要辑稿》,第9936、9937页。
② 刘琳,刁忠民,舒大刚校点:《宋会要辑稿》,第9956、9957页。
③ 刘琳,刁忠民,舒大刚校点:《宋会要辑稿》,第9733页。

道里,一一能记。

五年四月,西天僧苏葛陀以舍利一、水晶器及文殊花来献。①

《宋会要辑稿·蕃夷七·历代朝贡》载:

(太宗太平兴国二年)八月二日,山后两林蛮王子卑彩、副使牟盖、鬼主还祖等以名马来贡。五日,陈洪进来朝,对于崇德殿,进朝见银万两、绢万匹,谢允朝觐绢千匹、香千斤,谢降使远加劳问绢千匹、香千斤,谢远赐茶药绢千匹、香千斤,谢迎春苑赐宴绢千匹、香千斤,谢差人船绢千匹、香千斤、币帛二千匹、涂金鞍勒马一匹、钱二百万。其子文颢进绢千匹。又进贺登极香万斤、牙二千斤,又乳香三万斤,牙五千斤、犀二十株、共重四十斤,苏木五万斤、白檀香万斤、白龙脑十斤、木香千斤、石膏脂九百斤、阿魏二百斤、麒麟竭二百斤、没药二百斤、胡椒五百斤。又进贺纳后银千两、绫千匹,又谢赐都亭驿安下乳香千斤,谢追封祖考及男己下加恩乳香万三千斤。又进通犀带一、金匣百两、白龙脑十斤、金合五十两,通牸犀一株、金合百两,牸犀四株、金合二百两,真珠五斤,玳瑁五斤,水晶棋子五副、金合六十两,乳香万斤。②

(熙宁三年)十二月二十四日,大食国遣使来奉表,来贡珊瑚、金装山子笔格、龙脑、真乳香、象牙、水晶、琉璃器、锦罽、药物。③

宋词中,写到水晶(或作"水精")的较多。

《浪淘沙》 欧阳修

五岭麦秋残。荔子初丹。绛纱囊里水晶丸。可惜天教生处远,不近长安。 往事忆开元。妃子偏怜。一从魂散马嵬关。只有红尘无驿使,满眼骊山。

《踏莎行》 刘敞

蜡炬高高,龙烟细细。玉楼十二门初闭。疏帘不卷水晶寒,小屏半掩琉璃翠。 桃叶新声,榴花美味。南山宾客东山妓。利名不肯放人闲,忙中偷取工夫醉。

---

① 刘琳,刁忠民,舒大刚校点:《宋会要辑稿》,第 9825 页。
② 刘琳,刁忠民,舒大刚校点:《宋会要辑稿》,第 9937 页。
③ 刘琳,刁忠民,舒大刚校点:《宋会要辑稿》,第 9956 页。

《浪淘沙》　王观（一说王仲甫）

　　素手水晶盘。垒起仙丸。红绡剪碎却成团。逗得安排金粟遍，何似鸡冠。　　味胜玉浆寒。只被宜酸。莫将荔子一般看。色淡香消傪憿损，才到长安。

《江神子》　苏轼

　　黄昏犹是雨纤纤。晓开帘。欲平檐。江阔天低，无处认青帘。孤坐冻吟谁伴我，揩病目，拈衰髯。使君留客醉厌厌。　　水晶盐。为谁甜。手把梅花，东望忆陶潜。雪似故人人似雪，虽可爱，有人嫌。

《浣溪沙》　苏轼

　　料峭东风翠幕惊。云何不饮对公荣。水晶盘莹玉鳞赪。　　花影莫孤三夜月，朱颜未称五年兄。翰林子墨主人卿。

《木兰花令》　苏轼

　　经旬未识东君信。一夕熏风来解愠。红绡衣薄麦秋寒，绿绮韵低梅雨润。　　瓜头绿染山光嫩。弄色金桃新傅粉。日高慵卷水晶帘，犹带春醪红玉困。

《鹧鸪天》　李之仪

　　避暑佳人不着妆。水晶冠子薄罗裳。摩绵扑粉飞琼屑，滤蜜调冰结绛霜。　　随定我，小兰堂。金盆盛水绕牙床。时时浸手心头熨，受尽无人知处凉。

《洞仙歌》　晁补之

　　青烟幂处，碧海飞金镜。永夜闲阶卧桂影。露凉时、零乱多少寒螀，神京远，惟有蓝桥路近。　　水晶帘不下，云母屏开，冷浸佳人淡脂粉。待都将许多明，付与金尊，投晓共、流霞倾尽。更携取、胡床上南楼，看玉做人间，素秋千顷。

此外，尚有毛滂《蓦山溪》（梅花初谢）、王安中《浣溪沙》（宫缬悭裁翡翠轻）、朱敦儒《如梦令》（莫恨中秋无月）等约四十首。

《蓦山溪》　毛滂

　　梅花初谢，雪后寒微峭。谁送一城春，绮罗香、风光窈窕。插花走马，天近宝鞍寒，金波上，玉轮边，不是红尘道。　　玻璃山畔，夜色无由到。深下水晶帘，拥严妆、铅华相照。珠楼缈缈，人月两婵娟，尊前月，月中人，相见年年好。

《浣溪沙》 王安中

宫缬悭裁翡翠轻。文犀松串水晶明。飐风新样称娉娉。　带笑缓摇春笋细,障羞斜映远山横。玉肌无汗暗香清。

《如梦令》 朱敦儒

莫恨中秋无月。月又不甜不辣。幸有瓮头春,闲坐暖云香雪。香雪。香雪。满引水晶蕉叶。

《虞美人》 蔡伸

堆琼滴露冰壶莹。楼外天如镜。水晶双枕衬云鬟。卧看千山明月、听潺湲。　渡江桃叶分飞后。马上犹回首。邮亭今夜月空圆。不似当时携手、对婵娟。

《一翦梅》 蔡伸

高宴华堂夜向阑。急管飞霜,羯鼓声干。仙人掌上水晶盘。回按凌波,舞袖弓弯。　曲罢凝娇整翠鬟。玉笋持杯,巧笑嫣然。为君一醉倒金船。只恐醒来,人隔云山。

《浪淘沙》 吕渭老

凉露洗秋空。菊径鸣蛩。水晶帘外月玲珑。烛蕊双悬人似玉,簌簌啼红。　宋玉在墙东。醉袖摇风。心随月影入帘栊。戏着锦茵天样远,一段愁浓。

玛瑙

玛瑙及其制品,在宋代也是异域进贡之物。《宋会要辑稿·蕃夷七·历代朝贡》载:

(绍兴二十六年)十二月二十五日,三佛齐国进奉使司马杰厨卢图打根加越仲蒲晋、副使马杰啰嗏华离蒲遐迩、判官司马杰旁胡凌蒲押陁啰到阙朝见,表贡龙涎一块三十六斤,真珠一百一十三两,珊瑚一株二百四十两,犀角八株,梅花脑板三片,又梅花脑二百两,琉璃三十九事,金刚锥三十九个,猫儿眼睛指环、青玛瑙指环、大真珠指环共十三个,腽肭脐二十八两,番布二十六条,大食糖四琉璃瓶,大食枣十六琉璃瓶,蔷薇水一百六十八斤,宾铁长剑九张,宾铁短剑六张,乳香八万一千六百八十斤,象牙八十七株,共四千六十五斤,苏合油二百七十八斤,木香一百一十七斤,丁香三十斤,血竭一百五十八斤,阿魏一百二十七斤,肉豆蔻二千六百七十四斤,胡椒一万七百五十斤,檀香一万九千九百三十五斤,笺香三百六十四斤。①

又引《山堂考索》载:

(天禧)二年,是年正月,三佛齐贡龙涎一块三十六斤,真珠一百一十三两,珊瑚一株二百四十两,犀角八株,梅花脑版三片,梅花脑二百两,琉璃三十九事,金刚钻三十九个,猫儿眼指环、青玛瑙指环、大真珠指环共一十三事,腽肭脐二十八两,番布二十六丈,大食糖四琉璃瓶,大食枣十六琉璃瓶,蔷薇水一百六十八斤,宾铁长剑九张,乳香八万一千六百八十斤,象牙八十七株共四千六十五斤,苏合油二百七十八斤,木香一百一十七斤,丁香三十斤,血竭一百五十八斤,阿魏一百二十七斤,肉豆蔻二千六百七十四斤,糊椒一万七百五十斤,檀香一万九千九百三十五斤,笺香三百六十四斤。②

宋词对玛瑙的描写不是特别多。

《浣溪沙》 邓肃

阑外彤云已满空。帘旌不动石榴红。谁将秋色到楼中。　　玛瑙一泓浮翠玉,瓠犀终日凛天风。炎洲人到广寒宫。

《木兰花慢》 吕渭老

石榴花谢了,正荷叶、盖平池。试玛瑙杯深,琅玕簟冷,临水帘帷。知他故人甚处,晚霞明、断浦柳枝垂。惟有松风水月,向人长似当时。　　依依。望断水穷,云起处、是天涯。奈燕子楼高,江南梦断,虚费相思。新愁暗生旧恨,更流萤、弄月入纱衣。除却幽花软草,此情未许人知。

《点绛唇》 曹勋

一气冲融,浩然识取生缘处。敛归灵府。便作真铅柱。　　九任玄归,行处龙先虎。山头雨。散成清露。玛瑙生玄圃。

《采莲衮》 史浩

有珍馔,时时馈。滑甘丰腻。紫芝荧煌,嫩菊秀媚。贮玛瑙琥珀精器。延年益寿莫拟。人间烹饪徒费。休说龙肝凤髓。　　动妙乐、仙音鼎沸。玉箫清,瑶瑟美。龙笛脆。杂还飞鸾,花裀上、趁拍红牙,余韵悠扬,竟海变桑田未止。

---

① 刘琳,刁忠民,舒大刚校点:《宋会要辑稿》,第9966、9967页。
② 刘琳,刁忠民,舒大刚校点:《宋会要辑稿》,第9948页。

《满江红》 赵师侠

露冷天高,秋气爽、千林叶落。惊初见、小桃枝上,盛开红萼。浅淡胭脂经雨洗,剪裁玛瑙如云薄。问素商、何事斗春工,施丹艧。

芙蓉苑,颜如灼。曾暗与,花王约。要乘秋名字,并传京洛。回首瑶池高宴处,桂花香里骖高鹤。但莫教、容易逐西风,轻飘却。

《渔家傲》 可旻

富贵经中谈净域。赤珠玛瑙为严饰。彼土众生当晓色。擎衣裓。妙华供养他方佛。 稚小嬉游随没溺。婆婆是苦何曾识。忻厌迩来方有力。从朝夕。静焚一炷香凝碧。

《望江南》 净圆

西方好,七宝鏊成池。四色好华敷菡萏,八功德水泛清漪。除渴又除饥。 池岸上,楼殿势飞甍。碧玉雕栏填玛瑙,黄金危栋间玻璃。随处发光辉。

《满江红》 吴潜

玛瑙冈头,左酾酒、右持螯食。怀旧处,磨东冶剑,弄清溪笛。望里尚嫌山是障,醉中要卷江无滴。这一堆、心事总成灰,苍波客。

叹俯仰,成今昔。愁易揽,欢难觅。正平芜远树,落霞残日。自笑频招猿鹤怨,相期早混渔樵迹。把是非、得失与荣枯,虚空掷。

木香

木香是一种来自外国的香料。洪刍《香谱》载:

《本草》云:"一名蜜香,从外国舶上来。叶似薯蓣而根大,花紫色,功效极多。味辛温而无毒。主辟温,疗气劣、气不足,消毒,杀虫毒。今以如鸡骨坚实,啮之粘齿者为上。复有马兜苓根,谓之青木香,非此之谓也。或云有二种,亦恐非耳。一谓之云南根。"①

宋词中,有一些专写木香的作品。黄裳《宴琼林·木香》:"红紫趁春阑,独万簇琼英,尤未开罢。问谁共、绿幄宴群真,皓雪肌肤相亚。华堂路,小桥边,向晴阴一架。为香清、把作寒梅看,喜风来偏惹。 莫笑因缘,见景跨春空,荣称亭榭。助巧笑、晓妆如画,有花钿堪借。新醅泛、寒冰几点,拚今日、醉尤飞鞚。翠罗帏中,卧蟾光碎,何须待还舍。"知木香春末开花,有红色,有紫色,

---

① (宋)洪刍撰:《香谱》,中华书局,1985年版,第4页。

搭架生长。

张元幹《浣溪沙·咏木香》:"睡起中庭月未蹉。繁香随影上轻罗。多情肯放一春过。　　比似雪时犹带韵,不如梅处却缘多。酒边枕畔奈愁何。"这是白色的木香,香气浓郁。

姜夔《洞仙歌·黄木香赠辛稼轩》:"花中惯识,压架玲珑雪。乍见缃蕤间琅叶。恨春风将了,染额人归,留得个、袅袅垂香带月。　　鹅儿真似酒,我爱幽芳,远比酴醿又娇绝。自种古松根,待看黄龙,乱飞上、苍髯五鬣。更老仙、添与笔端春,敢唤起桃花,问谁优劣。"也是白木香,搭架,晚春开放。

韩淲《浣溪沙·为仲如赋茉莉》:"滴滴琼英发翠绡。江梅标韵木香娇。乍凉时候漏声遥。　　欲绾鬓丝妆未了,半回身分曲初招。霓裳依约梦魂飘。"以木香比衬茉莉。

高观国《生查子·木香》:"春笼云润香,露湿青蛟瘦。偷学汉宫妆,舞彻霓裳后。　　酥胸紫领巾,冰蕊柔荑手。有意入罗囊,不肯成春酒。"这里所写木香的"润",为它词所无。

吴潜《谒金门·和自昭木香》:"风韵彻。满架平平铺雪。贾女何郎盟共结。睡浓香更洌。　　春去悄怀怎说。却喜不闻啼鴂。月夜时来闲蹀躞。故园三载别。"这是白木香,芳馨浓洌。

吴潜《蝶恋花·和虚静木香》:"澹白轻黄纯雅素。一段风流,欹枕疏窗户。夜半香魂飞欲去。伴他月里霓裳舞。　　消得留春春且住。不比杨花,轻作沾泥絮。况是环阴环幄处。不愁更被红窗妒。"淡白轻黄,看来宋代木香颜色多样,实际不止于洪刍《香谱》所载紫色一种。

史可堂《声声慢·和陆景思黄木香》:"羞朱妒粉,染雾裁云,淡然苍佩仙裳。半额蜂妆,莫道梳洗家常。碧罗乱紫小带,翠虬寒、一架清香。春思苦,倚晴娇无力,如待韩郎。　　密幄笼芳吟夜,任露沾轻袖,月转空梁。弱骨柔姿,偏解勾引诗狂。遗钿碎金满地,恨无情、风送韶光。闲昼永,看青青、垂蔓过墙。"也是黄木香,搭架生长,清香有仙韵。

曹邍《惜余妍·被召赋二色木香》:"同根异色,看镂玉雕檀,芳艳如簇。秀叶玲珑,嫩条下垂修绿。禁华深锁清妍,香满架、风梳露浴。轻盈,便似觉、酴醿格调粗俗。　　蜂黄间涂蝶粉,疑旧日二乔,各样妆束。费却春工,斗合靓芳秾馥。翠华临槛清赏,飞凤辇、休辞醉玉。晴昼,镇贮春、瑶台金屋。"同根异色,一黄一绿,都香气馥郁而体态轻盈,难怪作者要把它比为二乔了,要金屋藏娇了。

黄霁宇《水龙吟·青丝木香》:"丽华一握青丝,金珠粟粟香环里。春窥绮阁,新妆风舞,铢衣如碎。翠凤苍虬,骑来下界,蝶惊蜂避。甚三生富贵,垂垂晓露,犹凝满身珠翠。　　谁共那人结发,问何时、蹇修为理。对花一笑,香茸易剪,碎金难缀。半点芳心,乱愁如织,缕丝传意。倩东皇、拂拭新条,更与作、来生计。"所咏青丝木香,又是一种新品种。

木香甚至还进入辛弃疾的药名词中,可见它已成为常见的香料或者药名。辛弃疾《定风波·用药名招婺源马荀仲游雨岩。马善医》:"山路风来草木香。雨余凉意到胡床。泉石膏肓吾已甚。多病。堤防风月费篇章。　　孤负寻常山简醉。独自。故应知子草玄忙。湖海早知身汗漫。谁伴。只甘松竹共凄凉。"

综上可知,宋代木香有紫、红、白、黄、绿、青多种颜色,春末开花,香气浓郁。需要人工搭架助长。特异者一本二色。

艾纳

艾纳是西域香。洪刍《香谱》云:

> 《广志》云:"出西国,似细艾。"又云:"松树皮绿衣,亦名艾蒳,可以合诸香烧之,能聚其烟,青白不散。"《本草拾遗》曰:"味温无毒,主恶气,杀蛀虫,主腹冷泄痢。"①

这样一种较为冷僻的香料,在宋词中也有反映。张炎《浣溪沙》云:

> 艾蒳香消火未残。便能晴去不多寒。冶游天气却身闲。　　带雨移花浑懒看,应时插柳日须攀。最堪惆怅是东栏。

张炎少时是承平公子,又是诸王孙,远赴元都,见识过艾纳。

辟寒香

辟寒香来自异域。洪刍《香谱·辟寒香》云:

> 辟邪香、瑞麟香、金凤香皆异国所献。《杜阳编》云:"自两汉至皇唐,皇后、公主乘七宝辇,四面缀五色玉香囊,囊中贮上四香,每一出游,则芬馥满路。"②

宋代词人中,女词人李清照写过辟寒香。其《浣溪沙》云:"莫许杯深琥珀

---

① (宋)洪刍撰:《香谱》,中华书局,1985年版,第5页。
② (宋)洪刍撰:《香谱》,中华书局,1985年版,第9、10页。

浓。未成沈醉意先融。□□已应晚来风。　瑞脑香消魂梦断,辟寒金小髻鬟松。醒时空对烛花红。"另一首《浣溪沙》云:"髻子伤春慵更梳。晚风庭院落梅初。淡云来往月疏疏。　玉鸭熏炉闲瑞脑,朱樱斗帐掩流苏。通犀还解辟寒无。"

向子諲《玉楼春·宛丘行□□□之园见梅对雪》也写到辟寒香:"记得江城春意动。两行疏梅龙脑冻。佳人不用辟寒犀,踏雪穿花云鬓重。　真珠旋滴留人共。更爇沉香暖金凤。只今梅雪可怜时,都似绿窗前日梦。"

陈亮《最高楼·咏梅》云:"春乍透,香早暗偷传。深院落,斗清妍。紫檀枝似流苏带,黄金须胜辟寒钿。更朝朝,琼树好,笑当年。　花不向沉香亭上看。树不着唐昌宫里玩。衣带水,隔风烟。铅华不御凌波处,蛾眉淡扫至尊前。管如今,浑似了,更堪怜。"辟寒只是衬托。

向子諲是向太后裔孙,陈亮身处永嘉海外贸易发达之地,而李清照生母、继母皆是丞相之女,这是不是他们的词作描写辟寒香的原因?

返魂香

返魂香带有传说色彩,来自异域无疑。洪刍《香谱》有"振灵香"云:

> 《十洲记》:"聚窟洲有大树如枫,而叶香闻数百里,名曰返魂树。根于玉釜中煮汁如饴,名曰惊精香,又曰振灵香,又曰返生香,又曰马精香,又名却死香。一种五名,灵物也。香闻数百里,死尸在地闻即活。"

宋词对返魂香的描写,多数都带有传说色彩或者比喻、象征含义。晁端礼《满庭芳》:"浅约鸦黄,轻匀螺黛,故教取次梳妆。减轻琶面,新样小鸾凰。每为花娇玉嫩,容对客、斜倚银床。春来病,兰熏半歇,一笑舞衣裳。　悲凉。人事改,三春秾艳,一夜繁霜。似人归洛浦,云散高唐。痛念你、平生分际,辜负我、临老风光。罗裙在,凭谁为我,求取返魂香。"花人双写,情意悲凉。

王庭珪《浣溪沙·次韵向芗林》:"九里香风动地来。寻香空绕百千回。错惊秋色上崔嵬。　谁识芗林三昧手,能令花落又花开。返魂元学岭头梅。"用返魂本意,形容花落重开。

向子諲《浣溪沙·岩桂花开,不数日谢去,每恨不能挽留。近得海上方,可作炉熏,颇耐人》:"醉里惊从月窟来。睡余如梦蕊宫回。碧云时度小崔嵬。　疑是海山怜我老,不论时节遣花开。从今休数返魂梅。"

王道亨《桃源忆故人》:"刘郎自是桃花主。不许春风闲度。春色易随风去。片片伤春暮。　　返魂不用清香炷。却有梅花淡伫。从此镇长相顾。不怨飘残雨。"

赵长卿《念奴娇·梅》:"兰枯菊槁。是返魂香入,江南春早。谷静林幽人不见,梦与梨花颠倒。雪刻檀心,玉匀丰颊,妆趁严钟晓。海山幺凤,绿衣何处飞绕。　　竹外孤袅一枝,古今解道,只有东坡老。莫倚广平心似铁,闲把珠玑挥扫。桃李舆台,冰霜宾客,月地还凄悄。暗香消尽,和羹心事谁表。"

赵长卿《霜天晓角·霜夜小酌》:"合儿幽静处,围炉面小窗。好是斗头儿坐,梅烟炷、返魂香。　　对火怯夜冷,猛饮消漏长。饮罢且收拾睡,斜月照、满帘霜。"

廖行之《鹧鸪天·咏梅菊呈抚州葛守》:"九日东篱已泛觞。陇头犹待返魂香。那知此日花神约,得得同登君子堂。　　迎腊雪,傲晴霜。西湖风韵接柴桑。寿潭更酌长生水,岁岁和羹入帝乡。"

张镃《菩萨蛮·鸳鸯梅》:"前生曾是风流侣。返魂却向南枝住。疏影卧晴溪。恰如沙暖时。　　绿窗娇插鬓。依约犹交颈。微笑语还羞。愿郎同白头。"

高观国《喜迁莺·代人吊西湖歌者》:"歌音凄怨。是几度诉春,春都不管。感绿惊红,颦烟啼月,长是为春消黯。玉骨瘦无一把,粉泪愁多千点。可怜损,任尘侵粉蠹,舞裙歌扇。　　转盼。尘梦断。峡里云归,空想春风面。燕子楼空,玉台妆冷,湖外翠峰眉浅。绮陌断魂名在,宝篋返魂香远。此情苦,问落花流水,何时重见。"

刘镇《念奴娇》:"调冰弄雪,想花神清梦,徘徊南土。一夏天香收不起,付与蕊仙无语。秀入精神,凉生肌骨,销尽人间暑。稼轩愁绝,惜花还胜儿女。　　长记歌酒阑珊,开时向晚,笑浥金茎露。月浸栏干天似水,谁伴秋娘窗户。困殢云鬟,醉欹风帽,总是牵情处。返魂何在,玉川风味如许。"

刘克庄《满江红》:"祷祝封姨,休把做、扬沙吹砾。费西帝、许多熏染,浓香深色。满插铜匜芳气烈,高张画烛祥光赤。向先生、鼻观细参来,三千息。　　人老大,年华急。花妖艳,天公惜。到一枝摇落,千林萧瑟。摘蕊莫教轻糁地,返魂依旧能倾国。待彩云、月下再来时,寻陈迹。"

刘克庄《风入松·癸卯至石塘追和十五年前韵》:"残更难睡抵年长。晓月凄凉。芙蓉院落深深闭,叹芳卿、今在今亡。绝笔无求凰曲,痴心有返魂香。　　起来休镊鬓边霜。半被堆床。定归兜率蓬莱去,奈人间、无路茫茫。缘断漫三弹指,忧来欲九回肠。"

吴文英《琐窗寒·玉兰》:"绀缕堆云,清腮润玉,汜人初见。蛮腥未洗,海客一怀凄惋。渺征槎、去乘阆风,占香上国幽心展。□遗芳掩色,真姿凝澹,返魂骚畹。　　一盼。千金换。又笑伴鸱夷,共归吴苑。离烟恨水,梦杳南天秋晚。比来时、瘦肌更销,冷熏沁骨悲乡远。最伤情、送客咸阳,佩结西风怨。"

黄升《浣沙溪·醮坛》:"钟磬泠泠夜未央。梨花庭院月如霜。步虚声里拜瑶章。　　紫极清都云渺渺,红尘浊世事茫茫。未知谁有返魂香。"

胡翼龙《夜飞鹊》:"星桥度情处,地久天长。尘世无此匆忙。纤云淡荡凉蝉小,家家瓜果钱唐。愁人独无那,叹紫箫易断,青翼难将。返魂何在,漫空留、荀令余香。　　忍记穿针儿女,篝尘想都暗,迭损衣裳。谁念才情减灭,老来何逊,少日卢郎。柳风荷露,黯销凝、罗扇练囊。更银河曲曲,玉签点点,都是凄凉。"

无名氏《蓦山溪》:"重黎默运,可意紫人处。清楚玉蕤仙,独幽栖、村溪月坞。冰腮露鬓,佳致在西湖,月出早,雪消迟,立马红墙序。　　寒梢微萼,点点蝇头许。欲露小檀心,似生怕、施朱红紫。返魂香细,堪吊独醒人,临泽国,袭清风,且咏离骚句。"

无名氏《渔家傲》:"蕙死兰枯篱菊槁。返魂香入江南早。竹外一枝斜更好。谁解道。只今惟有东坡老。　　去岁花前人醉倒。酒醒花落嫌人扫。人去不来春又到。愁满抱。青山一带连芳草。"

宋词中所写,多是希望花落复香,而不是这种香能使人死而返魂。但因为传说色彩,而不能为之分别。

百濯香

百濯香是异域香。洪刍《香谱》引《拾遗记》云:"孙亮宠姬四人,合四气香,皆殊方异国所献。凡经践蹋安息之处,香气在衣,弥年不歇,因香名百濯,复目其室曰思香媚寝。"①

宋词有六首写到这种香。葛胜仲《浣溪沙·赏酴醾》:"一夜狂风尽海棠。此花天遣殿群芳。芝兰百濯见真香。　　劝客淋浪灯底韵,恼人魂梦枕边囊。一枝插不□□□。"此百濯香比喻酴醾。

陈克《南歌子》:"胜日萱庭小,西风橘柚长。天怜扇枕彩衣郎。乞与淡云纤月、十分凉。　　潋滟三危雾,氤氲百濯香。年来椿树更苍苍。不用蓝桥辛苦、捣玄霜。"百濯香气氤氲,增加了我们对这种香的形象认知。

李石《一翦梅》:"百濯香残恨未消。万绪千丝,莲藕芭蕉。临岐犹自说前

---

① (宋)洪刍撰:《香谱》,中华书局,1985年版第12页。

时,轻鬟乌云解翠翘。　　雨意重来风已飘。南陌行人折柳条。此间无计可留连,枕上今宵。马上明朝。"首句反衬,见出百濯香在宋人心目中几乎是永不消残的。

葛立方《满庭芳·赏梅》:"腊雪方凝,春曦俄漏,画堂小秩芳筵。玉台仙蕊,帘外幂瑶烟。莫话青山万树,聊须对、一段孤妍。杯行处,香参鼻观,百濯未为贤。　　吾庐,何处好,绣香竹畔,偶桂溪边。且为渠珍重,满泛金船。已拚春醒一枕,如今且、醉倒花前。花飞后,欢呼一笑,又是说明年。"以百濯衬梅花。

李洪《满庭芳·木犀》:"香满千岩,芳传丛桂,小山曾咏幽菲。仙姿冷淡,不奈此香奇。翠葆层层障日,深爱惜、早被风吹。秋英嫩,夜来露浥,月底半离披。　　谁知。清品贵,带装金粟,韵透文犀。与降真为侣,罗袖相宜。宝鸭休熏百濯,清芬在、常惹人衣。姮娥约,广寒宫殿,留折最高枝。"百濯也成了桂花的陪衬,但反而见出宋人对其香之认知度。

张孝祥《风入松·蜡梅》:"玉妃孤艳照冰霜。初试道家妆。素衣嫌怕姮娥妒,染成宫样鹅黄。宫额娇涂飞燕,缕金愁立秋娘。　　湘罗百濯蹙香囊。蜜露缀琼芳。蔷薇水蘸檀心紫,郁金熏染浓香。萼绿轻移云袜,华清低舞霓裳。"这也是以百濯衬托梅花之香。

鹧鸪斑

宋词中的"鹧鸪斑",一指茶,一指香。指茶的鹧鸪斑,见黄庭坚《满庭芳·茶》:"北苑春风,方圭圆璧,万里名动京关。碎身粉骨,功合上凌烟。尊俎风流战胜,降春睡、开拓愁边。纤纤捧,研膏溅乳,金缕鹧鸪斑。　　相如,虽病渴,一觞一咏,宾有群贤。为扶起灯前,醉玉颓山。搜搅心中万卷,还倾动、三峡词源。归来晚,文君未寝,相对小窗前。"周紫芝《摊破浣溪沙·茶词》也写到鹧鸪斑:"苍璧新敲小凤团。赤泥开印煮清泉。醉捧纤纤双玉笋,鹧鸪斑。　　雪浪溅翻金缕袖,松风吹醒玉酡颜。更待微甘回齿颊,且留连。"还有管鉴《浣溪沙·寿程将》:"小小梅花巧耐寒。曛曛晴日醉醒间。茶瓯金缕鹧鸪斑。　　三寿作朋须共醉,一杯留客未应悭。酒肠如海寿如山。"卢祖皋《画堂春》词:"柳黄移上袂罗单。酒醒娇觉风鬟。茗瓯才试鹧鸪斑。沈炷熏残。　　夜雨可无归梦,晓风何处征鞍。海棠开了尚凭阑。划地春寒。"所写都是茶。

作为香的鹧鸪斑,出自南方异域。宋陈敬《陈氏香谱·鹧鸪斑香》云:"叶庭珪云:出海南。与真腊生速等,但气味短而薄,易烬,其厚而沉水者差久。文如鹧鸪斑,故名焉。亦谓之细冒头,至薄而沉。"①词作中,仅有王千秋《临江仙》写到这种香:"柳巷莺啼春未晓,画堂环佩珊珊。熏炉烘暖鹧鸪斑。寿杯须斗酌,舞袖正弓弯。　未说珥貂横玉事,勋名且勒燕然。归来方卜五湖闲。年年花月夜,沈醉绮罗间。"词中所写鹧鸪是一种熏香。

瓢香

瓢香不是原香,而是盛香的容器被浸染后的香。《陈氏香谱》引《琐碎录》云:"三佛齐国以匏瓢盛蔷薇水,至中国水尽,碎其瓢而爇之,与笃耨瓢略同。又名干葫芦片,以之蒸香最妙。"②

宋词中,有张元幹《浣溪沙》写到瓢香:"曲室明窗烛吐光。瓦炉灰暖炷瓢香。夜阑茗碗间飞觞。　坐稳蒲团凭棐几,熏余纸帐掩梨床。个中风味更难忘。"用瓦炉炷,正见其瓢香本色。

拂手香

拂手香,出自南方外国。陈敬《陈氏香谱·涂肌拂手香》引叶庭珪云:"二香俱出真腊、占城国。土人以脑、麝诸香捣和而成,或以涂肌,或以拂手,其香经宿不歇。惟五羊至今用之,他国不尚焉。"③

蔡伸《浣溪沙·壬寅五月西湖》居然写到拂手香:"双佩雷文拂手香。青纱衫子淡梳妆。冰姿绰约自生凉。　虚掉玉钗惊翡翠,缓移兰棹趁鸳鸯。鬖鬖风乱绿云长。"词中所写是一位风姿绰约的女子,而敷用这种拂手香。

第四节　唐宋词中的异域风俗

风俗是人们在社会生活中形成的习惯和习气。异域风俗的描写,最能显示出唐宋词的异域色彩。

这里列出两种异域风俗,一是求子的七夕风俗,一是脱帽之礼。先看七夕求子之俗:

---

① (宋)陈静:《陈氏香谱》,《香学汇典》,三晋出版社,2014年版,第181页。
② (宋)陈静:《陈氏香谱》,《香学汇典》,三晋出版社,2014年版,第184页。
③ (宋)陈静:《陈氏香谱》,《香学汇典》,三晋出版社,2014年版,第185、186页。

《鹊桥仙·丁巳七夕》 赵师侠

明河风细,鹊桥云淡,秋入庭梧先坠。摩孩罗荷叶伞儿轻,总排列、双双对对。　　花瓜应节、蛛丝卜巧,望月穿针楼外。不知谁见女牛忙,谩多少、人间欢会。

失调名　佚名

天上佳期。九衢灯月交辉。摩睺孩儿,斗巧争奇。戴短檐珠子帽,披小缕金衣。嗔眉笑眼,百般地、敛手相宜。　　转睛底、工夫不少,引得人爱后如痴。快输钱,须要扑,不问归迟。归来猛醒,争如我、活底孩儿。

两首词都是写七夕节日风俗,两首词都出现摩睺这个形象。

摩睺罗,梵语,时分名。译曰"须臾"。又作"摩睺罗伽",八部众(天龙八部)之一。音译又作"摩呼罗伽""摩护啰伽""莫呼勒伽""莫呼洛伽""莫呼洛""摩休洛""摩伏勒""大腹行""大智行""大智腹行""大蟒""大蟒蛇""大蟒神"。《维摩经略疏》卷二云:"摩睺罗伽,此是蟒神,亦云地龙,无足腹行神,即世间庙神,受人酒肉,悉入蟒腹。毁戒邪谄,多嗔少施,贪嗜酒肉,戒缓堕鬼神,多嗔虫入其身而噬食之。"此以摩睺罗伽为无足、腹行之蟒神。在新译《华严经》卷一《世主妙严品》中,曾举出善慧、清净威音、胜慧庄严髻、妙目主、如灯幢为众所归、最光明幢、师子臆、众妙庄严音、须弥坚固、可爱乐光明等无量摩睺罗伽王之名。又,慧琳《一切经音义》卷十一云:"摩休勒,(中略)是乐神之类,或曰非人,或云大蟒神,其形人身而蛇首也。"①

此外,密教现图胎藏界曼荼罗中,北边安有三尊摩睺罗伽。其中央一尊,两手屈臂,作拳舒头指当胸,竖左膝而坐;左方一尊,戴蛇冠,坐向右;右方一尊,两手吹笛,面向左。

又作"魔合罗"。系用泥、木、象牙或蜡等塑制的小偶人。多于七夕供养,或盛饰作为珍玩。《魔合罗》一折:"成每年家赶这七月七入城,卖一担魔合罗。"亦作"摩侯罗""摩睺罗""摩诃罗""摩孩罗""磨喝乐"。《京本通俗小说·碾玉观音》:"这块玉上尖下圆,好做一个摩侯罗儿。"

这种与乞巧迥乎不同的七夕风俗,在宋代并非陌生,一些文献中多有记载。宋本《方舆胜览》卷之二《平江府·浙江提刑提举置司》"事要"之"风俗":"七夕摩睺罗,同上(郡志):土人工于泥塑,所造摩睺罗尤为精巧。"②进入方

---

① 徐时仪校注:《〈一切经音义〉三种校本合刊》,上海古籍出版社,2012年版,第697页。
② (宋)祝穆撰,(宋)洙增订,施和金点校:《方舆胜览》,中华书局,2003年版,第31页。

志,可见其已经风俗化了。《武林旧事》卷二"乞巧":"七夕前,修内司例进摩睺罗十卓……或用象牙雕镂,或用龙涎佛手香制造,悉用镂金珠翠。"①宋周密《乾淳岁时记》:"七夕节物,多尚果食、茜鸡。及泥孩儿,号摩睺罗,有极精巧,饰以金珠者,其值不赀。"②杜仁杰《集贤宾·七夕》:"把几个摩诃罗儿摆起。齐拜礼,端的是塑得来可嬉。"③

《东京梦华录》卷八"七夕":"皆卖磨喝乐,乃小塑土偶耳。悉以雕木彩装栏座,或用红纱碧笼,或饰以金珠牙翠,有一对直数千者。"④

摩睺罗也喻指所喜爱的人物,犹言宝贝。《任风子》四折:"玉天仙孩儿你是你,将来摩睺罗孩儿,知也谁是谁。"《诀拐李》二折:"花朵般浑家不能勾恋,摩睺罗孩儿不能勾见。"亦作"摩合罗""磨合罗"。甚至《西游记》十九出也有他的形象:"小鬼!对恁公主说:大唐三藏国师摩合罗俊徒弟孙悟空来求见。"《调风月》一折:"和哥哥外名,燕燕也记得真,唤做磨合罗小舍人。"

七夕之所以把摩睺罗作为主角,是出于乞求生子的愿望。清张尔岐《蒿庵闲话》卷一:"或曰:化生,摩侯罗之异名,宫中设此,以为生子之祥。"⑤

再看脱帽风俗。南渡词人朱敦儒有几首词,都有同一个动作描写:

《水调歌头》　朱敦儒

当年五陵下,结客占春游。红缨翠带,谈笑跋马水西头。落日经过桃叶,不管插花归去,小袖挽人留。换酒春壶碧,脱帽醉青楼。

楚云惊,陇水散,两漂流。如今憔悴,天涯何处可消忧。长揖飞鸿旧月。不知今夕烟水,都照几人愁。有泪看芳草,无路认西州。

《满江红》　朱敦儒

竹翠阴森,寒泉浸、几峰奇石。销畏日、溪蒲呈秀,水蕉供碧。筠簟平铺光欲动,纱裯高挂空无色。似月明、苹叶起秋风,潇湘白。

不敢笑,红尘客。争肯羡,神仙宅。且披襟脱帽,自适其适。靖节窗风犹有待,本初朔饮非长策。怎似我、心闲便清凉,无南北。

《醉思仙》　朱敦儒

倚晴空。正三洲下叶,七泽收虹。叹年光催老,身世飘蓬。南歌

---

① (宋)周密著:《武林旧事》,中华书局,2007年版,第85页。
② (宋)周密:《乾淳岁时记》,《说郭三种》,上海古籍出版社,1988年版。
③ 隋树森编:《全元散曲》,中华书局,1964年版,第34页。
④ (宋)孟元老撰,伊永文笺注:《东京梦华录笺注》,中华书局,2006年版,第780页。
⑤ (清)张尔崎著,张翰勋等点校:《蒿庵集》,齐鲁书社,1991年版,第338页。

客,新丰酒,但万里、云水俱东。谢故人,解系船访我,脱帽相从。

人世欢易失,尊俎且更从容。任酒倾波碧,烛剪花红。君向楚,我归秦,便分路、青竹丹枫。恁时节,漫梦凭夜蝶,书倩秋鸿。

《杏花天》 朱敦儒

挂帘等月阑干曲。厌永昼、劳烟倦局。单衣汗透鲛绡缩。脱帽梳犀枕玉。　　移床就、碧梧翠竹。寄语倩、姮娥伴宿。轻风澹露清凉足。云缀银河断续。

四首词中的"脱帽",均源自域外风俗。《资治通鉴》卷一百五十四记魏城阳王徽谋杀尔朱荣:"荣方与上党王天穆博,徽脱荣帽,欢舞盘旋。"胡三省注:"唐李太白诗云:'脱君帽,为君笑。'脱帽欢舞,盖夷礼也。"①考李白《扶风豪士歌》有句云:"脱吾帽,向君笑,饮君酒,为君吟。"周勋初先生指出:"首句吾字,李集传世各本均有误。"之所以误,是"吾""君"形近而致,但更根本的是因为脱帽这种"夷礼"中,是脱自己的帽,非脱对方(君)帽。"李白在与扶风豪士畅饮时,欢快异常,也就以其胡化家庭中传承下来的礼节待友了。"②脱帽所宣泄的是一种近乎狂呼、极端欢乐的情绪。

宋词中,还有一些作品写脱帽:

《瑞鹤仙》 赵彦端

揽垂杨细折。有别情遗爱,与君都说。文茵带雕轭。是行春来处,去年阡陌。柔桑半叶。转光风、轻扬秀麦。正人家共约,耕相借牛,社相留客。　　清绝。溪山犹记,脱帽吟风,倚楼招月。东君何事,将春至,放春歇。道从今江上,一花一柳,皆想油幢瑞节。纵离愁、瘦减腰围,带金正晔。

《生查子》 赵磻老

章甫不如人,翠绾垂杨缕。纤手送来时,罗帕缄香雾。　　貂蝉懒上头,渭水知何处。风月共垂竿,脱帽须亲付。

《一寸金》 吴文英

秋入中山,臂隼牵卢纵长猎。见骇毛飞雪,章台献颖,朣腰束缟,汤沐疏邑。筬管刊琼牒。苍梧恨、帝娥暗泣。陶郎老、憔悴玄香,禁

---

① (唐)李白著,瞿蜕园、朱金城校注:《李白集校注》,上海古籍出版社,1980年版,第495页。
② 周勋初:《诗仙李白之谜》之七《谪仙称号》,《周勋初文集》第4册,江苏古籍出版社,2000年版,第211、212页。

苑犹催夜俱入。　　自叹江湖，雕龙心尽，相携蠹鱼箧。念醉魂悠扬，折钗锦字，黠髯掀舞，流觞春帖。还倚荆溪楫。金刀氏、尚传旧业。劳君为、脱帽篷窗，寓情题水叶。

前文言夷礼中脱帽是自脱其帽，而吴文英的词，却反之，当然是"劳君为、脱帽篷窗，寓情题水叶"，一者已经丧失狂呼宣泄意，一者是礼貌地请人脱自己帽，可见已经内化为日常的行为，与夷礼中的狂热不同。

第五节　唐宋词中的异域语辞

唐宋词中，有数量不少的外来语辞，它们在一定程度上增加了宋词的异域色彩，特别是当我们看到一些著名词人也这样"赶时髦"使用新语辞时，对宋代词人的认识还是有所改变的。

刘攽《中山诗话》载："余靖两使契丹，虏情益亲，能胡语，作胡语诗。虏主曰：'卿能道，吾为卿饮。'靖举曰：'夜宴设逻厚盛也。臣拜洗，受赐。两朝厥荷通好。情感勤。厚重。微臣雅鲁拜舞。祝若统，福佑。圣寿铁摆嵩高。俱可忒。无极。'主大笑，遂为釂觞。汉史有《盘木白狼诗》，译出夷语，殆不若靖真胡语也。刘沆亦使虏，使凌压之，契丹馆客曰：'有酒如渑，系行人而不住。'沆应声曰：'在北曰狄，吹《出塞》以何妨。'仁宗待虏有礼，不使纤微忤之，二公俱谪官。"①

《诗话总龟·前集》卷二"博识门"引《诗史》：

> 余靖尚书使虏，为胡诗，契丹爱之；再往，情益亲。余诗云："夜筵设罗侈盛也臣拜洗受赐也，两朝厥荷通好也情干勒厚重也。微臣雅鲁拜舞也祝若统福祐也，圣寿铁摆嵩高也俱可忒无极也。"虏举大杯谓余曰："能道此，余为卿饮。"复举之，虏大笑，遂为觞觞。汉史记槃木、白狼诗，汉语则协，夷语则否。其实夷人先作诗，反用夷语译出，不如余真胡语也。②

王安石陪伴辽使，已感叹不通契丹语，双方无法交流而沉闷无聊。其《伴送北朝人使诗序》称："某被敕送北客至塞上，语言之不通，而与之并辔十有八日，亦默默无所用吾意。时窃咏歌以娱愁思。"这是不通夷语之窘。余靖以通

---

① （宋）刘攽：《中山诗话》，（清）何文焕辑：《历代诗话》，中华书局，1981年版，第294页。
② （宋）阮阅编，周本淳校点：《诗话总龟·前集》卷二，人民文学出版社，2005年版，第20页。

六国语言,出使辽国,与契丹主用夷语会话,遭致谪官,这是另一极端。事实上,宋词中的外来语还是很多的,当然,以梵语为主。

恶发

恶发是发怒、嗔怒的意思,唐代已经使用。《敦煌变文集·难陀出家缘起》:"连忙取得四个瓶来,便着添瓶。才添得三个,又倒却两个;又添得四个,倒却三个。十遍五遍,总添不得。难陀恶发不添,尽打破。"①

宋陆游《老学庵笔记》卷八:"北方民家吉凶辄有相礼者,谓之白席,多鄙俚可笑。韩魏公自枢密归邺,赴一姻家礼席,偶取盘中一荔枝,欲啖之。白席者遽唱言曰:'资政吃荔枝,请众客同吃荔枝。'魏公憎其喋喋,因置不复取。白席者又曰:'资政恶发也,请众客放下荔枝。'魏公为一笑。恶发,犹云怒也。"②

欧阳修《玉楼春》:"大家恶发大家休,毕竟到头谁不是。"释惠洪《渔父词》(不怕石头行路滑):"古寺天寒还恶发。夜将木佛齐烧杀。炙背横眠真快活,憨抹挞。从教院主无须发。"宋柳永《满江红》词:"恶发姿颜欢喜面,细追想处皆堪惜。"

钱钟书在《管锥编》中说:"恶发,嗔怒也。"③陆游所谓北方民族,系指北地辽国。

普陀大士

即观音菩萨。

辛弃疾《品令》(更休说):"便是个、住世观音菩萨。"

无生话

无生话,佛教指无生无灭的佛法真谛。《五灯会元·马祖一禅师法嗣·庞蕴居士》:"有男不婚,有女不嫁。大家团圞头,共说无生话。"④

刘克庄《水龙吟·癸丑生日时再得明道祠》词:"吟歇后诗,说无生话,热瞒村獠。"

---

① 王重民等编:《敦煌变文集》,人民文学出版社,1957年版,第398页。
② (宋)陆游撰,李剑雄、刘德权点校:《老学庵笔记》,中华书局,1979年版,第109页。
③ 钱钟书:《管锥编》第3册,中华书局,1986年版,第1039页。
④ (宋)普济著,苏渊雷点校:《五灯会元》,中华书局,1984年版,第186页。

奢遮

奢遮：大而无阻。赵孟坚《感皇恩》词："一百二十年，两番甲子。前番风霜饱谙矣。今番甲子，一似腊尽春至。程程有好在，应惭愧。　莫道官贫，胜如无底。随分杯筵称家计。从今数去，尚有五十八生朝里。待儿官大，做奢遮会。"

脱空经

脱空经：佛教主张四大皆空，有《空经》，属般若部之经。佛以说诸法皆空之旨，故曰"空经"。《法鼓经下》曰："佛告迦叶：一切空经是有余说。"

词中取其"空"义。蜀妓《鹊桥仙》："说盟说誓。说情说意。动便春愁满纸。多应念得脱空经，是那个、先生教底。　不茶不饭，不言不语，一味供他憔悴。相思已是不曾闲，又那得、功夫咒你。"

生死事大

生死事大：指生死问题极为重大。即劝人尽快求得解脱。六祖大师法宝《坛经·行由品第一》："世人生死事大，汝等终日只求福田，不求出离生死苦海，自性若迷，福何可救？汝等各去，自看智慧，取自本心般若之性。"[①]同经中又举出永嘉玄觉之语："生死事大，无常迅速。"

沈瀛《念奴娇》（光阴转毂）："光阴转毂，况生死事大，无常迅速。学道参禅、要识取、自家本来面目。闹里提撕，静中打坐，闲看传灯录。话头记取，要须生处教熟。"这首词外来语很多。

菩萨债

菩萨债：寿涯禅师《渔家傲》（深愿弘慈无缝罅）："还尽许多菩萨债。"

六宇五胡

六宇五胡：晋朝由于北方民族入侵，遂向南方迁徙，此即后来之东晋，在晋惠帝太安二年至北魏太武帝太延五年（303—439）之间，有匈奴、鲜卑、羯、氐、羌五种胡族（异族），各于中国北方建国，约有十六国之多，故称为"五胡十六国"。佛教于当时被汉族视为外来之宗教而大加排斥，却反受北方胡族之欢

---

① 丁福保笺注，陈兵导读，哈雷整理：《坛经》，上海古籍出版社，2011年版，第9页。

迎，而得蓬勃发展。特别是以佛图澄为代表之后赵、以道安为中心之前秦、以鸠摩罗什为中心之后秦，及以昙无谶为代表之后凉等诸国，佛教皆异常兴盛，于是有"六宇五胡"之说。六宇，天地四方。

吴潜《望江南》（家山好）："六宇五胡生口面，三言两语费颜情。"

摩登伽

摩登伽：梵语，是印度男性贱民之通称。又作"摩灯伽""摩邓伽"。略称"摩瞪"。意译作有志、憍逸、恶作业。女性贱民则称"摩登只"。这类贱民以清扫街路为业。《瑜伽论记》卷二十三上："摩登只者，旃荼（疑作茶）罗女名摩登只，旃荼罗男名摩登伽，此二是通名也，此女但以扫巾为活。"①《大佛顶首楞严经》卷一记载，有一摩登伽女名钵吉帝，曾蛊惑阿难。该淫女即为最下阶级贱民旃陀罗种出身。

在古代经典之中，如《摩登伽经》《大佛顶首楞严经》等书，载一摩登伽女尝蛊惑阿难之事。又谓彼于其后受佛教化，成为比丘尼，并证得阿罗汉云云。故"摩登伽"乃淫女之称。

《苕溪渔隐丛话》"邹陈谐乐词"引《复斋漫录》云："邹志全徙昭，陈莹中贬廉，间以长短句相谐乐。'有个胡儿模样别。满颔髭须。生得浑如漆。　见说近来头也白。髭须那得长长黑。逸忘一句。笊子镊来，须有千堆雪。莫向细君容易说。恐他嫌你将伊摘。'此莹中语，谓志全之长髭也。'有个头陀修苦行，头上头发毵毵。身披一副醋裙衫。紧缠双脚，苦苦要游南。　闻说度牒朝夕到，并除颔下髭髯。钵中无粥住无庵。摩登伽处，只恐却重参。'此志全语，谓莹中之多欲也。广陵马推官，往来二公间，亦尝以诗词赠之。'有才何事老青衫。十载低徊北斗南。肯伴雪髯千日醉，此心真与古人参。''不见故人今几年，年来风物尚依然，遥知闲望登临处，极目江山万里天。'志全语也。'一樽薄酒，满酌劝君君举手。不是亲朋。谁肯相从寂寞滨。　人生如梦，梦里惺惺何处用。盏到休辞，醉后全胜未醉时。'莹中语也。初，志全自元符间贬新州，徽宗即位，以为中书舍人，乃未几谪零陵别驾，龙水安置，未几徙昭焉。"②

邹浩《临江仙》原词云："有个头陀修苦行，头上头发毵毵。身披一副醋裙衫。紧缠双脚，苦苦要游南。　闻说度牒朝夕到，并除颔下髭髯。钵中无粥

---

① 中华大藏经编辑局编：《中华大藏经（汉文部分）》第102册，中华书局，1996年版，第105页。

② （宋）胡仔纂集，廖德明校点：《苕溪渔隐丛话》，人民文学出版社，1962年版，第324、325页。

住无庵。摩登伽处,只恐却重参。"

三摩地

三摩地:梵语,七十五法之一,百法之一。又作"三昧""三摩提""三摩帝"。意译为等持、正定、定意、调直定、正心行处。即远离昏沉掉举,心专住一境之精神作用。三摩地之语义诸多,若于说一切有部中,为十大地法之一,与一切心、心所法相应,通于定、散,亦通于善、恶、无记之三性,而无别体。于经量部,心之一境相续而转,称为"三摩地"。行者住于三摩地,观想凝照,智慧明朗,即能断除一切烦恼而证得真理。

向子諲《南歌子》云:"我入三摩地,人疑小有天。君王送老白云边。不用丹青图画、上凌烟。　喜揽澄清辔,能同载酒船。相逢忽谩别经年。好是两身强健、在尊前。"

摩诃

摩诃:梵语,又作"莫诃""摩贺""摩酰"。意译为大,乃大、多、胜、妙之意。《大智度论》卷三:"摩诃,秦言大,或多,或胜。"①

陆游《水龙吟》:"摩诃池上追游路,红绿参差春晚。韶光妍媚,海棠如醉,桃花欲暖。挑菜初闲,禁烟将近,一城丝管。看金鞍争道,香车飞盖,争先占、新亭馆。　惆怅年华暗换。黯销魂、雨收云散。镜奁掩月,钗梁拆凤,秦筝斜雁。身在天涯,乱山孤垒,危楼飞观。叹春来只有,杨花和恨、向东风满。"

摩尼珠

《西江月》　张伯端

悟了莫求寂灭,随缘只接群迷。寻常邪见及提携。方便指归实际。　五眼三身四智,六度万行修齐。圆光一颗好摩尼。利物兼能自利。

摩尼:梵语,又作"末尼"。意译珠或宝珠。又称"摩尼宝""摩尼珠",又称为"如意珠""如意宝珠"。即珠之总称。《起世经》卷二《转轮圣王品》云:"彼转轮王,有摩尼宝,毗琉璃色,妙好八楞,非工匠造,自然出生,清净明曜。其转轮

---

① [印度]龙树菩萨造,(后秦)鸠摩罗什译:《大智度论》,宗教文化出版社,2014年版,第57页。

王,见此珠已,作如是念:此摩尼宝,众相满足,应当悬之,置于宫内,令显光明。(中略)彼摩尼宝,在于幢头,光明周遍,普照四方,及四兵身,悉皆明了,如日照世。"

《大品般若经》卷十列举此珠之德,谓此珠能除杂热、风、冷诸病,能灭毒病,及眼痛、翳盲、癞疮、恶肿等。珠体离青、黄、赤、白、黑五色,然若以五色中任何一色裹之,置于水中,则能令水色随作一色。此外,《法华经》以衣裹宝珠,比喻如来藏、佛性,故又以摩尼珠喻佛性。

《大毗婆沙论》卷一○二举出光明末尼、清水末尼、方等末尼、无价末尼、如意末尼等五种末尼宝。旧译《华严经》卷四十七则举出青琉璃摩尼、夜光摩尼、日藏摩尼、月幢摩尼、妙藏摩尼、大灯摩尼等。

维摩诘

维摩诘:梵语,意译为"净名"或"无垢称"。佛经《维摩诘经》中说维摩诘和释迦牟尼同时,是毘耶离城中的一位大乘居士。尝以称病为由,向释迦遣来问讯的舍利弗和文殊师利等宣扬教义。遂成为佛典中现身说法、辩才无碍的代表人物。后常用以泛指修大乘佛法的居士。宋赵彦卫《云麓漫钞》卷九:"君家有天人,雌雄维摩诘。"①宋杨万里《赠王婿时可》诗:"子来问讯维摩诘,分似家风一瓣香。"

宋人词中大量使用"维摩诘"这个词语,如:

《三部乐》 苏轼

美人如月。乍见掩暮云,更增妍绝。算应无恨,安用阴晴圆缺。娇甚空只成愁,待下床又懒,未语先咽。数日不来,落尽一庭红叶。

今朝置酒强起,问为谁减动,一分香雪。何事散花却病,维摩无疾。却低眉、惨然不答。唱金缕、一声怨切。堪折便折。且惜取、少年花发。

《殢人娇》 苏轼

白发苍颜,正是维摩境界。空方丈、散花何碍。朱唇著点,更髻鬟生彩。这些个,千生万生只在。 好事心肠,着人情态。闲窗下、敛云凝黛。明朝端午,待学纫兰为佩。寻一首好诗,要书裙带。

---

① (宋)赵彦卫撰,傅根清点校:《云麓漫钞》,中华书局,1996年版,第155页。

《西江月》 赵令畤

人世一场大梦,我生魇了十年。明窗千古探遗编。不救饥寒一点。　更被维摩老子,不教此处容言。炉熏清炷坐安禅。物物头头显现。

《南歌子》 李光

南圃秋香过,东篱菊未英。蓼花无数满寒汀。中有一枝纤软、吐微馨。　被冷沉烟细,灯青梦永成。皎如月明入窗棂。天女维摩相对、两忘情。

《渔家傲》 李光

海外无寒花发早。一枝不忍簪风帽。归插净瓶花转好。维摩老。年来却被花枝恼。　忽忆故乡花满道。狂歌痛饮俱年少。桃坞花开如野烧,都醉倒。花深往往眠芳草。

《南歌子》 朱敦儒

住近沉香浦,门前蕙草春。鸳鸯飞下柘枝新。见弄青梅初着、翠罗裙。　怕唤拈歌扇,嫌催上舞茵。几时微步不生尘。来作维摩方丈、散花人。

《望江南》 李纲

新阁就,向日借清光。广厦生风非我志,小窗容膝正相当。聊此傲羲皇。　猱尾拂,高挂木绳床。老病维摩谁问疾,散花天女为焚香。恰好细商量。

这可以看出维摩诘这个佛教人物形象对宋人的影响。

摩耶夫人

摩耶:梵名,又作"摩诃摩耶""摩诃摩邪",意译大幻化、大术、妙。即释尊之生母。为古印度迦毗罗卫城净饭王之妃。临产前依时俗返回娘家待产,途中于其父天臂城主须菩提之别宫蓝毗尼园休息时,生下释尊。七日后逝世。据传其死后生于忉利天,释尊曾于某夏,升至忉利天,为其母说法。佛教有著名的"摩耶夫人五梦说":

(传说)摩诃摩耶经下说:"又于其夜得五大恶梦:一梦须弥山崩,四海水竭。二梦有诸罗刹手执利刀,竞挑一切众生眼,时有黑风吹,诸罗刹皆悉驰归于雪山。三梦欲色界诸天忽失宝冠,自绝璎珞,不安本坐,身无光明,犹如聚墨。四梦如意珠王在高幢上,恒雨珍宝,周给一切,有四毒龙,口中吐火,吹倒彼幢,吸如意珠,猛疾恶风吹没深渊。五梦有五师子从空来下,啮摩诃摩耶乳,入于左胁,身心疼痛,如被刀剑。是表佛之入灭也。"①

在宋词中,"摩邪"即指母亲、佛祖母亲。

《卜算子》 黄右曹

清晓听麻姑,来约西王母。共取蟠桃簇玉盘,来劝摩耶酒。
王母问摩耶,此意还知否。只为曾生我佛来,更与千千寿。

达摩

达摩:即菩提达摩,天竺高僧,本名菩提多罗。于南朝梁普通元年(520)入中国,梁武帝迎至建康。后渡江往北魏,止嵩山少林寺,面壁九年而化。传法于慧可。达摩为禅宗初祖。宋沈辽《赠长芦福长老》诗:"达么西归不记年,雪山消息更芜然。"

《浣溪沙》 史浩

梁武憨痴达摩呆。个中消息岂容猜。九年面壁口慵开。　　双履却寻归路止,一花原不是君栽。这回枉了一遭来。

《浣溪沙》 史浩

索得玄珠也是呆。人人有分莫胡猜。顶门一眼镇长开。　　路断玉关无辙迹,雪埋葱岭没根栽。始称达摩不曾来。

《满江红》 洪适

衰老贪春,春又老、尊罍交溢。凝目处、清漪拍岸,四山堆碧。白也论文情最厚,维摩示病心难觅。到盘洲、车骑太匆匆,舸浮一。　春再见,官期毕。　　归路近,长安日。奉清时明诏,迭回更出。上殿风霜生颊齿,元龟献替图无逸。记而今、杖策过溪桥,留行迹。

《满庭霜》 葛郯

归去来兮,心空无物,乱山不斗眉峰。夜禅久坐,窗晓日升东。已绝乘槎忘想,沧溪迥、不与河通。维摩室,从教花雨,飞舞下天空。
何人,开宴豆,楚羹菇嫩,吴脍盘丰。看一声欸乃,落日收筒。应笑红尘陌上,津亭暮、十里斜风。从今去,青鞋黄帽,分付紫髯翁。

---

① (清)雍正敕修:《乾隆大藏经》第24册,中国书店,2010年版,第402页。

《满江红》 王质

方丈维摩,蒙衲被、都齐不省。空怅望、锦裘绣帽,玉珂金镫。十月小春逢此日,一时胜事输公等。问短衣、匹马射南山,何人肯。

山暮紫,峰如笋。江寒碧,沙如粉。望塞鸿杳杳,水遥天永。饮罢不妨瓶屡卧,归来自有风吹醒。试断桥、流水月明边,寻疏影。

《菩萨蛮》 辛弃疾

看灯元是菩提叶。依然会说菩提法。法似一灯明。须臾千万灯。　灯边花更满。谁把空花散。说与病维摩。而今天女歌。

菩提

菩提:梵语,意译觉、智、知、道。广义而言,乃断绝世间烦恼而成就涅槃之智慧。即佛、缘觉、声闻各于其果所得之觉智。此三种菩提中,以佛之菩提为无上究竟,故称"阿耨多罗三藐三菩提",译作"无上正等正觉""无上正遍智""无上正真道""无上菩提"。

《西江月》 张伯端

对镜不须强灭,假名权立菩提。色空明暗本来齐。真妄体分两种。　悟则便名静土,更无天竺曹溪。谁言极乐在天西。了则弥陀出世。

《卜算子》 向子䛿

胶胶扰扰中,本体元来静。一段澄明绝点埃,世事如泡影。歇即是菩提,此语须三省。古道无人着脚行,禾黍秋风冷。

《菩萨蛮·晋臣张菩提叶灯,席上赋》 辛弃疾

看灯元是菩提叶。依然会说菩提法。法似一灯明。须臾千万灯。　灯边花更满。谁把空花散。说与病维摩。而今天女歌。

《沁园春》 陈人杰

万法皆空,空即是空,佛安在哉。有云名妙净,可遮热恼,海名圆觉,堪洗尘埃。翠竹真如,黄花般若,心上种来心上开。教参熟,是菩提无树,明镜非台。　偷闲来此徘徊。把人世黄粱都唤回。算五陵豪客,百年荣贵,何如衲子,一钵生涯。俯仰溪山,婆娑松桧,两腋清风茶一杯。拿舟去,更扫尘东壁,聊记曾来。

兜率天

兜率:梵名,又作"都率天""兜术天""兜率陀天""兜率多天""兜师陀天""睹史多天""兜驶多天"。意译知足天、妙足天、喜足天、喜乐天。与夜摩天合称为"兜夜"。乃欲界六天之第四天,位于夜摩天与乐变化天之间,距夜摩天十六万由旬,在虚空密云之上,纵广八万由旬。敦煌词中已出现"兜率",即御制失调名一首:

时清海宴,定风波。恩光六塞,瑞气遍山坡。风调雨顺,野老行歌。四塞休征罢战,放将士尽回戈。　　君臣道泰,礼乐燕中和。此时快活。感恩多。愿圣寿万岁,同海岳山河。似生佛向宫殿里,绝胜兜率大罗。①

宋代郭居安《木兰花慢》云:

听都人共语,又还是、岁逢庚。记今帖频催,衮衣将至,绣幰先迎。笙歌六宫齐奏,到而今、犹唱贺升平。千岁人间福本,天公着意看承。　　秋深。帘卷空明。问西子,最宜晴。喜新来多睱,玉醪龙炙,菊院花城。明年耳孙头上,更君王、亲点泥金。兜率摩耶住世,长看佛度众生。

法喜

法喜:又作"法悦",指听闻佛陀教法,因起信而心生喜悦。旧译《华严经》卷二:"佛音能起欢悦心,普令众生得法喜。"南朝梁武帝《摩诃般若忏文》:"愿诸众生,离染着相,回向法喜,安住禅悦。"宋苏轼《赠王仲素寺丞》诗:"虽无孔方兄,顾有法喜妻。"

《临江仙》　赵文
如此中山如此酒,何须更觅蓬瀛。江湖历□记平生。诗囊都束起,只好说丹经。　　家事付他儿辈,功名留待诸孙。维摩法喜鬓青青。日长深院里,时听读书声。

---

① 御制失调名词,见曾昭岷、曹济平、王兆鹏、刘尊民等编撰:《全唐五代词》下编,中华书局,1999年版,第850页。

清凉境界

佛教中的五台山,终岁积冰,夏仍飞雪,无炎暑,故称清凉。五台山,别称清凉山。佛教又称断一切憎爱之念使为清凉三昧,称没有热闹的涅槃境界为清凉地。故清凉境界就是涅槃境界。

曾觌《鹧鸪天》:"故乡寒食醉酡颜。秋千彩索眩斓斑。如今头上灰三斗,赢得疏慵到处闲。　钟已动,漏将残。浮生犹恨别离难。镬汤转作清凉地,只在人心那样看。"

高观国《思佳客·立秋前一日西湖》:"不肯楼边着画船。载将诗酒入风烟。浪花溅白疑飞鹭,荷芰藏红似小莲。　醒醉梦,唤吟仙。先秋一叶莫惊蝉。白云乡里温柔远,结得清凉世界缘。"

刘克庄《清平乐·居厚弟生日》:"冰轮万里。云卷天如洗。先向海山生大士。却诞卯金之子。　冰盆荔子堪尝。胆瓶茉莉尤香。震旦人人炎热,补陀夜夜清凉。"

刘克庄《清平乐》:"人间喘汗。无计翻银汉。有个至人来震旦。宴坐补陀岩畔。吾闻福寿难量。　待看海底生桑。乞取净瓶一滴,普教大地清凉。"

黄载《隔浦莲·荷花》:"瑶妃香透袜冷。伫立青铜镜。玉骨清无汗,亭亭碧波千顷。云水摇扇影。炎天永。一国清凉境。　晚妆靓。微酣不语,风流幽恨谁省。沙鸥少事,看到睡鸳双醒。兰棹歌遥隔浦应。催暝。藕丝萦断归艇。"

吴潜《洞仙歌·三用韵》:"冠儿遍簇,那时人消瘦。玉斝琼卮劝君酒。是清凉境界,露湿烟凝,香更重,非是沈檀合就。　四窗花满砌,争似家山,橙蟹将肥重回首。花亦为君怜,草木禽鱼,相思处、莫如乡旧。更西风、溪纯与香鲈,想别墅樵渔,费他侦候。"

李曾伯《水调歌头·己酉宿樟原驿得雨》:"之子问行役,火伞正当天。酷哉几可炙手,流汗满襟沾。仆仆长亭古道,人在竹舆何似,甑釜受蒸煎。帝悯苍生热,敕下九龙渊。　命丰隆,驱屏翳,起蜚廉。神工一炊黍顷,爽气遍垓埏。洗涤山河尘土,转作清凉境界,物类举醒然。稽首谢天赐,伸脚快宵眠。"

李曾伯《青玉案·癸未道间》:"栖鸦啼破烟林暝。把旅梦、俄惊醒。猛拍征鞍登小岭。峰回路转,月明人静,幻出清凉境。　马蹄踏碎琼瑶影。任露压巾纱未忺整。贪看前山云隐隐。翠微深处,有人家否,试击柴扃问。"

李曾伯《水调歌头·蒲制帅以喜雨韵为寿,和以谢之》:"两岁是六裒,万里客他州。一眉新月西挂,又报桂花秋。想见吴中稚子,已办秋田数顷,更种橘千头。堪笑新亭酒,空效楚人囚。　饭甘粗,衣任恶,屋从湫。世缘道眼看破,闻早问先畴。这服清凉散子,多在病坊弗悟,美疢甚时瘳。膏秣归盘去,无乐亦无忧。"

陈著《沁园春·单景山云中以佛学自夸,因次韵戏抑之》:"潇洒书斋,香清缕直,灯冷晕圆。忽惊窗鸣瓦,霰如筛下,裁冰翦玉,片似花鲜。深怕妨梅,也愁折竹,才作还休亦偶然。更深也,漫题窗记瑞,诗思绵绵。　闻君礼佛日千。浪说道繁华不值钱。想鸳衾底下,都将命乞,蒲龛里畔,未必心安。兜率天宫,清凉境界,总是由心不是缘。雪山上,自有人坐了,不到君边。"

补陀

补陀:本浙江一地名,但在佛教中,却是观音道场,因又以"补陀""补陀大士"指代观音。宋赵彦卫《云麓漫钞》卷二:"补陁落迦山自明州定海县招宝山泛海东南行,两潮至昌国县,自昌国县泛海到沈家门,过鹿狮山,亦两潮至山下。"简作"补落迦""补陁""补陀"。《普陀洛迦新志》卷二:"普陀洛迦山,在浙江定海县治东百里许海中,为《华严经》善财第二十八参拜观世音菩萨说法处。"

黄庭坚《南柯子·东坡过楚州,见净慈法师,作〈南歌子〉。用其韵赠郭诗翁二首》:"郭泰曾名我,刘翁复见谁。入郾还作和罗槌。特地干戈相待、使人疑。　秋浦横波眼,春窗远岫眉。补陀岩畔夕阳迟。何似金沙滩上、放憨时。"

辛弃疾《水龙吟·题雨岩。岩类今所画观音补陀,岩中有泉飞出,如风雨声》:"补陀大士虚空,翠岩谁记飞来处。蜂房万点,似穿如碍,玲珑窗户。石髓千年,已垂未落,嶙峋冰柱。有怒涛声远,落花香在,人疑是、桃源路。　又说春雷鼻息,是卧龙、弯环如许。不然应是,洞庭张乐,湘灵来去。我意长松,倒生阴壑,细吟风雨。竟茫茫未晓。只应白发,是开山祖。"

王迈《贺新郎·为后村母夫人寿》:"璎珞珠垂缕。看花冠、端容丽服,补陀岩主。只坐尘缘蹉一念,朱紫丛中得度。人世福、夫人兼五。银鹿诸孙来定省,对金屏、绣幕辉云母。人顶礼,柳行路。　朝朝口诵琅函句。觉从来、寿人福善,老天无误。消得天恩封福国,锦诰鸾翔凤舞。听来岁、日边佳语。上殿肩舆帘蹙绣,遣佳儿、扶掖天应许。笑陈媪,三题柱。"

刘克庄《清平乐·居厚弟生日》:"冰轮万里。云卷天如洗。先向海山生大士。却诞卯金之子。　冰盆荔子堪尝。胆瓶茉莉尤香。震旦人人炎热,补陀夜夜清凉。"

刘克庄《清平乐》："人间喘汗。无计翻银汉。有个至人来震旦。宴坐补陀岩畔。　　吾闻福寿难量。待看海底生桑。乞取净瓶一滴，普教大地清凉。"

刘克庄《朝中措·陈左藏生日》："海天万顷碧玻璃。风露洗炎曦。鹦鹉绿毛导从，蟾□雪色追随。　　分明来处，补陀大士，先后同时。觅取善财童子，膝边要个孙儿。"

娑婆

娑婆：梵语音译，意为"堪忍"。"娑婆世界"又名"忍土"，系释迦牟尼所教化的三千大千世界的总称。唐窥基《法华经玄赞》二："乃是三千大千世界，号为娑婆世界也。"亦省作"娑婆"。隋智顗《法华经文句》卷二下："娑婆此翻忍，其土众生安于十恶，不肯出离，从人名土，故称为忍。"①南朝齐谢镇之《重与顾道士书》："故知天竺者，居娑婆之正域，处淳善之嘉会。"②

可旻《渔家傲》："清净乐邦吾本郡。娑婆流浪因贪爱。冉冉思归霜入鬓。深嗟恨。塞鸿不解传音信。　　落日尽边沙隐隐。向西望处归应近。天乐是时相接引。宜精进。紫金台上谁无分。"

《渔家傲》："理性本来长自在。灵通昭彻光无碍。因被无明风恼害。真如海。等闲吹动波千派。　　五蕴山头云叆叆。遮藏心月无光彩。六贼会须知悔改。除贪爱。刹那跳出娑婆界。"

可旻《渔家傲》："为厌娑婆求净土。驰情送想存朝暮。谁信不劳移一步。西方去。楼台隐隐云深处。　　珠网为光华作雨。金沙布地无尘土。怎不教人思去路。心专注。坐观落日如悬鼓。"

可旻《渔家傲》："富贵经中谈净域。赤珠玛瑙为严饰。彼土众生当晓色。擎衣裓。妙华供养他方佛。　　稚小嬉游随没溺。娑婆是苦何曾识。忻厌迩来方有力。从朝夕。静焚一炷香凝碧。"

净圆亦有《望江南·娑婆苦六首》词，每首皆以"娑婆苦"开篇。

---

① 朱封鳌点校：《妙法莲华经文句》，宗教文化出版社，2013年版，第66页。
② （齐梁）释僧祐撰，弘明集校笺：《弘明集校笺》，上海古籍出版社，2013年版，第355页。

第五章

唐宋词乐词调传入日本朝鲜

音乐是词、词调的基础,唐宋词被称为燕乐的产物,就是因为它离不开燕乐。唐宋词乐传入日本、朝鲜,不少是伴随着词调一同传入的,只是因为年代久远,词调及词都没有完好地保存下来。但在《高丽史·乐志》中,保留了宋徽宗赐给高丽王的大晟乐,特别难得的是保留了宋词演出的形态。其中,就有词调、词作。在《大日本史·礼乐志》中,也保留有不少唐宋传到日本的曲调,以唐代为主,宋代较少。这些珍贵的文献,早已引起中外学者的关注,常任侠、任二北、吴熊和先生及日本学者林谦三等,在他们的著作、文章中,都利用这些文献研究唐代传入日本的音乐、舞蹈,宋代传入高丽的词作。因为学者们更关心的是直接的词调、音乐、舞蹈、文化交流等,而不是文献本身,所以,至今完整的《高丽史·乐志》中关于宋代(高丽称"唐乐")大曲的演出情形,《大日本史·礼乐志》中全部的唐代舞曲、乐调资料,特别是单只小曲的表演形态,尚无人整理。有鉴于此,本部分放弃对高丽词人模仿、化用唐宋词人词作,以及日本填词受到唐宋词的影响的探讨,而移录两书中的相关文献,作为对唐宋词外传的考察。舞曲、乐曲不一定就转化为词调,但文献乏征,很难确定这些舞曲、乐曲没有转化为词调。

第一节 唐宋词乐词调传入日本

日本学者林谦三指出:"隋炀帝大业中,由日本有'遣隋使'之派遣。唐兴又改为'遣唐使'。其后约二百八十年至昭宗元年废使节为止,两国之交涉甚深,唐燕乐诸曲被传到日本的在百曲以上,其乐调在十二种以上。《和名类聚抄》（源顺撰，五代宋初人）、《教训钞》（狛近真撰，宋理宗时人）、《拾芥钞》（洞院公贤撰，元前半期人）等所记虽不一定，但所传之乐调见于二十八调中者有沙陀调、道调、壹越调（唐越调）、大食调、乞食调、双调、水调、平调、黄钟调、般涉调等。其他难以比定的有壹越性调、性调、角调。沙陀调、壹越调、大食调、双调、平调、黄钟调、般涉调等，至今犹传，但诸调之律比余所拟定的唐俗律要低一律。在僧徒之间还有别种的乐调是传承着的。"①

根据《和名钞》《教训钞》《拾芥钞》等典籍撰写而成的《大日本史·礼乐志》，较为详细地记载了日本保存的唐代乐曲、词调情形。该书卷三百四十七《礼乐十四·乐曲一》云："本朝所传乐制，五音六律，清浊轻重之法，今不可得而详也。盖其始受之于隋唐，以为歌调，后世歌调亡佚，独存奏调，乐家相承，至今不失其传，故其说尚有可考者。凡乐家所传五调，一曰壹越调，二曰平调，三曰双调，四曰黄钟调，五曰般涉调。配之宫商角徵羽，加以二声，曰上无调，曰下无调。配之变徵变宫，凡七声，天地生物之音，无不含蓄，以候气之管，为乐声之均。吹建子之律，为壹越调，当黄钟，在十一月……"更为难得的是，《大日本史》保留了唐代乐调、词调的演奏方法及具体伴舞、服装、动作规定。这对于了解唐宋词的音乐性、表演性，具有重要的资料价值，简直就是"脚本"，是"活化石"。今据此书整理唐宋词传入日本情况，当然，以唐代为主，宋代词调、词乐传入日本者极少。

一、《大日本史》卷三百四十五礼乐十二催马乐　东游　风俗

催马乐……古者御游必先奏本曲，次唐乐，先后之序自有一定之式也……堀河帝嘉承中……帝好唐乐，御游多不奏本曲，故废笏、拍子，专用三鼓，是为始。保安后，往往有以唐乐为先者。

二、《大日本史》卷三百四十六礼乐十三　乐舞

《厌舞》又作《振铧》。凡陈舞乐，必奏此曲。左右舞者二人，著唐装束……《踏歌》，见上。歌曲始唱唐诗，用唐音。后或用《我家》《此殿》《万春乐》《竹河》四曲。以其曲末必迭唱"万年阿良礼"，故又曰《阿良礼走》，后改称《万岁乐》。唱寿词。弘仁以后，专行女踏歌，而男踏歌不复行。

---

① ［日］林谦三著，郭沫若译：《隋唐燕乐调研究》第七章第二节《日本所传的唐乐调》，商务印书馆，1955年重印版，第106、107页。

三、《大日本史》卷三百四十七礼乐十四乐曲一

本朝所传乐制,五音六律,清浊轻重之法,今不可得而详也。盖其始受之于隋唐,以为歌调,后世歌调亡佚,独存奏调,乐家相承,至今不失其传,故其说尚有可考者。凡乐家所传五调,一曰壹越调,二曰平调,三曰双调,四曰黄钟调,五曰般涉调。配之宫商角徵羽,加以二声,曰上无调,曰下无调。配之变徵变宫,凡七声,天地生物之音,无不含蓄,以候气之管,为为乐声之均。吹建子之律,为壹越调,当黄钟,在十一月……

一曰壹越调,即唐律声平调也。二曰平调,即商调也。三曰双调,即黄钟调也(按:一说高丽壹越调在唐为平调,平调为商调,双调为黄钟调,以唐笛、高丽笛诸孔律位有高低,致此舛误耳。然高丽乐律非与唐律有异,惟其横笛之第六孔高于唐部笛第七孔之律二位,故误为此异同也。附以备考)。凡本朝及隋唐高丽等诸曲,并以之为调焉。

壹越调二十五曲(其音吕,于方为中,五行属土,五色为黄,五常为信,五音为宫,其位为君):

《皇帝破阵乐》,一称《皇帝》,又名《武德太平乐》,又《安乐太平乐》。后周宇文邕平齐所作,即唐立部伎也(按《旧唐书》,高祖因隋旧制,用九部乐,其后分为立坐二部,今立部伎有《安乐太平乐》等八部。《安乐》者,后周武帝平齐时所作也。周世谓之《城舞》,舞者八十人,刻木为面,狗喙兽耳,以金饰之,垂线为发,画猭皮帽,舞踏姿制犹作羌胡状者,即是也)。新乐,大曲,有舞。文武帝时,遣唐使粟田真人道麻吕传之,初序四十拍,舞生归朝时遗其八拍。仁明帝敕中纳言藤原诸葛定序一帖三十拍,破六帖,各二十拍,又有游声一帖(按,乐有序破急,盖序谓始作。破,破碎也。《唐书》云:《伊州》《甘州》《凉州》等,至其曲遍繁声,皆谓之入破,即是。或云慢之讹。急,流荡也。《唐书》:"急,流荡"是也。帖,叠也。杜甫诗"叠石"作"帖石"。凡乐以序破急三曲为具也,然序破急不全具,而以序破为一具,破急为一具者有之,今不得详焉。又《皇帝》与《春莺啭》有游声曲,乐人道行用之,盖序中词也。如《团乱旋》《春莺啭》有人破、飒踏,《春莺啭》有鸟声,《罗陵王》有荒序、乱序、嗔序之属,是皆以曲声名之。又笛曲有乱序,其曲出于林邑国发生词也。附备博考)。舞者四人,常装束,别胄,佩剑,至破四帖,拔剑而舞,后绝。凡西土乐出乎秦汉六朝以上者谓之"古乐",唐初所作谓之"新乐"。古乐用一鼓,新乐用羯鼓,道行并用新古乐。凡乐曲有疾徐轻重之别,故分为大中小,而大曲外有准大曲,中曲中有大曲,小曲中有中曲。凡舞乐有武舞,有文舞,有童舞,有女舞。舞者佩剑执铧,若本曲及

《秦王》《散手》《倍胪》《太平》诸曲,谓之武舞。《团乱旋》已下,不用剑、锋者,概称"文舞"。若《迦楼频》《五常》《皇麞》《泛龙舟》《清上》《胡德》《登天》诸曲,皆童舞也。《春莺啭》《玉树》《桃李花》《喜春》《万岁》《皇帝》《万秋》诸曲,皆女舞也。又有称"走物"者,谓舞有走趋之状,若《散手》《陵王》《拔头》《还城》《归德》《纳苏利》诸曲是也。凡舞,用常装束者,皆谓之"平舞"(《续教训钞》《体源钞》。二书云:常装束,即唐装束,此云袭装束)。凡舞,分左右奏之,自大神公持定之云。左为唐乐,曰本歌,曰左舞。右为高丽乐,曰末歌,曰右舞。左右作对,名曰番舞。左方先奏,而右方从之,称答舞,皆有程式,秩然不乱矣。如是曲答舞用《新鸟苏》,然临时或有用别曲者,不必一定,诸乐并准焉。又有立部,有坐部。立部言舞,坐部言乐。本曲及《太平》《秦王》等,即立部伎也。凡舞人祖者,左舞左祖,右舞右祖。其曲终舞者手舞足蹈而入,名曰入合,又号入绫,各有定式云。

《团乱旋》,一名《后帝团乱旋》,盖唐乐也(按,《通考》,唐教坊乐软舞中有《团乱旋》即是也)。与《皇帝》同时传之。一云大户真绳作。新乐,大曲,序三帖,入破、《飒踏》并二帖,急声七帖并各十六拍。昔善此舞有林真仓、大户真绳等。舞者四人,常装束,别胄。答舞《古鸟苏》,或《新鸟苏》。

《春莺啭》,一名《天长保寿乐》,又《梅花春莺啭》,又《天寿乐》,即唐乐(按,《续教训钞》《体原钞》云:唐太宗造。然《教坊记》云:唐高宗晓声律,尝闻莺声,命乐工白明达写之,为《春莺啭》,亦为舞曲。据此,二书盖误)。与《皇帝》曲同传。新乐,大曲,序一帖,《飒踏》(一作中序)二帖,入破四帖,鸟声二帖,急声二帖,并各十六拍。始作有游声(《体原钞》载备中守源政长说云:舞人出入皆用游声,今世以游声为出曲,以调子为入曲)。舞女十人。仁明帝时,左大臣源信善是舞,敕传之成康亲王。帝尝御清凉殿吹笛,亲王奏此曲,见者感赏。舞者四人,常装束,别胄。答舞《退宿德》,或《新鸟苏》,又《古鸟苏》。

《壹弄乐》,一名《承天乐》,仁明帝时,大户清上造,大户真绳作舞(《续教训钞》引《醉乡日月》曰《承天乐》,博士马顺等作。或云:武太后作。今无所考。按《新唐书》《通典》并云高宗时,张文收作《景云》《河清歌》,名曰燕乐,分为四部,其四曰《承天舞》。《唐书》又云:中宗时,大常卿韦韬制六曲,其一《承天乐》。然则为清上所作者,恐非,今姑从旧说)。新乐,中曲,四帖各十拍,序后绝。无舞。

《贺殿》,一名《甘泉乐》,仁明帝时,遣唐判官藤原贞敏以琵琶传曲,敕林真仓作舞,以《嘉祥乐》为破,《贺殿》为急,《鸟急》为道行,三乐合为一曲。新乐,中曲,破二帖各十拍,急四帖各二十拍。舞者四人,常装束,别胄。答舞《长保乐》，或《地久》，又《延喜乐》，或用《古鸟苏》《白滨》《皇仁》《林歌》。此曲四帖，号《更居突》，大臣大飨用之。更具突，言诡也。堀河帝尝御闲院览相扑，命舞《万岁乐》，大江匡房请奏《贺殿》，从之。时人谓匡房盖以闲院新成，故奏之也。

《胡饮酒》，一名《醉胡乐》，又《宴饮乐》。不详所起。或云：胡人饮酒必奏之，故名（按，《教坊记》曲名有《胡醉子》，不详异同）。仁明帝敕大户清上作乐，大户真绳作舞。古乐，小曲，序二帖各七拍，破七帖各十四拍。伶人常秘此舞，故舞者例必蒙赏。堀河帝时，多资忠犹能此曲，后为山村正贯所害，帝召其幼子忠方，使原雅实传此曲。后雅实又传之忠方子忠时。舞者一人，别装束，假面，帽子，执桴。答舞《林歌》，或《新鞨鞯》。

《河水乐》（按，《唐书》，高宗时，张文收作《景云河清歌》，本曲疑《河清》之讹）。新乐，中曲，十拍，无舞。雩祭奏之，云必验。

《韶应乐》，又名《凉州诏应乐》。新乐，中曲，五帖各十拍。盖昔者有舞，后世绝。

《回杯乐》（杯，一作坏。按"杯"疑"波"之误。《教坊记》曲名有《回波乐》，《羯鼓录》太簇商调有《回婆乐》，盖是也）。新乐，中曲，序一帖四拍，后绝。破四帖八拍。仁明帝时，殿上多用此乐。有舞，后绝。

《北庭乐》，一名《北亭子》，又《曲弟子》，或《双鼻丽》。盖唐乐也（《教坊记》。按本书曲名有《北庭子》，即是。《体源钞》一说：唐土婚姻之日，北面奏此曲，亦可征其为唐乐矣。《教训钞》云：亭子院时，于不老门北庭作此乐，恐因乐名附会此说也）。新乐，中曲，四帖各十四拍，舞者六人，常装束。答舞《八仙》，或《林歌》。堀河帝尝敕狛光季曰：此曲宜用入绫如《五常乐》，光季乃奏之。

《酒胡子》，一名《醉公子》，又《酒饮子》（按，《和名钞》引诸葛相如《酒胡子赋》云："因木成形象人质，在掌握而可玩，遇杯盘而则出。王定保《唐摭言》云：卢汪连举不第，赋《酒胡子》长篇以寓意，序曰：巡觞之胡，听人旋转，所向者举杯，颇有意趣，然倾倒不定，缓急由人，不在酒胡也。"亦似有缘。姑附备考）。盖唐乐也（按，本书曲名有《醉公子》是也）。唐人谦饮用之。古乐，小曲，十四拍。后世舞绝。

《承和乐》，一名《冬明乐》，又《一隆乐》。仁明帝承和中，黄菊宴，大户清上奉敕作乐，以年号明之，三岛武藏作舞（按，《（仁智）要录》引《南宫横笛谱》曰：大户真绳作舞，未知孰是。又引《唐书》《通典》并云：唐初祖孝孙定乐制十二和，号大唐雅乐，其十二曰《承和》，疑本朝古昔传之，而亡其曲，故至是作之，袭用其乐名乎？附以备考）。或曰：明仁帝即位，大中臣成文作此乐而献之。明年，左司献舞。有序，后绝。新乐，中曲，六帖，后绝为四帖各十拍。舞者常装束。答舞《仁和乐》。

《壹团乐》，一名《壹团娇》（娇，一作桥），又《还宫乐》，大户清上作乐，三岛武藏作舞（《续教训钞》一说乐舞俱武藏造焉）。新乐，中曲，十七拍（本书云：或为小曲，又云四帖，或六帖，初一帖十七拍，二帖以下减一拍）。舞后绝。初，本曲惟存笛谱，久失师传，堀河帝时，中纳言源基纲献乐曲目录，中有此曲名。因敕大神疾政，就其琵琶谱，写横笛吹之，复传于世（按，《续教训钞》一说：本曲笛谱虽存，师传已绝，源基纲从父在太宰府，遇宋人以琵琶传曲，后还京师，写之横笛。然本书已以此乐为本朝所作，而今言受之宋人者，相为矛盾。唐段成式诗，有"一团娇"之语，然自注以为锦名，非乐曲名，而唐乐亦未闻有此曲名，一说颇可疑，故今不取）。

《天寿乐》（按，《旧唐书》，讌乐有《天授乐》，张文收所造。《通典》以为武后天授年所造，疑此乐也。《续教训钞》以为《春莺啭》一名，又《三台盐》一名，未知何据，姑附备考）。

《厥磨赋》《苏罗密》，二曲并唐乐（按，本书太簇商有舞《厥麼赋》，又有《苏罗》者，即是也）。

沙陀调十五曲：

《案摩》（一作安麻），一名《阴阳地镇曲》，天竺乐也。仁明帝敕大户清上改作。古乐，中曲，准大曲，有乱序，又有啭。舞者二人，或一人，常装束，卷缨冠著绫，假面，把笏。答舞《二舞》，但童舞时用《苏利古》。

《陵王》，一名《罗陵王》，即北齐兰陵王入阵曲也（《旧唐书》《通典》。按：二书并云：北齐兰陵王长恭才武而貌美，常著假面以对敌，常击周师金墉城下，勇冠三军，齐人壮之，为此舞以效其指麾刺击之容，谓之《兰陵王入阵曲》，即是也）。林邑僧佛哲传之。古乐，中曲，准大曲，有啭（《河海钞》《类筝治要》载啭词曰："吾等胡儿，吐气如雷。我采顶雷，蹈石如泥。右得力士，左得鞭回。日光西没，东西若月。舞乐打去，录录长曲"）。有乱序嗔序各一帖，荒序八帖各一拍，入破四帖，后改为二帖，各十六拍。舞者一人，别装束，假面，帽子，执金桴。假面有二样，一者武部样黑眉，左近司藏之；一者长恭假面样小面，伶官狛光家世传宝之云（《通典》云：大面出于北齐，今按本朝所传二面，来由似有据，其一曰小面，盖对大面而言也）。答舞《纳苏利》，竞马、相扑等节奏之。孝谦帝尤爱此曲，敕尾张滨主改早上调子，以《案摩急》吹为入曲舞之（二书并入壹越调）。

《菩萨婆罗门》，僧菩提佛哲传之，即林邑乐也。古乐，中曲，道行八拍，序四帖，各十八拍，后改为道行四拍，序破并一帖（《教训钞》《体源钞》云：序一帖八拍,破一帖十二拍,今世用之)。答舞《苏利古》,又用《蝴蝶》《师子》。舞者十二人,别装束,著毫光形,白绢决拾,黄陵胴绢,纯子裳,赤地金襕五条袈裟,假面,执赤莲华(《乐家录》。别装束,据《舞曲口传》)。凡大法会必奏此乐。先吹调子,吹《十天乐》。鸟舞童八人持花瓶,蝶舞者八人,菩萨舞者十六人,执供花火社等。各二行,供花佛前,讫,菩萨、蝶舞者并退。鸟舞童就草墪。菩萨复出奏舞,鸟乃退,菩萨舞,讫,次鸟,次叠,各奏舞(按,《通考》云:宋教坊有菩萨献香花队,衣生色窄砌衣,戴宝冠,执香花盘。《(长秋)横笛谱》所言与此相类,疑此曲也。《仁智要录》《夜鹤庭训钞》《拾芥钞》等,入壹越调)。

《临邑乱乐》,临邑即林邑,乱乐犹言乱声,非曲名也。凡乱声有二名,曰新乐,曰古乐。古乐谓之《林邑》。僧佛哲等所传也。凡奏林邑乐时,必先奏之。

《迦楼频》(一作《迦楼实》,或《迦陵宾》,宾又作频)。一名《不言乐》,又称"鸟"(按,《和名钞》云:迦楼频,天竺语也。汉云教鸟,其鸣声中传若苦空无我、长乐我净之义,故名)。即林邑乐。僧佛哲等传之。古乐,中曲,道行先奏林邑乱声。序一帖,破六帖,急并各八拍。舞者四人,天冠,负鸟羽形,执铜拍子。答舞《胡蝶》(《仁智要录》《夜鹤庭训钞》《拾芥钞》等,入壹越调)。

《最凉州》("凉"或作"梁")一名《西凉乐》,又《凉州曲》,又《功成庆善乐》,或《九功舞》,即唐乐也(按《唐书》云:《九功舞》者,本名《功成庆善乐》,太宗宴群臣于庆善宫,赋诗,起居郎吕才被之管弦,名曰《功成庆善乐》。又云:《凉州曲》,本凉州所献也,其声本宫调,有大遍、小遍。据此,即《凉州》《九功》本为别曲明矣。今为一曲,不详其故。然旧记所载,亦或有以也。《唐书》《通考》并云:坐立二部,惟《庆善乐》颛用《西凉》,疑由此等文,混为一曲也)。息长贞秀、胜道成久等传之云。古乐,中曲,四帖各二十拍。内宴参音声用此乐(按:唐主宴群臣用此乐,今本朝亦内宴奏之,盖有所受也)。后世舞绝(《教训钞》、《体源钞》并入壹越调)。

《涩和鸟》("涩"或作"沁")隋主杨广所作。仁明帝时,僧圆仁在唐,以横笛传之(在唐,据《一代要记》《元亨释书》)。古乐,中曲。序二帖,破五帖,并各十拍。序及舞后并绝。(《续教训钞》一说为新乐,或云兼新古,又为十二拍)。村上帝内宴,参音声用之(《教训钞》《体源钞》。二书并入壹越调)。

《安乐盐》,古乐,小曲,四帖,各十二拍。法会用之。世俗奏《案摩》者,先为此音声。无舞。

《壹德盐》,三岛武藏所作也(按:盐、艳音相通。左思《吴都赋》注云:艳楚歌是也。《教坊记·曲名》有《一斗盐》,音相近,疑同曲也)。古乐,小曲(《续教训钞》《体源钞》一说为新乐,中曲),四帖,各十四拍。常乐会奏之。无舞(《教训钞》《体源钞》共入壹越调）。

《曹婆》，盖唐乐也（按，《教坊记·曲名》有《胡僧破》，僧破、曹婆音近，盖同曲也）。古乐，十七拍（一说为七拍）。

《弄枪》，又称《弄枪乐》。圣武帝天平七年，遣唐使归朝奏《抃枪》，即是（按，《令义解》，卫士弄枪，注曰：谓弄玩也。枪即戈之属。《弄枪曲》盖象此也）。古乐（《续教训钞》云：或兼新古）。中曲，四十帖各十二拍。凡八幡放生会及庆塔法会奏之。舞者四人，著冠，带刀，执枪，枪如狛锋状。朱雀帝用之相扑节，为《秦王》答舞。其后，《黄麕》答舞亦用之。后世舞绝（《教训钞》《体源钞》并入壹越调）。

双调七曲（其音吕，于时为春，于方为东，五行属木，五色为青，五帝为仁，五音为角，其位为民）：

《柳花苑》（苑，一作园，又怨，或盐。按《续教训钞》曰：天历内宴日，改"怨"为"苑"。然天德四年内宴日记，犹作《柳花怨》，盖以音同故互用也）。唐乐也（按，《教坊记·曲名》有《柳含烟》，疑是）。桓武帝时，遣唐舞生久礼真茂与《春庭乐》同传之，令内教坊奏之。二曲本为大食调，仁明帝更为双调。新乐，中曲，七帖，各二十四拍（《续教训钞》云：或古乐。又云，新古不详。《类筝治要》云：八帖，或为七帖。又《要录》引《长秋卿横笛谱》为二十拍）。有咏（《续教训钞》《体源钞》。二书载咏词曰："后苑桃花正芳菲，芳菲正是妾愁时。昨来新别昭阳殿，更勿非情形画眉。"又曰："玉关春色晓，金河路几千。琴瑟桂条上，竹怨柳花前。"但二书颇有异同，今不具注）。答舞《绫切》，后世舞绝。

《和风乐》，一名《弄春乐》，尾张滨主所作《和风长寿乐》盖是也（按，《唐书》《通典》并云：唐坐部伎有《长寿乐》，武后长寿中所制，与滨主所作同否不可考）。新乐，中曲，四帖各十四拍。仁明帝时，滨主始奏之，见上。延历寺舍利会用之。后世舞绝。

四、大日本史卷之三百四十八礼乐十五乐曲二

平调二十九曲（其音律于时为秋，于方为西五行属金，五色为白，无常为义，五音为商，其位为臣）：

《相夫怜》（和名钞。相，或作"想"。怜作"恋"），初曰《相府莲》（徒然草），即唐乐羽调曲也。新乐，中曲，十拍。有咏。婚仪奏之。舞后绝。

《万岁乐》，一名《炀帝万岁乐》。即隋乐也。新乐，中曲，七帖，后绝为五帖。又为三帖，各二十拍。舞者六人，常装束。舞女八人，答舞《延喜乐》，或用《地久》、新鸟苏、绫切、长保乐、皇仁、敷手、石川。凡行幸船乐、贺仪、及山阶寺别当元日朝拜等,奏此曲。醍醐帝尝幸大井河,令人叩舷奏乐。雅明亲王年才七岁,起舞此曲。帝感,赏脱半臂为缠头。

《泔州》,又称《甘洲乐》,一名《甘州盐》,又《衍台》。唐乐也。新乐,小曲,七帖,后绝为五帖。各十四拍。有咏。后世不用。舞者六人。古者用常装束,后别装束。答舞《仁和乐》,或用《石川》《酣醉乐》《狛铧》《林歌》《登殿乐》。凡皇太子诞辰第七夜,御游奏之。

《裹头巾》,一名《散手作物》(《续教训钞》《体源钞》。按,二书云汉明帝乐,又云唐李德裕作舞。并无明证。然此曲为新乐,非汉乐曲明矣)。新乐,中曲,四帖。后绝为三帖,各十二拍。舞者六人,常装束。答舞《散手》。天皇冠礼后宴日,及皇太子加冕节会奏之。

《庆云乐》,本名《两鬼乐》,盖唐乐也(《唐书》《通典》《教坊记》。按《唐书》,上元舞,高宗听作,其中有《庆云》之曲。《通典》燕乐有《景云舞》。《教训钞》《体源钞》并云文武帝庆云中传此乐,故云,恐就"庆云"字为说者,故不取)。新乐,中曲,四帖,各十拍。行幸奏之。后世舞绝。

《越天乐》,即唐乐太簇商曲也。新乐,中曲,以《安城乐》为破,本曲为急、破二帖,急十二帖,并各十二拍。村上帝时,侍臣奏,乐退,出音声用之。堀河帝以后,以此乐入般涉调。般涉本无小曲,故附焉。后世舞绝。

《皇麞》,一名《海老葛》,即唐乐《黄麞曲》也(《体源钞》引《醉乡日月》《唐书》。按二书,如意初,民间有《黄麞谣》。至景龙中,契丹叛,使王孝杰讨之,败死于黄麞谷。中宗嘉其忠,造此曲)。新乐,中曲,游声一帖,序一帖十拍。今俱绝。破九帖,后绝为三帖,各十拍。急十一帖,后绝为七帖,又为五帖,各二十拍。答舞《倍胪》。舞者常装束,著冠,取楚,但童舞时用别冑。大神氏及天王寺传之,但舞式各异。

《三台盐》,一名《天寿乐》,即唐乐也。犬上是成传之。新乐,中曲,序四帖各八拍,是成甚秘之。故后世终绝。破三帖,后绝为二帖,急三帖,并各六拍。有啭,后绝。舞者六人,常装束。答舞《酣醉乐》。后用《皇仁》、长保乐。

《宫商荆仙乐》,俗称《荆仙乐》(按,教坊记曲名,有《迎仙客》,与《荆仙乐》音相近,然不详其异同也。《夜鹤庭训钞》入般涉调)。

《平蛮乐》,新乐,中曲,十八拍,八幡宫放生会奏之。此乐旧黄钟调,源博雅人之平调,后世舞绝。

《临胡裤脱》(《和名钞》)。临胡,一作"临湖",又《轮鼓》。按:裤脱当作"浑脱",杜甫诗集、《杜阳杂编》并作"浑脱"。《教坊记》曲名有《醉浑脱》,《乐府杂录》鼓架部,有《羊头浑脱》。"浑脱"盖言舞容也。说见《剑器浑脱》条)。古乐,一云新乐，小曲，二十三拍。或曰：舟中用之。盖取于临湖之义也。此曲合《催马乐·安波户歌》。今其歌声虽绝，笛音尚存。后世舞绝（《仁智要录》《教训钞》《拾芥钞》等，并入大食调，《乐家录》入乞食调）。

《娥媚娘》（按，《教坊记》曲名有《武媚娘》，《乐苑》云：《舞媚娘》，羽调曲也。陈时已有此歌。舞亦作武。又《海录碎事》有《五媚娘歌》，庾信所作。武媚、五媚，并与娥眉音相近，二曲或有与之同者。附以备考）。

《长庆子》，源博雅所作（按，《教坊记》曲名有《长庆乐》，疑是）。新乐，小曲，十六拍，无舞。凡行幸用一拍子，退出音声用三拍子（《仁智要录》《教训钞》《夜鹤庭训钞》《体源钞》并为大食调，《类筝治要》为乞食调）。

《直火凤》《连珠火凤》二曲，不详所起（按，《唐会要》，贞观中，裴神符妙解琵琶，作《胜蛮奴》《火凤》《倾杯乐》三曲，火凤，见此。然《直火凤》《连珠火凤》二曲，未知与之同否）。

《移都师》，盖唐乐太簇角调也。

《夜半乐》，唐乐也（按，《唐书》《（乐府）杂录》并云：玄宗自潞州还京师，举兵，夜半诛韦皇后，制《夜半乐》《还京乐》二曲，即是也）。新乐，中曲，十六拍，无舞。仁明帝时，内宴终，公卿将出，奏此曲。后帝幸南池院将归，时方夜半，因又奏之。尔后宴终退出，必奏之。所谓"退出音声"也（《类筝治要》入性调）。

《倍胪》，一名《倍胪破阵乐》，僧菩提所传，即林邑乐也。

《春杨柳》，盖唐乐太簇角曲《大春杨柳》也（《羯鼓录》）。新乐，中曲，十二拍，无舞（《类筝治要》入性调。或为大曲，又小曲）。

《扶南》，本蛮乐，隋主杨广所改制也（按，《唐书》，蛮乐有扶南乐。《通考》云：炀帝平林邑，获扶南工人及其匏琴，朴陋不可用，但以天竺琴转写其声，即是也）。新乐，小曲，十四拍，无舞。

《古娘》，又作《小老子》，盖唐《康老子》曲也。新乐，中曲，十四拍，或八拍，无舞。

《鸡德》（一作《庆德》。德，又作"摈"），不详所起。传云：鸡有五德，故作此曲（按，《隋书》曰：景帝神室奏景德凯容舞，庆德，疑"景德"也）。新乐，小曲，十拍。凡行幸别殿，至深夜则奏之。无舞。

《回忽》（忽，一作骨），盖唐乐也（《徒然草》曰：回骨，本回鹘，夷狄国名，其人归化，奏国乐，因为曲名。后人误为回忽耳。又按，陈氏《乐书》，唐天后时，有陷冤狱者，其妻配入掖庭，乃撰《别离曲》，以寄哀情，因号《怨回骨》。不知与之同名否也）。新乐，中曲，十二拍，无舞。

道调二十四曲（按，《和名钞·道调曲》《仁智要录》《拾芥钞》等诸书，人之

大食调中。大食调本平调之分调,道调亦平调之支调,其音概无异,故诸书互有出入,其实非有错乱也):

《上元乐》,即唐立部伎也。

《五更啭》,唐乐太簇商曲也。

《散手破阵乐》,俗称《散手》,一名《主皇破阵乐》。传云:神功征韩,率川神指麾军士,时人模其形容作舞。新乐,中曲,序二帖、破七帖,并各二十拍。舞者一人,别装束,宝冠,或龙胄,假面,带剑,执铧。番子二人,常装束。其一人带刀。凡舞者出入、大法会用调子。相扑节奏新乐乱声。答舞《归德》。嵯峨帝善此舞,因敕为童亲王源氏对面舞。又宫殿新成,每奏此曲。

《太平乐》,一名《武昌太平乐》,或《武昌乐》,又《武昌破阵乐》,或号《巾舞》,又《项庄鸿门曲》。即唐乐《公莫舞》也。新乐,中曲。其道行为《朝小子》,急为《合欢盐》,破即《太平乐》。二帖各二十拍。舞者四人,常装束,带剑,执铧。答舞《狛铧》,或用《古鸟苏》《新鸟苏》《进宿德》《酣醉乐》《皇仁》《新靺鞨》《八仙》《林歌》《延喜乐》《倍胪》《长保乐》《胡德乐》。凡奏急者,拔剑而旋,谓之"轮"。右旋者称"顺轮",左旋者谓"逆轮"。其收剑而旋者,称"古伏轮"。此间有《更居突》。文德帝天安中,左近卫府献物,常澄当经剑舞,舞者四十人,被胄,合奏三曲,仍号《府装乐》。

《打球乐》,唐乐太簇商曲也(《羯鼓录》《文献通考》。按,《羯鼓录》曲名有《打球乐》,其为唐曲明矣,而《教训钞》以为黄帝所作者,可疑,故不取)。新乐,中曲,七帖各十一拍。竞马、相扑、斗鸡、歌合,并奏乱声。舞者四人;五月节会,舞者四十人,服竞马装束,执杖弄球而舞。答舞《埋破》,或用《狛铧》《古鸟苏》《林歌》。

《仙人河》,又名《仙霞游》,或曰《仙神歌》(按,《隋书》,炀帝令白名达创《神仙留客曲》,与《仙人河》音相近,恐此曲也)。古乐,小曲,十拍,无舞。斋宫群行,乐人奏此曲于势多桥上。

《五圣乐》,又作《五常乐》,一名《礼义乐》,即《圣明乐》,盖隋乐也。传云:兴福寺僧义操所作。盖改曲调也。新乐,中曲,十六拍,有咏词,舞绝。

《拔头》(拔一作"拨",又"发"),林邑乐也(《体源钞》《旧唐书》)。西域胡父为猛兽所噬,其子求兽杀之,为此舞以象焉(按,《乐府杂录》拔作"拨",曰:其子上山求父尸,山有八折,故曲有八叠。戏者被发,素衣,面作啼,即是也)。僧佛哲传之。古乐,小曲,十五拍。古善此曲者,有伴内麻吕。凡相扑、竞马用之。相扑节,胜者奏之,用乱声。置琵琶数面,筝数张,歌男在左,歌女在右,立大鼓数十面,舞者八人,皆假面、帽子,执桴。答舞《八仙》,或用《新靺鞨》《林歌》《纳苏利》《还城乐》。

《倾杯乐》，一名《醉乡日月乐》，又《无为倾杯乐》，或《倾杯醉乡乐》，盖六朝乐也（《隋书》。本书高祖遣内史侍郎李元操等列清庙歌辞十二曲，其《献奠》《登歌》，六言，象《倾杯曲》。是隋代既有此曲。而《唐书》云：太宗诏长孙无忌制《倾杯曲》。《羯鼓录》为玄宗所制。《乐府杂录》云唐宣宗自制此曲。恐并误）。新乐，中曲，序一帖，破、急各三帖，并各十六拍。序及破尔帖后绝。答舞《胡德乐》，或《林歌》。

《饮酒乐》（按，《教训钞》，此曲与壹越调《饮酒乐》名同而读异，壹越调读饮为伊牟，此调读为衷牟，乃知二曲自别也）。盖唐乐太簇商曲也。新乐，中曲，二帖各十拍。

《大天乐》（按，《隋书》，炀帝大业六年，高唱献《圣明乐》，其舞曲有《小天》，据此，《大天》或与《小天》相对乎？未详，附待后考）。

《大宝乐》《大补乐》，二曲盖唐乐太簇商曲也。

《大定乐》，亦唐乐（《唐书》。按，本书，高宗将伐高丽，燕洛阳城门，观屯营教舞。按新征用武之势，名曰《一戎大定乐》，盖即此曲也）。

《兴明乐》《五坊乐》，盖唐乐《五方师子》也（按，《通典》，以《五方师子》为《太平乐》，然本朝所传《太平乐》与此自别。事注《太平乐》条，宜并考）。

《感恩多》，唐乐也（按，本书：李德裕所作。《教坊记》亦有此曲名）。新乐，小曲，十六拍，贺宴、祷祀用之。村上帝藤花宴，退出音声奏此曲（《三五要略》《教训钞》入平调，《类筝治要》入乞食调，《治要》又引吏部王谱入性调）。

《贺王恩》，一作《感皇恩》，唐乐也（《教坊记》《文献通考》。按，《通考》云：唐太宗洞晓音律，造新声者五十八，若《宇宙贺皇恩》《降圣万年春》之类，皆藩邸所作，述太祖美德，即是也。《教训钞》《体原钞》并云：此曲，嵯峨帝时，大石峰良所作之，恐非）。新乐，中曲，无帖，后绝为三帖，各十六拍。答舞《石川》，或《绫切》。上皇御贺，参音声用之（以上二曲，诸书并入大食调。今按前后例，附于此，说见上）。

乞食调四曲：

《秦王破阵乐》，一名《神功破阵乐》，又《齐正破阵乐》，又《大定破阵乐》，又《大定太平乐》，又《天策上将乐》，号《七德武》，即唐乐也。新乐，中曲，一帖二十三拍，二帖至七帖各二十拍。舞者四人，别装束，金铠，假面，佩剑，执铧。答舞《皇仁》，或用《林歌》《八仙》《狛铧》《新靺鞨》。

《还城乐》，一名《还京乐》，又《见蛇乐》。唐乐也（《唐书》。按，《还城乐》即《还京乐》，玄宗所制）。或云：西国人好食蛇，得蛇而喜跃，写其体作舞，故名

《见蛇乐》。大神晴远世传为秘曲云。古乐,中曲,乱序一帖,破七帖,后为二帖,各十八拍。舞者一人,别装束,假面,帽子,执桴及蛇形。答舞《绫切》,或用《八仙》《林歌》《狛犬》《归德》《纳苏利》《桔桿》。凡奏本曲,先吹乱声,次吹《陵王乱序》,有啭;次奏破,即本曲也;次吹《案摩毕曲》。昔善此舞者,有阿刀真弟麻吕(《夜鹤庭训钞》《体源钞》并入大食调)。

《放鹰乐》,盖唐乐也(按,本书及《教坊记》曲名有《放鹰乐》)。新乐,中曲,五帖各十八拍。舞者别装束,著帽子,左手臂鹰,右手执白楚。野行幸必奏之。醍醐帝临时,船木氏有著鹰饲服。新罗琴师船木良实著犬饲服,俱奏此舞。白河帝幸嵯峨野,泛大井河,奏船乐。时大神惟季当奏此曲,而未传习,闻净明院僧圆惠传之,就而受之,遂奏此曲云(《夜鹤庭训钞》《体源钞》并入大食调)。

性调六首:

《西河》(按,《乐府杂录》云:大历中,有乐工自造《长命西河女》。又《教坊记》曲名有《西河师子》《西河剑气》。《羯鼓录》太簇角曲,亦有《西河师子》,或与此同乎?未详)。

《按弓士》,又作《安公子》,隋乐也。

《长命女儿》,盖唐乐也(本书曲名有《长命女》,盖与此同曲也)。新乐,中曲,四帖各十拍。有咏。凡产室,与《千金女儿》同用之。舞后绝。

《王昭君》,汉乐也。

《反鼻胡德》(按,诸书,性调中不载本曲,而高丽曲有《胡德乐》,又称《遍鼻胡德》。《教训钞》《体源钞》并云:《胡德乐》本横笛曲,仁明帝时,改为高丽笛曲,据此,本曲旧唐乐,后改为高丽乐也。本书高丽曲已载《胡德》,而又举本曲,盖重出也)。

黄钟调二十一曲(其音律于时为夏,于方为南,五行属火,五色为赤,五常为智,五音为徵、为事):

《散金打球乐》,天竺乐也。南京传之。新乐,中曲,十二拍。八幡宫修正及兴福寺金堂修二月会,并用之。后世舞绝。

《赤白桃李花》,又曰《桃李花》,唐乐也(按,本书,唐高祖时,歌《草木》二十一曲,其一《赤白桃李花》,即是也)。新乐,中曲,序一帖后绝,破六帖各八拍。舞者六人,常装束。舞女十二人,答舞《皇仁》,或用《新岛苏》《登天乐》。后舞绝。故内教坊奏此曲,则用央宫乐舞。

《皇帝三台》,盖唐乐也。新乐,十六拍。

《英雄乐》,唐乐也(按,《羯鼓录》,太簇商有《英雄乐》即是。《续教训钞》《文献通考》《唐书》,并为虞世南所作)。

水调五曲：

《九城乐》，盖唐《九成乐》，太簇商曲也。新乐，四帖，各十六拍。

般涉调二十二曲（其音律于时为冬，于方为北，五行属水，五色为黑，五常为礼，五音为羽，为物）：

《苏合香》，俗称《苏合》，天竺乐也（《教训钞》《体源钞》。按，二书云：天竺阿育王病，服苏合香而愈，故悦作此曲，育偈者作舞，即以苏合草叶为胄。又按《教坊记》《乐府杂录》《文献通考》并有《苏合香》，即唐教坊乐软舞曲名也。然不言其所起，今姑从二书）。桓武帝时，遣唐舞生和尔部岛继传之。新乐，大曲，序五帖，其一帖二帖各二十拍，三帖以下各二十二拍，破四帖，急五帖，并各二十拍。初有游声及飒踏。序一帖八拍与二帖，以岛继遗忘故不传。急声用乐拍子，故一名《唐急》，又《古唐急》。舞者六人，常装束，别胄。答舞《进宿德》，或用《退宿德》《新鸟苏》《古鸟苏》《林歌》。华山帝宽和二年冬，太上皇幸大井川，伶人奏是曲。源时中以红叶为插头华，立船头舞《燕姬周郎曲》，上皇感赏，升为参议。堀河帝览舞于弘徽殿，敕以是曲为入音声，使狛光季奏舞，帝感叹，禁殿庭外用之。

《万秋乐》，一名《慈尊乐》，又称《慈尊万秋乐》。天竺乐也。圣武帝时，婆罗门僧菩提传之。初，帝造东大寺，以菩提为导师，时集伶人于四天王寺，传习《菩提迦楼频》等乐，惟本曲秘而不传。及庆堂特授之而奏焉。新乐，中曲，准大曲，序二帖，破六帖，并各十八拍。舞者六人，常装束，别胄，近世不用胄。答舞《地久》，或用《皇仁》《敷手》《长保乐》《白宾》。

《秋风乐》，本唐乐，嵯峨帝敕常世乙鱼制舞，又作换头至第三帖，尤究其妙云。新乐，中曲，序二帖，各十六拍。后舞绝，故废序。破五帖，后为三帖，各十六拍。舞者四人，常装束。答舞《都志》，或《白滨》《退宿德》。

《剑气裤脱》，一名《散乐》，唐乐也。新乐，中曲，破二帖各二十拍，后绝。裤脱十六拍。相扑节以此为散乐杂艺之曲，先吹乱声。舞者数十人，疾走而出，同时又奏杂技。

《轮台》，盖西域乐也（按，《汉书》自伐大宛之后，西域震惧，多遣使来贡献，于是轮台、渠黎皆有天卒数百人。《唐书》北庭都护府有轮台县，而唐人岑参有《轮台歌》。李商隐诗有"将军犹是舞轮台"之句，盖此曲也）。新乐，中曲，四帖，各十六拍。本曲为序，《青海波》为破。本曲初与《青海波》共入平调，仁明帝敕和迩部大田麻吕作乐，良岑安世作舞，改为今调。舞者常装束，别胄。凡奏此曲，先吹调子，次舞者四十人，著垣代装束，左右分进。其垣代三十六人，并执反鼻，一匝庭中，至舞台南，左右各成围，谓之"轮"。序破舞者各二人，入中改装,讫,解围,一行平立,先奏序,次破,并有咏及唱歌。但舞者垣代之数,及行立奏曲之式,古今颇有异云。答舞《敷手》,或《纳苏利》。

《青海波》,天竺乐也。新乐,中曲,十二拍,有咏(《河海钞》引《南宫横笛谱》载咏词曰:桂殿迎初岁,相楼媚早年。剪花梅树下,蝶鸾画梁边)。舞者二人,别装束,佩刀,舞容横向一方,象海潮之盈缩。答舞《敷手》,或用《狛铮》《林歌》《八仙》《归德》《新鞨鞨》。

《苏莫者》,盖唐乐也(按,《教坊记》曲名有《苏幕遮》,《羯鼓录》太簇宫有《苏莫赖邪》,并音相近,盖同曲也。又《教训钞》《体源钞》云:天竺曲。然他书无所考,故不取)。古乐,中曲,序二帖各六拍,破四帖各十二拍。元有急,伶人大秦公贞秘而不传,后遂绝。舞者别装束,假面,执桴。天王寺传之。答舞《苏志摩利》,或用《林歌》《八仙》《胡德乐》。自白河帝后,用之庆塔。

《采桑老》,一名《采桑子》(采,一作"操",盖误。按,《教训钞》《体源钞》,并以本曲为唐乐。考《唐书》《通典》有《采桑曲》,云商人等因《三洲曲》而所作也。《古乐苑》作《采桑度》。又《羯鼓录》太簇角有《凉下采桑》,《教坊记》有《杨下采桑》《采桑》二曲,惟《采桑老》无所见,本曲未知其为何曲,姑附备考。传云:百济采桑之老所作也(《音乐根源钞》)。古乐,中曲,四帖,各十二拍。有咏(《仁智要录》《类事治要》。二书并载咏词曰:三十情方盛,四十气力微。五十至衰老,六十行步宜。七十悬杖立,八十座魏魏。九十得重病,百岁死无异)。舞者一人,别装束,假面,帽子,竹枝插头,为老翁携鸠杖,不胜行步之状。答舞《新鞨鞨》,或用《林歌》《绫切》《胡德乐》《长保乐》。堀河帝时,多资忠善是舞,后为人所杀,帝患秘曲绝,敕召天王寺舞人,令敕资忠子近方,近方仕崇德帝,天承元年朝觐行幸,始奏此舞,因进爵为右近卫将监。

《山鹧鸪曲》,盖唐乐也(《教坊记》。按本书曲名有《山鹧鸪》,盖是也)。

《德贯子》(贯,疑"宝"之讹。盖唐得《宝子曲》,《太真外传》云:明皇曰:朕得杨贵妃,如得至宝也。乃制曲子曰《得宝子》,又曰《得鞁子》。盖贯、宝字体近似,故误耳)。

《般涉参军》(按,《乐府杂录》云:黄幡绰、张野狐弄参军,始自汉馆陶令石耽,耽有臧犯,和帝惜其才,免罪,每宴乐,即令衣白夹衫,命优伶弄辱之,经年乃放,后为参军,误也。开元中,有李仙鹤善此戏,明皇特授韶州同正参军,以食其禄。陆鸿渐撰词,言韶州,盖由此也。由是考之,此曲本因李仙鹤得名,而以其入般涉调,故名《般涉参军》乎?附待后考)。

《千秋乐》,后三条帝大尝会,敕风俗所预源赖能作之。新乐,小曲,八拍,无舞(按,《教坊记》有《千秋乐》,《唐书》云:开元中,以八月五日为千秋节,天下谯乐。《千秋乐》盖起此。本曲恐与此同曲也)。

《鸡鸣乐》(《仁智要录》。《乐府古题要解》有《鸡鸣词》,恐是)。

角调三曲:

《曹娘裤脱》

附:高丽乐曲

壹越调三十四曲

《保曾路久势利》(按,曾路久与疏勒国读相通,本曲疑疏勒乐也。《旧唐书》云:周武帝聘房女为后,西域诸国来媵,于是有龟兹、疏勒等乐。《新唐书》亦有《疏勒伎》,盖此曲也。姑附备考)。中曲,一条帝长保中,以本曲为序,《贺利夜酒》为急,合名《长保乐》,又称《泛野乐》。破十八拍,急十九拍。舞者六人,常装束。

《新鞨鞨》,此乐出于鞨鞨故名。盖自高丽传之。唐拍子十六拍。

《胡德乐》(德一作"童"。按,百济官第七品曰固德,"固德"与"胡德"通,盖以官名乐也)。一名《遍鼻胡德》,又谓《遍鼻胡童子》……为高丽笛曲……劝杯者一人,常装束,唐冠。

《狛犬》又称《犬》。

《石川乐》又谓《石川》,或称《节世岐》。

《蝴蝶乐》又称《蝴蝶》,或单曰《蝶》。

《纳苏利》一名《双龙舞》,又称《落舞》,或《落蹲》。二人舞此曲曰《纳苏利》,一人舞曰《落蹲》。

第二节　唐宋词乐及词传入高丽

唐宋词乐及词传入高丽,主要是宋代大晟乐传入高丽。这部分史实,保留在《高丽史·乐志》中。不少学者早已关注这些材料,《全宋词》亦辑录以增补宋词,考证、研究相关词事,但从整体上再现其全貌者甚少。故这里将《高丽史·乐志》中相关内容全部移录过来,以见词乐与词传入高丽情形。

一、《高丽史》卷七十

睿宗十一年六月庚寅,王御会庆殿,召宰枢侍臣,观大晟新乐。八月已卯,制曰:文武之道,不可偏废。近来藩贼渐炽,谋臣武将皆以缮甲练卒为急。昔者帝舜诞敷文德,舞干羽于两阶,七旬有苗格,朕甚慕焉。况今大宋皇帝特赐大晟乐、文武舞,宜先荐宗庙,以及宴享。十月戊辰,亲阅大晟乐与乾德殿。癸酉,亲祼太庙,荐大晟乐。仁宗十二年正月乙亥,祭籍田,始用大晟乐。明宗十八年二月壬申,制:乐工逃所隶,冒居他肆者,令还本业。史臣曰:乐之缺乱甚矣,太常近取旨请从圣考代所行之制,忧思迁延,莫肯施行,识者恨之,以谓是乐宋朝以新乐赐睿庙者也,本非宋太祖所制之乐,乐之行不久而宋朝乱。况辛巳年本朝儒臣狂瞽擅改,而进退其次序,错乱其上下,干戚钥翟,致有盈缩不等之差,其太常编制有云:宋朝惟寄衣冠乐器,本朝不知肄习,承旨徐温入宋私习舞仪,而传教之,其进退疏数之节无所凭依,似不可尽信。又乐工愿从初来时所行,而至今无所施行,虽主司取旨,而旧籍未改,旋又加初入(八?)音之中,丝土二声阙如也,歌师但诵谱之高低,略不解其词语,可谓欺神人也……三月乙酉,遣平章事崔世辅摄事,行夏禘,用大晟乐酌献,以钥翟亚终献,并用干戚之舞加以乡音乡舞。

宋赐新乐器:

睿宗九年六月甲辰朔,安稷崇还自宋,徽宗诏曰:乐与天地同流,百年而后兴,功成而后作。自先王之泽[竭](渴),礼废乐坏,由周迄今,莫之能述。朕躬承累圣基绪,永惟圣德休烈,继志述事,告厥成功,乃诏有司以身为度,由度铸鼎作乐,荐之天地宗庙,羽物时应。夫今之乐犹古之乐,朕所不废,以雅正之声播之今乐,肇布天下,以和民志。卿保有外服,慕义来同,有使至止,愿闻新声,嘉乃诚心,是用有赐。今因信使安稷崇回,俯赐卿新乐铁方响五架,并卓子、槌子、朱漆缕金架子金裹册条,金镀银铎子条结紫罗夹帕紫绢、单帕全石方响五架,并卓子、槌子、朱漆缕金架子金裹册条金镀银铎子条结紫罗夹帕、紫绢单帕;全琵琶四面,金镀鍮。

二、《高丽史》卷七十一乐志二唐乐

唐乐,高丽杂用之,故集而附之。

乐器:

方响(铁)十六　洞箫(孔八)　笛(孔八)　觱篥(孔九)　琵琶(弦四)　牙筝(弦七)　大筝(弦十五)　杖鼓　教坊鼓　拍六枚

《献仙桃》

舞队皂衫,率乐官及妓乐官黑衣幞头妓黑衫红带,立于南,乐官及妓重行而坐。妓一人为王母,左右各一人为二挟,齐行横列。奉盖三人,立其后。引人文二人、凤扇二人、龙扇二人、雀扇二人、尾扇二人,左右分立。奉旌节八人,每一队间立。乐官奏《会八仙》引子,奉竹竿子二人先舞蹈而入,左右分立。乐止,口号致语曰:邈在龟台,来朝凤阙。奉千年之美实,呈万福之休祥。敢冒宸颜,谨进口号。讫,左右对立。乐官又奏《会八仙》引子,奉威仪十八人,如前舞蹈而进,左右分立。王母三人奉盖,三人舞蹈而进,立定,乐止。乐官一人奉仙桃盘,授妓一人(择年少者),妓奉进王母。王母奉盘唱《献仙桃》词曰:

  元宵嘉会赏春光。盛事当年忆上阳。尧颡喜瞻天北极,舜衣深拱殿中央。欢声浩荡连韶曲,和气氤氲带御香。壮观大平何以报,蟠桃一朵献千祥。

讫,乐官奏《献天寿慢》,王母三人唱"日暖风和"词曰:

  日暖风和春更迟。是太平时。我从蓬岛整容姿。来降贺丹墀。
  幸逢灯夕真佳会,喜近天威。神仙寿算远无期。献君寿、万千斯。

讫,乐官仍奏《献天寿令嗺子》:

  阆苑人间虽隔,遥闻圣德弥高。西离仙境下云霄。来献千岁灵桃。 上祝皇龄齐天久,犹舞蹈、贺贺圣朝。梯航交凑四方遥(据《词谱》改,原作"来")。端拱永保宗祧。

讫,乐官又奏《金盏子慢》。王母不出队,周旋而舞。讫,乐止。王母少仪,奉袂唱"丽日舒长"词曰:

  丽日舒长,正葱葱瑞气,遍满神京。九重天上,五云开处,丹楼碧阁峥嵘。盛宴初开,锦帐绣幕交横。应上元佳节,君臣际会,共乐升平。 广庭。罗绮纷盈。动一部、笙歌尽新声。蓬莱宫殿神仙景,浩荡春光,逦迤王城。烟收雨歇,天色夜更澄清。又千寻火树,灯山参差,带月鲜明。

讫,退立。乐官奏《金盏子令嗺子》,两挟舞。舞进舞退。复位。乐止。两挟舞,唱"东风报暖"词曰:

  东风报暖,到头嘉气渐融怡。巍峨凤阙,起鳌山万仞,争耸云涯。梨园弟子,齐奏新曲,半是埙篪。见满筵、簪绅醉饱,颂鹿鸣诗。

讫,乐官奏《瑞鹧鸪慢》三成。讫,王母少尽,唱"海东今日"词曰:

  海东今日太平天。喜望龙云庆会筵。尾扇初开明黼座,画帘高卷罩祥烟。　　梯航交湊端门外,玉帛森罗殿陛前。妾献皇龄千万岁,封人何更祝遐年。

讫,复位。乐官奏《瑞鹧鸪慢嗺子》,两挟舞,齐行。舞进舞退。复位,乐止。两挟舞,唱"北暴东顽"词曰:

北暴东顽,纳款慕义争来。日新君德更明哉。歌咏载衢街。清宁海宇无余事,乐与民同燕春台。一年一度上元回。愿醉万年杯。

乐官奏《千年万岁》引子,奉威仪十八人回旋而舞,三匝,退,复位。乐止。奉竹竿子少进致语曰:"敛霞裾而少退,指云路以言旋。再拜阶前,相将好去。"讫,乐官奏《会八仙》引子。竹竿子舞蹈而退。奉盖,王母各三人亦从舞蹈而退。奉威仪十八人亦如之。

《寿延长》

舞队、乐官及妓衣冠行次如前。乐官奏《宴大清》引子。妓二人奉竹竿子足蹈而进,立于前。乐止,口号致语:"虹流绕殿布祯祥,瑞气云霞映圣光。万方归顺来拱手,梨园乐部奏中腔。"讫,左右分立。乐官又奏《宴太清》引子。妓十六人分四队队四人,齐行舞蹈而进。立定,唱《中腔令》"彤云映彩"词曰:

彤云映彩色相映,御座中、天簇簪缨。万花铺锦满高庭。庆敞霫宴欢声。　　千龄启统乐功成。同意贺、元珪丰擎。宝觞频举侠群英。万万载、乐升平。

乐官奏《中腔令》,各队回旋而舞,三匝。讫,各队头一人对对分立为四人,或面或背而舞。讫,退坐低头以手控地。各队第二人如前仪。讫,各队第三人亦如之,各队第四人亦如之,循环而毕,如前仪。向北立。乐官奏《破字令》,各队四人不出队,一面一背而舞,奉袂唱《破字令》词曰:

青春玉殿和风细。奏箫韶络绎。瑞绕行云飘飘曳。泛金尊、流霞艳溢。　　瑞日晖晖临丹扆。广布慈德宸遐迩。愿听歌声舞缀。万万年、仰瞻宴启。

乐官奏《中腔令》。竹竿子二人少进于前,口号致语曰:"大平时节好风光,玉殿深深日正长。花杂寿香熏绮席,天将美禄泛金觞。三边奠枕投戈戟,南极明星献瑞祥。欲识圣朝多乐事,梨园新曲奏中腔。"讫,乐官又奏《中腔令》如前仪,足蹈而退。各队四人亦从舞蹈而退。

《五羊仙》

舞队皂衫率乐官及妓乐官朱衣,妓丹妆立于南。乐官重行而坐。妓一人为王母,左右各二人为四挟,齐头横列。奉盖五人立其后。引人仗二人,风扇二人,龙扇二人,雀扇二人,尾扇二人,左右分立。奉旌节八人,每一队间立;立定,舞队催拍,乐官奏《五云开瑞朝引子》。奉竹竿子二人,先入左右分立。乐止,口号致语曰:"云生鹄岭,日转鳌山。悦逢羊驾之真仙,并结鸾骖之上侣。雅奏值于仪凤,华姿妙于翙鸿。冀借优容,许以入队。"讫,对立。奉威仪十八人前进,左右分立。王母五人、奉盖五人前进。立定。王母少进,致语曰:"式歌且舞,聊申颂祷之情;俾炽而昌,用赞延洪之祚。妾等无任激切屏营之至。"讫,退。乐官又奏《五云开瑞朝引子》。王母无任敛手足蹈而进。乐官奏《万叶炽瑶图令慢》。王母五人齐行横立而舞。王母向左而舞,左二人对舞,右二人在后;向右而舞,右二人对舞,左二人在后。舞讫,乐官奏《嗺子令》。王母舞而中立。余四人舞而立四隅。乐官奏《中腔令》。王母五人不出队周旋而舞。讫,唱《步虚子令》词曰:

碧烟笼晓海波闲。江上数峰寒。佩环声里,异香飘落人间。弭绛节、五云端。　　宛然共指嘉禾瑞,开一笑、破朱颜。九重峣阙,望中三祝高天。万万载、对南山。

讫,急拍乐随之。讫,又奏《步虚子令中腔》。王母向前左而舞,前左回旋对舞;王母向前右,亦如之;向后左,亦如之;向后右,亦如之。舞讫,就位。乐官仍奏《中腔令》。奉威仪十八人,歌《中腔令》(彤云映彩)词,舞蹈而回旋三匝。唱讫,退位。乐官奏《破字令》。王母舞讫,奉袂唱《破字令》词曰:

缥缈三山岛。十万岁、方分昏晓。春风开遍碧桃花,为东君一笑。　　祥飙暂引香尘到。祝高龄、后天难老。瑞烟散碧,归云弄暖,一声长啸。

讫,乐官奏《中腔令》。竹竿子少进,立,口号致语曰:"歌清别鹤,舞妙回鸾。百合沉烟红日晚,一声辽鹤白云深。再拜阶前,相将好去。"讫,舞蹈而退。十八人相对少进少进,舞蹈而退。王母五人齐头横列。王母少进,口号致语曰:"寰海尘清,共感升平之化;瑶台路隔,遽回汗漫之游。伏后进止。"舞蹈而退。奉盖五人亦从舞蹈而退。

抛球乐

舞队皂衫率乐官及妓乐官朱衣,妓丹妆。立于南东上,重行而坐,奏《折花令》。妓二人奉竹竿子立于前。乐止,口号致语曰:"雅乐铿锵于丽景,妓童部列于香阶。争呈绰约之姿,共献蹁跹之舞。冀容入队,以乐以娱。"讫,左右分立。乐官又奏《折花令》。妓十二人,分左右队,队六人,舞入竹竿子后,分四队立。乐止,唱《折花令·三台》词曰:

　　翠幕华筵,相将正是多欢宴。举舞袖、回旋遍。罗绮簇宫商,共歌清美。　　琼浆泛泛满金尊,莫惜沉醉,莫惜沉醉,永日长游衍。愿乐嘉宾,嘉宾式燕。

讫,乐官又奏《折花令》。队头妓二人对舞,进花瓶,前作折花状,舞退。乐官奏《水龙吟令》。两队十二人回旋而舞。讫,唱《水龙吟令》(洞天景色)词曰:

　　洞天景色常春,嫩红浅白开轻萼。琼筵镇起,金炉烟重,香凝锦幄。窈窕神仙,妙呈歌舞,攀花相约。彩云月转,朱丝网徐在,语笑抛球乐。　　绣袂风翻凤举,转星眸、柳腰柔弱。头筹得胜,欢声近地,光容约。满座佳宾,喜听仙乐,交传觥爵。龙吟欲罢,彩云摇曳,相将归去寥廓。

讫,乐官奏《小抛球乐令》,左队六人舞,一面一背。讫,齐立,乐止,全队唱《小抛球乐令》词曰:

　　两行花窕占风流。缕金罗带系抛球。玉纤高指红丝网,大家著意胜头筹。

讫,队头一人进球,门前唱:

　　满庭箫鼓簇飞球。丝竿红网总台头。

作抛球戏。中则全队拜。讫,右队六人舞,一面一背。讫,齐立,乐止,全队唱《小抛球》词。讫,队头一人进球,门前唱前词,作抛球戏,中则全队拜。讫,左二人如前仪唱:

　　频歌覆手抛将过,两行人待看回筹。

讫,右二人如上仪唱前词。讫,左三人如上仪唱:

　　五花心里看抛球。香腮红嫩柳烟稠。

讫,右三人如上仪唱前词。讫,左四人如上仪唱:

　　清歌叠鼓连催促,这里不让第三头。

讫,右四人如上仪唱前词。讫,左五人如上仪唱:

　　箫鼓声声且莫催。彩球高下意难裁。

讫,右五人如上仪唱前词。讫,左六人如上仪唱:

　　恐将脂粉均妆面,羞被狂毫抹污来。

讫,右六人如上仪唱前词。讫,乐官奏《清平令》,左右队向北立,舞《破子》。讫,唱:

　　满庭罗绮流粲。清朝画楼开宴。似初发芙蓉正烂熳。金尊莫惜频劝。近看柳腰似折。更看舞回流雪。是欢乐、宴游时节。且莫催、欢歌声阕。

讫,乐官奏《小抛球乐令》,竹竿子二人进。乐止,口号致语曰:"七般妙舞,已呈飞燕之奇;数曲清歌,且冀贯珠之美。再拜阶前,相将好去。"讫,退。左右十二人依次舞退。

莲花台

舞队、乐官及妓衣冠行次如前仪。置二蛤笠于前。两童女齐行横立。乐官奏《五云开瑞朝引子》。妓二人奉竹竿子分左右入于前。童女坐。乐止。竹竿子口号曰:"绮席光华卜昼开,千般乐事一时来。莲房化出英英态,妙舞妍歌不世才。"讫,对立。乐官奏《众仙会引子》。童女入舞。讫,复位。奏《白鹤子》。讫,左童女起,而与右童女唱《微臣词》:"住在蓬莱,下生莲蕊。有感君王之德化,来呈歌舞之欢娱。"讫,乐官奏《献天寿令慢》。左童女左右手三跪舞。讫,乐止。两童女唱《献天寿令》(日暖风和)词。讫,乐官奏《嗺子令》。左童女舞。讫,两童女唱《嗺子令》(阆苑人间)词。讫,乐官奏《三台令》。左童女舞。讫,乐官奏《贺圣朝》。左先舞。讫,右舞。讫,乐官奏《班贺舞》。两童女或面或背,三进退,舞蹈而进,跪而取笠。起著,舞如前仪,三进退。讫,乐官奏《五云开瑞朝引子》。竹竿子少进而立,口号曰:"雅乐将终,拜辞华席。仙韶欲返,遥指云程。"讫,退。两童女再拜而退。

《莲花台》本出于拓拔魏。用二女童鲜衣帽,帽饰金铃,抃转有声。其来也,于二莲花中藏之,花坼而后见。舞中之雅妙者。其传久矣。

《惜奴娇曲破》

春早皇都冰泮。宫沼东风布轻暖。梅粉飘香,柳带弄色,瑞霭祥烟凝浅。正值元宵,行乐同民总无闲。肆情怀,何惜相邀,是处里容款。　　无算。仗委东君遍。有风光、占五陵闲散。从把千金,五夜继赏,并彻春宵游玩。借问花灯,金琐琼瑰果曾罕。洞天里,一掠蓬瀛,第恐今宵短。

夸帝里。万灵咸集,永卫紫陌青楼,富臻既庶矣。四海升平,文武功勋盖世。赖圣主,兴贤佐,恁致理。　　气绪凝和,会景新、访雅致。列群公锡宴在迩。上元循典,胜古高超荣异。望绛霄、龙香飘飘旖旎。

景云披靡。露泹轻寒若水。尽是游人才美。陌尘润、宝沈递。笑指扬鞭,多少高门胜会。况是。只有今夕誓无寐。

盛日凝理。羽巢可窥。阆苑金关启扉。烃连宵、宁防避。暗尘随马,明月逐人无际。调戏。相歌秾李未阑已。

骋轮纵勒,翠羽花钿比织。并雅同陪,共越九衢遍,尽遂逸。料峭云容,香惹风、萦怀袂。遍寓目,几处瑶席绣帷。

莫如胜概,景压天街际。彩鳌举、百仞耸倚。凤舞龙骧,满目红光宝翠。动霓色,余霞映,散成绮。　　渐灼兰膏,覆满青烟罩地。簇宫花、捆荡纷委。万姓瞻仰,莘莘云龙香细。共稽首,同乐与,众方纪。

楼起霄宫里。五福中天纷绛瑞。弦管齐谐,清宛振逸天外。万舞低回纷绕,罗纨摇曳。顷刻转轮归去,念感激天意。　　幸列熙台,洞天遥遥望圣梓。五夕华胥,鱼钥并开十二。圣景难逢无比。人间动且经岁。婉娩蹰躇,再拜五云迤逦。

《万年欢慢》

禁籞初晴,见万年枝上,工啭莺声。藻殿连云,萍曦高照檐楹。好是帘开丽景,袅金炉、香暖烟轻。传呼道、天跸来临,两行拱引簪缨。　　看看筵敞三清。洞宝玉杯中,满酌犀觥。烂熳芳葩,斜簪庆快春情。更有箫韶九奏,簇鱼龙、百戏俱呈。吾皇愿、永保洪图,四方长乐升平。

当今圣主,理化感四塞,永减狼烟。太平朝野无征战,国内晏然。风调雨顺歌声喧。箫韶韵,九奏钧天。愿王永寿,比南山、更奏延年。　　婷妁要肢轻婀娜。学内样、深深梳果。如五凤双鸾相对舞,随腰带、乍游琐。莺幕、满头花,见绿杨摸簌。金阶献,一庭细管繁弦里,谁把殢抛过。

舞鸾双鬐,香兽低。散瑞景烟微。投袂翩翩,趁拍迟迟。按曲度瑶池。　曲遍新声,敛绣衣跪。彩袖高捧琼卮。指月中丹桂。春难老,祝仙寿维祺。

《忆吹箫慢》

血洒霜罗,泪薄艳锦,伊方教我成行。渐望断、斜桥暮柳,曲水归云。月暗风高露冷,独自才抵孤城。江南远,今夜就中,愁损行人。

愁人。旧香遗粉,空淡淡余暖,隐隐残痕。到这里、思量是我,忒□无情。水更无情侣(应为"似"之误)我,催画航、一日三程。休烦恼,相见定约新春。

《洛阳春》

纱窗未晓黄莺语。蕙炉烧残炷。锦帷罗幕度春寒,昨夜里三更雨。　绣帘闲倚吹轻絮。敛眉山无绪。把花拭泪向归鸿,问来处、逢郎不。

《月华清慢》

雨洗天开,风将云去,极目都无纤翳。当遇中秋夜,静月华如水。素光晃、金屋楼台,清气彻、玉壶天地。此际。比无常三五,婵娟特异。　因念玉人千里。待尽把愁肠,分付沈醉。只恐难当漏尽,又还经岁。最堪恨、独守书帏,空对景、不成欢意。除是。问姮娥觅取,一枝仙桂。

《转花枝令》

平生自负,风流才调。口儿里、道知张郑赵。唱新词,改难令,总知颠倒。解刷扮,能咲噉,表里都峭。每遇著、饮席歌筵,人人尽道。可惜许老了。　阇家大伯曾教来,道人生、但宽怀不须烦恼。遇良辰,当美景,追欢买笑。剩活取百千年,只恁厮好。若限满、鬼使来追,待倩个、掩通著到。

《感皇恩令》

骑马踏红尘,长安重到。人面依前似花好。旧欢才展,又被新愁分了。未成云雨梦,巫山晓。　千里断肠,关山古道。回首高城似天杳。满怀离恨,付与落花啼鸟。故人何处也,青春老。

和袖把金鞭,腰如束素。骑介驴儿过门去。禁街人静,一阵香风满路。凤鞋宫样小,弯弯露。　蓦地被他,回眸一顾。便是令人断肠处。愿随鞭镫,又被名缰勒住。恨身不做个,闲男女。

《醉太平》

厌厌闷著。厌厌闷著。奴儿近日听人咬,把初心忘却。　教人病深谭摧拙。凭谁与我分说破,仔细思量怎奈何,见了伏些弱。

《夏云峰》

宴堂深。轩楹雨,轻压暑气低沈。花洞彩舟泛斝,坐绕清浔。楚台风快,湘潭冷、永日披襟。坐久觉、疏弦脆管,时换新音。　越娥兰态蕙心。呈妖艳、泥欢邀宠难禁。楚上笑歌间发,鳥履交侵。醉乡归处,须尽兴、满酌高吟。向此免、名缰利锁,虚费光阴。

《醉蓬莱慢》

渐亭皋叶下,陇首云飞,素秋新霁。华阙中天,锁葱葱佳气。嫩菊黄深,拒霜红浅,近宝阶香砌。玉宇无尘,金茎有露,碧天如水。

正值升平,万机多暇,夜色澄鲜,漏声迢递。南极星中,有老人呈瑞。此处宸游,凤辇何处,度管弦清脆。太液波翻,披香帘卷,月明风细。

《黄河清慢》

晴景初升风细细。云收天淡如洗。望外凤凰双阙,葱葱佳气。朝罢香烟满袖,近臣报、天颜有喜。夜来连得封章,奏大河、彻底清泚。　君王寿与天齐,馨香动上穹,频降嘉瑞。大晟奏功,六乐初调清徵。合殿春风乍转,万花福、千官尽醉。内家传敕,重开宴、未央宫里。

《还宫乐》

喜贺我皇,有感蓬莱,尽降神仙。到乘鸾驾鹤御楼前。来献长寿仙丹。　玉殿阶前排筵会,今宵秋日到神仙。笙歌寥亮呈玉庭,为报圣寿万年。

《清平乐》

真主玉历成康。德睿宁安国中良。时和岁丰稔,民阜乐、何情泚,瑞木呈日五色,月华重有光。更羽鹤来仪凤凰。万邦乡。齐供明皇。祝遐龄、圣寿无疆。

《荔子丹》

斗巧宫妆扫翠眉。相唤折花枝。晓来深入艳芳里,红香散,露泹在罗衣。　盈盈巧笑咏新词。舞态画娇姿。袅娜又回迎宴处,簇神仙、会赴瑶池。

《水龙吟慢》

玉皇金阙长春,民仰高天欣戴。年年一度定佳期,风情多感慨。绮罗竞交会。争折花枝两相对。舞袖翩翩歌声妙,掩粉面、斜窥翠黛。　　锦额门开彩架,球儿裳、先秀神仙队。融香拂席霓裳动,铿锵环佩。宝座巍巍五云密,欢呼争拜退。管弦众作欲归去,愿吾皇、万年恩爱。

《倾杯乐》

禁漏花深,绣工日永,蕙风布暖。渐韶景、都门十二,元宵三五,银蟾光满。连云复道凌飞观。耸皇居丽,嘉气瑞烟葱蒨。翠华宵幸,是处层城阆苑。　　龙凤烛、交光星汉。对咫尺鳌山开雉扇。会乐府两籍神仙,梨园四部弦管。渐晓色、都人未散。盈万井、山呼鳌拚。愿岁岁,天仗里、常瞻凤辇。

《太平年慢·中腔唱》

皇州春满群芳丽。散异香旖旎。鳌宫开宴赏佳致。举笙歌鼎沸。永日迟迟和风媚。柳色烟凝翠。惟恐日西坠。且乐欢醉。

《金殿乐慢·踏歌唱》

驾紫鸾辂。乘风缥缈游仙。红霓蘸影,近瑶池、鹤戏芝田。临蕙圃、饮琼泉。上萧台、遥瞻九天。对真人蕊书亲授,已向南宫住长年。

清夜无尘。月色如银。酒斟时、须满十分。浮名浮利,休苦劳神。叹隙中驹,石中火,梦中身。　　虽把文章,开口谁亲。且逍遥、乐取天真。几时归去,作个闲人。对一张琴,一壶酒,一溪云。

《安平乐》

开琼筵,庆佳辰。彩帝当中月华明。笙歌乐、如梦幻,望丹山彩凤,飞舞邃庭。　　遐艳异、寿杯同斟。抃舞讴歌浃欢声。方今永永太平。更衍多男,共集锦昌寿恩。

《爱月夜眠迟慢》

禁鼓初敲,觉六街夜悄,车马人稀。暮天澄淡,云收雾卷,亭亭皎月如珪。冰轮碾出遥空,无私照临千里。最堪怜、有情风,送得丹桂香微。　　惟愿素魄长圆,把流霞对饮,满泛觥觞。醉凭栏处、赏玩不忍,辜却好景良时。清歌妙舞连宵,踟蹰懒入罗帏。任佳人、尽嗔我,爱月每夜眠迟。

《惜花春起早慢》

　　向春来,睹林园,绣出满槛鲜萼。流莺海棠枝上弄舌,紫燕飞绕池阁。三眠细柳,垂万条、罗带柔弱。为思量,昨夜去看花,犹自班驳。　　须拚尽日樽前,当媚景良辰,且恁欢谑。更阑夜深秉烛,对花酌、莫辜轻诺。邻鸡唱晓,惊觉来、连忙梳掠。向西园、惜群葩,恐怕狂风吹落。

《帝台春慢》

　　芳草碧色,萋萋遍南陌。暖絮乱红,也似知人、春愁无力。忆得盈盈拾翠侣,共携赏、凤城寒食。到今来,海角逢春,天涯为客。　　愁旋释。还似织。泪暗拭。又偷滴。漫倚危阑,尽黄昏,也只是、暮云凝碧。拚则而已今拚了,忘则怎生便忘得。又还问鳞鸿,试重寻消息。

《千秋岁令》

　　想风流态,种种般般媚。恨别离时太容易。香笺欲写相思意。相思泪滴香笺字。画堂深,银烛暗,重门闭。　　似当日、欢娱何日遂。愿早早相逢重设誓。美景良辰莫轻拚,鸳鸯帐里鸳鸯被。鸳鸯枕上鸳鸯睡。似恁地,长恁地,千秋岁。

《风中柳令》

　　爱鬓云长,惜眉山,寻乍相见,一时眠起。为伊尚验,未欲将言相戏。早樽前、会人深意。　　霎时间阻,眼儿早巴巴地。便也解、封题相寄。怎生是款曲,终成连理。管胜如、旧来识底。

《汉宫春慢》

　　春日迟迟。称游人、尽日赏燕芳菲。新荷泛水,渐入夏景云奇。炎光易息,又早是、零落风西。白露点,黄金菊蕊,朝云暮雪霏霏。　　光阴迅速如飞。邀酒朋共欢,且恁开眉。清歌妙舞,更兼玉管瑶篪。人生易老,遇太平、且乐嬉嬉。莫待解,朱颜顿觉,年来不似当时。

《花心动慢》

　　[暑](署)逼芳襟,甚全无因依,便教人恶。赖有枕溪百尺,朱楼映日,数重香箔。驮冰围定犹嫌暖,红日绽、雨收残脚。漫试取,红绡弄雪,碎琼推削。　　妆罢低云未掠。叶叶地仙衣,剪轻裁薄。汗洒泪珠,急捧金盘,向前颗颗盛却。凤凰双扇相交扇,越捆就、越腰肢弱。待做个、青纱罩儿罩着。

《花心动》

仙苑春浓,小桃,枝枝已堪攀折。乍雨乍晴,轻暖轻寒,渐近赏花时节。柳摇台榭东风软,帘栊静、幽禽调舌。断魂远、闲寻翠径,顿成愁结。　　此恨无人共说。还立尽黄昏,寸心空切。强整绣衾,独掩朱扉,簟枕为谁铺设。夜长更漏传声远,纱窗映、银缸明灭。梦回处,梅梢半笼淡月。

《雨霖铃》

寒蝉凄切。向长亭晚,骤雨初歇。都门帐饮无绪,方留恋处、兰舟初催发。执手相看泪眼,竟无语凝噎。念去去、千里烟波,暮霭沉沉楚天阔。　　多情自古伤离别。更那堪、冷落清秋节。今宵酒醒何处,杨柳岸、晓风残月。此去经年,应是良辰、好景虚设。便纵有、千种风情,更与何人说。

《行香子慢》

瑞景光融。换中天霁烟、佳气葱葱。皇居崇壮丽,金碧辉空。彤霄外、瑶殿深处,帘卷花影重重。迎步辇、几簇真仙,贺庆寿新宫。方逢。圣主飞龙。正休盛大宁,朝野欢同。何妨宴赏,奉宸意慈容。韶音按、露觞将进,蕙炉飘馥香浓。长愿承颜,千秋万岁,明月清风。

《雨中花慢》

宴阕倚栏郊外,乍别芳姿,醉登长陌。渐觉联绵离绪,淡薄秋色。宝马频嘶,寒蝉晚、正伤行客。念少年踪迹。风流声价,泪珠偷滴。从前与、酒朋花侣,镇赏画楼瑶席。今夜里、清风明月,水村山驿。往事悠悠似梦,新愁苒苒如织。断肠望极。重逢何处,暮云凝碧。

《迎春乐令》

神州丽景春先到。看看是、韶光早。园林深处东风过,红杏里、莺声好。　　漠漠青烟远远道。触目是、绿杨芳草。莫惜醉重游,逡巡又、年华老。

《浪淘沙令》

有个人人。飞燕精神。急锵环佩上华裀。捉拍尽随袖红举,风柳腰身。　　簌簌轻裙。妙尽尖新。曲终独立敛香尘。应是四肢娇困也,眉黛双颦。

《御街行令》

燔柴烟断星河曙。宝辇回天步。端门羽卫簇雕阑,六乐舜韶先举。鹤书飞下,鸡竿高耸,恩需均寰宇。　　赤霜袍烂飘香雾。喜色成春煦。九仪三事仰天颜,八彩旋生眉宇。椿龄无尽,罗图有庆,常作乾坤主。

《西江月慢》

烟笼细柳,映粉墙、垂丝轻袅。正岁稍暖律风和,装点后苑台沼。见乍开、桃若燕脂染,便须信、江南春早。又数枝、零乱残花,飘满地、未曾扫。　　幸到此、芳菲时渐好。恨间阻、佳期尚杳。听几声、云里悲鸿,动感怨愁多少。谩送目、层阁天涯远,甚无人、音书来到。又只恐、别有深情,盟言忘了。

《游月宫令》

当今圣主座龙楼,圣寿应天长,实钱喷香烟,玄宗游月宫。海晏河清,盛朝侍,群臣喜呼万岁,万人民,开乐业,愿吾皇、增福寿。

《少年游》

芙蓉花发去年枝。双燕欲归飞。兰堂风软,金炉香暖,新曲动帘帷。

《桂枝香慢》

暖风迟日,正韶阳时节,淑景明媚。一霎雨打红桃,花落满地。[□]闺独坐帘高卷,困春容、懒临香砌。自从檀郎,金门献赋,不绝朱翠。　　闻上国、才有书回,应贤良明庭,已擢高第。拆破香笺,离恨却成新喜。早教宴罢琼林苑,愿归来、永同连理。这回良夜,从他桂枝,香惹鸳被。

《庆金枝令》

莫惜金缕衣。劝君惜、少年时。花开堪折直须折,莫待折空枝。　　一朝杜宇才鸣后,便从此、歇芳菲。有花有酒且开眉,莫待满头丝。

《百宝妆》

一抹弦器,初宴画堂,琵琶人把当头。髻云腰素,仍占绝风流。轻拢慢捻,生情艳态,翠眉黛颦,无愁谩似愁。变新声曲,自成拨索,共听一奏梁州。　　弹到遍急敲颖,分明似语,争知指面纤柔。坐中无语,惟断续金虬。曲终暗会王孙意,转步莲、徐徐卸凤钩。捧瑶觞,为喜知音,劝佳人、沉醉迟留。

《满朝欢令》

未央宫阙丹霞住。十二玉楼挥锦绣。云开雉扇卷珠帘,烟粉龙香添瑞兽。　　瑶觞一举箫韶奏。环佩千官齐拜首。南山翠应北华高,共献君王千万岁。

《天下乐令》

寿星明久。寿曲高歌沈醉后。寿烛荧煌。手把金炉,燃一寿香。满斟寿酒。我意殷勤来祝寿。问寿如何。寿比南山福更多。

《感恩多令》

罗帐半垂门半开。残灯孤月照窗台。北斗渐移天欲曙、漏更催。携手劝君离别酒,泪和红粉滴金杯。呜咽问君今夜去、几时回。

《临江仙慢》

梦觉小庭院,冷风渐渐,疏雨潇潇。绮窗外,秋声败叶狂飘。心摇。奈寒漏永,孤帏悄,泪烛空烧。无端处,是绣衾鸳枕,闲过清宵。萧条。牵情系恨,争向年少偏饶。觉新来、憔悴旧日风标。魂消。念欢娱事,烟波阻、后约方遥。还经岁,问怎生禁得,如许无聊。

《解佩令》

脸儿端正。心儿峭俊。眉儿长、眼儿入鬓。鼻儿隆隆,口儿小、舌儿香软。耳垛儿、就中红润。　项如琼玉,发如云鬓。眉如削、手如春笋。妳儿甘甜,腰儿细、脚儿去紧。那些儿、更休要问。

第三节　柳永《望海潮》的异域接受与本土反响

就宋代当时而言,柳永应该是最具有国际影响的一位词人。吴熊和先生《高丽唐乐与北宋词曲》研究《高丽史·乐志》中所收北宋词曲时指出:"《高丽史·乐志》所载七十四首北宋词曲……这些远播海外的大曲小唱,有十五首可考为柳永等人所作。"自注:"柳永八首:《转花枝》《夏云峰》《醉蓬莱》《倾杯乐》《雨淋铃》《浪淘沙》《御街行》《临江仙》。"此外,晏殊一首,欧阳修一首,苏轼一首,李甲一首,阮逸女一首,赵企一首,晁端礼一首[1]。可见,在传播到高丽的词作中,有姓名可靠者,柳永一人的词作,即超过总数的一半。

韩国学者车柱环在《高丽与中国词学的比较研究》中指出:高丽睿宗(1097—1122年在位)能写汉诗、吟汉诗,并常与群臣举行诗会。睿宗十一年四月庚午日,幸行金刚、兴福两寺,回永明寺,于楼船设宴款待王宰枢及侍臣,

---

[1] 吴熊和:《高丽唐乐与北宋词曲》,《吴熊和词学论集》,杭州大学出版社,1999年版,第35页。

并将其所作仙侣调之《临江仙》宣示群臣:"在留传迄今之中国词集中,刊有乐调者有柳永之《乐章集》一书。在《乐章集》第三册中收录有仙侣调之《临江仙》词一篇。且高丽唐乐之散词即以小曲歌词之一保存于柳永之同词集。当然睿宗之词是否参考甚至模仿柳永之《乐章集》,或唐乐散词之仙侣调《临江仙》词,则不得而知。"①从高丽睿宗仙侣调《临江仙》收录于柳永《乐章集》,《乐章集》中也有仙侣调《临江仙》词推测,高丽睿宗的这首词,应该是追和或者模仿柳永词而作。

对于柳词传入高丽的时间及途径,吴熊和先生论证说:"宋神宗时代向以词曲兴盛着称。北宋与高丽的音乐交流,在宋神宗时期就臻于极盛……熙宁、元丰间,柳永与晏、欧词传唱正盛,声播遐迩……柳永《乐章集》依宫调编排,本是教坊习用的唱本,比晏、欧二家词更为流行……通过教坊子弟,把柳永词传入高丽,合乎当时的时代风气,不足为怪。"②通过教坊子弟传播,也就是说柳永词的域外高丽传播,其实是政府行为,而非民间行为。这与当年仁宗时柳词的遭遇已经大不相同。

南宋叶梦得《避暑录话》卷下载:"予仕丹徒,尝见一西夏归明官云:凡有井水饮处,即能歌柳词。言其传之广也。"③此话含有三意:柳词传唱广远;柳词确实可歌;最重要的是柳词传唱到西夏。正如吴熊和先生所说:"《避暑录话》卷下还说在西夏,'凡有井水饮处,即能歌柳词'。"④"凡有井水饮处,即能歌柳词",其实是说在西夏柳词传播之广,否则,叶梦得记载中强调其人身份即西夏归明州官,就毫无意义了。《宋史》卷四四五叶梦得本传载:"绍圣四年,登进士第,调丹徒尉。徽宗朝,自婺州教授召为议礼武选编修官。"⑤那么,叶梦得所载仕丹徒见西夏归明官及其所说柳词传唱到西夏,被广泛传唱之事,发生在北宋哲宗时,而柳词之在西夏广远传唱,还在此之前。

北宋时期,柳词是否传唱到契丹辽、安南等国,资料乏载,很难臆测。对日本,不止北宋,包括南宋,柳词应该没有传入。当然,未在日本传播的,也不限于柳词。日本学者喜田神一郎曾分析过日本五山文学缺少词文体的原因时认为:"填词是宋代文学的精华,但是,为什么受到宋代文学影响的五山文学里没

---

① 车柱环:《高丽与中国词学的比较研究》,《词学》第九辑,华东师范大学出版社,1992年版,第123、124页。
② 吴熊和:《高丽唐乐与北宋词曲》,《吴熊和词学论集》,第44、45页。
③ (宋)叶梦得著:《避暑录话》,中华书局,1985年版,第49页。
④ 吴熊和:《高丽唐乐与北宋词曲》,《吴熊和词学论集》,第45页。
⑤ (元)脱脱等:《宋史》,中华书局,1977年版,第13132页。

有填词的痕迹呢？根据一部分学者的看法，连元代的戏曲也被到元朝去的僧侣带了回来，最终成为能乐的起源。如果说五山文学本来是僧侣的业余的东西，而像尝试属于狂言绮语的填词的行为是僧侣严格禁止的部分的话，这个说法也大体能让人首肯。"①由整个五山时代鲜有填词这个现象，推测彼时宋词不在日本传播，应该合乎情理。

就在北宋灭亡前夕，柳词又传入刚刚建国十年的女真金，得到金国上层的欣赏。而在南宋人及后世的记载中，柳永《望海潮》词，竟然引发了金主南下侵宋，直接引发了一场战争，成为古代文学传播的一个极端例子。

一、异域传播：一首词引发一场战争

现知最早记载柳永《望海潮》词引发金主南侵的，是南宋罗大经。其《鹤林玉露》云："孙何帅钱塘，柳耆卿作《望海潮》词赠之云：'东南形胜，三吴都会，钱塘自古繁华。烟柳画桥，风帘翠幕，参差十万人家。云树绕堤沙。怒涛卷霜雪，天堑无涯。市列珠玑，户盈罗绮，竞豪奢。　　重湖叠巘清佳。有三秋桂子，十里荷花。羌管弄晴，菱歌泛夜，嬉嬉钓叟莲娃。千骑拥高牙，乘醉听箫鼓，吟赏烟霞。异日图将好景，归去凤池夸。'此词流播，金主亮闻歌，欣然有慕于'三秋桂子、十里荷花'，遂起投鞭渡江之志。"②所谓"孙何帅钱塘"，吴熊和先生已考证为"孙沔"之误③，于其事并无疑词。罗大经自序《鹤林玉露》丙编时为淳祐壬子，即理宗淳祐十二年（1252）。但《渊鉴类函》卷三十二"湖二·西湖"，引《闻见后录》，已与此相同，惜今本《邵氏闻见后录》无。

宋宇文懋昭《大金国志》卷十五所载，则增加了细节，其"海陵炀王"下，正隆六年辛巳"七月，国主南迁汴京"后，"国主一日坐正隆殿，召臣下问曰"云云，释文曰："时国主与梁大使及妃嫔数人在宫游观，闻人唱曲子，其词乃柳耆卿作《望海潮》也，只咏钱唐之景，帝喜，随声而入。其唱者李贵儿出迎，主问曰：'适唱何词？'贵儿曰：'《望海潮》。'梁大（司）[使]曰：'此神仙词也。'既而后亦到，遂饮酒。时汴守孔彦舟进木樨一株，主喜，梁大使曰：'此花乃江南植，以为薪。'于是主问：'朝中谁曾往江南？'梁大使曰：'有兵部尚书胡邻曾到。'遂召之，首问钱唐之景。邻曰：'江南扬州琼花，润州、金山、平江、姑苏、钱塘、西湖，

---

① ［日］喜田神一郎著，程郁缀、高野雪译：《日本填词史话》，北京大学出版社，2000年版，第13页。
② （宋）罗大经撰：《鹤林玉露·丙编》卷一，中华书局，1983年版，第241页。
③ 吴熊和：《刘永与孙沔得交游及柳永卒年新证》，见《吴熊和词学论文集》，第196—206页。

尤为天下美观,其他更有多多美景,但臣迹不得到,只此数景,天下已罕,况于他乎?'主闻之大喜,遂决意南征。"①《大金国志》其书,存在多种问题,元人苏天爵《滋溪文集》卷二十五《三史质疑》,清初王士禛《池北偶谈》卷十八《契丹大金二国志》,清代《四库全书总目提要》、李慈铭《荀学斋日记》,当代学者余嘉锡《四库提要辨证》、邓广铭《〈大金国志〉和〈金人南迁录〉的真伪问题两论》、刘浦江《再论〈大金国志〉的真伪兼评〈大金国志校证〉》,等等,都指出书中种种谬误。但正如李秀莲所论:"《大金国志》诸多不足是客观存在的,但它能流传不废本身也证明了其价值的存在","尽管《大金国志》备受争议,但对于金代历史资料而言,其价值仅次于《金史》。而且,随着对《大金国志》认识的深入,以及历史研究领域的拓展,《大金国志》的史料价值将会进一步挖潜"。②《大金国志》的成书时间,书前有宇文懋昭端平元年《经进〈大金国志〉表》(以下简称《进书表》),即金亡之年。这个时间,及《进书表》中其他一些问题,引起历代学者广泛讨论,也是致使《大金国志》遭到怀疑甚至否定的关键原因。赵葆寓先生据此考证《大金国志》的成书年代,指出《进书表》是元代至正三年以后的托伪之作,非宇文懋昭作;《大金国志》成书于元代③。在没有更为确凿证据证明该书作者及其成书年代之前,我们认为,《大金国志》是宋末元初人宇文懋昭所著,虽有种种问题,但史料价值不容否定。即以金主完颜亮听唱柳永《望海潮》词而言,就与《鹤林玉露》大体相合。

后来,宋末元初宋无《啽呓集》、元代刘一清《钱塘遗事》卷一,皆沿袭《鹤林玉露》的说法而不变。至明代,情况发生变化,此词传播过程增加了一些另外的情节。陈耀文《天中记》卷十引《异苑》:"孙何帅钱塘,柳耆卿作《望海潮》词赠之,内有'三秋桂子,十里荷花'之句。此词流播,金主亮闻之,瞵然起投鞭渡江之想,命画工潜入临安,图西湖揭软屏间,貌己像策马吴山之巅,题其上曰:'万里车书盍会同?江南岂有别疆封。提兵百万西湖上,立马吴山第一峰。'谢处厚诗云:'谁把杭州曲子讴,荷花十里桂三秋。那知卉木无情物,牵动长江万里愁。'绍兴淳熙间,君相纵逸,耽乐湖山,无复新亭之泪,是以论者以西湖为尤物,比之西施之破吴也。张志道诗云:'荷花桂子不胜悲,江界年华忆昔时。天目山来孤凤歇,海门潮去六龙移。贾充误世终无策,庾信哀时尚有词。莫向中

---

① (宋)宇文懋昭撰,崔文印校证:《大金国志校证》,中华书局,1986年版,第207页。
② 李秀莲:《试析〈大金国志〉资料来源及其史料价值》,《绥化学院学报》,2006年第2期,第98,99页。
③ 赵葆寓:《关于〈大金国志〉的成书年代问题》,《黑龙江文物丛刊》,1984年第3期,第55页。

原夸绝景,古今遗恨是西施。'"①田汝成《西湖游览志余》记载柳永上《望海潮》词于孙何后亦云:"此词流播,金主亮闻之,瞯然起投鞭渡江之想,命画工潜入临安,图西湖揭软屏间,貌己像策马吴山之巅,题其上曰……其时有谢处厚者咏其事云……"明杨循吉《金小史》所载,与之同。派遣画工及画像题诗之事,为《大金国志》和《鹤林玉露》所无,但它又确实来自宋人笔下。李心传《建炎以来系年要录》:绍兴二十九年十一月,"丙子金国贺正旦使施宜生、副使耶律翼见于垂拱殿……宜生闽人,焘以首邱桑梓语之。宜生敬焘,颇漏敌情。焘密奏之,且言宜早为之备。上深然其说。亮又隐画工于中,即使密写临安之湖山城郭以归,既则绘为屏,而图己之像策马于吴山绝顶,后题以诗,有'立马湖山第一峰'之句,盖亮所赋也。"注:"此据《金亮本末》增修。宋翌云:此诗翰林修撰蔡珪作,诡曰御制。按世传亮词句颇多,未必珪作也。王敦诗作《王之望文集序》曰:亮赠其相温都诗曰:'一醉吴山顶上峰',与此小异。"②岳珂《桯史》云:"金酋亮未篡伪,封岐王,为平章政事,颇知书,好为诗词,语出辄崛疆,愁愁有不为人下之意,境内多传之……及得志,将图南牧,遣我叛臣施宜生来贺天申节,隐画工于中,使图临安之城邑,及吴山、西湖之胜以归。既进绘事,大喜,瞯然有垂涎杭、越之想。亟命撤坐间软屏,更设所献,而于吴山绝顶,貌己之状,策马而立,题其上曰……"③至明代,柳永《望海潮》词,与金主完颜亮南侵之事,建立了完整的联系。这当然是明人的演绎,但也不是所有明人都接受,如明徐伯龄《蟫精隽》卷十五,即仅录完颜亮听词决意南侵事。清人,则多绾合听歌、图像二事,特别是徐干学《资治通鉴后编》(卷一一八)、李有棠《金史纪事本末》(卷二十七)两部史书,也接受这两个情节,可以说,《望海潮》在异域金的政治化接受过程,彻底完成。

  通过以上的梳理,我们大致可以确定:柳永《望海潮》词,确实与金主完颜亮南侵有一定关系。但是,我们不赞成这样的说法,认为是《望海潮》导致金兵南下;没有《望海潮》,金兵不会南下。结合宋、辽、金正史,及各种笔记可知,金主亮汉化程度很高,一向仰慕江南文明,南侵之心素蓄;阻止其南下的大臣甚至嫡母,都被他杀害了;在其积极筹划侵宋时,恰巧听到宫女唱柳永《望海潮》,词中描写的江南城市繁华,风景的美丽,人民的和乐,强烈刺激他的欲望,更坚定了他侵宋的决心。所以,《望海潮》是完颜亮南侵的导火索,不是决定因素。

---

① (明)陈耀文:《天中记》卷一〇,《文渊阁四库全书》本。
② (宋)李心传:《建炎以来系年要录》卷一八三,中华书局,1956年版,第3067页。
③ (宋)岳珂撰,吴企明点校:《桯史》卷八"逆亮辞怪",中华书局,1981年版,第95页。

没有《望海潮》,金兵仍会南下,这是谁也阻止不了的。

二、本土反响:功过的争论与山水本态的恢复

对一首《望海潮》引发强金侵略的说法,宋人也做出了自己的回应。考察宋人的相关反响,我们可以从三个方面。

一是责怪柳永《望海潮》词招徕敌人。之所以责怪柳永,是因为他出言不慎。明代徐伯龄《蟫精隽》云:"南渡驻跸,留连为歌舞之场,遂忘中原,愚谓未必不因永词启之耳。悲夫!故君子言不可不慎也。"持这种看法的,以南宋谢驿为代表。其《杭州》诗云:"谁把杭州曲子讴?荷花十里桂三秋。那知卉木无情物,牵动长江万里愁。"①这首诗歌最早见录于罗大经《鹤林玉露·丙编》,前文已言。《鹤林玉露·丙编》作于理宗淳祐十二年(1252);而考谢驿,字处厚,建宁(今属福建)人,与张栻、张孝祥有交往,则当为高宗绍兴、孝宗淳熙时人,那么他关于柳词《望海潮》"三秋桂子,十里荷花"之句,招得金兵南下,掀起宋人长江万里愁恨的说法,亦当出现于南宋初年,比罗大经的文字记载要早出一个世纪左右。诗的首句,所谓"谁把杭州曲子讴",不是说金国宫廷中歌唱柳词的宫女李贵儿之流,而是指向词的作者柳永,一个"谁"字,已经暗寓责怪之意。次句,拈出《望海潮》词的名句,也是直接刺激金主亮神经的江南美景之形象描绘。三四句,说柳永哪里知道他笔下本无生命的花卉、草木,却牵动了宋人弥天的愁恨。"卉木无情"四字,不仅与下句"愁"之为情相对照,而且,呼应首句"谁"字,将责怪之意加了一重。根据陈元靓《岁时广记》卷三十一引杨湜《古今词话》,柳词本事为:"柳耆卿与孙相何为布衣交。孙知杭州,门禁甚严,耆卿欲见之不得,作《望海潮》词,往谒名妓楚楚曰:'欲见孙相,恨无门路。若因府会,愿借朱唇歌于孙相公之前。若问谁为此词,但说柳七。'中秋府会,楚楚宛转歌之,孙即日迎耆卿预坐。"②柳永当年流落江湖时,出于生计、出路考虑,到杭州拜谒时为地方官的孙沔(说见前),作《望海潮》词以歌颂之,所以把杭州描写得如人间天堂,哪里逆料到一个世纪后会成为一场战争的导火索?故谢驿的责怪,在道理上完全站不住。但身处宋金交战的年代,眼见金人恃强凌宋,造成生灵涂炭、民不聊生之人寰惨象;而得知金兵之来,竟然是由柳永此词招致,他不由得心生怨尤,此为人之常情,完全可以理解。

二是认为《望海潮》词不但无罪,反而有功;倒是西湖,妆点太平,使士大夫

---

① 傅璇琮等:《全宋诗》第 53 册,北京大学出版社,1998 年版,第 33311 页。
② (宋)杨湜:《古今词话》,唐圭璋:《词话丛编》第 1 册,中华书局,1986 年版,第 26 页。

忘记中原未复,才是大恨。罗大经《鹤林玉露·丙编》针对谢驿《杭州》诗,他说:"近时谢处厚诗云:'谁把杭州曲子讴?荷花十里桂三秋;那知草木无情物,牵动长江万里愁。'余谓此词虽牵动长江之愁,然卒为金主送死之媒,未足恨也。至于荷艳桂香,妆点湖山之清丽,使士夫流连于歌舞嬉游之乐,遂忘中原,是则深可恨耳。因和其诗云:'杀胡快剑是清讴,牛渚依然一片秋。却恨荷花留玉辇,竟忘烟柳汴宫愁。'盖靖康之乱,有题诗于旧京宫墙云:'依依烟柳拂宫墙,宫殿无人春昼长。'"① 金主亮正是在南下侵宋的战争中,败于宋室文官虞允文指挥的采石溃军,在败逃途中被下属杀死。所以,罗大经认为,柳永的《望海潮》词虽然牵动了宋人的万里愁情,但最终成为金主送死的诱因,不应该感到遗憾。而西湖凭借荷艳桂香,使士大夫耽于歌舞嬉乐,失却收复中原之志,才是真正的遗憾,大的遗憾。他的这首《和谢处厚》诗,涉及三个地点:牛渚、西湖、汴京。牛渚,代指虞允文大胜完颜亮的采石;西湖,代指南宋朝廷偷安的杭州,但诗中包含柳永词中的西湖(清讴),和以荷花留住皇帝玉辇的西湖;汴宫,代指沦陷后荒凉寂寞的汴京。但三个地点又形成两两对比:柳永以词"清讴"的明丽西湖,那个成为杀敌快剑的西湖,与同是杀敌之地的牛渚,是一重对比;十里荷花盛开的西湖,与烟柳缭绕的汴京,是一重对比;清讴中的西湖,与留玉辇的西湖,形成第三重对比。根据《续资治通鉴长编》《宋史》等史书记载,采石大捷发生在绍兴三十一年(1161)十一月,节令已是冬季,故这里的"秋"有肃杀、破败、冷落等意,与柳永词中"三秋桂子,十里荷花"的秋所具有的春天气息,正自不同。"杀""胡""快""恨""竟""愁"诸字,明确传达了诗人的爱恨感情。"却恨""未足恨""深可恨"之"恨",可见罗大经对南宋偏安一隅忘记收复大计,深感痛心。而对柳永《望海潮》词一曲清讴,引来金主亮主动送死,他使用一个"快"字,此"快"虽指剑快,但无疑有一种情绪畅快、痛快之意在,鲜明地表达了他内心的喜悦之情。

当赵宋王朝最后灭亡时,宋无也已弱冠。根据一般惯例,《全宋诗》收录了这位堪称赵宋遗民的诗人作品。宋无有《西湖》诗云:"故都日日望回銮,锦绣湖山醉里看。恋着销金锅子暖,龙沙忘了两宫寒。"自注:"孙何帅钱塘,柳永作《望海潮》词赠之,流播金国。金主亮闻'三秋桂子,十里荷花',遂起投鞭渡江之心。时人诗云:'谁把杭州曲子讴,荷香十里桂三秋。那知卉木无情物,牵动长江万里愁。'南渡驻跸留连,为歌舞之场,遂忘中原,悲夫!"在诗歌中,宋无说汴京天天盼望赵宋皇室回归,但南宋君臣迷恋杭州那个"销金锅",在纸醉金迷

---

① (宋)罗大经撰:《鹤林玉露·丙编》卷一,中华书局,1983年版,第241—242页。

中赏玩锦绣湖山,根本忘记了远在龙沙的徽、钦二帝。"暖"与"寒","恋"与"忘",也形成很大的反差。而在自注里,宋无重复柳词引来金主投鞭渡江的说法,这说明他也是相信这种说法的。他也引用谢驿诗,但未像罗大经那样明确表示自己的意见。接着,他直接表达对宋室南渡以后,驻跸杭州,歌舞娱乐,忘记中原的看法:可悲啊!正如《渊鉴类函》引《邵氏闻见后录》所论:"绍兴、淳熙间,君相纵逸,耽乐湖山,无复新亭之泪,是以论者以西湖为尤物,比之西施破吴也。"① 这样,就改变了谢驿诗歌的原意,将"长江万里愁"虚化为愁恨的比喻和夸张,将金兵渡江之愁变成宋廷遗忘中原之恨。虽说主意与罗大经一致,但又有所区别。

三是以柳词中所写,作为为西湖、杭州、江南,甚至一切美景的符号、代称、身份定义,而完全不涉及宋金战事、政治、文化等因素。如果说北宋赵抃"八面松阴笼古寺,三秋桂子下灵山"②、黄裳"诗笺酒盏游何处,十里荷花一叶舟"③、"归棹晚载荷花十里一钩新月"④、秦观"十里荷花菡萏初,我公所至有西湖"⑤等诗,还是因为诗人时处北宋未亡,金主亮南侵之战尚未发生,那么,李石"三秋桂子玉舒花,天上楼台出帝家"⑥、李曾伯"香名千载梅边雪,归路三秋桂子风"⑦、祖惟和"虽无千树桃花赋,却有三秋桂子图"⑧、周紫芝"画舸一帆烟浪,薰风十里荷花"⑨、洪皓"驱车宵济卢河去,十里荷花待入吴"⑩、张嵲"西湖十里荷花水,净洗觥船远祝翁"⑪、陆游"一汀苹露渔村晚,十里荷花野店秋"⑫、方恬"春闱试罢且徘徊,十里荷花浑未开"⑬、赵蕃"炎蒸三伏有无中,十里荷花四面

---

① (清)张英、王士禛等纂:《渊鉴类函》卷三二之湖四,中国书店,1985年版。
② (宋)赵抃:《次韵前人郡斋秋暑》,《全宋诗》第6册,北京大学出版社,1998年版,第4201页。
③ (宋)黄裳:《将游苕溪先寄同志》,《全宋诗》第16册,北京大学出版社,1998年版,第11095页。
④ (宋)黄裳:《喜迁莺》,《全宋词》,中华书局,1965年版,第5339页。
⑤ (宋)秦观:《东坡守杭》,《全宋诗》第18册,北京大学出版社,1998年版,第12153页。
⑥ (宋)李石:《扇子诗》,《全宋诗》第35册,北京大学出版社,1998年版,第22323页。
⑦ (宋)李曾伯:《宋交代董矩堂赴召》之二,《全宋诗》第62册,第38751页。
⑧ (宋)祖惟和:《题汪水云诗卷》,《全宋诗》第70册,第44083页。
⑨ (宋)周紫芝:《韦道深寄苕雪舟中六言五首》之一,《全宋诗》第26册,第17283页。
⑩ (宋)洪皓:《次韵朱少章潭园马上口占》之一,《全宋诗》第30册,第19182页。
⑪ (宋)张嵲:《寿王苏州》,《全宋诗》第32册,第20526页。
⑫ (宋)陆游:《秋夜泊舟亭山下》,《全宋诗》第39册,第24630页。
⑬ (宋)方恬:《至杭都游湖上》,《全宋诗》第48册,第29851页。

风"①,杨公远"十里荷花带月看,花和月色一般般"②,汪元量"去年月圆时,我在西湖十里荷花香"③,余知阁"几年魂绕浙城西,十里荷花漾锦陂"④,不但作者时至南宋,金主亮南侵之后,而且,诗句或直接咏写西湖,或写杭州,或写杭州、西湖的记忆,或风景似之,句中或用"三秋桂子",或出现"十里荷花",都来自柳永《望海潮》词,却既不涉及柳永及其词,更无关乎金主亮投鞭渡江之事,更不及对卉木、山水功过的评定,对南宋朝廷迷恋山水而忘记中原的批判。仿佛历史上不曾出现过一首词引发一场战争的事件,仿佛杭州、西湖自古就是这样,就是"三秋桂子、十里荷花"。这似乎是一种集体忘记,一种共谋的遗忘。但它恢复了杭州、西湖的本态,也恢复了柳词的原态,在更大范围内,更大程度上传播了柳永的《望海潮》。

三、余话

文学传播与接受,有其自身的规律。对待同一信息源,不同时代、不同地域、不同文化背景和身份地位的人,会有不同的接受。一首《望海潮》词,在北宋时期并未产生怎样大的社会影响,充其量只是使柳永的才华得到展示,得到地方官孙沔的赏识而已。而传播到金国,却引起金主南侵的欲望,引发一场战争。到南宋时期,宋人对这场战争与这首词关系的认识,也表现出较大的不同:一种是责怪与遗憾,认为柳词招祸,为宋人带来无尽的愁恨;一种是欣赏,认为柳词使金主亮南下送死,从而扭转了宋金局面,对宋而言是绝大好事。同样是"三秋桂子,十里荷花"的自然风光、自然卉木,金主亮由此想到整个江南、南朝(金人称"宋")的富庶和繁华,勾起他的占有欲、征服欲;而从北宋至南宋更多的接受者,则把它看作西湖、杭州、江南,甚至一切美景的符号,而完全不具有任何政治、战争、文化的因素在内。一首《望海潮》词的域外传播与本土反响,形象地揭示了文学传播与接受的内在规律,展现了文学接受层面的丰富性、多样性。

---

① (宋)赵蕃:《张帅置酒环波觞孙会之签判严造道主簿及蕃作绝句呈二君》,《全宋诗》第49册,第30767页。
② (宋)杨公远:《月下看白莲》,《全宋诗》第67册,第42098页。
③ (宋)汪元量:《幽州月夜酒边赋西湖月》,《全宋诗》第70册,第44007页。
④ (宋)余知阁:《绝句三首》之一,《全宋诗》第72册,第45555页。

第六章

政权对峙下的宋金词

政权对峙,为宋金词输入了许多新的血液,使宋金词各自风格、面貌得到强化,它们因对方的存在而凸显自己的特色。考察宋金对峙下的词坛,有多个视角,这里从宋代使金词、花草意象等角度展开。

第一节 弱势外交下的宋代使金词

金国自公元1115年立国,1127年灭北宋,至1234年灭亡,在与宋政权对峙一百多年的历史中,虽然两国时战时和,但是它对宋的军事、外交一直处于强势。相反,宋政权(主要是南宋)虽然在疆域面积、资源、文化上等占据优势,但在军事、外交上则处于劣势、弱势。两国之间的关系,开始为伯侄,后来改为叔侄,最后又改为伯侄,无论伯侄还是叔侄,宋始终是侄,低金一辈。宋代帝王接受金国国书,须起立以示尊重(范成大为祈请使使金,目的之一即是求免起立接受国书)。根据《金史·交聘表》的记载,宋人使金最频繁的活动,是常规性的、几乎每年都发生的节日庆贺:正旦、万寿节、万春节。卫绍王大安元年(宋嘉定二年,1209)、二年,增加贺万秋节,贺金帝尊号(加上尊号);宣宗贞祐三年(宋嘉定八年,1215)至兴定元年(宋嘉定十年),增加贺长春节;贺金帝生辰,贺即位、贺登位。其他,见诸记载的有:谢赐河南地、归父丧、迎护梓宫、乞罢兵、进誓表、谢归丧及母韦后,奉表祈请山陵地,岁时贡献,贡方物,谢赐戒谕,告哀,进帝、后遗献,谢吊祭,通问使奉国书及誓书,报谢,吊祭,报嗣位,皇太后吊祭使,读祭文,以书币乞和,纳款,请增岁币,改叔侄为伯侄,减岁币,要求平易,奉书申请,等等。尽管金国于淳熙十一年(1184)十一月甲午,诏:上京地远天寒,行人跋涉艰苦,来岁宋国正旦、生日,并不须遣使。但宋政权焉敢如此？所以,次年,照旧贺正旦、贺生日①。而《宋史》所载宋人出使名目,远比《金史·交聘表》繁杂,《宋史》卷二十四高宗一：靖康元年(1126)春正月,"朝廷方遣同知枢密院事李梲等使金,议割太原、中山、河间三镇,遣宰臣授地,亲王送大军过河"。二月,"遣给事中王云使金,以租赋赎三镇地"②。卷二十八《高宗纪五》：绍兴五年(1135)五月,"辛巳,名行宫新作书院为资善堂,遣何鲜等奉使金国,通问二帝"③。卷三十《高宗纪七》：绍兴十三年八月,"己亥,遣郑朴等使金贺正旦,王师心等贺金主生辰,郑刚中献黄金万两"④；十六年,"九月甲戌,命何铸等为金国祈请使,请国族"⑤；卷三十二《高宗九》：绍兴三十一年夏四月,"辛未,遣周麟之使金,贺迁都"⑥。宋廷甚至成立专门机构,处理使金的各种事务：《宋史》卷三十三《孝宗纪》：隆兴元年(1163)十一月,"辛丑,诏侍从台谏于后省集,议讲和、遣使、礼数、土贡四事,仍各荐可备小使者……癸丑,以胡昉、杨由义为使金通问国信所审议官"；二年十一月,"丙申,遣国信所大通事王抃持周葵书如金帅府,请正皇帝号,为叔侄之国；易岁贡为岁币,减十万；割商秦地；归被俘人,惟叛亡者不与；誓目大略与绍兴同"⑦,等等。在这种不平等关系下,宋使者出使金国,其心态可想而知。

出使之人命运不一,出使而死之者,亦不乏其人。《宋史》卷四四八《欧阳珣传》："金人犯京师,朝议割河北绛、磁、深三镇地讲和。珣率其友九人上书,极言祖宗之地尺寸不可以与人。及事急,会郡臣议。珣复抗论当与力战,战败而失其地,它日取之,直；不战而割其地,它日取之,曲。时宰怒,欲杀珣。乃遣珣奉使割深州。珣至深州城下,恸哭谓城上人曰：朝廷为奸臣所误至此,吾已办一死来矣。汝等宜勉为忠义报国。金人怒,执送燕,焚死之。"这是被金人杀害。《宋史》卷三七三《张邵传》："子……孝曾,后亦以出使,殁于金。金人知为邵子,尚怜之。"《宋史全文》卷二九下：嘉泰四年九月,"壬午,遣大理少卿张孝曾贺金国正旦。"《金史·交聘表下》："泰和四年,正月乙丑朔,宋试吏部尚书张孝曾、容州观察使林伯成贺正旦。丁丑,张孝曾回至庆都县卒,赗赠绢、布各二

---

① (元)脱脱：《金史·交聘表中》,中华书局,1975年版,第1444页。
② (元)脱脱等：《宋史》,中华书局,1977年版,第439、440页。
③ (元)脱脱等：《宋史》,第520页。
④ (元)脱脱等：《宋史》,第559页。
⑤ (元)脱脱等：《宋史》,第565页。
⑥ (元)脱脱等：《宋史》,第600页。
⑦ (元)脱脱等：《宋史》,第628、629页。

十四,差防御使女奚烈元充敕祭使,馆伴使张云护送以还。"①这是卒于出使回国途中。

不死于金人之手,亦不死于途中,而是安全回国者,固有因出使而获升迁者,但遭遇责罚、贬谪,被辱骂者大有人在。如洪皓使金,留滞其地十五年,坚拒任职于刘豫、金,回来后以忠义闻,但忤秦桧意,"南谪岭表九年",而终不得志。后其子适、迈亦使金,迈使金回,无功,连其父并遭太学生作词辱骂:"洪景卢奉使,其父忠宣尝荐之。景卢为金困辱而归,太学诸生作词云:'洪迈被拘留,垂哀作楚囚。七日忍饥犹不耐,堪羞。苏武曾经十九秋。   厥父既无谋。厥子安能解国忧。万里归来夸舌辨,村牛。好摆头时不摆头。'盖洪好摇头也。"词人郑域随张贵谟使金,其《念奴娇·戊午生日作》有云:"嗟来咄去,被天公、把做小儿调戏。蹀雪龙庭归未久,还促炎州行李。不半年间,北燕南越,一万三千里。征衫着破,着衫人、可知矣。"归未久即被贬到岭南。使金成为一项艰辛的任务:抗节以对金人者,容易遭受不测;无功而返者,易于遭受社会人群的误会与贬谪,进退维谷,这构成出使金营的独特情境。

一、悲愁忧伤的情感基调

宋代使金词,整体上缺少宏大叙事,只有极少数的几首词涉及时局与国事,主要内容都是个人书写,其情感基调是悲愁忧伤交加。这可以从以下几方面认识。

羁旅孤寂之感:出使异域金国,万里之遥地隔南北,气候寒温差异大,交通不便,文化也存在较大不同。就行人而言,羁旅行役产生的孤独、寂寞之感,最为难堪。欧阳珣《踏莎行》云:"孤馆灯残,小楼钟动。马蹄踏破前村冻。"旅馆孤独,灯火将灭未灭,早期的词人骑马走向前村,孤独不只在旅馆,也在早行、在征途中。胡松年《石州词》一云:"月上疏帘,风射小窗,孤馆岑寂。一杯强洗愁怀,万里堪嗟行客""役役。马头尘暗斜阳,陇首路回飞翼"。疏帘残月,独自在寂静的馆舍里强饮,以驱遣愁怀;万里路程,尘土遮蔽马头,陇头的路崎岖难行,斜阳半吐仍在赶路。另一云:"正是荒城落日,空山残月。一尊谁念我,苦憔悴天涯、陡觉生华发。"面对荒城落日,面对空山残月,天涯憔悴之感,笼罩着词人。曹勋《玉蹀躞·从军过庐州作》:"黯无绪。匹马三游西楚。行路漫怀古。可惜风月,佳时尚羁旅。"良辰美景,古来难得,词人却在羁旅中度过,怎能不黯然无绪?曾觌《金人捧露盘·庚寅岁春奉使过京师感怀作》写道:"塞笛惊

---

① (元)脱脱等:《金史》,第 1472、1473 页。

起暮天雁,寂寞东风。"寂寞的不是东风,也不是暮天雁,真正寂寞的是词人自己。范成大《水调歌头·燕山九日作》道:"寥落桑榆西北,无限太行紫翠,相伴过芦沟。岁晚客多病,风露冷貂裘。"平日里被当作"江山之助"的这些壮阔景境,西北的桑榆、太行山的紫翠、卢沟桥的流水、北方的风露,都因为"客"而变得寥落、枯燥。史达祖《齐天乐·中秋宿真定驿》道:"有客踟蹰,古庭空自吊孤影。"在金国的真定驿站,词人只有形影相吊。洪皓《木兰花慢·重阳》则道尽所有行人心声:"羁旅登高易感,况于留滞殊方。"

在旅途的寂寞中,雁成为常见的意象。这些雁,或是"雁字成行"(欧阳珣《踏莎行》),"雁行点点云垂"(胡松年《石州词》"歌阕阳关"),以其成行反衬词人的孤单;或是"宾雁南翔"(洪皓《木兰花慢·重阳》),引起雁南飞人却北去的人不如雁之感;或是"断鸿悲"(曹勋《饮马歌》),"塞笳惊起暮天雁"(曾觌《金人捧露盘·庚寅岁春奉使过京师感怀作》),人雁同构,孤单如一;或是"惟有平安信,随雁到南州"(范成大《水调歌头·燕山九日作》),"雁足无书古塞幽"(史达祖《鹧鸪天·卫县道中有怀其人》),用鸿雁传书的传统故事,带出孤独之感。

佳节为客之愁:除了负有特殊使命外,宋代行人常规的出使多是贺金正旦、万春节,每于秋季出发,长途跋涉一两个月,于冬、春之际到达金国,完成使命后,于春季返宋。而秋季之中秋、重阳,春季之清明、寒食等节日,最易引发汉民族的家园亲情、家国乡情。

史达祖《齐天乐·中秋宿真定驿》:"西风来劝凉云去,天东放开金镜。照野霜凝,入河桂湿,一一冰壶相映。殊方路永。更分破秋光,尽成悲境。有客踟蹰,古庭空自吊孤影。　　江南朋旧在许,也能怜天际,诗思谁领。梦断刀头,书开蚕尾,别有相思随定。忧心耿耿。对风鹊残枝,露蛩荒井。斟酌姮娥,九秋宫殿冷。"中秋月,正象征万家团圆的温馨,词人见到的却是与西风、凉云、凝霜相伴随的湿漉、冰冷之月;加之"殊方路永",故他直以为是两个世界的月,分破了秋光,悲境一片。而江南的友朋也许正在思念他,他也在梦中回到他们身边,赋诗挥毫,其乐融融。可眼下他仍是忧心忡忡,月仍是冷冷地挂在残枝上,挂在荒井上。范成大出使途中遇到重阳,《水调歌头·九日燕山作》下阕云:"对重九,须烂醉,莫牵愁。黄花为我,一笑不管鬓霜羞。"渴望酩酊以酬佳节,以排愁闷,希望菊花能为自己一笑。葛立方《春光好·寒食将过淮作》:"禁烟却酿春愁。正系马、清淮渡头。后日清明催迭鼓,应在扬州。"这是使金归途中即将到家之时,词人感受到的也是春愁。阎苍舒于上元节经过旧京,其《水龙吟》:"少年闻说京华⋯⋯而今但有,伤心烟雾,萦愁杨柳。宝篆宫前,绛霄楼下,不堪回首。"繁华不再,旧京最有魅力的上元节,目前只有惹人伤心的烟雾,令人悲愁的杨柳。

洪皓出使,被迫留滞金国十三年,多少个良辰佳节,都是在金独自而过。其《木兰花慢·重阳》云:"对金商暮节,此时客、意难忘。正卉木雕零,蛩螿韵切,宾雁南翔。东篱有黄蕊绽,是幽人、最爱折浮觞。须信凌霜可赏,任他落帽清狂。　　茫茫。去国三年,行万里、过重阳。奈眷恋庭闱,矜怜幼穉,堕泪回肠。凭栏处空引领,望江南、不见转凄凉。羁旅登高易感,况于留滞殊方。"这是来金第三年,客中过佳节,眷念父母,怜忆子女,凭高望远,独自拒绝凄凉况味。其《浣溪沙·排闷》词:"丧乱佳辰不易攀。四逢寒食尽投闲。踏青无处想家山。　　麟殿阻趋陪内宴,萱堂遥忆侍慈颜。感时双泪滴潺潺。"当是第四年寒食节时,回想当年陪侍内宴的情景,慕想双亲的慈颜,不禁双泪滴落。

岁月流逝之叹:出使异乡,与浓重的羁旅愁思、时节客情相关联的,还有岁月流逝、鬓丝斑白之叹。曹勋《饮马歌》结云:"泪湿征衣悄。岁华老。"泪痕默默沾湿征衣,叹息岁华老去。曾觌《金人捧露盘·庚寅岁春奉使过京师感怀作》上片回忆年少时在京城里歌舞酒醉、眠柳赏花的轻狂生活,过片云:"到如今、余霜鬓,嗟前事、梦魂中。"曹勋《好事近·汴京赐宴闻教坊乐有感》:"多少梨园声在。总不堪华发。"听到当年的梨园旧声,自然回忆起往日京城的繁华,如今自己已经头发花白,情何以堪!范成大《水调歌头·燕山九日作》下阕有云:"黄花为我,一笑不管鬓霜羞。"这里化用苏轼、黄庭坚等元祐词人重阳词白发黄花的意象构造方式,如苏轼《千秋岁·徐州重阳作》:"浅霜侵绿……玉手簪黄菊。"黄庭坚《南乡子》:"花向老人头上笑,羞羞,白发簪花不解愁。"张耒《风流子》:"老侵潘鬓,谩簪黄菊,花也应羞。"霜鬓羞对黄花,词人却有让黄花不管鬓羞,词情跌宕,感慨深沉。阎苍舒《水龙吟》开篇云:"少年闻说京华,上元景色烘晴昼。"过片云:"谁料此生亲到,五十年、都城如旧。"由昔日的耳闻到如今的亲见,五十年一瞬间,韶华变鬓华,时光奋迅,感慨无端。

有时,这种垂老衰飒之感,很难说就是绝对的生理衰老,光阴虚过、无功而蹉跎时日之感,无疑加重了心理的老化。欧阳珣《踏莎行》词云:"青衫小帽这回来,安仁两鬓秋霜重。"词言自己鬓发斑白,用潘鬓典。其实潘岳《秋兴赋·序》:"余春秋三十有二,始见二毛。"三十二岁,正当壮年。胡松年《石州词》(歌阙阳关)亦云:"一尊谁念我,苦憔悴天涯、陡觉生华发。"华发本非自生,因为羁旅天涯而陡然生出,甚至是感觉到陡然生出。史达祖《龙吟曲·陪节欲行留别社友》结云:"看归来,几许吴霜染鬓,验愁多少。"史达祖生卒年不详,但从此词可以看出,当开禧元年(1205)他随李壁使金时,鬓发尚未斑白,所以才有归来"几许霜鬓验愁"之语。而"验愁"之构思,则来自李唐诗人李白《长相思》诗:

"不信妾肠断,归来看取明镜前。"而武则天"不信比来常下泪,开箱验取石榴裙"之句,又早于太白①,词人之意犹言因出使而愁而生华发。

家山乡关之思:一般情况下,宋代使者赴金,取道陆路,多于秋季首途,经过两个月的长途跋涉,到达燕山;完成使命后,返回南方,仍要一两个月。水路者也有,如靖康元年(1126)九月辛卯,"遣给事中黄锷,由海道使金国议和"②。但航行者较少。征途漫漫,王命在身,思念家乡亲人、友朋,乃人之常情。乡关之思,也是使者完成使命的精神支柱。当然,这个家乡,是广义的家乡,不仅指词人籍贯,还指父母之邦,有时甚至以"江南"(整个宋国的疆域)概指。

洪皓《江梅引·忆江梅》:"断回肠,思故里。"故里,明指其家乡。思念故里,伤断九曲回肠。史达祖《惜黄花·九月七日定兴道中》:"时节正思家,远道仍怀古。"思家之情因为时间接近重阳而更烈。胡松年《石州词》(月上疏帘):"梦里姑苏城外,钱塘江北。故人应念我,负吹帽佳时、同把金英摘。"姑苏城外、钱塘江北,都令他魂牵梦绕,这是以"故人"定义故乡。史达祖《齐天乐·中秋宿真定驿》:"江南朋旧在许,也能怜天际,诗思谁领。梦断刀头,书开蛋尾,别有相思随定。"刀头,由"环"谐音"还",梦中希望还的地方,也是朋旧所在,同样以朋友定位家乡。而其字眼,已从故里、姑苏、钱塘,扩大到整个"江南",那其实是借用金人对整个南宋的称呼。洪皓《木兰花慢·重阳》:"奈眷恋庭闱,矜怜幼稚,堕泪回肠。凭栏处空引领,望江南、不见转凄凉。"江南,有自己的父母,有自己的子女,令他眷恋,令他凭栏引领眺望,令他凄凉堕泪。

宋人使金词中的乡关之思,体现了中国古代士大夫家国同构的思想。洪皓《浣溪沙·排闷》云:"丧乱佳辰不易攀。四逢寒食尽投闲。踏青无处想家山。　　麟殿阻趋陪内宴,萱堂遥忆侍慈颜。感时双泪滴潺潺。"结合上下阕,"家山"显然含指朝廷、父母所在在内。其《临江仙·怀归》:"冷落天涯今一纪,谁怜万里无家。三闾憔悴赋怀沙。思亲增怅望,吊影觉欹斜。"漂泊金国已经十二年,如今身在万里之外,有家难回等于无家。而"思亲"之语,及"三闾憔悴赋怀沙"之典,亦兼含家、国皆在内。史达祖《满江红·九月二十一日出京怀古》:"缓辔西风,叹三宿、迟迟行客。桑梓外、锄耰渐入,柳坊花陌。双阙远腾

---

① (清)王琦《李太白集注》卷三六"外纪"引《柳亭诗话》:"李白尝作《长相思》乐府一章,末曰:'不信妾肠断,归来看取明镜前。'其妇从旁观之曰:'君不闻武后诗乎?"不信比来常下泪,开箱验取石榴裙"。'太白爽然自失。此即所谓相门女也。具此才情,固当与寻真、腾空为侣,第不知娇女平阳,能继林下风否。"
② (元)脱脱等:《宋史》卷二三,第431页。

龙凤影,九门空锁鸳鸯翼。更无人、撅笛傍宫墙,苔花碧。"夏承焘先生指出:"邦卿汴人,故有'三宿迟迟'及'桑梓'语。"①史达祖之思乡,即思念京城,思念故国。这种家国同构观念,在寻常时候体会不深,或者不明显,一旦他们离乡万里,间关使金,饱受风霜之苦、相思之痛时,便家国不分;但是,这种家国同构,偏于空间、伦理范畴,而不是政治范畴,改变不了使金词个人书写的性质。

二、文化、地域的心理优越感

宋代使金词,在整体忧伤悲愁的基调上,也有一些"喜"的情事和意绪。宋人在军事、外交的弱势,不能掩盖其源自文化、地域的心理优越感。这可以从三个方面看。

访梅赏花的文化审美:洪皓《江梅引》词序称:"顷留金国,四经除馆。十有四年,复馆于燕。岁在壬戌,甫临长至,张总侍御邀饮。众宾皆退,独留少歆。侍婢歌《江梅引》,有'念此情、家万里'之句。仆曰:'此词殆为我作也。'又闻本朝使命将至,感慨久之。既归,不寐,追和四章,多用古人诗赋,各有一'笑'字,聊以自宽。如暗香、疏影、相思等语,虽甚奇,经前人用者众,嫌其一律,故辄略之。卒押'吹'字,非风即笛,不可易也。北方无梅花,士人罕有知梅事者,故皆注所出。北人谓之'四笑江梅引'。"序中"北方无梅花",在其子洪迈《容斋五笔》卷三"先公诗词"条,则是"北方不识梅花"。梅花性喜温,北方严寒,宋代燕山无梅,应该是可信的。而"北方不识梅花",也是就多数金人而言。洪皓使用梅事,洪迈的说法是:"时在囚拘中,无书可捡,但有《初学记》,韩、杜、苏、白乐天集,所引用句语,一一有来处。"②韩、杜、苏数家,堪称善用典事大家,作品数量众多;《初学记》是类书,典事之渊薮,洪迈说其父洪皓作梅词,典事出自这几部类书和别集,自注来历。但从洪迈保留的注释看,要远远轶出这几部书。仅第一首词所用,就有杜甫《忽忆两京梅发时》:"胡笳在楼上,哀怨不堪听。安得健步移远梅,乱插繁华向晴昊。"白居易《忆杭州梅花》:"三年闲闷在余杭,曾为梅花醉几场。"柳宗元:"欲为万里赠,杳杳山水隔。寒英坐销落,何用慰远客。"江总:"桃李佳人欲相照,摘蕊牵花来并笑。"高适:"遥怜故人思故乡,梅花满枝空断肠。"卢仝:"含愁更奏绿绮琴,相思一夜梅花发。"刘方平:"晚岁芳梅树,繁华四面同。东风吹渐落,一夜几枝空。"苏轼:"忽见早梅花,不饮但孤讽。一夜

---

① 夏承焘:《宋词系》,《夏承焘集》第三册,浙江古籍出版社、浙江教育出版社,1997年版,第512页。
② (宋)洪迈撰,穆公校点:《容斋随笔·三笔》卷六,上海古籍出版社,2015年版,第479页。

东风吹石裂,半随飞雪度关山。"共计八家作品,其中高适、柳宗元、卢仝、刘方平诗,更是初唐类书《初学记》所没有。词第一首云:"天涯除馆忆江梅。几枝开。使南来。还带余杭、春信到燕台。准拟寒英聊慰远,隔山水,应销落,赴愬谁。　　空凭遐想笑摘蕊。断回肠,思故里。漫弹绿绮。引三弄、不觉魂飞。更听胡笳、哀怨泪沾衣。乱插繁华须异日,待孤讽,怕东风,一夜吹。"

问题是:北方无梅,金人不识梅,洪皓却在金国、在燕山,赋写多篇忆梅之词;北方士人罕有知梅事者,他却要在词中大量使用梅事,且为之注释出处。那些经见语辞,"如'暗香'、'疏影'、'相思'等语,虽甚奇,经前人用者众,嫌其一律,故辄略之",即有意放弃惯常用语追求僻深。这已经完全超出偶听张总侍御家侍婢唱"念此情、家万里"之句,感慨之下自抒情怀的需要,而完全可以看作是一种来自渊深传统、悠久历史的文化优越感。这种优越感,是使节的精神慰藉,也是心理补偿。它可以转化为踏雪访梅的极品文化审美:"何时还使节,踏雪看梅花。"(洪皓《临江仙·怀归》)也可以是访梅的期待:"归路且加鞭,看梅花消息。"(胡松年《石州词》)还可以是对荼蘼花的记忆和认可:"归处应及荼蘼,与插云鬟,此恨醉时分付。"(曹勋《玉蹀躞·从军过庐州作》)对重新恣意游览南方芳郊美景的渴望:"归时元已临流。要绮陌、芳郊恣游。三月羁怀当一洗,莫放觥筹。"(葛立方《春光好·寒食将过淮作》)那种插戴花朵、一洗羁怀的急切情怀,跃然纸上,而要洗去的何止羁旅情怀!

故国的繁华与文明:刘昌诗《芦蒲笔记》卷十云:"蜀人阎侍郎苍舒使北,过汴京,赋《水龙吟》:'少年闻说京华,上元景色烘晴昼。朱轮画毂,雕鞍玉勒,九衢争骤。春满鳌山,夜沈陆海,一天星斗。正红球过了,鸣鞘声断,回鸾驭、钧天奏。　　谁料此生亲到,五十年、都城如旧。而今但有,伤心烟雾,萦愁杨柳。宝箓宫前,绛霄楼下,不堪回首。愿皇图早复,端门灯火,照人还又。'"又载其《念奴娇》词:"疏眉秀目,向尊前、依旧宣和装束。贵气盈盈风韵爽,举止知非凡俗。皇室宗姬,陈王爱女,曾嫁貂蝉族。干戈流荡,事随天地翻覆。　　珠泪揾了偷弹,劝人饮尽,愁怕吹笙竹。流落天涯俱是客,何必平生相熟。旧日容华,如今憔悴,付与杯中醁。兴亡休问,为予且醱船玉。"而注云:"右词,见诸士夫到中原有感而赋。"《金史》卷六十一《交聘表》谓阎苍舒于金世宗十七年(宋淳熙四年,1177)正月使金,而《宋史》卷三十四《孝宗纪》则云:"淳熙三年十月癸未,遣阎苍舒等使金贺正旦。"二者并不矛盾,《宋史》所记是始发时间,《金史》为到达时间,可知阎苍舒于淳熙三年十月出发,淳熙四年正月抵金贺正旦,礼毕即返回,上元节时到达汴京。前词上阕描写传闻中京华上元节的繁盛、华丽、壮美景象,使用"烘""争"等动词,"朱""画""雕""玉""红"等修饰词,极力渲染一种太平盛世的礼乐文明。后阕则将中原贵族妇女那种透过眉目、装束等外在形象和非凡举止传递出的贵气、风韵,天人一般地叙述出来,塑造了宣和盛世的文化形象。

这不只是阎苍舒使金词如此,其他词人的使金作,也具有这个特点。曾觌《金人捧露盘·庚寅岁春奉使过京师感怀作》:"记神京,繁华地,旧游踪。正御沟、春水溶溶。平康巷陌,绣鞍金勒跃青骢。解衣沽酒醉弦管,柳绿花红。到如今余霜鬓,嗟前事、梦魂中。但寒烟、满目飞蓬。雕栏玉砌,空锁三十六离宫。塞笳惊起暮天雁,寂寞东风。"以个人亲身经历,写出汴京昔日建筑之华丽。而曹勋《念奴娇·持节道京城中秋日》言:"五门照日,是真人膺箓,炎图家国。二百年来,抚四海安乐,六服承德……宫城缺处,望来销尽金碧。征辔暂款神州,期宽北顾,且驱驰朝夕。皓彩流天宁忍见,双阙笼秋月色。……"则从国威浩大、文德四被方面,刻画汴京繁盛的文化景象。

相比较即可发现,这些使金词人在他们的词中,无一处无一笔描写金国都城。这种描写的缺失,或许出于对金都的政治禁忌,而对宋廷旧都形象的刻画、渲染,则可以看作文化优越感的体现。

北方荒凉冷落景象的心理印象:宋人使金词的另一文化用意,是衰飒荒残的字眼,描写北方空旷、冷落的景色。胡松年《石州词》:"乱山无数,晚秋云物苍然,何如轻抹淮山碧……马头尘暗斜阳,陇首路回飞翼。""乱山""尘暗""云物""斜阳",没有秩序,没有色彩。其二云:"画船送我薰风,瘦马迎人飞雪。平生幽梦,岂知塞北江南,而今真叹河山阔""雁行点点云垂,木叶霏霏霜滑。正是荒城落日,空山残月。""瘦"字、"幽"字、"滑"字、"荒"字、"落"字、"空"字、"残"字,恰与"画船熏风"构成鲜明对照。曹勋根据金国流传到边塞的曲子填词而成的《饮马歌》:"边头春未到。雪满交河道。暮沙明残照。塞烽云间小。"正是"春风不度玉门关",大雪封锁天地,残阳照在沙子上,峰峦显得极其低小。葛立方《眼儿媚·回至汴京喜而成长短句》:"暂时莫荡出燕然。冰柱冻层檐。"房檐挂着的冰柱,冻住了北方的活力。范成大《水调歌头·九日燕山作》:"旧京行遍中夜,呼啸济黄流……岁晚客多病,风露冷貂裘。"呼啸的声音,貂裘的衣着,似乎也为北方独有。史达祖《鹧鸪天·卫县道中有怀其人》:"雁足无书古塞幽。一程烟草一程愁。帽檐尘重风吹野,帐角香销月满楼。"卫县在河北,古塞幽幽,到处长着衰草,风在原野上悲鸣。曾觌《忆秦娥·邯郸道上望丛台有感》:"风萧瑟,邯郸古道伤行客……连天草树,暮云凝碧。""古道""西风""草树""暮云",就是邯郸丛台的全部景物了,确伤行客之心。

比较南方的芳景,更见北方的冷落。如葛立方有三首出使词,主要内容都是写出使途中见到的景致。《雨中花·睢阳途中小雨见桃李盛开作》云:"壮岁嬉游,乐事几经,青门紫陌芳春。未见廉纤,膏雨浥花尘。濯锦宝丝增艳,洗妆玉颊尤新。向韶光浓处,点染芳菲,总是东君。　苏州老子,经雨南园,为谁一扫花林。谁信道、佳声着处,肌润香匀。晓洗何郎汤饼,莫留巫女行云。寄言游子,也须留盼,小驻蹄轮。"小雨打湿花尘,青门紫陌,桃李盛开,春光无限。同调《奉使途中作和前韵》云:"寄径睢阳,陌上忽看,夭桃秾李争春。又见楚宫,行雨洗芳尘。红艳霞光夕照,素华琼树朝新。为奇姿芳润,拟倩游丝,留住东君。　拾遗杜老,犹爱南塘,寄情萝薜山林。争似此、花如姝丽,獭髓轻匀。不数江陵玉杖,休夸花岛红云。少须澄霁,一番清影,更待冰轮。"也是好雨洗尘,霞光夕照绚丽,花好月圆。《好事近·归有期作》:"几骑汉旌回,喜动满川花木。遥睇清淮古岸,散离愁千斛。　烟笼沙嘴定连艘,鹢脚蘸波绿。归话来年心事,秉夜阑银烛。"淮河虽存古岸,但是清淮;波是绿波,满川的花木都披上喜气。景物鲜活,色彩不也单调。如果不能从这种南北地域差异所带给宋人的优越感入手考虑,我们则很难理会葛立方何意与他人不同,只在词中描写景致风光,甚至可能把他这三首使金词中的"嬉""乐"等,理解为浅薄、天真。

三、慷慨意气的缺失

韦居安《梅磵诗话》云:"靖康间,金人犯阙,阳武蒋令兴祖死之。其女为贼虏去,题字于雄州驿中,叙其本末,仍作《减字木兰花》词云。"①蒋兴祖女《减字木兰花·题雄州驿》全文为:"朝云横度。辘辘车声如水去。白草黄沙。月照孤村三两家。　飞鸿过也。万结愁肠无昼夜。渐近燕山。回首乡关归路难。"况周颐《蕙风词话续编》卷一评曰:"词寥寥数十字,写出步步留恋,步步凄恻。当戎马流离之际,不难于慷慨,而难于从容。偶然揽景兴怀,非平日学养醇至不办。兴祖以一官一邑,成仁取义,得力于义方之训深矣。"仿佛预知将来会有况周颐提出"当戎马流离之际,不难于慷慨,而难于从容"一样,赵宋的使者们,在出使军事、外交上的强势敌国金源这个万众瞩目的事件上,集体放弃了慷慨意气,他们的词作,更多表达的是"儿女情",而缺少一种"风云气"。

这里,我们不妨比较词中居者与使者在使金事件上的不同表现。

首先是与一些和作相比较。乾道六年(1170)范成大曾衔命使金,使命之一即向金人交涉废除宋帝的跪拜礼,他也有不俗的表现,堪称不辱使命。九月

---

① (元)韦居安撰:《梅磵诗话》,《历代诗话续编(中)》,中华书局,1983年版,第571页。

丙戌,正是宋人传统的重阳节,他在燕山,作《水调歌头·燕山九日作》词:"万里汉家使,双节照清秋。旧京行遍中夜,呼啸济黄流。寥落桑榆西北,无限太行紫翠,相伴过芦沟。岁晚客多病,风露冷貂裘。　对重九,须烂醉,莫牵愁。黄花为我,一笑不管鬓霜羞。袖里天书咫尺,眼底关河百二,歌罢此生浮。惟有平安信,随雁到南州。"词人后来也每以"万里汉家使"为句入诗①,但正如孔凡礼《范成大年谱》所云:"词中'袖里天书咫尺',写此行使命;'眼底关河百二',抒发无限感慨。"无限感慨而归于凄凉、无奈。范成大在当时诗名、词名甚著,陈三聘非常仰慕其人,对其作品揣摩、模拟,进行和作,和作词数量达到一百四十首,蔚为大观。在陈三聘的和作中,即有《水调歌头·燕山九日作》一首。词云:"有客念行役,劲气凛于秋。男儿未老,衔命如房亦风流。决定平戎方略,回复旧燕封壤,安用割鸿沟。莫献肃霜马,好衣白狐裘。　我何人,怀壮节,但凝愁。平生未逢知己,哙伍实堪羞。金马文章何在,玉鼎勋庸何有,一笑等云浮。拚断好风月,羯鼓打梁州。"上阕写秋高气爽时节,男儿衔命出使到房中,风流堪羡,正当定计平戎,恢复旧日疆域;下阕写自己空怀壮节,而平生未逢知己。虽然金马文章未著,盖世功勋未建,但内心不以为念,当此好风良月之时,当拚舍击打羯鼓《梁州》曲。羯鼓被称为"八音之领袖"②,音节高亢,响入云端;而鼓曲《梁州》,亦来自边地,有风沙万里之势③。全词以恢复大计、男儿风流、劲气凛秋、羯鼓雄音为旋律,壮怀激烈,慷慨激昂,与范成大原词相比,尤见情感基调之不同。

　　南渡词人朱敦儒有《木兰花慢·和师厚和司马文季房中作》:"指荥河峻岳,锁胡尘,几经秋。叹故苑花空,春游梦冷,万斛堆愁。簪缨散,关塞阻,恨难寻杏馆觅瓜畴。凄惨年来岁往,断鸿去燕悠悠。　招幽。化碧海西头。剑履问谁收。但易水歌传,子山赋在,青史名留。吾曹镜中看去,且狂歌载酒古扬州。休把霜髯老眼,等闲清泪空流。"司马文季即司马朴,是司马光之孙。使金,金人欲借重其名臣之后的身份,授尚书左丞,以收买宋人之心,"朴辞以疾,坚卧不起。达赉十不能夺。其后以病死"④。其事迹见于《建炎以来系年要

---

① (宋)范成大《丁酉重九药市呈座客》诗序云:"余于燕山首句云:'万里汉家使',桂林云:'万里汉都护',成都云:'万里桥边客',今岁倦游,赋此自戏。"傅璇琮等《全宋诗》第41册,北京大学出版社,1998年版,第25911页。
② (宋)欧阳修、宋祁:《新唐书·礼乐志十二》,中华书局,1975年版,第476页。
③ (唐)顾况《李湖州孺人弹筝歌》:"独把《梁州》凡几拍,风沙对面胡秦隔。"见《全唐诗》第8册,第2948页。
④ (宋)李心传:《建炎以来系年要录》卷一四九,中华书局,1956年版,第2405页。

录》卷八三、一二一、一二九、一四九,《宋史·徽宗纪》《司马池传》《张邵传》等,其金中所作词,及师厚所和作,均不存。这首词是朱敦儒对师厚和作的和作。

其次与送别使者的词作相比较。为使金者送行的词作,也能见出与使金词的不同。

陈亮《水调歌头·送章德茂大卿使虏》:"不见南师久,漫说北群空。当场只手,毕竟还我万夫雄。自笑堂堂汉使,得似洋洋河水,依旧只流东?且复穹庐拜,会向藁街逢。　尧之都,舜之壤,禹之封。于中应有,一个半个耻臣戎。万里腥膻如许,千古英灵安在,磅礴几时通。天运何须问,赫日自当中。"《宋史·孝宗纪三》:淳熙十二年十一月壬辰,"遣章森等贺金主生辰"。章森,字德茂。词为此时送章森使金而作,以其气势雄壮,可以起顽立懦,而获得后世一致高评,李调元称赞其"读之令人神王"①。冯煦指出:"忠愤之气,随笔涌出,并足唤醒当时聋聩,正不必论词之工拙也。"②"精警奇肆,几于握拳透爪。可作中兴露布读。"③陈亮另有一首《三部乐·七月送丘宗卿使虏》:"小屈穹庐,但二满三平,共劳均佚。人中龙虎,本为明时而出。只合是,端坐明朝,看指挥整办,扫荡飘忽。也持汉节,聊过旧家宫室。　西风又还带暑,把征衫着上,有时披拂。休将看花泪眼,闻弦□骨,对遗民有如皎日。行万里,依然故物。如奏几策,天下里,终定于一。"据《金史·交聘表》:章宗明昌元年八月己酉,宋显谟阁学士丘崈、福州观察使蔡必胜贺天寿节。金明昌元年,宋光宗绍熙元年(1190)。此词虽然不如上词激烈,但对丘崈的推崇、信任,对其出使的期待,仍然体现出高昂的精神状态。

词人史达祖人品备受争议,他曾于开禧元年(1205)随李壁使金贺生辰,创作多首使金词。其《满江红·九月二十一日出京怀古》云:"天相汉,民怀国。天厌乱,臣离德。趁建瓴一举,并收鳌极。"京,亦谓汴京。夏承焘先生根据《宋史纪事本末》卷八十三所云:"时金为北鄙鞑靼等部所扰,无岁不兴师讨伐,兵连祸结,士卒涂炭,府库空匮,国势日弱,群盗蜂起,民不堪命。有劝韩侂胄立盖世功名以自固者,侂胄然之,恢复之议遂起……安丰守臣厉仲方,言淮北流民咸愿归附……侂胄大喜。会邓友龙使金还,言金有赂驿使夜半求见者,具言

---

① (清)李调元:《雨村词话》卷三,唐圭璋:《词话丛编》第二册,中华书局,1986年版,第1424页。
② (清)冯煦:《蒿庵论词》,唐圭璋:《词话丛编》第四册,中华书局,1986年版,第3591页。
③ (清)陈廷焯:《白雨斋词话》卷一,见唐圭璋:《词话丛编》第四册,中华书局,1986年版,第3794页。

金国困弱,王师若来,势如拉朽。佋胄闻之,用师之意益决矣。"夏先生指出:史氏"此词过变'民怀国,臣离德'云云,盖非虚辞"①。则知史氏此词慷慨激昂之音,来自于宋金形势之逆转。清人楼俨从科举制度、科目困人角度,惜史氏其人"乃以词客终其身,史臣亦不屑道其姓氏",评其"留别社友《龙吟曲》:'楚江南,每为神州未复,阑干静,慵登眺。'新亭之泣,未必不胜于兰亭之集也";评其"出京《满江红》词:'更无人撅笛傍宫墙,苔花碧。''老子岂无经世术,诗人不预平戎策。'亦善于解嘲者矣"②。楼氏肯定其新亭之泣的国事忧伤,允为得当,而称其"老子"二句善于自我解嘲,言下之意以其为夸。但我们则遗憾地看到,梅溪使金词中,此等即使"善于解嘲"的慷慨语句,数量也很少。倒是其好友高观国有《雨中花慢》词云:"旆拂西风,客应汉星,行参玉节征鞍。缓带轻裘,争看盛世衣冠。吟倦西湖风月,去看北塞关山。过离宫禾黍,故垒烟尘,有泪应弹。　　文章俊伟,颖露囊锋,岩动万里呼韩。知素有、平戎手段,小试何难。情寄吴梅香冷,梦随陇雁霜寒。立勋未晚,归来依旧,酒社诗坛。"对照词中"西风""客""旆""玉节征鞍""北塞关山""过离宫",所显示出的季节、事件、地点方向,以及"文章俊伟""平戎手段""酒社诗坛"等反映的人物身份与相互关系,可知是为史达祖出使送行之作。虽有"有泪应弹"之语,但不像史词那样归为悲伤、忧愁,所谓:"同社诗囊,小窗针线,断肠秋早。看归来,几许吴霜染鬓,验愁多少。"而是先勉以建功立勋的高许,后予以诗社友朋之谊的温暖。

在仅有的几首以国事为主要内容或者涉及国事的使金词中,本该出现振奋人心、鼓舞斗志的慷慨意气,但事实颇令人遗憾。洪皓《浣溪沙·闻王侍郎复命》:云"南北渝盟久未和。斯民涂炭死亡多。不知何日戢干戈。　　赖有兴王如世祖,况闻谋帅得廉颇。蔺卿全璧我蹉跎。""王侍郎",指王伦,胡铨《戊午封事》中欲斩头的三人之一。词在宋金失和长期干戈相待的时事叙述中,表达对太平的渴望,对生灵涂炭的同情,对王伦的"谬称",对自己蹉跎金地的感叹。仅"兴王""谋帅"二语,含有一定的令人振奋的因素。邓肃与一般的使者不同,他不是长途跋涉、间关万里使北,而是在靖康之难发生、金人围攻汴京之时,受命出使围城的金营,达五十余日③,其《瑞鹧鸪》有云:"北书一纸惨天容""何日中兴烦吉甫,洗开阴翳放晴空"。"天",谓宋帝赵桓,即钦宗。当此国难

---

① 夏承焘:《宋词系》,《夏承焘集》第三册,浙江古籍出版社、浙江教育出版社,1997年版,第512页。
② (清)楼俨:《书史梅溪词后》,《唐宋词汇评》,浙江教育出版社,2004年版,第2919页。
③ (元)脱脱等:《宋史·邓肃传》,第11603页。

之时,他也只能祈盼宋室中兴早日到来。曹勋绍兴十一年(1141)使金,其《念奴娇·持节道京城中秋日》:"二百年来,抚四海安乐,六服承德。虎旅横江,胡尘眯眼,恨有中原隔。""京城",谓宋廷旧京汴梁,词前三句回顾赵宋二百年来的文德教化,似有一定的民族自信心在,但后三句渲染金人的强大势力,归结于中原隔断之"恨"。韩元吉出使途经旧京汴京,金帝赐宴,词人闻听宋国原有之教坊乐,感慨异常,作《好事近·汴京赐宴闻教坊乐有感》:"凝碧旧池头,一听管弦凄切。多少梨园声在。总不堪华发。　　杏花无处避春愁,也傍野花发。惟有御沟声断,似知人呜咽。"该词使用李唐之时,安禄山兵入长安,大宴乐于凝碧池,诗人王维有"凝碧池头旧管弦"诗事,情感也主要为愤慨、无力和无奈。阎苍舒出使途中过汴京赋《水龙吟》词,仅结尾云:"宝箓宫前,绛霄楼下,不堪回首。愿皇图早复,端门灯火,照人还又。"在往日繁盛今日凋零的对比中,词人痛感"不堪回首",希望神京恢复到昔日上元节那种灯火盛景。只有曹勋《选冠子·淮上兀坐,等待取接。因得汉使一词,他日歌之》有云:"常念想,圣主垂衣,临朝北顾,泛遣聊宽忧寄。辂轩载揽,虎节严持,谈笑挂帆千里。凭仗皇威,滥陪枢筦,一语折冲遐裔。待归来,瞻对天颜,须知有喜。"表达出对宋室皇威的信心,及对自己出使的信心,是个例外。

第二节　宋金词"花"意象对比研究
——以"借才异代"时期为例

崛起于白山黑水之间的少数民族政权金王朝先后灭辽举宋,从此开始了与南宋长达一百二十年的划淮而治。在这一特殊的历史阶段中,金源词和南宋词在半封闭的环境中平行发展,二者均取得了可观成就,尤金词从"金初未有文字"到"一代制作能自树立唐、宋之间"[①],其发展之迅速颇值得关注。然而有关金词的研究却相对薄弱,治词史者大多略而不论,谓金词隶属于宋代文学;少数论及金词的,也往往贬损有加,谓金词"直于宋而伤浅,质于元而少情"[②]。

同时,从渊源来看,金词与南宋词同脱胎于唐五代北宋词。清庄仲方在《金文雅·序》中说:"金初无文字也,自太祖得辽人韩昉而言始文。太宗入宋汴州,取经籍图书,宋宇文虚中、张斛、蔡松年、高士谈辈先后归之,而文字煨

---

① (元)脱脱等:《金史》卷一二五,第2731页。
② (明)王世贞:《艺苑卮言》卷四,凤凰出版社,2009年版,第89页。

兴。然犹借才异代也。"①"借才异代"是金词的初创期,而仕金宋人自觉不自觉地形成了一个金初词坛创作群体,显然这一时期的金词与宋词有着千丝万缕的联系。但由于两国不同的政治历史背景和词人迥异的文化身份认同,"借才异代"时期金词与宋词无疑又有着或显著或细微的差异。我们品读这一时期的金源词和对应时期的南宋词后发现,"花"意象作为宋金词人笔尖的青睐之物大量出现,考虑到宋金两国一南一北的地理差异,这也不可避免地决定了"花"意象在词中的不同韵味和意味。有鉴于此,本节拟从"花"意象着手,综合考虑自然地理和人为政治的双重因素,对比解读"借才异代"时期宋金词的异同。

"借才异代"时期的金词和对应时期南宋词关于"花"意象的描写,其共同之处主要在于两朝词作均体现出浓厚的文人化色彩,具体表现为"花"意象与相关文人意象和典故的结合运用。

在关于菊花的词中,均有与"陶渊明"相关意象或典故的结合。陶渊明甚爱菊,菊花与"陶渊明"的结合似乎是自然而然。"采菊东篱下,悠然见南山",或写菊而自然联想至渊明,或为抒渊明之情而以菊作引。尚东晋"高远奇韵"词风的蔡松年作为金初词坛的典型代表,其对于菊花的喜爱也溢于言表,并且在蔡松年涉及菊花的六首词中有意无意提及"渊明""东篱""五亩"等与"陶渊明"相关意象或典故的就有三首。《水调歌头·闰八月望夕有作》上片写菊花"飘飘六合清气",下片即感慨"庾老南楼佳兴,陶令东篱高咏,千古赏音稀"。《石州慢》拟菊烹茶,品"者云团风叶",回想旧友往事,赋词抒早退闲居之乐,叹"岁时陶写欢情,糟床晓溜东篱侧"。《千秋岁》:"起晋对菊小酌",看"几窗黄菊媚",由此联想到"渊明千载意,松偃斜川道"。同样的,同时期南宋词中也不乏此现象。洪皓《木兰花慢·重阳》云"东篱有黄蕊绽";朱翌《朝中措》咏五月菊"全似去年香""金英满把",也不由得回想到"旧日东篱陶令";杨无咎《倒垂柳·重九》云"东篱白衣""风流未远""登临都在眼底",叹"黄花明日,纵好无情味";曹勋《武陵春·重阳》观赏菊花"金蕊粲繁枝"的重阳佳景,仿佛"高兴在东篱",但眼前之物、身处之境太美好,难免"只恐秋香一夜衰",良辰美景之乐,触发兴尽悲来之感。

桂花在词中往往又称作"桂子""木犀"。作为赏月的节俗——中秋佳节正值桂花盛放,"嫦娥奔月"和"吴刚伐桂"的传说使得桂花、月亮和嫦娥三者意象有着千丝万缕的联系。由此,在词作中,桂花意象的运用往往伴随着指代月亮

---

① (清)庄仲方著:《金文雅·序》,见《金文雅》,江苏书局,1891年。

的"苍蟾""银蟾""蟾宫""玉轮""宝镜""广寒宫""桂华宫殿"等,表月色的"桂影""蟾光""蟾彩"等以及月所特有的"嫦娥"等词汇。金词中,吴激在《满庭芳》中"独步苍蟾"才赏见桂花"画栋秋风袅袅,飘桂子、时入疏帘";蔡松年《水龙吟》寄食村舍,夜晚伤怀赏景,"好在萧闲桂影。射五湖、高峰玉润。木犀宜月",歌以自宽,亦以自警,"约嫦娥听""年年玉笛";《月华清》云:"到而今、桂影寻人。"南宋词中,欧阳澈《玉楼春》以桂花意象写月色:"归时桂影射帘旌,沉水烟消深院悄。"杨无咎《步蟾宫》:"桂花馥郁清无寐。觉身在,广寒宫里。"现实之中的桂花香仿佛将词人带入了广寒仙境。虚实相生,这是桂花意象和月亮意象的直接结合。曹勋词中这种现象更为普遍,《尾犯·中秋》描绘中秋宴赏时月色、月亮和桂花交融的夜景:"渐看蟾彩","金饼上云际","桂华飘下"。《清风满桂楼》咏丹桂云:"芳桂月中来。"《西江月·丹桂》里唤桂作"广寒桂";《满庭芳》中称月为"桂华宫殿"。另外,"举贤良对策,为天下第一,犹桂林之一枝,昆山之片玉"。① 科举时代往往以"折桂"喻及第登科。"折桂"典故在"借才异代"时期的金、宋词中常常出现。蔡松年《一剪梅》为"送珪登第后,还镇阳"而作,伯坚夸赞儿子蔡珪"白璧雄文冠玉京。桂月名香,能继家声"。《念奴娇》(大江澄练)形容友人"芝兰白璧",自称自己"悚慵归计久",分别时刻祝福仲亨友人科举考场虽不易即"桂窟高寒",但"早得文章力。整容富贵,异时方见相逼"。宋人杨无咎在《多丽·中秋》中感慨现实生活"念年来、青云失志,举头羞见嫦娥",但另一方面又自我宽忧,"断约他年,重挥大手,桂枝须斫最高柯"。

应该承认,与前文所述金、宋词作中有关"花"意象描写的共同之处相比,表现得更为显著的还是二者之间的差异性。主要体现在内容题材及主旨情感、观察角度及表现方式、审美功能及情感态度等三个方面。

一、内容题材及主旨情感

"借才异代"时期的金词和宋词在题材内容及主旨情感方面有着明显的广狭之别。金词主要抒发怀乡思国、归隐倦游的缱绻沧桑之感,南宋词则更为丰富,主要有抒怀之作、应制之作和咏物之作三类。

金初词坛又一代表词人吴激在《诉衷情》中客居"茅店不成眠",伤感"夜寒""残月""黄花细雨"的当下之景,不觉"忆当年",由此触发了怀乡思家之情,

---

① (唐)房玄龄等撰,吴士鉴、刘承干注:《晋书斠注》卷五二《郤诜列传》,中华书局,2008年影印版,第943页。

但无奈归国无路,还乡无门,只能自嘲一解忧愁,"到家应是,童稚牵衣,笑我华颠"。蔡松年《水调歌头》云"我欲幽寻节物,只有西风黄菊,相似故园秋",伯坚此处已赋予了黄菊深层含义,黄菊在词人心中惟一保留着故园的纯真高洁、超逸清雅,同时词人自称"一樽酒,便忘忧"的"倦游客","老境玩清世,甘作醉乡侯"。《石州慢》通过往昔"置酒高会、酣觞赋诗"的畅快淋漓与今日"左目昏翳,不复敢近酒盏,乃拟菊烹茶"的"无以自遣"对比,"京洛三年"与"天冬今日"的巨大落差令其"愁绝",叹"一寸归心,可忍年年行役",只奢求"手把一枝菊花香,作萧闲闲客"。

蔡松年在《一剪梅》中称赞登科及第的儿子蔡珪"桂月名香,能继家声",同时回顾自身"老子初无游宦情。三径苍烟归未成"的人生境遇,表达"幅巾扶我醉谈玄,竹瘦溪寒,深寄余龄"的理想生活状态,倦游归隐之趣深情绵邈。《月华清》中,词人怀想"故国秋光如水",叹流年,"关山无际","琼瑶千里",而今也只能"桂影寻人"。

金词中,有关梅花的词往往是借赠别友人的形式来表达词人情感,或难堪别离、思念怀归,如刘着客居北地,不由感伤"江南几度梅花发,人在天涯鬓已斑",用词代简,以歌当哭,"寄与吴姬忍泪看"。陈廷焯《词则》评这首《鹧鸪天》"风流酸楚"①。或高情远韵、倦游归隐,蔡松年赠别怀想陈咏之、曹浩然、季沾兄、吴杰、田唐卿、李虞卿、赵粹文等友人,借与友人的分别来怀念往昔在镇阳诗酒风流、纶巾鹤氅的生活时光,慨叹如今疲于仕旅、倦于宦游,而梅花则作为往日生活的代表出现。《水调歌头·送陈咏之归镇阳》中描写镇阳别墅风光"月边梅,湖底石",友人回归如此"一峰明秀"的地方,自己却只能徒感伤"雅志易华发,岁晚羡君归",追忆往昔胜游。《乌夜啼·留别赵粹文》云"与君两鬓犹青在,梅竹老夷门",《史记·魏公子列传》云:"吾过大梁之墟,求问其所谓夷门。夷门者,城之东门也。"②宋时大梁称"汴京",汴京东门即为词人所谓夷门,"梅竹"成为故国的代称,"宦路常难聚首,别期先已销魂"。

蔡松年在《浣溪沙》(溪雨空蒙洒面凉)中借芍药、荼蘼表怀乡之意趣。暮春时节,春津道中,眼前是"芍药弄香红扑暖,荼蘼趁雪翠绡长"的美景,却触发了词人"梦为蝴蝶亦还乡"的绵密情愫。此外,蔡松年《水龙吟》(太行之麓清辉)和《西江月》(古殿苍松偃蹇)均借"白莲社"典故表达高人雅士之聚,同修净土之法,共享行云野鹤之乐,"山前问舍",置"草堂莲社","枯木人忘独坐,白莲

---

① (清)陈廷焯:《词则·闲情集》卷二,上海古籍出版社,1984年影印版,第16页。
② (汉)司马迁撰:《史记》卷七七,中华书局,1963年版,第2385页。

意可相寻"。

南宋词在内容题材及主旨情感方面相较金词则更为丰富多元。

其一为词人抒怀之作。至于词人所抒为何怀,也不似金词般的单一。或为疲于仕旅的归隐意趣,如自号"逃禅老人"的杨无咎《倒垂柳·重九》:"乌帽任教,颠倒风里坠。黄花明日,纵好无情味。"《醉花阴》亦云:"菊花旋摘揉青蕊。满满浮杯杓。老鬓未侵霜,醉里乌纱,不怕风吹落。"刘子翚《蓦溪山·寄宝学》:重九佳节,"秋去又秋来,但黄花、年年如旧"。词人依旧享受着"茅舍底,竹篱东,伫立时搔首"的隐逸生活,"一醉万缘空"。曹勋《武陵春》"我在天台山下住,松菊占深幽",流露出浅浅隐逸之趣;此类作品中最具代表性的当然还数曹勋的使金词,因"一封清诏下金銮"(《朝中措》)而出使金朝,由南入北的地理自然风光差异难免引起词人客怀归思之惆怅,菊花也成为其中触发情感的媒介之一。《选冠子·宿石门》中从"红叶黄花,水光山色"到"关河冷落,斜阳衰草,荒村山驿。又鸡声茅店,鸦啼露井重唤起"的一路自然风景变化,又有谁不会产生"觉远行不易""家信渐遥千里"的凄怨伤感和"羽客难寻,蓬莱难到"的无奈哀叹呢?"强作林泉活计"的归隐意趣油然而生。或悲叹时光流逝、物是人非,由于菊花生长季节在秋季,而秋天所独具的凋零肃杀之景又往往触发词人伤时之感,所以,词人也往往借菊花的凋败来排遣他们伤时悲秋的情感。曹勋《玉躞蹀》中看到"风外残菊枯荷"这般光景,不觉感叹"秋怀煞难受。谁念千种秋情,乍凉虽好,还恨夜长时候。俞处俊《百字令》:"今日天涯,黄花零乱,满眼重阳泪。艰难多病,二陵无奈秋思。"洪适《满江红》"暮雨潇潇,飞败叶",见"到如今、黄菊满园开,无人摘"的衰败景象,何尝不会吟咏"人世难逢开口笑,老来更觉流年迫",白驹过隙,物是人非,惹人心忧啊。

其二为词人应制之作。此时期南宋词中借"花"意象创作的节日词、祝寿词等应制之作不可谓不多。以曹勋为代表的宫廷供奉词人,在他们的应制词中,我们看不到时代风云变幻的影子,依然保持着承平时代应制供奉之作的特点。① 君王临幸、与民同乐,良辰美景、赏心乐事,繁华盛景在应制词中的普遍存在,尤为突出地表现了南宋中兴的太平景象。借梅花庆元夕,曹勋《东风第一枝·元夕》"梅花十顷,递暗香、琼瑶真景",油然而生"真个乐、圣驾游幸"。借桂花贺中秋,曹勋《临江仙》记录"中秋夜,禁中待月退观。清风袭人,嘉气满坐","桂影一庭香渐远",一起赏月的宫中人都沉醉在风起携来的桂花之香中。在《尾犯·中秋》中曹勋也描绘了中秋宴赏的场景,伴随"桂华飘下,玉轮移影"

---

① 路成文:《宋代咏物词史论》,商务印书馆,2005年版,第140页。

的美景,宴会"归兴犹未"、"待继日同宴赏"、"且宜欢醉";借菊花怀重阳,《秋蕊香·重阳》描写了曹勋在宫廷里度过重阳佳节的场景:"秋色宫廷,黄花禁御,西风乍透罗衣。"祝寿词中,杨无咎仅借菊花意象所作的就有《水调歌头·徐侍郎生辰》《望海潮·上梁帅生辰》《玉楼春·为童四十寿》《渔家傲·十月二日老妻生辰》《永遇乐》等六首。桂花作为一种极其美好的意象在祝寿词中亦频繁出现。杨无咎《选冠子》贺许倅生辰:"好在双椿,伫看丹桂分拆,芝庭兰砌。"曹勋《国香》贺中宫寿辰:"响入千岩,芳桂香散房栊。"《赏松菊》中贺圣上诞辰:"缓引长生丽曲,翠林正、香传瑞桂。""梅拥繁枝"的繁盛场面也出现在曹勋《大椿》为"太母庆七十"而作中。另外,曹勋《水龙吟·庆王诞辰》和《一寸金·太母诞辰》中也分别运用了芍药、芙蓉等"花"意象。

其三为咏花之作。南宋词在本时期出现的大量咏花之作,是金词所不具备的。向子𬤇不厌其烦地吟咏着芗林岩桂,从桂花的开落一直咏到以桂花制香、酿酒;杨无咎有《水龙吟·木犀》《蓦山溪·和徐侍郎木犀》《点绛唇·和向芗林木犀》《卜算子》《步蟾宫》等咏桂词;刘子翚《满庭芳·和明仲木犀花词》也专咏木犀桂花;曹勋亦有《清风满桂楼·丹桂》《浣溪沙·赏丹桂》《西江月·丹桂》《谒金门·咏木犀》等咏桂词。此外,还有《临江仙·赏芍药》《花心动·芍药》等咏芍药之作两首,《二色莲·咏题》《八音谐·赏荷花》等咏荷之作两首,《庆清朝·牡丹》《金盏倒垂莲·牡丹》《诉衷情·宫中牡丹》《浣溪沙·赏牡丹》等咏牡丹之作四首。咏梅之作,自古即有。然如四库馆臣为黄大舆《梅苑》提要所言:"昔屈宋遍陈香草,独不及梅;六代及唐,篇什亦寥寥可数。自宋人始重此花,人人吟咏。方回撰《瀛奎律髓》,于著题之外,别出梅花一类,不使溷于群芳。"① 又为郭豫亨《梅花字字香》提要谓:"《离骚》遍撷香草,独不及梅。六代及唐,渐有赋咏,而偶然寄意,视之亦与诸花等。自北宋林逋诸人递相矜重'暗香疏影,半树横枝'之句,作者始别立品题。南宋以来,遂以咏梅为诗家一大公案。江湖诗人,无论爱梅与否,无不借梅以自重。"② 以词咏梅,亦自宋始盛。宋人黄大舆特辑咏梅之词为《梅苑》十卷,其中多为宋人之作,由此可见时人对梅花的偏爱。但词人又往往不是为咏梅而咏梅,而是借梅抒情,或托梅言志。如朱敦儒《卜算子·咏梅》:"独自风流独自香,明月来寻我。"

---

① (清)永瑢等:《四库全书总目提要》卷一九九,第1823页。
② (清)永瑢等:《四库全书总目提要》卷一六七,第1438页。

二、观察角度及表现方式

"借才异代"时期金、宋词作中对于"花"意象的观察角度和表现方式也有着显著差异,金词往往抓住"花"的某一典型特征,并在此特征基础上着笔于塑造"花"的典型形象,以"点"的表现方式传达出词人对于花独具一格的情感表征。南宋词则不然,对于花的观察和表现更为客观,以"面"的表现方式更立体全面地呈现出花的整体形象。

关于菊花,金词、宋词中均着眼于菊花的颜色和香味。但金词主要表现菊花的美好芬芳,宋词除了表现菊花美好一面,表现其衰败凋零的词也不可谓不多,具体体现在"暗""悴""残""零乱"等词对菊花的修饰和形容。金词中的菊花色泽亮、气味香,可用"芳"和"香"二字来概括。蔡松年《水调歌头》(空凉万家月)言菊云"飘飘六合清气","金靥小";《水调歌头》(星河淡城阙)谓只有"香似故园秋"的"西风黄菊"才是词人欲寻找的"节物";《千秋岁》(碧轩清胜)中直接描写菊花的色彩和香味,"金靥小","手捻清香笑",一个"媚"字形容出菊花的娇妍可爱,"几窗黄菊媚";《相见欢》中词人则种菊于西岩云根石缝,"一段斜川松菊,瘦而芳"。

南宋词中也不乏直接描写菊花色美气香的作品。朱翌《朝中措·五月菊》形容菊花"全似去年香""金英满把";杨无咎《玉楼春·为童四十寿》谓"小春只隔一旬期,菊蕊包香犹未放";《渔家傲·十月二日老妻生辰》谓"菊篱尚耀黄金蕊";胡铨《青玉案·乙酉重九葛守坐上作》则云"紫萸黄菊"。这些词句都表现了菊花色美、芳香的特点。但值得注意的是,南宋词中描写菊花颜色的时候并非如金词中仅有单调的"黄菊",还出现了"紫菊"(曾惇《点绛唇·重九饮栖霞》)。紫菊多生长在南方,这也呼应了地理位置上宋朝偏居南方的历史现实。除此之外,这一时期的宋词与金词对菊花表现角度大不相同之处在于宋词中还有大量描写菊花衰败一面的作品,如杨无咎《望海潮·上梁帅生辰》:"菊暗荷枯。"《瑞鹤仙》:"见兰枯菊悴。"《渔家傲·十月二日老妻生辰》:"菊暗荷枯秋已满。"曹勋《玉躞躞》:"风外残菊枯荷。"胡铨《醉落魄·辛未九月望和答庆府》:"幽怀已被黄花乱。"俞处俊《百字令》:"黄花零乱。"这是金词中所没有的。

金人爱梅以蔡松年为最,萧闲词中的梅花从观察角度和表现方式而言都独具特点。《水调歌头》云:"倦游岁晚一笑,端为野梅留。"《念奴娇》(倦游老眼):"野梅高竹。"《雨中花》(嗜酒偏怜风竹):"瘦梅半树斑斓。"《汉宫春·次高子文韵》:"小梅疏竹。"《点绛唇·同浩然赏崔白梅竹图》:"数点梅横竹。"《满江红》(端正楼空):"一枝梅绿横冰萼。"不难发现,蔡松年喜用"瘦""野""小""数点""一枝"等词来形容梅花,其眼中梅花孤寂俊朗、孑然清高的君子形象跃然纸上。同时,梅花常与竹意象搭配出现,岁寒三友,凌然独立。另外,在梅词中,蔡松年对东坡词的推崇也得到了突出表现,对于词韵的选择有意追和东坡。如《水调歌头》(端为野梅留)一词"小序"即云:"镇阳北潭,追和老坡韵。"《念奴娇》(负梅花京洛)"小序"写创作缘由:"仍借东坡先生赤壁词韵,出妙语以惜别。"不仅如此,描写梅花时,蔡松年还有意无意地化用了东坡词句。《满庭芳》:"作个江村篱落,野梅烱、沙路无泥。"让人不禁联想至苏轼《浣溪沙·游蕲水清泉寺》中"松间沙路净无泥"。《水调歌头》(云间贵公子)"小序"中为友人感慨,"惜乎流离顿挫无以见于事业",便借东坡先生的高情远韵来消解心中垒块。"东坡先生云,士践忧患,焉知非福",这是对东坡超逸清雅、达观豁然精神的内在追求。萧闲好梅与东坡爱梅也不可谓不是一种内在传承。

南宋词中的梅花形象则迥异于斯。虽不乏朱敦儒、孙道绚等词人词作中对梅傲然独立般男性君子形象的塑造,但也有大量词中梅花的形象更偏向于破梢绽放的喜悦和娇妍姿巧的繁盛这一女性特征的刻画。梅花是春天的使者,充满希望生机,预示着生命的到来。杨无咎《渔家傲·十月二日老妻生辰》中"欢声点破梅梢粉""梅晕渐开红蜡垒";《探春令》"东风初到,小梅枝上,又惊春近";曹勋《瑞鹤仙·贵妃生辰》"小梅凝秀色,泛霁霭晴和,春容初透";《虞美人》"梅最妍姿巧。娟娟占得入时妆",此处运用了寿阳公主"梅花妆"的典故。另一方面,与雪意象的结合也是金词中所不具备的对梅花独特的表现角度和方式。"梅须逊雪三分白,雪却输梅一段香",宋诗人卢梅坡在《雪梅》中明确提出了"有梅无雪不精神"的创作观点。雪是梅花对抗的对象,但同时也是梅花峭寒独立品格的陪衬,与雪为伴,更显梅花的素雅明洁,雪与梅二者相得益彰。曹勋《谒金门》"春渐至,雪染梅梢轻细",雪的点染给梅增加了别样的风味。尤其下雪和落梅的场景相似,《锦标归·待雪》中词人曹勋"围炉坐久,珠帘卷起,准拟六花飞砌",但"待雪"不至,"却梅花、知我心情,故把飞英飘坠"。曹勋《清平乐》又云:"砌下落梅如雪乱。拂了一身还满。"以雪拟梅,形容梅落翩跹好似雪舞。胡铨《醉落魄·和答陈景卫望湖楼见忆》"谁知梅雪飘零久",雪和梅都在簌簌飘落,彼此交融。

三、审美功能及情感态度

上述金、宋两国词作中对于花意象的不同表现方式不得不让人思考,其背后实则寄寓了两朝词作中花意象的审美功能和词人对于花情感态度的不同。金词中,几乎没有咏花的作品,花意象处于词作中的隐衬地位,或为触发情感的媒介,或为抒发情感的载体,并未成为描写刻画的中心。相比之下,花意象在宋词中的功能作用和情感意义就更为灵活广泛,其中最为鲜明的差异在于大量以花为主体的词作出现。

蔡松年《千秋岁》小序即云:"起晋对菊小酌,有怀溪山酒瘾。"菊花触发了词人的情感,但对于菊本身也只作了"媚""金""香"的简略概括,继而转向对陶渊明归隐生活的羡慕描写。这也决定了菊花意象在金词中普遍具有的典型象征意味,是"节物",是"市朝声利场里"的"略忘机",是"一寸归心",是"一曲清商人物",是纶巾鹤氅、诗酒风流的隐逸生活,是词人向往的清闲情趣、高情远韵,代表着词人的"诗心",既然如此,菊花在金词中如何能"凋败"呢?

宋词则不然,菊花意象在宋词中的功能作用似乎更为灵活广泛。诚然也有大量象征之作,杨无咎《醉花阴》:"世态任凋疏,却爱黄花,不似群花落。"菊花有了内在隐喻,词人赋予了菊花典型而深刻的人格意蕴,其作为淡远洒脱、保持真我的花之隐士而独立存在。此外,也不乏菊花意象在宋词中仅单纯地表示时间的情况,如表深秋时节,洪适《满江红》:"秋老矣,芙蓉遮道,黄花留客。"如表某一不确定的时间,曹勋《朝中措》:"预约黄花前后,殊庭瞻对宸颜。"另,菊花或为词造境,因为其开放和生长的时间为整首词营造秋天或重阳佳节的氛围,曹勋《武陵春》(玉露金风寻胜去)云:"红叶黄花满意秋。真是巧装愁。"《武陵春·重阳》借"金蕊粲繁枝"之景谓"今岁重阳经闰早"。

自陶渊明始,菊花已成为一种文化符号,不从流俗、不媚世好、卓然独立,是隐逸、清高的雅品。金朝"借才异代"时期的词人诸如蔡松年等,因为其"宋人仕金"的特殊遭际而引发的人生感慨和体悟,与菊花这一传统诗词意象的"归隐"象征意义相贴近。菊花对于他们而言,就是理想人格的写照和向慕生活的外化。因此在创作过程中援引菊花时已自觉不自觉地有了象征色彩的先验之感,所以金词中的菊不可谓不"芳"而"香"。但在缺乏"老骥天山非我事,一蓑烟雨违人愿"(蔡松年《满江红》)这段生活体验的宋人眼里,菊花的意义就不那么绝对了。可以是他们偶尔用来寄寓情致、吟咏性情的具有深层象征含义的意象,也可以仅仅是自然意义上一类美丽但又普通的花朵。由此层面而言,菊花可以"菊蕊包香犹未放",也当然无谓"菊暗""菊悴"。这也就呼应了上述论述中宋、金两国词内容题材及主旨情感的广狭和其中金、宋两国词对于菊花意象观察角度和表现形式的差异。

金词中,桂花同菊花一样处于隐衬地位,未成为词作描写中心。往往作为词人创作所需的工具性意象出现,暗示某种特定的时节环境,或营造词中所需的意境和氛围。由此功能性质也就自然决定了金词中有关桂花的刻画和描写不甚生动立体,几乎以"桂花""桂子"二字提及即可。即使有进行描写的词句,也仅仅抓住了桂花"馥郁芳香"的突出特点,一笔略过。蔡松年《水调歌头》欲借今昔桂花盛开人却不在来伤怀友人"得官汴梁,仆已去彼"时,也仅云"木樨开,玉溪冷,与谁游"。《水龙吟》中描写"中秋不数日"后的场景,抓住了桂花香的特点,"木犀宜月,生香浮动"二句即作结桂花的描写。当然,在"借才异代"时期关于桂花的金词中,最值得关注的词作之一,当是蔡松年《念奴娇》,我们不妨看看此词:

> 离骚痛饮,笑人生佳处,能消何物。夷甫当年成底事,空想岩岩玉璧。五亩苍烟,一丘寒碧,岁晚忧风雪。西州扶病,至今悲感前杰。
> 我梦卜筑萧闲,觉来岩桂,十里幽香发。鬼魁胸中冰与炭,一酹春风都灭。胜日神交,悠然得意,遗恨无毫发。古今同致,永和徒记年月。

上片间接表达了词人对现状的不满和对官场的厌倦,"空想之叹""风雪之忧""岁晚之感""前杰之悲",蔡松年徘徊在出世与入世、积极与消极的边缘。白居易《池上篇》诗云其退老之地:"十亩之宅,五亩之园,有水一池,有竹千竿。"①《汉书·叙传》云:"渔钓于一壑,则万物不奸其志;栖迟于一丘,则天下不易其乐。"②"五亩"和"一丘"皆指退隐之所,盖指词人所经营的镇阳别业。下片即正面抒写归欤之志和超脱之乐。借梦生发,一苇飞渡,由京都到镇阳别墅,由现实到理想,虚实相生。桂花飘香,酒浇垒块,"悠然得意,遗恨无毫发"。我们着重来分析一下"觉来岩桂,十里幽香发",这可谓金词中对于桂花描写最为详尽而生动的词句。与苏轼《归朝欢》中"我梦扁舟浮震泽,雪浪摇空千顷白。觉来满眼是庐山,倚天无数开青壁",有异曲同工之妙。桂的生长地点非普通的山间溪边,"岩桂"一词点明了这是生长在"山岩幽壑"的桂树,远离尘世,孑然幽处。"十里幽香发",浓郁清芳。但毕竟桂花的描写不是词人想表达的重点,只是借之以营造词人理想的生活状态,故对于桂花的描写所占篇幅不大。但相较该时期其余金词对于桂花的刻画,本词虽略略一笔,却仍属最为生动详尽之言。

然而,正如前文对于内容题材的界定中已得出此时期南宋词已有大量咏桂词的结论,在不少宋词中,桂花不再从属于词人情感的抒发,而成为了词人

---

① (唐)白居易:《白居易全集》卷六九,上海古籍出版社,1999年版,第954页。
② (汉)班固:《汉书》卷一〇〇,中华书局,2012年版,第3592页。

描写的主体对象。从而对于桂花的刻画也更为生动全面,不仅仅抓住"香"的典型特点,还关注了花色、花的形态。另外,还刻画了特殊状态下的桂花,如雨中的桂花、月光下的桂花等,整体上呈现出桂花为"仙种"的脱俗神韵。关于花香,或"浓香馥郁,庭户宜熏透。十里远随风,又何必、凭栏细嗅"[1];或"香乍起。满院垂垂岩桂。未卷珠帘香已至"[2];或"寒香半露,绿帏深护,犹闻十里。山麝生脐,水沉削蜡,一时羞避"[3]。叶叠重重也遮蔽不了天香十里,即使是香料也无法与之媲美。关于花色,杨无咎在《水龙吟·木樨》中化用"额黄"典故来描写金黄色的桂花:"智琼娇额涂黄,为谁种作秋风蕊。""应是染、仙禽顶砂匀注",曹勋《浣溪沙·赏丹桂》里"赭红衣"和《西江月·丹桂》中"赭袍红"都展现了丹桂色泽娇妍。关于花的姿态,杨无咎《蓦山溪·和徐侍郎木犀》写桂花形态:"密叶绣团栾,似剪出、佳人翠袖。叶间金粟,簌簌糁枝头。"曹勋《清风满桂楼》咏丹桂:"团团翠深红聚","枝间簌簌,巧裁霞缕",粒粒桂花,繁茂团簇,勃勃生机。结合桂花的这些特点,宋朝词人在咏桂词中往往赋予了桂花"仙种"的形象地位。人间桂花与天上桂魄相辉映,自然之美和人文之美有了奇妙的结合。杨无咎在《卜算子》中向往"婆娑月里枝,隐约空中露"的桂花,认为桂花是"仙种落人间,群艳难俦侣","拟访嫦娥高处看"。曹勋《西江月·丹桂》更是直言:"广寒桂与世花殊,不带人间风露。"宋词人眼中,桂"生长于月","月中桂树"不拘尘格,幽处脱俗。而这花中"仙种",也观照了词人自身的人格追求。

同样,以萧闲词为代表的金词中梅花依旧处于隐衬地位,词作中没有对梅展开具体描写,只是白描式的粗陈梗概,以"瘦""野""小""数点""一枝"一笔带过。作为读者的我们,无法从词作本身体悟到更多的有关梅花本身的自然特点,对于梅花难以展开更多的想象,但又隐隐间觉得词中的梅花形象似乎不那么简单。其实,不难发现萧闲词中的梅花意象具有明显的指向性,在空间地理上往往指向镇阳别墅萧闲堂明秀峰下的梅花,在文化意义上则指向往昔与友纶巾鹤氅、诗酒风流的胜游追忆,指向长林风草、山水田园的幻景式隐逸生活理想,梅花已成为一种情感寄托。蔡松年在词中不止一次直接点明他"卜筑于此"的太行山怀卫地区有梅花。《雨中花》词序自白:"谋为早退闲居之乐","雅咏玄虚,不谈世事,起其流风遗躅",故"求田问舍",有意卜筑于山阳间。一方面由于此地"风清气和,方今天壤间,盖第一胜绝之境";另一方面因为这里曾

---

[1] (宋)杨无咎:《蓦山溪》,唐圭璋:《全宋词》,中华书局,1965年版,第1187页。
[2] (宋)曹勋:《谒金门》,唐圭璋:《全宋词》,中华书局,1965年版,第1232页。
[3] (宋)杨无咎:《水龙吟》,唐圭璋:《全宋词》,中华书局,1965年版,第1178页。

是"魏晋诸贤故居",故"三求官河内,经营三径,遂将终焉"。词中下片详细地描写了此地自然风光:"山村霰雪,竹外花明,瘦梅半树斓斑。溪路转、青帘佳处,便是萧闲。《水龙吟》词序中谈到与故人吴激"论求田问舍事","怀卫间风气清淑,物产奇丽,相约他年为终焉之计","际山多瘦梅修竹,石根沙缝,出泉无数"。词中也云:"我已山前问舍。种溪梅、千株缟夜。"《水调歌头》又云:"倦游岁晚一笑,端为野梅留。"这些都表明了梅是其自然生活环境中最不容忽视的点缀一笔,词人以点代面,借梅代指怀归之胜地。《江神子慢·赋瑞香》中明指"梅魂兰魄",梅的含义并不仅如此,究其深层意义而言,梅花还象征着词人的归欤之志和其渴慕的山林之乐。《水调歌头》(云间贵公子)云:"灯火春城咫尺,晓梦梅花消息。"梅花成为词人念想"萧闲一段归计,佳处着君侯"的外化之物。《蓦山溪·和子文韵》谓:"萧闲老计,只有梅千树。"梅花所代表的隐逸情趣即萧闲老人的终焉之计。《满江红》中"缥缈余情无处诧",只有依托"一枝梅绿横冰尊"。梅花意象更多的是萦绕在词人心头的归隐情结。

正如前文所提到的,此时期的南宋词中出现了大量咏梅词,梅花成为了词人直接描写的主体对象和情感中心,对于梅花本身的特点,词人给予了更多的刻画,花香、花色、花的形态,甚至梅枝、梅梢、梅影等细节之处也都在词中得到了充分的表现。同时,词人还关注了不同时期的梅花,包括初梅、盛梅、残梅、落梅等,还有雪中梅、月下梅、亭中梅、西湖梅、画里梅等不同的梅花。当然,梅花不仅仅是文人们审美观照的对象,其在南宋词中也有内在的隐喻意义,主要有两点。其一,梅花凌寒傲雪的高洁品性标举了词人们不畏艰险的气节操守,不与百花争艳的孤芳自赏契合了词人们清高孤傲的文人心理,梅格集中体现了古代文人雅士的审美趣味。杨无咎眼中的梅花形象是其在《御街行》中所吟咏的"破寒迎腊吐幽姿,占断一番清绝"。浅浅词句传达出词人对梅深深的喜爱之情,"惟只爱、梅花发"。《柳梢青》又云:"傲雪凌霜。平欺寒力,搀借春光。"梅花特有的品行和词人对梅的喜爱,使得梅花也因此成为了词人们托物言志、借物抒怀的媒介。孙道绚《滴滴金·梅》:"等闲老去年华促,只有江梅伴幽独。"零落江城,远离旧京,幽然独处的梅花也比喻词人自己。胡铨《临江仙》忆梅:"我与梅花真莫逆,别来长恐因循。"以梅喻友,"此君还似不羁人"。其二,梅花是典型的南国之树,虽然梅花花期早,腊尾年头迎霜冲雪,但其性却不适宜在极寒地域生长。正如蔡襄《和吴省副青梅》云:"梅花畏高寒,独向江南发。"[1]因此,在地域分野上北国是较为少见的。南宋时期以洪皓为代表的使

---

[1] (宋)蔡襄:《蔡襄集》,上海古籍出版社,1996年版,第48页。

金宋人客居北国思归而不得之时,江南的梅花则象征了他们魂牵梦想的故国家山,象征了词人喷薄于心的强大爱国力量。在洪皓眼中,梅花"不假施朱,鹤翎初试轻红亚"的淡红色花瓣在"绿叶青枝"的映衬下,宛如画中,"忍寒郊野"的不屈品格深深赢得词人喜爱,"留待东坡马",期待着东坡那样的江南文人驾马欣赏(《点绛唇·咏梅》);而梅花"拟将蜂蜡龙涎亚""顿减沉檀价"的"耐久芳馨"将词人思绪带离荒凉的漠北,驰骋万里,"梦游吴野",一览故园风物(《点绛唇·腊梅》);看到梅花"寿阳妆样",一切似乎都那么熟悉,"恍若回家"(《减字木兰花·和腊梅》);但这也仅仅只是一场易逝的梦而已,到底还是"冷落天涯""万里无家",词人感叹"何时还使节,踏雪看梅花"(《临江仙·怀归》)。梅花在洪皓的词作中已超越了现实实际意义,象征着词人魂牵梦萦却迟迟无法到达的家国彼岸。洪皓梅词最有代表性且最为人传诵的当为《江梅引》(《忆江梅》《访寒梅》《怜落梅》《雪欺梅》)。这组词有特殊的创作背景和过程,词序称:"顷留金国,四经除馆。十有四年,复馆于燕。岁在壬戌,甫临长至,张总侍御邀饮。众宾皆退,独留少款。侍婢歌《江梅引》,有'念此情、家万里'之句。仆曰:'此词殆为我作也。'"①宴饮歌曲触碰到词人心中对故国家乡的思念之情,再加上"又闻本朝使命将至,感慨久之"。思之愈切,伤之愈深,思念故乡,郁郁累累。"既归,不寐,追和四章,多用古人诗赋,各有一'笑'字,聊以自宽,如暗香、疏影、相思等语,虽甚奇,经前人用者众,嫌其一律,故辙略之。虽押'吹'字,非风即笛,不可易也。北方无梅花,世人罕有知梅事者,故皆注所处。北人谓之'四笑江梅引'。"②洪皓借词疏解胸中垒块的方式无可厚非,但问题就在于既然"北方无梅花,世人罕有知梅者",那羁留北国的洪皓又何必大量使用此意象呢?

我们认为,一方面自然是由于洪皓对梅花由衷的喜爱,但深究其原因,恐远不止此。作为南宋官员使金滞留却不得归,"客居异国"的现实境况和"夷夏之辨"的传统观念,不断增强其内心对于自我使节身份的强烈认同,刻意回避前人常用词语,采用北国少见的意象和金人陌生的典故,从而在文化层面上形成自己所代表的南宋朝与如今滞留的金朝之间的巨大鸿沟。词序中有意点出"北方无梅"和词作中对梅事典故的"皆注所出",都不失为洪皓文化优越感的显现。这是其特殊的使节身份所需的来自自我和他人的广泛认可,同时也是对于内心孤苦情绪的排遣和消解。此时,梅花化作了故国家山,也成为对词人

---

① (宋)洪皓《江梅引》,唐圭璋:《全宋词》,中华书局,1965年版,第1001页。
② (宋)洪皓《江梅引》,唐圭璋:《全宋词》,中华书局,1965年版,第1001页。

的精神慰藉。

四、小结

比较"借才异代"时期金源词和对应时期南宋词中"花"意象的异同,不难发现,两朝词作中相同点在于花意象和常见典故的结合运用所体现出的文人化色彩。二者之间的差异性表现得更为显著。在内容题材和主旨情感方面,金词主要表现为以吴激为代表的乡关之思和以蔡松年为代表的倦游之情、归欤之志;南宋词则更为广泛,主要有抒怀之作、应制之作、咏花之作三类。同时,金词人对花意象的观察角度和表现方式往往有意识地抓住单一特点进行塑造,南宋词对花的描写和刻画则更为立体全面。这也呼应了从审美功能和情感态度而言,南宋词涌现了大量咏花词,将花作为词作的主体对象和中心,给予花本身更多的关注。然而,花在金词中普遍处于隐衬地位,非词人主体描写对象,或为触发情感的媒介,或为抒发情感的载体。这与金、宋两朝词人不同的人生遭际和文化认同有密切的联系。对于金朝"借才异代"时期由仕金宋人形成的词人群体而言,"市朝冰炭里,起波澜"的客观环境和"身宠神已辱"的主观感受,民族冲突的时代环境和俯仰随人的个人境遇,性好灵泉的隐逸情趣和汉人仕夷的心理冲突,各种因素的夹杂交织,使得金朝词人无闲暇去享受美景或纯粹咏物,对应着金词也不再作为花前月下佐酒应歌的消闲之物,而是抒情言志的工具,成为词人一腔愁情、满腹缱绻的排遣和依托。因此,其词作中的"花"意象也往往具有特殊的象征含义。

第三节　张总侍御的家宴

考察宋金政权对峙时期的词学,总有一些令人感慨的地方。同样是花草,在宋在金会呈现出不同的面貌。同样的词人,在宋与在金,也会有不同的表现,不同的书写、表达。我们试图从金国张总侍御的家宴中发现什么,但又很难将这些称为"发现"。故只能保留一点文字记载,"雪泥鸿爪",记下政治于文学作用的痕迹而已。

洪皓《鄱阳集》卷三《江梅引》自述:

> 顷留金国,四经除馆,十有四年,后馆于燕。岁在壬戌,甫临长至,张总侍御邀饮。众宾皆退,独留少款。侍婢歌《江梅引》,有"念此情,家万里"之句。仆曰:"此词殆为我作也。"又闻本朝使命将至,感

慨久之。既归,不寝,追和四章,多用古人诗赋,各有一"笑"字,聊以自宽。如暗香、疏影、相思等语,虽(甚奇绝,前人)[甚奇,经前人]用者众,嫌其一律,故辄略之,卒押"吹"字,非风即笛,不可易也。北方无梅花,士人罕有知梅事者,故皆注所出。北人谓之《四笑江梅引》。缺一首,此录示乡人者。①

张端义《贵耳集》卷上:

北人张侍御有侍儿,意状可怜,乃宣和殿小宫姬也。又翰林吴激赋小词云:"南朝千古伤心地,还唱后庭花。旧时王谢堂前燕子,飞入谁家。　恍然相遇,仙姿胜雪,宫鬓堆鸦。江州司马青衫湿泪,同在天涯。"②

洪迈《容斋随笔》载:

先公在燕山,赴北人张总侍御家集。出侍儿佐酒,中有一人,意状摧抑可怜,扣其故,乃宣和殿小宫姬也。坐客翰林直学士吴激赋长短句纪之,闻者挥涕。作词云:"南朝千古伤心地,还唱《后庭花》。旧时王、谢堂前燕子,飞入人家?　恍然在遇,天姿胜雪,宫鬓堆鸦。江州司马,青衫泪湿,同是天涯。"词名《人月圆》,闻者挥涕。③

元好问《中州乐府》载:

彦高北迁后,为故宫人赋此。时宇文叔通亦赋《念奴娇》先成,而颇近俚鄙。及见彦高作,茫然自失。是后人有求作乐府者,叔通即批云:"吴郎近以乐府名天下,可往求之。"④

这几处记载,论家多耳熟能详,但往往被孤立看待,用以论证吴蔡体,以及吴蔡词差异者有之,仅仅当作佚事论者亦有之。这都是被允许的。然而,如果我们转换视角:一是整合的视角,而不再是孤立地看待每一则材料,二是将它们置于民族矛盾、政权对峙的特殊语境下,重新予以观照,是否会得出另一种认识呢?

首先,张总侍御、张侍御其实是同一个人,其人乃金国武职官员,但雅好文

---

① (宋)洪皓:《鄱阳集》,《雪堂集·外八种》,黑龙江大学出版社,2011年版,第232、233页。
② (宋)庄绰、(宋)张端义撰:《鸡肋集　贵耳集》,上海古籍出版社,2012年版,第100页。
③ (宋)洪迈撰,穆公校点:《容斋随笔》卷九,第112页。
④ (金)元好问编:《中州集》,中华书局,1959年版,第539页。

学,对吴激、蔡松年、宇文虚中等一帮使金而被迫做了金国人的宋人,持有一种同情。他经常举办一些家宴,招集这些客居异乡之人,以此可以联络感情,谈艺论道,互诉情怀。

其次,张总侍御的家宴,俨然成为了类似西方沙龙的词学会。举办的次数显然不止一次,出席的对象是那些有社会身份的上层文人。他们文学修养高,即席赋词唱和,甚至相互比竞,故又有"赛诗会"的意味。

其三,出席的重要客人中,还有自宋廷正在出使金国的使者,像洪皓,就不止一次参加这样的"词学沙龙"。新、老使者同宴,家宴的内涵无疑丰富了许多,人的情绪也会因此增加、变化许多。

其四,这样的家宴上,有时会出现亡宋的宫女一类的女性侍酒,这颇令人感慨,特别是令赵宋王朝的新、旧使者情难以堪。

其五,家宴上,洪皓所作《江梅引》别有寄托,吴激的《人月圆》,无论从词调还是内容看,也都别有怀抱。

其六,尽管当时是吴、蔡并称,但宇文虚中亦负时名,其与吴激在张总侍御家宴上同时所作《念奴娇》(疏眉秀目)一阕,"宋室宗姬,秦王幼女,曾嫁钦慈族";"干戈浩荡,事随天地翻覆",及"流落天涯俱是客,何必平生相熟"等,自有蕴涵,亦别有怀抱,但被评为"颇近鄙俚"。他自己见到吴激的小词后亦"茫然自失",甚至从张总侍御的家宴以后,不想再填词,其中的原因何在?

其七,张总侍御的家宴,是宋金政权对峙时期词学的缩影,它在更广大的程度上代表了当时一批词人的复杂心态。宴会时如此,不宴会时亦如此。《古今词话》载:

> 吴彦高在会宁府遇一老姬善琵琶者,自言故宋梨园旧籍。彦高对之凄然,为赋《春从天上来》词云:"海角飘零。叹汉苑秦宫,坠露飞萤。梦回天上,金屋银屏。歌吹竞举青冥。问当时遗谱,有绝艺、鼓瑟湘灵。促哀弹,似林莺呖呖,山溜泠泠。　　梨园太平乐府,醉几度春风,鬓发星星。舞彻中原,尘飞沧海,风雪万里龙庭。写清茄幽怨,人憔悴、不似丹青。酒微醒。一轩凉月,灯火青荧。"宁宗庆元间,三山郑中卿随张贵谋出使北地,闻有歌之者,归而述之。元遗山曰:

"曾见王防御公玉说,此词句句用琵琶故实,引据甚明,惜不能记忆矣。"①

元好问作为金人,他的解读转移了政治解读的视线,把那种深蕴其中的民族情绪、家国情绪,用无伤大雅的琵琶典故遮蔽了。我们相信,当金亡之后,元好问可能不合如此解说这首词。

---

① (清)冯金伯:《词苑萃编》卷六,《词话丛编》,中华书局,1986年版,第1893页。(清)沈雄《古今词话·词评下》"吴激东山乐府"条云:"古今词话曰:吴激字彦高,故相子。一日,赴张总侍御家集,出侍儿侑觞,意状摧抑。询之,为故宋宣和殿宫姬也。时宇文叔通赴念奴娇先成,惟彦高作人月圆。又在会宁府遇老姬,善琵琶,自言梨园旧籍。因有感而制春从天上来。后三山郑中卿,从张贵谟使北日,闻有歌之者。当时人尽称之曰:吴郎以乐府高天下,号为吴蔡体。"《词话丛编》第1册,第1015页。

参考文献

一、著述类

(汉)班固撰　汉书　北京:中华书局　2012年
(宋)蔡绦撰,冯惠民、沈锡麟点校　铁围山丛谈　北京:中华书局　1983年
(宋)蔡襄撰,吴以宁点校　蔡襄集　上海:上海古籍出版社　1996年
(明)曹学佺撰　蜀中广记　四库全书珍本初集本
(宋)晁公武撰,孙猛校证　郡斋读书志校证　上海:上海古籍出版社　1990年
(宋)陈敬撰　陈氏香谱　太原:三晋出版社　2014年
陈荣捷著　近思录详注集评　上海:华东师范大学出版社　2007年
(清)陈廷焯撰　词则·闲情集　上海:上海古籍出版社　1984年
(清)陈廷敬撰,(清)王奕清等编　康熙词谱　长沙:岳麓书社　2000年
(宋)陈与义撰　简斋集　北京:中华书局　1985年
(宋)程颢、程颐撰,王孝鱼点校　二程集　北京:中华书局　1981年
程树德撰,程俊英、蒋见元点校　论语集释　北京:中华书局　1990年
(清)褚人获撰,李梦生校点　坚瓠集　上海:上海古籍出版社　2012年
(唐)崔令钦撰,任二北笺订　教坊记笺订　北京:中华书局　2012年
(日本)德川光圀编著　大日本史　日本明治四十年刻本
丁福保撰　历代诗话续编　北京:中华书局　1983年
(唐)杜牧撰,(清)冯集梧集注　樊川诗集注　上海:上海古籍出版社　1962年

（唐）杜佑撰　通典　北京：中华书局　1984年
（唐）段安节撰　乐府杂录　上海：古典文学出版社　1957年
（唐）段成式撰，方南生点校　酉阳杂俎　北京：中华书局　1981年
（宋）范成大撰，严沛校注　桂海虞衡志校注　南宁：广西人民出版社　1986年
范文澜著　中国通史　北京：人民出版社　1986年
（刘宋）范晔撰，（唐）李贤等注　后汉书　北京：中华书局　1997年
方建军著　乐器——中国古代音乐文化的物质构成　台北：台湾台北市学艺出版社　1996年
（宋）方勺撰，许沛藻、杨立扬点校　泊宅编　北京：中华书局　1983年
（明）方以智撰　通雅　浮山此藏轩本
（唐）房玄龄撰　晋书　北京：中华书局　1974年
傅璇琮等主编　全宋诗　北京：北京大学出版社　1991—1999年
（宋）龚明之撰，孙菊园点校　中吴纪闻　上海：上海古籍出版社　1986年
（宋）郭茂倩撰　乐府诗集　北京：中华书局　1979年
（晋）郭义恭撰　广志　北京：中华书局　1960年
韩国学文献研究所编　高丽史　汉城：亚细亚文化社　1983年
（唐）韩愈撰，马其昶校注　韩昌黎文集校注　上海：上海古籍出版社　1986年
（清）何焯撰　义门读书记　北京：中华书局　1987年
（五代）何光远撰　鉴戒录　北京：中华书局　1985年
（清）何文焕撰　历代诗话　北京：中华书局　1981年
（宋）洪皓撰　鄱阳集　哈尔滨：黑龙江大学出版社　2011年
（宋）洪皓撰　松漠纪闻　上海：上海古籍出版社　2012年
（宋）洪迈撰　容斋随笔　上海：上海古籍出版社　1996年
胡传志著　金代文学研究　合肥：安徽大学出版社　2000年
（宋）胡仔撰，廖德明校点　苕溪渔隐丛话　北京：人民文学出版社　1962年
（明）胡震亨撰，周本淳点校　唐音癸签　上海：上海古籍出版社　1981年
黄宝华著　黄庭坚评传　南京：南京大学出版社　1998年
（清）黄钧宰撰　金壶浪墨　上海：上海古籍出版社　1995年

（宋）黄昇撰　唐宋诸贤绝妙词选　上海：上海书店　1989年

（宋）黄庭坚撰，郑永晓编　黄庭坚全集　南昌：江西人民出版社　2008年

（宋）黄庭坚撰，马兴荣、祝振玉校注　山谷词　上海：上海古籍出版社　2001年

（唐）慧能撰，丁福保注　坛经　上海：上海古籍出版社　2011年

（晋）嵇含撰　南方草木状　上海：商务印书馆　1939年

（清）嵇璜、刘墉等　奉敕撰续通志　杭州：浙江古籍出版社　2000年

（宋）计有功撰　唐诗纪事　上海：上海古籍出版社　2013年

（北魏）贾思勰撰　齐民要术　北京：中华书局　1956年

（清）焦循撰，沈文倬点校　孟子正义　北京：中华书局　1987年

（明）解缙等撰　永乐大典　北京：中华书局　1986年

（南唐）静禅师、筠禅师撰　祖堂集　上海：上海古籍出版社　1994年

孔凡礼编　苏辙年谱　北京：学苑出版社　2006年

（唐）李白撰，瞿蜕园、朱金城校注　李白集校注　上海：上海古籍出版社　1980年

（唐）李白撰，詹锳主编　李白全集校注汇释集评　天津：百花文艺出版社　1996年

（南唐）李璟、李煜撰，王仲闻校对　南唐二主词校订　北京：中华书局　2011年

李静撰　金词生成史研究　北京：中国社会科学出版社　2010年

（明）李时珍撰　本草纲目　北京：人民卫生出版社　1881年

（宋）李焘撰　续资治通鉴长编　北京：中华书局　1986年

（宋）李心传撰　建炎以来系年要录　北京：中华书局　1956年

（唐）李延寿撰　北史　北京：中华书局　1974年

李艺著　金代词人群体研究　北京：首都师范大学出版社　2008年

李音翰、朱学博整理校点，顾宏义主编　百宝总珍集：外四种　上海：上海书店出版　2015年

（唐）李肇撰　唐国史补　北京：中华书局　1991年

（明）李贽撰　藏书　北京：中华书局　1959年

（清）厉鹗撰　南宋杂事诗　杭州：浙江古籍出版社　1987年

（清）厉鹗撰　辽史拾遗　上海：商务印书馆　1936年

（日）林谦三著，郭沫若译　隋唐燕乐调研究　上海：商务印书馆

1955年
　　刘锋焘著　宋金词论稿　北京:中国社会科学出版社　2002年
　　(清)刘熙载撰,王国安校点　艺概　上海:上海古籍出版社　1978年
　　(梁)刘勰撰,詹锳义证　文心雕龙义证　上海:上海古籍出版社 1989年
　　(后晋)刘昫撰　旧唐书　北京:中华书局　1975年
　　(刘宋)刘义庆撰,杨勇校笺　世说新语校笺　北京:中华书局　2006年
　　(北齐)刘昼撰　新论　上海:泰东图书局　1929年
　　(印度)龙树菩萨造,(后秦)鸠摩罗什译　大智度论　北京:宗教文化出版社　2014年
　　陆侃如、冯沅君著　中国诗史　北京:作家出版社　1957年
　　(明)陆深撰　燕闲录　北京:中华书局　1985年
　　(宋)陆游撰,李剑雄、刘德权点校　老学庵笔记　北京:中华书局 1979年
　　路成文著　宋代咏物词史论　上海:商务印书馆　2005年
　　(宋)罗大经撰　鹤林玉露　北京:中华书局　1983年
　　罗忼烈著　两小山斋论文集　北京:中华书局　1982年
　　(元)马端临撰　文献通考　北京:中华书局　2011年
　　马兴荣、吴熊和主编　中国词学大辞典　杭州:浙江古籍出版社 1996年
　　(宋)孟元老撰,伊永文笺注　东京梦华录笺注　北京:中华书局 2006年
　　莫砺锋著　朱熹文学研究　南京:南京大学出版社　2000年
　　(唐)南卓撰　羯鼓录　北京:中华书局　1985年
　　聂崇岐著　宋史丛考　北京:中华书局　1980年
　　(唐)牛僧孺、(唐)李复言撰　玄怪录　续玄怪录　上海:上海古籍出版社 1985年
　　(宋)欧阳修、宋祁撰　新唐书　北京:中华书局　1975年
　　(唐)欧阳询撰,汪绍楹校注　艺文类聚　上海:上海古籍出版社 1999年
　　(清)彭定求等编　全唐诗　北京:中华书局　1960年
　　彭国忠著　唐宋词学阐微——文本还原与文化观照　合肥:安徽大学出版社　2008年

彭国忠著　元祐词坛研究　上海:华东师范大学出版社　2002 年

钱钟书著　管锥编　北京:中华书局　1986 年

钱钟书著　宋诗选注　北京:人民文学出版社　1958 年

(明)瞿佑撰　归田诗话　北京:中华书局　1983 年

任二北著　唐声诗　上海:上海古籍出版社　1982 年

任中敏著　唐艺研究　南京:凤凰出版社　2013 年

(清)阮元校刻　十三经注疏　北京:中华书局　1980 年

(宋)阮阅撰,周本淳校点　诗话总龟　北京:人民文学出版社　2005 年

(宋)沈括撰,胡道静校证　梦溪笔谈校证　上海:上海人民出版社 2016 年

(清)沈雄撰　古今词话　北京:中华书局　1986 年

施蛰存著　词学名词释义　北京:中华书局　1988 年

(唐)释道宣撰　广弘明集　四部备要本

(唐)释道世撰　法苑珠林　上海:上海古籍出版社　1991 年

(宋)释道源撰　景德传灯录　台北:新文丰出版公司　1993 年

(宋)释惠洪撰　僧宝传　北京:中国藏学出版社　1993 年

(宋)释惠洪撰　石门文字禅　四部丛刊本

(唐)释慧琳、(辽)释希麟撰　正续一切经音义　上海:上海古籍出版社 1986 年

(宋)释普济撰,苏渊雷点校撰　五灯会元　北京:中华书局　1984 年

(齐梁)释僧祐撰　弘明集校笺　上海:上海古籍出版社　2013 年

(唐)释玄奘撰,章撰点校　大唐西域记　上海:上海人民出版社　1977 年

(宋)司马光撰　涑水纪闻　北京:中华书局　1989 年

(汉)司马迁撰　史记　北京:中华书局　1977 年

(明)宋濂撰　元史　北京:中华书局　1976 年

(唐)苏鹗撰,阳羡生校点　杜阳杂编　上海:上海古籍出版社　2000 年

(唐)苏恭撰　新修本草　上海:上海古籍出版社　1985 年

(宋)苏轼撰,邹同庆、王宗堂校注　苏轼词编年校注　北京:中华书局 2002 年

(宋)苏轼撰,孔凡礼点校　苏轼诗集　北京:中华书局　1982 年

(宋)苏轼撰,孔凡礼点校　苏轼文集　北京:中华书局　1986 年

(宋)苏颂撰,尚志钧辑校　本草图经　合肥:安徽科学技术出版社 1994 年

苏渊雷著　佛教与中国传统文化　长沙：湖南教育出版社　1988年
（宋）苏籀撰　栾城先生遗言　北京：商务印书馆　1936年
隋树森编　全元散曲　北京：中华书局　1964年
孙昌武著　佛教与中国文学　上海：上海人民出版社　1988年
唐圭璋编　全宋词　北京：中华书局　1999年
唐圭璋编　词话丛编　北京：中华书局　2005年
（晋）陶渊明撰，龚斌校笺　陶渊明集校笺　上海：上海古籍出版社　1996年
田玉琪著　词调史研究　北京：人民出版社　2012年
（元）脱脱等撰　金史　北京：中华书局　1975年
（元）脱脱等撰　辽史　北京：中华书局　2000年
（元）脱脱等撰　宋史　北京：中华书局　1977年
（清）万树撰　词律　上海：上海古籍出版社　1984年
（宋）汪元量撰，孔凡礼编　增订湖山类稿　北京：中华书局　1984年
（宋）王安石撰，（宋）李壁笺注　王荆文公诗笺注　北京：中华书局　1958年
（宋）王偁撰，孙言诚、崔国光点校　东都事略　济南：齐鲁书社　2000年
（五代）王定保撰　唐摭言　上海：上海古籍出版社　2012年
王国维撰　王国维文集　北京：线装书局　2009年
（汉）王嘉撰　拾遗记　北京：中华书局　1991年
（宋）王溥撰　唐会要　北京：中华书局　1985年
（明）王世贞撰　艺苑卮言　南京：凤凰出版社　2009年
王重民等编　敦煌变文集　北京：人民文学出版社　1957年
（元）韦居安撰　梅磵诗话　北京：中华书局　1983年
（北齐）魏收撰　魏书　北京：中华书局　1974年
（唐）魏征、令狐德棻等撰　隋书　北京：中华书局　1973年
（宋）吴曾撰　能改斋漫录　上海：上海古籍出版社　1979年
吴承学著　中国古代文体形态研究（增订本）　广州：中山大学出版社　2002年
吴熊和著　吴熊和词学论集　杭州：杭州大学出版社　1999年
吴熊和著　唐宋词通论　杭州：浙江古籍出版社　1989年
（宋）吴聿撰　观林诗话　北京：中华书局　1983年
（宋）吴自牧撰　梦粱录　杭州：浙江人民出版社　1980年

（日本）喜田神一郎著，程郁缀、高野雪译　日本填词史话　北京：北京大学出版社　2000年

夏承焘著　夏承焘集　杭州：浙江教育出版社；杭州：浙江古籍出版社　1997年

向达著　唐代长安与西域文明　北京：商务印书馆　2015年

（梁）萧统撰，李善等注　文选六臣注　杭州：浙江古籍出版社　1999年

（梁）萧子显撰　南齐书　北京：中华书局　1972年

（宋）辛弃疾撰　辛弃疾词集　上海：上海古籍出版社　2014年

新文丰公司编　续藏经　台北：新文丰出版公司　1994年

（清）徐釚撰　词苑丛谈　上海：上海古籍出版社　1981年

（明）徐师曾撰，罗根泽校点　文体明辨序说　北京：人民文学出版社　1962年

徐时仪校注　一切经音义三种校本合刊　上海：上海古籍出版社　2012年

（清）徐松辑　刘琳、刁忠民、舒大刚校点　宋会要辑稿　北京：中华书局　2014年

薛爱华著，吴玉贵译　撒马尔罕的金桃——唐代舶来品研究　北京：社会科学文献出版社　2016年

（清）严可均校辑　全上古三代秦汉三国六朝文　北京：中华书局　1958年

（宋）严羽著，郭绍虞校释　沧浪诗话校释　北京：人民文学出版社　1961年

（明）杨慎撰　词品　上海：上海古籍出版社　2009年

杨守敬著　日本访书志　沈阳：辽宁教育出版社　2003年

（元）杨维桢撰，邹志方点校　杨维桢诗集　杭州：浙江古籍出版社　1994年

（宋）姚宽撰，孔凡礼点校　西溪丛语　北京：中华书局　1993年

（宋）叶梦得撰　避暑录话　北京：中华书局　1985年

（宋）叶梦得撰　石林诗话本　南京：江苏古籍出版社　1998年

（宋）叶梦得撰　石林燕语　北京：中华书局　1984年

（宋）叶绍翁撰，沈锡麟、冯惠民点校　四朝闻见录　北京：中华书局　1989年

（宋）叶廷珪撰，李之亮校点　海录碎事　北京：中华书局　2002年

（清）雍正敕编　乾隆大藏经　北京：中国书店　2010年

（清）永瑢等编　四库全书总目　北京：中华书局　1965年

（宋）宇文懋昭撰，崔文印校证　大金国志校证　北京：中华书局　1986年

（北周）庾信撰，倪璠集注，许逸民校点　庾子山集注　北京：中华书局　1980年

（金）元好问撰　中州集　北京：中华书局　1959年

（元）袁桷撰　延祐四明志　北京：中华书局　1990年

（宋）岳珂撰，吴企明点校　桯史　北京：中华书局　1981年

（宋）赜藏主编，萧𦳝父、吕有祥、蔡兆华点校　古尊宿语录　北京：中华书局　1994年

（宋）曾敏行撰　独醒杂志　上海：上海古籍出版社　1986年

曾枣庄、刘琳主编　全宋文　上海：上海辞书出版社、合肥：安徽教育出版社　2006年

曾昭岷、曹济平、王兆鹏、刘尊民主编　全唐五代词　北京：中华书局　1999年

（宋）张邦基撰，孔凡礼点校　墨庄漫录　北京：中华书局　2002年

（宋）张端义撰　贵耳集　南京：凤凰出版社　2008年

（清）张尔岐撰，张翰勋等点校　蒿庵集　济南：齐鲁书社　1991年

（宋）张君房辑　云笈七签　济南：齐鲁书社　1988年

（宋）张世南撰，张茂鹏点校　游宦纪闻　北京：中华书局　1981年

（宋）张舜民撰　画墁录　北京：中华书局　1991年

（唐）张说撰　张说之文集　台北：新文丰出版公司　1991年

（清）张廷玉撰　明史　北京：中华书局　2004年

（宋）张炎著，夏承焘校注　词源注　北京：人民文学出版社　1963年

赵维江著　金元词论稿　北京：中国社会科学出版社　2000年

（宋）赵彦卫撰，傅根清点校　云麓漫钞　北京：中华书局　1996年

（清）赵翼撰，栾保群、吕宗力校点　陔余丛考　石家庄：河北人民出版社　1990年

（清）赵翼撰，华夫主编　赵翼诗编年全集　天津：天津古籍出版社　1996年

浙江省地方志编纂委员会　浙江通志　北京：中华书局　2001年

郑永晓编　黄庭坚年谱新编　北京：社会科学文献出版社　1999年

中华大藏经编辑局　中华大藏经　北京:中华书局　1996年

周笃文、马兴荣主编　全宋词评注　北京:学苑出版社　2011年

周惠泉著　金代文学论　长春:东北师范大学出版社　1997年

(宋)周密撰,邓子勉校点　浩然斋雅谈　北京:中华书局　2010年

(宋)周密撰,傅林祥注　武林旧事　北京:中华书局　2007年

(宋)周去非著,屠友祥校注　岭外代答　上海:上海远东出版社　1996年

周绍良编　全唐文新编　吉林:吉林文史出版社　2000年

周裕锴著　宋代诗学通论　成都:巴蜀书社　1997年

朱封鳌点校　妙法莲华经文句　北京:宗教文化出版社　2013年

(宋)朱熹撰,黎靖德编,王星贤点校　朱子语类　北京:中华书局　1986年

(清)朱彝尊,(清)汪森编、民辉校点　词综　上海:上海古籍出版社　1981年

(宋)祝穆撰,宋洙增订,施和金点校　方舆胜览　北京:中华书局　2003年

(宋)祝穆撰,(元)富大用辑　新编古今事文类聚　北京:书目文献出版社　1991年

(清)庄仲方　金文雅　苏州:江苏书局　光绪十七年

二、期刊论文类

岑仲勉　唐代戏乐之波斯语　东方杂志　四十卷十七号

车柱环　高丽与中国词学的比较　词学研究第九辑　华东师范大学出版社　1992年

丛振　西域"猾子"与唐代社会生活　新疆师范大学学报　2012年第6期

高涵博　简析宋词中的菊花意象　文学艺术　2010年第4期

高人雄　从《教坊记》曲目考察词调中的西域音乐因子　西域研究　2005年第2期

李静　洪皓使金与词的创作、传播　北京大学学报　2008年第4期

李秀莲　试析《大金国志》资料来源及其史料价值　绥化学院学报　2006年第2期

刘锋焘　萧闲词风初探　陕西师范大学学报　1999年第3期

刘扬忠　从蕙风词话看金词发展的几个问题　阴山学刊　1991年第4期

罗积勇、张秋娥　古代梅花拟人修辞的文化意蕴　新乡学院学报　2009年第5期

毛静、杨彦伶、王彩云　菊花的多元文化象征意义探讨　北京林业大学学报　2006年第3期

彭国忠　弱势外交下的宋代使金词　安徽师范大学学报　2012年第6期

赵葆寓　关于《大金国志》的成书年代问题　黑龙江文物丛刊　1984年第3期

后记

最早关注词与域外文化关系这个命题,是从 20 年前开始的,那时我硕士毕业之后留在安徽师范大学图书馆古籍部工作,奉导师余恕诚先生之命,做《豪放词》的选目、注释、评点。因为是通代之选,所以看了唐代至清末大量的豪放词作,初选就有 2000 多首,后来进一步删汰,保留 300 多首。其中,南宋曹勋《饮马歌》,词序中说该曲是从金国传过来的,故引起我的特别关注,词调的外国来源之类的话题就在脑海中留下一个印记。后来,凡是涉及唐宋词与域外文化关系的相关材料,我都会留心收集。接着读博,博士毕业论文中本来有一章,考察元祐词坛与佛禅关系,因为对佛禅了解甚少而未能展开研究,最后放弃。直到十几年前,博士毕业多年了,才稍微阅读相关文献,认真思考佛禅与词学的关系,撰写并发表《宋代词学批评中的佛禅话语》《黄庭坚艳情词的佛禅观照》《佛禅与元祐词坛》等几篇文章,算是对唐宋词与外来文化这一命题下佛教影响做了一个梳理。对这个命题进行集中思考,是在 2010 年,那时,我申报了教育部项目《唐宋词与域外文化关系研究》,侥幸获得立项,为完成项目计,也不能不展开全面研究。但是,计划始终赶不上变化,2010 年下半年,我不得不去上海外国语大学参加教育部公派留学的外语培训,半年时间,我往返于闵行新校区、上海外国语大学与家之间,经常是早上乘坐地铁出发去上海外国语大学上课,11 点半结束,匆匆乘地铁转到人民广场,换一趟地铁,到莘庄,再换乘公交或者其他交通工具,到闵行学校,上下午一点钟的课,基本上来不及吃午饭,倍感辛苦。2011 年 3 月到 2012 年 3 月间,整整一年时间,我在美国加州大学洛杉矶分校(UCLA)做访问学者,继续学外语,还要自己去超市买菜、回到住处烧菜,以便喂饱自己那不接受快餐的胃。期间,与几名留学生、国内来的访问学者,成立一个《礼记》读书会,坚持每周到学校去,一起学习、讨论

《礼记》;又与合作导师和校友,去一些地方旅行,去学校图书馆查阅词学书籍。身在海外一年,却偏偏对词学与域外文化关系考虑甚少,所获材料甚少。等到2013年3月31日回国后,立即投入到所缺课程的补课当中,只能抽空撰写了《弱势外交下的宋代使金词》《柳永〈望海潮〉词的域外接受与本土反响》等少数文章。2014年,我指导本科生撰写学年论文,遇到一位叫张盈的同学,人很聪明,我把关于宋金对峙时期词学的微妙变化这层意思说给她听,她立即领会,很快着手撰写出《宋金"花"意象对比研究——以"借才异代"时期为例》的论文,并获得系优秀学年论文。如今,项目早已结题,我把全部思考所得总结成这么一本书稿,还真是感慨良多。

因为多次搬迁的缘故,早年搜集的一些材料已经不存在,或是难以找出利用。后来积累的材料,也有因为电脑崩溃失去者。更糟糕的是,全文完成的最后时刻,打开很多文档,以做最后的比较、检查,忘记随手关闭一些文档,当对话框出现"是否保存"某某文档时,一时之间点错了键,致使部分内容丢失,不得不把这"抢救的文档"发到出版社。很令人懊丧,却也无可奈何。

书稿中,前面提到的几篇论文,虽然已经发表,但本来就是这个命题、课题中的一部分,所以予以收入。涉及佛禅的几篇,在《唐宋词学阐微——文本还原与文化观照》中已有收入,故不再收。来自《大日本史》《高丽史》中的文献,个人觉得很有价值,故以原文的形式保留,只做了简单的断句标点。张盈女士那篇文章,征得她的同意,作为一节放到书中,也是对那一段教、学活动和师生关系的纪念。

从立项到结题,从酝酿到完成,彭玉平教授、陈水云教授、欧明俊教授、田玉琪教授、杨柏岭教授、谭新红教授,都给予许多指导、帮助;研究生孔哲、梁梅、褚为强、陈婷婷、滕小艳、许顿玉、周丹丹、梅雪吟、凌念懿、钱力行、黄瑞、王培茗、陈涛,在引文核对、注释完善、资料查找等方面,帮我做了大量工作。卢坡在出版计划、文章章节安排方面,给予很多关照和帮助。责任编辑认真负责,仔细校对,发现许多格式问题,纠正一些错字。凡此,均于这里一并致谢!

因为时间原因,更由于自己能力有限,致使全书述多于论;还有其他一些未能发现的错误,也只能留到以后修改、完善了。

彭国忠
2016年12月